번역과 해설 **삼국유사**

서연비람 신서 2

번역과 해설 **삼국유사**

초판 1쇄 2023년 5월 31일
역해 이동환
펴낸이 윤진성
편집주간 김종성
편집장 이상기
펴낸곳 서연비람
등록 2016년 6월 29일 제 2016-000147호
주소 서울시 강남구 남부순환로 2909, 201-2호
전자주소 birambooks@daum.net

ⓒ 이동환, 2023, Printed in Korea.

ISBN 979-11-89171-51-3 03910
값 27,000원

서연비람 신서 2

번역과 해설

삼 국 유 사

일연 지음 / 이동환 역해

서연비람

책머리에

우리 민족의 상대上代역사와 문화를 이해하는데『삼국유사三國遺事』만큼 좋은 자료가 되는 것은 없다.『삼국유사』는 김부식이『삼국사기三國史記』에서 고의로 빠트렸거나 누락된 여러 가지 사실들을 전거를 들어가며 수록하고 있다.

『삼국유사』는 우리나라 고대의 역사·지리·문학·언어·민속 사상·종교·미술·고고학 등 문화유산의 보고로 평가되고 있다.『삼국유사』를 읽지 않고서는 우리나라의 문화와 역사, 종교를 이야기할 수 없다.

『삼국유사』는 신화와 전설 등 설화를 풍부하게 싣고 있다. 우리는 단군신화를 위시하여 신라·백제·고구려, 그리고 가락국 건국신화와 많은 불교 설화를『삼국유사』에서 읽을 수 있다. 그 밖에 3국의 많은 신이한 일들에 관한 이야기와 민족 고유의 제도인 화랑도와 그 정신인 풍류도도『삼국유사』를 통해 읽을 수 있다. 그리고 불교의 전파와 고승, 탑상에 관한 이야기도 아울러 읽을 수 있다.

이렇게 중요한 책이지만 이 방면의 전공자를 제외하고는『삼국유사』를 제대로 읽은 사람은 그리 많지 않은 것 같다. 역해자는 이것을 안타깝게 생각하여『삼국유사』의 본문 가운데 연표, 그리고 지나치게 사료적이거나 불교적인 내용은 제외하고 그 본래 면모인 설화를 중심으로 67편을 정선하여 원래의 순서대로 번역하고 주석했으며, 각 편마다 해설을 붙여 독자들이『삼국유사』를 보다 깊이 있게 이해할 수 있도록 했다. 여기서 제외된 나머지 각 편들도 각 편의 해석에 비추어 이해할 수 있을 것이다.

아무쪼록 이 책이 한국의 문화와 역사, 종교를 전공하려는 후학들이나, 민족의 시원적 문화에 대해 교양을 가지려는 모든 사람에게 좋은 길잡이가 되었으면 하는 바람이다.

끝으로 이 책을 출간하는 데 많은 애를 쓴 편집간사 김종성 교수와 서연비람의 임직원들에게 감사의 뜻을 표한다. 그리고 특히 해설을 쓸 때 토론의 상대가 되어 준 신종원 교수에게 깊은 사의를 전한다.

2022년 12월
이동환

차례

책머리에   5

삼국유사는 우리 민족 삶의 시원적 세계   11

1. 기이紀異 I - 역사의 신이한 일들의 기록 I   **17**

고조선 / 단군신화   19

북부여 / 해모수신화   32

동부여 / 해부루왕과 금와왕   36

고구려 / 동명신화   40

신라 시조 혁거세왕 / 혁거세신화   53

제2대 남해왕 / 신라 왕의 칭호들   65

제4대 탈해왕 / 탈해신화   69

김알지, 탈해왕대 / 알지신화   78

연오랑과 세오녀 / 일본 땅에 왕이 된 신라인   82

미추왕과 죽엽군 / 신라의 호국신   86

나물왕과 김제상 / 그 빛나는 충절   91

고갑을 쏘아라 / 보름 약밥의 유래   100

지철로왕 / 왕후 간택의 이야기, 그리고 울릉도 정벌   105

도화녀와 비형랑 / 진지왕 혼령의 정사와 도깨비 대장 비형랑   108

천제, 옥대를 하사하다 / 신라의 보물   113

선덕여왕의 지혜 / 미리 안 세가지 일   118

김유신 / 그 전생과 호국산신의 가호   122

태종 춘추공 / 신라 3국 통일의 이야기들   129

2. 기이紀異 II - 역사의 신이한 일들의 기록II   151

문무왕 법민 / 당나라의 병탄 음모에의 저항, 그리고 거득공 이야기 153

만파식적 / 평화를 가져오는 신비한 피리   163

효소왕대의 죽지랑 / 화랑의 한 전형   170

수로부인 / 미녀와 노옹과 용   175

경덕왕과 충담사와 표훈대덕 / 충담사의 향가   185

원성대왕 / 두 번의 해몽, 효국용, 당 황제의 여의주   193

신무대왕과 염장과 궁파 / 왕위 찬탈과 배신   202

제48대 경문대왕 / 임금이 된 내력과 당나귀 귀 이야기   204

처용랑과 망해사 / 처용랑의 아내와 역신, 그리고 쇠운의 조짐들 210

진성여대왕과 거타지 / 신라의 쇠운, 그리고 거타지 이야기   218

김부대왕 / 신라의 멸망   224

남부여-전 백제 / 백제의 이야기들   234

무왕 / 서동과 선화공주   241

후백제 견훤 / 견훤의 흥망과 그 비참한 최후   247

가락국기 / 수로신화와 그 뒤의 갖가지 사건들, 그리고 가락 왕력 268

3. 흥법興法 - 불법을 일으킨 사람들   301

순도, 고구려에 불교를 전하다   303

마라난타, 백제의 불교를 열다   306

아도, 신라 불교의 기초를 놓다   308

원종은 불법을 일으키고, 염촉은 순교하다   320

법왕, 살상을 금하다   331

보장왕이 도교를 받들매, 보덕이 암자를 날려 옮기다   333

4. 탑상塔像 - 탑과 불상에 얽힌 이야기들   341

황룡사의 장륙   343

황룡사의 9층탑   348

세 가지 경우의 관음, 중생사   356

백률사   363

미륵선화 미시랑과 진자사   368

분황사의 천수관음에게서 눈먼 아이 눈을 얻다   379

낙산의 두 보살 관음·정취, 그리고 조신   381

5. 의해義解 - 불교의 정수에 통달한 승려들   393

원광, 중국에 유학하다   395

양지, 석장을 부리다   416

혜숙·혜공, 진속에 묻혀 살다   420

자장, 계율을 확정하다   430

원효, 얽매이지 않다   441

의상, 화엄종을 전하다   451

말하지 않던 사복   460

6. 신주神呪 - 사태에 대한 주술로써의 대응   465

혜통, 마룡을 굴복시키다   467

명랑의 신인종   473

7. 감통感通 – 지극한 염원이 대상에 감통한 사례　　479

선도성모, 불교 일을 기꺼이 하다　　481

여종 욱면, 염불하여 서방에 오르다　　486

광덕과 엄장　　491

월명사의 도솔가　　494

김현, 호랑이와 감통하다　　501

융천사의 혜성가, 진평왕대　　510

8. 피은避隱 – 속세를 피해 숨다　　513

신충, 벼슬을 사퇴하다　　515

포산의 두 성사　　519

영재, 도적 떼를 만나다　　524

9. 효선孝善 – 효와 선의 결실　　527

진정사의 효와 선의 성취　　529

대성이 두 세상 부모께 효도하다, 신문왕대　　534

손순이 아이를 묻다, 흥덕왕대　　539

후기　　542

삼국유사는 우리 민족 삶의 시원적 세계

이동환

『삼국유사三國遺事』는 우리 민족 시원문화始原文化의 숲이요, 강이다. 단순히 그것이 걸쳐 있는 시기가 고대라고 해서만이 시원이 아니라, 그것이 포괄하고 있는 내용의 질에 있어서 더욱 시원이다. 상고上古에서부터 고려 초기까지의 신화·전설·신앙·민속·풍물·정치·제도·언어·예술……, 그리고 꿈과 의식과 가치와……. 이런 여러 범주에서의 우리 민족의 우리 민족다운 것들이 『삼국유사』에 모여 하나의 깊고 그윽한 숲, 또는 깊이를 요량할 수 없는 강으로 이루어져 있다.

『삼국유사』는 흔히 같은 시기의 역사를 다룬 『삼국사기三國史記』와 대비되어 그 특징이 파악되고 있다. 이 두 책은 여러 면에서 매우 대조적이기 때문이다.

우선 찬자撰者들의 신분과 체질부터가 대조적이다. 김부식金富軾이 중앙의 혁혁한 귀족이자 고급 관인이며 규범을 숭상하는 유가의 인사임에 대하여, 일연一然은 지방 출신의 승려로서 소탈을 귀히 여기는 불가의 인사, 비록 국존國尊의 대우를 받았다 하더라도 그는 결국 야인이란 점이다. 여기에 『삼국사기』가 국왕의 칙명을 받든 관찬官撰임에 대하여, 『삼국유사』는 전혀 석일연의 개인적 의도와 욕구에 의한 사찬私撰이란 그 찬술 내력의 상이가 더하여 두 책을 기초에서부터 서로 다르게 조건 지어 놓았다.

그래서 책의 체제에 있어서, 전자는 중국의 정사正史를 본으로 하여 기전체紀傳體라는 규칙적인 틀을 취하고 있음에 대하여, 후자는 찬자 자신의 편의에 따른, 무어라 이름 지어야 좋을지는 모르지만 찬자의 재량의 여지가 넓은 그런 얼개를 취하고 있다. 체제는 곧 자료 포용包容의 양식이다. 따라서 전자의 경우는 규칙적이니만큼, 여기에 맞추기 위해 원 자료에 보다 작위적인 재단이 아무래도 가해질 수밖에 없었고, 후자의 경우는 이와 달리 원 자료의 본 모양대로의 포용의 정도가 상대적으로 높을 수밖에 없었다. 일차적으로 자료의 물리적인 처리에 있어서 두 책 사이에는 이러한 차이가 있으며, 그것은 각기 선택한 체제에 의해 조건 지어진 것이다.

그런데, 두 책이 갖는 보다 본질적인 특징의 차이는 자료의 물리적인 처리 이전에, 각기 포용하고 있는 자료 자체의 성질에 있다. 즉, 『삼국사기』가 합리적·현실적인 사실들을 포용하고 있음에 대하여, 『삼국유사』는 비합리적·초현실적인 사실들을 주로 포용하고 있다. 두 책의 근본적인 차이는 여기에 놓여 있다. 게다가 전자가 자료를 왕공귀족 중심으로 취하고 있음에 대하여, 후자는 귀족·서민 구별 없이 취하고 있다. 단순히 구별이 없는 정도에 그치지 않고, 비록 왕공귀족에 관련되는 자료라 하더라도 서민적 체질이 스며 있어, 전체적으로 『삼국유사』는 서민 중심의 성질로 되어 있다. 바꾸어 말하면, 『삼국유사』의 내용은 많은 부분이 민간전승으로 형성된 자료들에 의해 이루어져 있다. 그래서 민족 문화 시원의 숲이요, 강이게 된 것이다.

취택한 자료 자체의 성질 차이 못지않게 비중이 큰, 두 책 사이의 근본적인 차이의 다른 한 가지는 자료를 요리하는 자세의 차이다. 『삼국사기』는 당초 기전체를 체제로 취한 만큼, 기전체다운 정제성整齊性을 추구하는 과정에 자료 원형의 물리적 손상이 있을 수밖에 없었다. 그런데 여기에 더하여, 보다 중요한 손실은 자료의 질적 변개가 행해진 데에 있다. 즉 『삼국사기』의 찬자는 귀족적인 문예의식에 입각하여 한문의 문장미를 고려한 나머지 원자료에 깃들어 있던 우리 민족이 시원적 삶의 생생한 기맥을 많이 거세, 또는 도말塗抹시켜 버렸던 것이다. 그리하여 외관의 문사는 세련되고 화미하나, 우리가 접하고 싶어 하는 민족의 시원적 삶의 모습들이나 기식氣息은 기록의 바닥으로 잦아들어 버린 결과가 되고 말았다.

여기에 『삼국유사』는 아주 대조적이다. 책의 체제를 본래 자료 원형의 물리적 손상을 최소화하기에 편의로운 것을 취한 데다 표현의 문예미는 당초에 관심 밖에 두고, 오로지 사실을 생생하게 있는 그대로 전하려는 데에 주력하여, 전존해 오는 원 자료들을 문사가 누졸陋拙하면 누졸한 대로, 무잡蕪雜하면 무잡한 대로 주관적인 수식 없이 포용해 엮어가고, 찬자의 주관적인 생각은 따로 구별되게 ˙처리해 놓았다. 그래서 글자 하나, 말 한마디에서도 민족의 민족다운 모습 · 기식들이 싱싱하게 살아 있어, 그 시원성을 높은 밀도로 함유하게 된 것이다.

요컨대 『삼국유사』의 『삼국유사』다움은 자료의 성질과 그 처리의 자세에서 『삼국사기』가 가진 약점을 최대한 보상해 주는 데에 있다.

쉽게 말해서 『삼국유사』는 설화의 보고寶庫다. 설화의 보고이니만큼 오늘날의 학문 각 분야에 관련하여 종합적인 자료의 성격을 가지고 있다. 사학 · 문학 · 민속학 · 종교학 · 철학 · 정치학 · 사회학 등 이용에 따라 거의 관련되지 않은 분야가 없을 정도다. 특히 다른 책에는 전하지 않는 향가鄕歌 14수를 전하고 있어 우리나라 고대 문학 연구에 귀중한 자료가 되고 있다.

13

앞에서의 『삼국사기』와의 대비에서 이미 시사되었듯이, 그것은 단순한 설화집 또는 종합적인 자료집으로서의 의의에 그치는 것은 결코 아니다. 민간전승의 비합리적인 일들, 초현실적인 일들을 기록한 가운데 『삼국사기』가 미처 수습하지 못했거나 고의로 멸실한 자료로서 『삼국사기』의 오류를 바로잡아 줄 가능성이 농후한 사료들을 풍부히 포용하고 있다. 이 점이 『삼국유사』가 단순히 설화집이 아닌, 하나의 역사서로서도 이채로움을 발한다. 그렇다면 일연은 무엇 때문에 승려로서의 본분과는 거리가 먼, 혼잡混雜한 자료들을 뒤져 가며 그토록 알뜰히 삼국의 유사를 기록하려 했는가? 이민족 원元나라의 지배 아래에서 민족의 시원적인 삶의 세계를 되찾아 확인하고, 이를 새로이 이해하자는 것이었다. 말하자면 민족의 자주성을 확보하자는 기록 행위로서였다. 비합리적인 일들에서 민족의 삶의 다른 의미의 합리적인 진실을, 초현실적인 일들에서 민족의 삶의 현실 내면의 현실을 확인하고 이해하자는 것이었으리라. 물론 불교적인 신이神異한 사실들의 기록은 불교 신앙의 옹호를 위한 의도라고 볼 수 있겠으나, 불교가 민족의 삶에서 이물異物이 아니라 이미 혼융히 한 덩어리로 된 터였기 때문에 불교적인 신이한 일들도 앞의 논급에 합류될 수 있다.

일연이 『삼국유사』의 저술을 위해 원고를 수집하기 시작한 것은 청년 시절부터였다. 그리고 원고를 집필한 것은 대체로 70세 후반부터 84세로 죽기 전까지로 알려져 있다.

『삼국유사』가 어느 해에 처음 간행되었는지는 어느 사료에도 나타나 있지 않아서 확실한 연대는 알 수 없다. 책 중간에 '무극기無極記'라고 첨가한 기록이 두 군데 있는 걸 보아서 일연의 제자 무극無

極이 14세기 어느 때에 처음 간행한 것 같으나, 확실하지는 않다. 다만 조선 태조 30년(1394)에 『삼국사기』와 함께 『삼국유사』가 경주부에서 간행된 것 같고, 다음 중종 7년(1512)에서 역시 경주부에서 간행되었다.

일러두기

— 이 책은 『삼국유사』 원본(중종 7년 임선본)을 교감해 역해했다.

— 번역은 원문의 뜻에서 이탈하지 않으면서 『삼국유사』적 분위기를 살리려
   했다.

— 원저자 일연이 단 주는 '(원주)'로 표시했고, 일연의 주에다 옮긴이가 다시
   부연해 단 주는 '─'로 표시했다.

— 책은 『 』로 표시했고, 작품은 「 」로 표시했다.

— 인용문은 " " 또는 ' '로 표시했다. ' '는 인용 안의 인용을 표할 때와, 인용
   대상문의 요지를 인용할 때 썼다.

— 향가는 양주동 선생의 해석을 취했다.

— 원문의 중국 황제의 연호로 표시된 연대는 가능한 한 우리나라 제왕의 연
   대로 표시하고 서력기원 연대를 병기했다.

— 해설은 각 편 전체에 대한 해설 외에 본문(때로는 '원주')의 문제성이 있는
   부분에 ★표를 하고 이와 대응해서 아래에 해설해 두었다.

기이紀異 Ⅰ

- 역사의 신이한 일들의 기록 Ⅰ

고조선[1]

— 단군 신화

『위서魏書』[2] 에는 일렀다.

"지금부터 2천 년 전에 단군왕(임)검壇君王王儉이란 이가 있었다.

그는 아사달[3]에 도읍을 세우고, 나라를 열어 국호를 조선이라 했다. 그것은 요제[4]堯帝와 동시대였다."

『고기古記[5]』에는 이렇게 기록되어 있다.

"옛날에 환인桓因[6]이란 이가 있었다. 그에게는 ＊서자 환웅桓雄이 있어 매양 지상을 내려다보며, 인간 세계를 다스려 보려는 욕망을 품어 오곤 했다. 아버지 환인은 그 아들의 뜻을 알아챘다. 그리곤 아래로 지상의 세계를 굽어보았다. 삼위태백三危太伯[7]이란 산, 그곳이 널리 인간을 다스려 이롭게 할 만한[弘益人間] 근거지로 적합하다고 생각되었다.

---

1) 고조선 : (원주) 왕(임)검 조선.
2) 위서 : 현재 전하지 않음.
3) 아사달 : (원주) 『경』에는 무엽산無葉山이라고도 하고, 또한 '백악白岳'이라고도 했다. 백주땅에 있었다. 혹은 개성 동쪽에 있다고 하는데, 지금의 백악궁이 그곳이다. — 이 경우는 고조선의 강역을 한반도 안에 있었던 것으로 인식하는 경우이고, 고조선의 강역을 청천강 이북, 발해의 북안, 지금의 요녕성과 길림성 일부로 보는 입장에서는 문제가 달라진다.
4) 요제(堯帝) : 원문에는 고려 3대 왕 정종의 이름자를 피해 '高'자로 되어 있다.
5) 고기 : 『삼국유사』에는 '고기'라는 기록의 명칭이 많이 나온다. 그냥 '옛날 기록'이라는 뜻인지, 아니면 '특정 문헌'을 가리키는 것인지 불분명하다. 아마 둘 다를 가리킬 것이나, 이 책에서는 몰라서 특정 문헌으로 보아 괄호 『 』를 사용한다.
6) 환인 : (원주) 제석帝釋이다. — 일부 학자들이 '桓國'이라고 읽으나, '因'자를 '國'자로 잘못 새긴 것이다. '제석'의 완전한 표기는 석제환인타라釋提桓因陀羅다. 불교에서 수미산 꼭대기 도리천의 임금으로, 33천天을 통괄하며 마신魔神 아수라와 싸워 인류와 불법을 보호하고, 인타라망因陀羅網이라는 보주寶珠가 상호 중중무진重重無盡하게 비추는 거울로 인간의 선악을 살핀다는 천신이다. 우리 고유의 천신을 불교적으로 해석한 것이다.
7) 삼위태백 : 삼위는 삼고산三高山의 뜻, 태백은 그중의 하나라는 설이 있다.

그는 곧 아들 환웅에게 부하 신을 거느리고 가서 지상을 다스릴 직권을 부여하는 뜻으로, ＊천부인天符印8) 세 개를 주어 내려가 다스리게 했다.

환웅은 천상의 무리 3천 명을 이끌고서 천공을 헤쳐 태백산9) 꼭대기에 있는 ＊신단수神壇樹 아래로 내려왔다. 그리고 그곳을 세상을 다스릴 근거지로 삼고서 신시神市10)라 불렀다. 신시를 연 환웅, 이가 곧 환웅천왕桓雄天王이다. 그는 '바람의 신'과 '비의 신'과 '구름의 신'들을 거느리고서 농사며, 생명이며, 질병이며, 형벌이며, 선악 등, 인간 세계의 360여 가지의 일들을 주재하여 인간 세상을 다스려 갔다.

이때, 곰 한 마리와 범 한 마리가 같은 동굴에 살고 있었다. 그런데 이들은 늘 신웅神雄, 즉 환웅천왕에게 와서 사람이 되고 싶다고 기원했다. 신웅은 이들에게 신령스러운 쑥 한 줌과 마늘 스무 개를 주며 말했다.

'너희들은 이것을 먹어라. 그리고 백날을 햇빛을 보지 않으면 소원대로 사람의 몸으로 바뀌어지리라.'

곰과 범은 쑥과 마늘을 받아먹고 금기에 들어갔다. 3·7일11)을 금기하여 곰은 마침내 사람의 몸, 그것도 여자의 몸으로 탈바꿈했다. 그러나 성질이 눅지 못한 범은 금기를 제대로 견뎌내지 못했고, 따라

---

8) 천부인 : 부인符印은 조정과 외관外官이 나누어 가져 신표信標로 삼는 물건. 천계天界의 것이기 때문에 천부인이라 했다. 바람·비·구름의 세 신을 거느릴 수 있는 직권에 관련된 것으로 보인다.
9) 태백산 : (원주) 지금의 묘향산이다.
10) 신시神市 : 일정한 장소의 명칭과 직위의 명칭 두 가지 해석이 있다. 장소의 명칭일 때는 3천 명의 신적 존재들이 모여있는 저자 같은 곳이라는 뜻이고, 직위의 명칭일 때는 '신지臣智'와 같은 것으로, 제정적 우두머리를 지칭한다.
11) 삼칠일 : 즉 21일이다. 3과 7과 9의 숫자는 고대 중국 등과 아시아에서 숭상하던 신비의 숫자다.

서 사람의 형체를 얻지 못했다.

곰에서 변신된 여인, 즉 ＊웅녀熊女는 다른 또 하나의 간절한 욕망을 느꼈다. 아기를 배고 싶었다. 하나 그녀와 짝이 될 만한 이가 없어, 웅녀는 매일 신단수 아래에 와서 빌었다. — 부디 아기를 배게 해 달라고. 이에 웅녀의 애틋한 욕구를 받아들여 신웅은 얼핏 사람으로 화신, 그녀와 혼인했다. 뒤에 웅녀는 아들을 낳았다. 이 웅녀의 아들이 ＊단군왕(임)검壇君王(王)儉이라 불렸다. 중국의 요제堯帝가 즉위한 지 50년인 경인년庚寅年12)에 나라를 열어 ＊평양성을 도읍으로 하고 조선朝鮮이라 불렀다. 뒤에 단군왕검은 도읍을 백악산白岳山 아사달阿斯達로 옮겼다. 그곳은 일명 궁홀산이라고도 하고, 또 금미달이라고도 했다. 그리고 단군왕검은 1500년간 나라를 다스렸다.

주周나라의 무왕이 은殷왕조를 멸하고 왕위에 올라, 은왕조의 신하 ＊기자箕子를 조선의 제후로 삼자, 단군은 자리를 장당경으로 옮겼다. 뒤에 단군은 아사달에 은거하여 산신이 되었다. 그는 1908년을 살았었다."13)

---

12) 경인년 : (원주) 당고 唐高(堯)가 즉위한 원년은 무진년이므로 50년은 정사년이지 경인년이 아니다. 아마 사실이 아닐 것이다.
13) 이 뒤 당 「배구전」에서 인용해 온 간략한 기록은 번역에서 제외한다.

　신화에는 층차가 있다. 창세내지 천지개벽 신화, 대홍수 신화, 국토 조성 신화, 사물 기원 신화, 그리고 국조신화(건국신화) 등으로 층차가 나뉜다. 단군신화는 건국, 국조신화에 속하므로 아래 층차에 속한다. 그러므로 신의 이야기에 인간의 이야기가 섞여 있다. 바꾸어 말하면 신화에 역사와 전설이 합쳐져 있다. 그러므로 그 해석에는 여러 시각에서, 여러 해석이 나올 수 있다. 단군신화는 천신 신앙인 무교巫敎 또는 신도神道(최남선의 용어)가 그 태반胎盤이다. 이 천신의 실질 존재감은 산신으로 나타난다. 즉 천신의 위격位格을 그대로 가지고 고산들에 내려와 임재臨在함으로써 인간 세계와의 접촉이 이루어진다. 수많은 지상의 산신은 하나의 천신이 자기 복제로서 분화하여 존재한다. 여기 단군신화의 경우 천신 환인은 태백산 산신 환웅천왕으로서 임재함으로써 농사·생명 등 인간 360여 가지 일들을 주재한다.

　산신으로서 비로소 존재감을 띠는 천신이나 그 자체 천상의 존재로서의 천상에서의 리얼리티는 최소한으로 가지거나 거의 없다. 단군신화의 경우 이 세계의 정상 부위에 환인의 거소居所로 관념하고는, 아들 환웅의 인간 세계에 대한 욕구를 알아차리는 것, 삼위태백을 내려다보는 것, 천부인 3개를 주어 내려가게 한 것이 천신의 존재성의 징표로서는 전부다. 그것도 대부분 구체성보다 관념적으로 표현되어 있다. 단군신화와 그 구조에 있어 유사한 해모수 신화, 그리고 기타 우리나라의 여러 건국·국조 신화의 경우 이 정도 존재 징표도 없다. 요컨대 우리 선민先民은

이 세계의 구도를 천상의 세계, 인간의 세계, 지하의 세계 3원元 구조로 본 것이 아니라, 하늘과 땅 사이에 있는 인간의 세계를 단일적으로 관상觀想하려는 경향이 농후했다. 단군신화에는 환인의 거소가 이 세계의 정상 부위에 밀착해 있을 뿐, 그 위에 3차원적 공간의 전개가 명시적으로도 암시적으로도 없다. 그리고 하계下界 관념은 더더구나 없다. 이 단일적 세계 관상은, "개똥밭에 굴러도 이승이 좋다"는 유의 속담을 남길 만큼 이 세상에서의 삶이 절대적이라는 현세주의 인생관을 가지게 했다. 그리고 이 현세주의 인생관의 정치적 이상으로서의 표출이 '홍익인간弘益人間'이란 명제다.

단군신화에 관한 기왕의 무수한 해석 가운데 이병도의 견해를 소개하면, 천신족天神族인 환웅이 지신족地神族인 고마족의 여성과 혼인하여 단군을 출생했다는 것을 설화한 것으로 보았다. 단군이란 호칭은 무군巫君, 즉 제사장의 의미가 많고, 왕검이란 호칭은 정치적 군장君長의 의의가 강하다고 보아, 종교적 기능과 정치적 기능이 명칭상에서 구분된다고 파악했다.

천관우의 견해도 참고할 만하다. 환웅의 하늘로부터의 하강下降을 토착사회에 더 우세한 물질문화를 가진 유이민流移民 집단의 내침으로 파악하여, 선주한 토착씨족을 시베리아 인종인 숙신족으로, 환웅족을 북몽골 인종인 알타이족으로 이해한 바 있다.

★'서자 환웅'이라 한 이유는 아직 어떤 형태로든 납득할 만한 게 밝혀지지 않은 것 같다. '서자'란 용어는 두 가지 경우에 쓰인다. 적장자嫡長子에 대한 '중서자衆庶子', 적자에 대한 '첩의 자식'

이 그것이다. 환웅을 위시하여 한반도 서북부 동이족 건국 신화의 주인공들은 모두 서자인데, 그것도 신화의 정황이 중서자이기보다는 첩의 자식으로 해석할 수밖에 없도록 되어 있다. 은殷의 시조 설契을 위시하여 서언徐偃, 동명東明, 주몽朱蒙, 온조溫祚가 다 크게 보아 첩의 자식이다. 반도 남부 변진弁辰 지역 건국 신화는 그렇지 않은데 말이다. 반도 서북부는 역사적으로 한족漢族과 쟁투가 끊이지 않았다는 점이 이 지역 특징이다. 그리고 한족이 항상 우세한 위치에 있었다. 이 대결 과정에 동이족이 받은, 한족들로부터의 비하가 건국주에 표적화 되어 나타난 표현이 아닌가 생각해 본다. 왜냐하면 한족과의 직접적 대결 과정이 없었던 반도 남부 지역의 건국주에겐 그런 표현이 없기 때문이다. 그리고 서자란 원천적인 신분적인 조건을 건국주의 건국 과정에 시련을 보다 가혹하게 함으로써 영웅성이 더욱 드러나는 점을 동이족 자신이 스스로 택하게 한 점도 가세한 것 같다.

★천부인은 주석에서의 풀이와 다른 각도에서 풀이하면, 제정일치祭政一致 시대 제사장이 가졌던 3종의 신기神器다. 대개 방울ㆍ북ㆍ거울 또는 칼 이 세 가지가 그것으로서 3중의 무구巫具다. 이것으로 제사장의 직능을 수행했다. 훨씬 후대에 마한의 각 소국小國 도읍에 한 사람씩 천신의 제사를 주관하는 사람을 세워 천군天君이라 한다거나, 또 각 소국마다 별도의 읍邑을 두어 이름을 '소도蘇塗'라 하고, 거기에 큰 나무를 세워 방울ㆍ북을 매달아 귀신을 섬긴다고 했는데, 이것은 제사와 정치가 분리된 뒤의 제사장의 직능을 표현한 것으로, 비단 마한에만 해당한 것이 아

니라, 고조선[단군조선] 지방에도 당연히 있었다고 보아야 한다. 『삼국사기』 「고구려본기」에 유리명왕 이후 가끔 나타나는 왕 측근의 무巫, 또는 사무師巫가 정치권력에 복속된 제사장의 후대적 존재 형태일 것이다.

★고대 우리 민족은 높은 산은 하늘과 땅을 연결한다고 믿었으며, 단수壇樹는 우주의 중심을 표상하는 것이라 믿었다. 이 신단수는 후세 서낭 신앙의 원형이다. 서낭 신앙은 돌무더기[累石壇] · 신수神樹 · 당집을 성역으로 삼고 있는데, 신단수는 바로 그 누석단과 신수다. 서낭 신앙도 천신 숭배인 점에서는 단군신화와 같다. 결국 서낭 신앙은 단군신화적 현실의 후세적 잔형태이다. 사실 우리나라의 서낭 신앙과 같은 신앙은 동북아 제민족에게의 공통된 신앙이다. 현재도 몽골 지방의 '오보', 바이칼 초반 부랴트족의 서낭 형태의 신앙은 그 구체적인 여건에 따라 형태는 조금씩 달라도 모두 상고의, 천신과 연관된 샤머니즘에 뿌리를 두고 있다. 어쨌든 이 돌로 쌓아 만든 단壇의 신수 아래에서 환웅은 정교일치시대의 제사장 겸 왕으로 추대된다.

그런데 이승휴의 『제왕운기』의 주석으로 인용된 『단군본기檀君本紀』에 의하면 신수가 '단檀[향나무 · 박달나무]'이라는 특정 나무로 지명되어 나오고, 환웅천왕도 '단웅천왕檀雄天王'이라고 불렀으며, 단군의 출생도 웅녀熊女와 환웅의 교혼에 의해서가 아니라, 환웅이 자신의 손녀에게 약을 먹여 사람 몸으로 되게 한 후 단수신壇樹神과 혼인하게 해서라고 했다. 그래서 낳은 아들을 '단군檀君'이라고 했다. 『제왕운기』의 '단檀'은 강궁强弓의 자재로 쓰이는 박달나무로, 동북아 제민족이 신성시하는 나무다. 단웅족은 수렵민족의 전통을 가지고 있기에 강궁의 자재로 쓰인 단수를 숭상했다. 한편 '단檀'은 '전단목栴檀木'의 생칭省稱으로, 불교에서 극락정토의 보좌를 '단림보좌檀林寶座'라 하는 등, 귀하게 여기는 용례가 많다. 불교적인 영향도 관련되어 있었을 듯도 하다.

✽단군신화에서 웅녀의 존재는 신화의 핵심 위치를 차지한다고 할 수 있다. 곰에서 사람으로, 다시 환웅의 아내로, 그리고 단군의 어머니로 존재하여 신화를 어우르게 하므로 그렇다. 환인 = 환웅은 천신계임에 대해서 웅녀는 지신, 곧 지모신地母神이다. 동굴은 모태를 상징하므로 동굴에 들어가 있다가 다시 나온 것은 재탄생을 의미하고, 이것은 종교적인 입사식入社式의 표현이다. 웅녀 관련에 대한 제가諸家의 해석을 아래에 보인다.

최남선은, '원시 사회에서는 특정 동물을 그 단체의 조상으로 하여 경외하는데, 원시사회의 종족은 이 토템 단체 2개 이상의 결합으로 이루어진 것이라 하고, 단군신화의 신시神市도 그 사회적 발전에 진행하여 종족이 형성되기 위해서는 토템적 기초가 필요한데, 곰과 범은 그 대표적인 존재라고 했다. 그러나 곰이 더욱 두드러진 것은 후세의 유력한 왕족인 부여계扶餘系 여러 나라가 곰의 토템을 가졌기 때문이다'라고 하였다.

김정배는, 시베리아를 비롯한 북방아시아는 곰 숭배의 중심 지역인데, 단군신화는 신석기 문화를 지니고 있던 고古아시아족의 일파가 남긴 이야기라면서, 단군조선은 신석기 시대에 속하기 때문에 그 다음 민무늬 토기[無紋土器] 시대가 시작될 때 단군조선은 막을 내렸으며, 이는 종족적으로도 고아시아족이 예맥족으로 교체되는 것과 시기를 같이 한다고 했다. 즉 고아시아족이 예맥족에 의해 밀려나는 시기에 단군조선=신석기문화=고아시아족이라는 문화형태는 새로운 종족과 문화에 의해 흡수되어 자취를 감추게 되었다고 했다.

김열규는 곰이 사람으로 변신하는 고행苦行의 과정에 의미를 두었다. 이는 성숙의 제의祭儀, 곧 원시사회의 소녀 성년식에서 묘령의 소녀들을 격리시켜 햇빛을 보지 못하게 하는 금기를 부과하는 등, 여러 가지 시련을 견디게 하는 일들이 많았으니, 이것은 태양이 회임懷妊 능력을 가지고 있다는 믿음에서 연유한 것이라 했다. 이런 시련을 극복한 소녀들이 혼인하여 자식을 낳을 수 있는 자격을 얻으므로, 곰의 변신은 환웅과의 혼인 및 단군의 출생을 정당화하기 위한 전제라고 했다.

＊단군 '왕검王儉'을 나는 단군 '임검壬儉'이라고 생각한다. '王'자와 '壬'가 자형이 비슷한 데서 온 착오가 '王儉'으로 굳어진 것이다. 『삼국유사』에는 가령 백제의 수도 '泗沘'를 '泗泚'로 쓴 것 등 이런 사례가 매우 많다. 왕王 또는 왕에 준하는 지위에 대한 고유어 호칭으로는 신라의 '거서간', '차차웅', '이사금', '마립간', '매금' 등이 있었으나, 북방 국가 지배자의 고유어 호칭으로 현재에 알려진 것이 없다. 나는 '임검'이 바로 북방 국가 지배자의 고유어 호칭으로 본다. '王'자를 '임금'이라고 훈독한 데서도 알 수 있다. 한자를 남방보다 먼저 접한 북방이 그 고유어로 훈독했을 것이기 때문이다. 한자는 당초 대부분이 북방어로 훈독

되었겠으나 언어 변화로 그 원형을 알아볼 수 없게 되었다. '王, 임금왕'이 원형으로 남아있는 것은 우리에게는 하나의 행운이다. 그리고 '儉'자의 고음은 '곰'이었을 것이다. 이것이 음운 변화로 '검'과 '금'으로 갈라진 것이다.

'단군왕(임)검'의 '단군'은 최남선의 견해대로 '하늘' 또는 '제천자祭天者'를 뜻하는 만몽어滿蒙語 'Tengri'일 것이다. 다 알듯이 상고에는 고조선이 만몽 제민족과 함께 하나의 샤머니즘 문화권이었다. 이것이 후세에 한자의 음을 빌려 '壇君' 또는 '檀君'으로 표기하되 우리나라 샤머니즘의 본래 면모인, 돌을 쌓아 만든 신단神壇과, 신수神樹를 상징하는 단수壇樹를 고려에 넣어 글자를 골랐던 것이다. 나의 이 견해는 이병도의 설을 빌려 설명하면 '단군임금'의 '단군'을 종교적 측면, '임금'은 정치적 측면으로 제정일치시대 지배자의 호칭으로 맞아떨어진다.

＊왕검조선의 근거지가 평양성이었다 하나, 처음부터 근거지가 평양성이었던 것은 아니라는 것이 사학계의 지배적인 시각이다. 노태돈은 평안 지역에 많이 출토되는 세형동검(왕검조선의 후기 유물)의 원류인 비파형 동검의 유적이 집중으로 분포하는 요하 이동 요녕성 지역을 왕검조선으로 비정한다. 이 출토유물에 의해 추정하면 왕검조선의 입국연대는 대략 기원전 10세기 전후로 추정된다고 한다. 중국 요제 즉위 50년이라고 입국 상한을 올려 잡은 것은 말할 것도 없이 중국에의 대항의식에서다. 요제 자체도 사실은 설화를 역사로 조작한 것이지만 말이다.

✳주周 무왕이 기자를 조선의 제후로 삼았다는 것은 중국인들의 날조다. 중국인들의 위작偽作의 역사는 오래다.『주역』을 위시하여 고전 중에는 위서가 무척 많다. 그래서 중국인 자신에 의해『위서통고偽書通考』라는 방대한 저서가 나오기까지 했다. 우리 사학계에서는 기자가 요동이동 조선 땅에 와서 나라를 세웠다는 소위 기자조선설을 부정하는 수많은 논문을 썼다. 나는 여기에 더하여 다음 세 가지 사실로써 기자조선을 부정하고자 한다.

첫째, 기자가 조선에 봉해졌다면 사마천은『사기史記』에서「조선전」이 아니라, 마땅히「조선기자세가朝鮮箕子世家」로 저작했을 것이다. 기자와 폭군 주紂 밑에서 같이 수난을 당한 미자微子는 무왕이 송宋 땅에 봉했으므로「송미자세가宋微子世家」로 저작되었기 때문이다. 기자동래설箕子東來說의 발단이 된「송미자세가」말미의 기록, ─ "이에 무왕은 기자를 조선에 봉하고 예우하여 신하로 대우하지 않았다"는 것이 반고의『한서漢書』「지리지」〈현도·낙랑〉부분에 가서 '예의와 농잠農蠶을 가르치고 8조의 금법禁法을 제정해서' 소위 '인현仁賢'의 교화를 폈다는 것으로 발전하였다. 두 사서가 모두「조선전」을 따로 두었으면서, 기자가 조선에 봉해져 인현의 교화를 폈다는 이 사실을 신사信史로서 당당하게 기술하지 못했다. 본인들도 자신 없는 '의안疑案'이라「조선전」을 피해 엉뚱한 곳에서 구차스럽게 거론한 정황이 역연하다.

둘째,『논어』에서 공자가 중국에 도道가 행해지지 않아 "뗏목을 타고 바다를 건너 구이九夷에 살고 싶다"고 했을 때, 어떤 사람이 "구이는 누추한 지역인데 어떻게 살지요?"라고 했다. 곧 조선 땅이 만약 기자가 조선에 봉해져서 인현의 교화를 폈다면 중국 사람이 "누추한 야만의 지역"으로 인식했겠느냐는 것이다.

셋째, 진晉나라 실증주의 사학자 두예杜預는 그의 『좌전석례左傳釋例』에서 기자의 무덤이 양나라 몽현(지금의 하남성 상구商邱 부근) 북쪽 박벌성薄伐城 안의 성탕成湯의 무덤 서쪽에 있다고 하였다. 한편 당나라 문장가 유종원은 「기자비」에 기자의 사당이 급군(지금의 하남성 신향新鄕 부근)에 세워져 있다고 했다. 요컨대 기자는 오늘날의 하남성 테두리, 즉 은殷의 기내畿內를 벗어나지 않았던 인물이다.

그런데 기자 동래교화설東來教化說이 어떻게 나왔을까? 중국 전국시대 이래, 많은 난민이 조선 지역으로 이주한 가운데 기자의 후손들의 집단 이주가 있었을 것이다. 오늘날 우리나라의 한韓·기奇·선우鮮于 씨가 모두 기자의 후예로 알려져 있는 것도 그 증좌의 하나가 될 수 있다. 집단 이주한 기자의 후대들은 그들의 선조 기자를 힘껏 받들었을 것이다. 『삼국사기』에 고구려 제사질祭祀秩의 하나로 나오는 '기자가한箕子可汗'이 후손들이 받든 본래 면모에 가까운 것이 아니었나 생각된다. '가한'은 중국 북동 민족의 말로서 '군장君長'이란 뜻이다. '기자군장'이 어느새 '조선후朝鮮候'로 인식되어간 것이 아닐까. 사마천과 반고는 이것이 의심스러운 사설임을 알았기에 당당하게 「조선전」에서 밝히지 못하고, 자민족에 득이 되는 일이라 추잡스럽게나마 끼워 넣은 것이 아닐까. 기자가 유교의 인현으로 대접받은 것은 무왕에게 「홍범洪範」을 저술했다는 터무니 없는 사실에 크게 기대고 있다. 「홍범」은 5행설이 나온 전국시대 이래 어느 때 지어진 것으로, 오늘날 기자의 저작으로 믿는 사람은 아무도 없다.

고려 숙종 7년에 평양에 기자의 사당을 세우고 세사를 지내기 시작한 것은 당시 송에 대한 고려의 외교적 조치로서의 성격이 다분하다. 당말唐末부터 일기 시작한 유학 부흥 운동이 송대에 와서 왕안석의 신학新學 등 새로운 학풍이 일어나 유교 국가로서 면모를 갖춰 나가자, 거기에 맞추어 기자의 고도라는 곳이고 중국 사신이 들어오는 길목 평양에 그런 시설을 하고 제사를 지낸 것이다. 당시 고려는 아직 불교에 침잠하고 있을 때였다.

주자학이 들어오고 조선왕조로 넘어오면서 기자 숭봉崇奉은 하나의 신앙 수준으로 높아져, 소위 인현의 교화에 대한 갖가지 가공架空이 첨가되고, 조선 후기로 오면서 「홍범」을 해설한 방대한 저작이 유행처럼 나왔다. 그래서 '배청의식排清意識'과 결합하여 '조선중화주의'라는 해괴한 현상을 낳았다. 조선 후기 실학자들은 주자학과는 다소 다른 생각을 하는 사람들이다. 그러나 기자의 동래 교화설에 회의를 가져 본 학자는 한 사람도 없었다.

＊단군이 1500년간 나라를 다스리고 난 뒤에 아사달에 은거하여 산신이 되었다고 했다. 산신이, 환웅의 아들이기 때문에 산신이 된 것이 아니라, 이 경우는 위인 또는 특수한 행적을 가진 사람이 죽어서 산신으로 숭앙받는 경우다. 후세에 김유신이 죽어서 대관령 산신이 되고, 김제상의 아내가 죽어서 치술신모鵄述神母가 된 것 같은 것은 단군이 죽고 난 뒤에 산신이 된 것을 따르는 경우다.

북부여

— 해모수 신화

『고기』에 전해 오는 기록이다.

"전한 선제 15년(서력 기원전 59년) 4월 8일, 다섯 마리의 용이 끄는 수레를 타고 천제[자]¹⁾는 홀승골성²⁾에 내려와 나라를 열었다. 국호를 '북부여北扶餘'라 했다.

천제[자]는 스스로 '해모수解慕漱'라 이름했다. 그리고 아들을 낳아 부루扶婁라 이름 짓고 '해'로써 성을 삼았다.

왕은 뒤에 상제의 명령에 따라 근거지를 동부여로 옮겼다. 이 북부여를 계승하여 동명제東明帝가 일어나 졸본주卒本州³⁾에다 서울을 정하여 졸본부여가 되었다. 곧 고구려 왕조의 시작이다."

---

1) 천제[자] : '천제'는 '천제자天帝子'의 잘못. 뒤에 '상제의 명령'이란 말이 나오는데 상제는 곧 천제이니만큼 명령받는 자와 하는 자가 같은 존재일 수는 없기 때문이다. 무엇보다 『고구려』조에 '천제자 해모수'라고 분명하게 나오고 있다.
2) 홀승골성 : (원주) 대요大遼의 의주醫州 지역에 있다.
3) 졸본주 : 지금의 중국 환인현에 비정한다.

부여 신화는 본래 『동국이상국집』 「동명왕편」의 주석으로 전하고 있는 『구삼국사舊三國史』 「고구려본기」 고구려 건국신화에 포함되어 있으나 거기서는 해모수와 해부루와의 혈연관계가 없었다. 다만 천제의 아들인 해모수가 하늘에서 내려오는 장경場景이 아주 장관으로 그려져 있다. 해모수는 다섯 마리 용이 끄는 수레를 타고 종자 백여 명은 모두 흰 따오기를 탔다. 그리고 위로는 채색 구름이 뜨고, 그 구름 속에서 음악이 울려 퍼졌다. 웅심산熊心山에 머물러 10여 일이 지난 뒤에 비로소 세상에 내려왔는데, 머리에는 까마귀 깃이 꽂힌 관을 쓰고, 허리에는 용광검龍光劍을 찼다고 했다. 그리고 아침엔 하늘에서 내려와 정무를 보다가 저녁이 되면 하늘로 올라가곤 했는데, 사람들은 그를 '천왕랑天王郎'이라고 불렀다고 한다, 즉 해모수는 웅심산 산신이었다. 해모수는 단군신화의 환웅에 해당하는데, 단군신화에 비해 해모수 신화는 문명의 냄새가 물씬 풍긴다.

해모수신화가 단군신화보다 훨씬 후대에 이루어졌다는 증좌로는 바로 해모수의 하늘부터의 하강 장경이 사마천의 『사기』 「조세가趙世家」의 기록에 영향받은 것을 들 수 있다. "조간자趙簡子가 병에 걸렸다가 2일 반 만에 깨어나서 대부들에게 말하기를 '나의 천제가 있는 곳이 몹시 즐거웠으며, 백여 신들과 하늘 중앙에 노닐 적에 성대한 음악이 여러 차례 많은 곡으로 연주되고, 여러 가지 양식의 춤이 추어졌다. 3대(하·은·주)의 음악과도 달리 그 소리가 사람 마음을 움직이더라'"는 것이다. 이 장경의 묘사에 영향을 받은 것이 분명하다.

북부여가 사실은 동부여가 있기 전의 원부여국을 가리킨다. 송화강 유역을 무대로 성장하였다는데, 단군조선과 함께 우리 나라 고대의 2대국의 하나다. 부여가 기록에 나타나기는 기원 전 4세기경이나, 실제 입국은 그보다 빨랐을 것이다. 춘추시대 제후의 회동연會同宴 예식인 반점례反坫禮가 『삼국지』「부여전」에 보이기 때문이다. 서기 494년 고구려에 의해 망하기까지 9백 년 이상은 지속했다.

그런데 부여국은 타지他地(이 타지를 김철준은 산동성 방면으로 추 측)에서 망명해온 동명東明이 세운 나라다. 따라서 동명신화가 있어 오다 고구려 입국 이후 어느 때인가 고구려 주몽(동명) 신화 가 되어 버렸다. 주몽 신화에서 해모수는 주몽의 아버지로 나오 는데, 여기서는 해부루가 해모수의 아들로 되어 있다. 고구려가 동명신화를 점유하면서 해모수가 두 계보로 갈라지게 된 것이 다. 해모수의 '해'는 일광日光·일정日精을 뜻한다. 그래서 고구 려의 5대 모본왕까지의 왕성은 '해'였다. 이 해모수는 실은 뒤에 서 논의할 동명신화에 나오는, 하늘에서 내려온 '계란만 한 크기 의 정기'가 변형된 것이다.

북부여는 원래 부여였는데, 동부여가 분립함으로써 그것과 구 별하기 위해 북부여라고 한 것 같다. 그런데 '부여(buyo)'라는 말 은 북방에서 '사슴'을 가리킨다고 한다. 이것은 부여족에게 사슴 토테미즘이 있었던 것을 시사한다. 『동국이상국집』의 동명신화 에 금와왕이 아들들과 주몽이 사냥을 할 적이면 주몽이 항상 아 들들보다 많은 사슴을 잡았다 했고, 비류왕 송양松壤과의 만남에서도 백 보 밖에서 그림 사슴의 배꼽 맞히기 시합을 했으며, 또 흰 사슴을 잡아 서꾸로 매날아 놓고 홍수가 나노록 주원呪願을 했다고 했다. 신화에서만 그러한 것이 아니라 『삼국사기』의 고구려와 백제의 「본기」에는 왕이 사냥을 나가 사슴과 노루(사슴과 비슷함)을 잡았다는 기사가 수많이 나온다. 백제는 고구려와 함께 부여계 종족이기 때문이다. 「신라본기」에는 사슴 사냥 기사가 없다. 종족이 두 나라와 다름을 뜻한 것이다. 고구려 고군벽화에도 사슴 사냥 장경이 있다.

동부여

북부여의 왕 해부루解夫婁의 재상 아란불阿蘭弗은 꿈을 꾸었다. 꿈에 천제가 강림하여 그에게 말했다.

"장차 나의 자손으로 하여금 이곳에 나라를 세우게 하리라[1]. 너희는 이곳을 피해 가라. 동쪽 바닷가에 가섭원迦葉原이라는 땅이 있어 토지가 기름지다. 왕도를 세울 만한 곳이다."

아란불은 해부루왕에게 권하여 왕도를 가섭원으로 옮겼다. 그리고 국호를 '동부여東扶餘'라고 했다.

해부루왕은 늙도록 왕자를 얻지 못했다. 하루는 신하들을 거느리고 나가, 산천의 신들에게 제사를 올리고 그의 후계자의 탄생을 빌었다. 그런데 그가 탄 말이 곤연鯤淵이란 데로 가서, 큰 돌을 보고 마주서서 눈물을 흘리는 것 아닌가. 부루왕은 이상하게 생각하고, 곁에 있던 신하들을 시켜 그 돌을 굴려 내게 했다. 그랬더니 거기에서 금빛 살갗에 개구리의 모양을 한 어린아이가 나왔다.

부루왕은 기뻐 외쳤다.

"이는 하늘이 내게 아들을 내려 주심인가!"

그리고는 그 이상하게 생긴 어린아이를 데려다 길렀다.

이름은 금와金蛙라 지었다. 그가 자라자 부루왕은 태자로 삼았다.

---

1) 장차 나의~세우게 하리라 : (원주) 동명왕이 장차 일어날 징조를 말함이다. — '아란불'이란 인명이나 '가섭원'이란 지명은 상당히 불교적인 윤색의 흔적을 보여 주고 있다.

해부루왕이 죽자 금와태자가 왕위를 계승했다. 다음으로 금와왕은 왕위를 태자 대소帶素에게 전했다.

신新의 왕망 15년, 즉 고구려 대무신왕 5년(22)에 고구려의 왕 무휼(3대 대무신왕)이 쳐들어와 대소왕을 죽이자 동부여국은 없어졌다.

　신화 상으로는 해부루 때까지는 부여였는데, 재상 아란불의
꿈에서의 천제의 계시로 부여가 동부여로 옮겨 가면서 부여(북부
여)는 천제의 자손[주몽＝동명] 차지가 되고, 부여는 없어지는 것이
다. 신화 상으로는 주몽이 부여의 후계자로 된 셈이다. 그래서
앞 해모수 신화에서 "이 북부여를 계승하여 동명제가 일어났다.
고 한 것이다. 북부여를 계승하여 일어났다면서, 무대가 송화강
유역이 아니라, "졸본주에다 서울을 정하여 졸본부여가 되었다.
고 했다. 고구려가 부여의 동명신화를 점유하면서 생긴 졸본부
여 고구려의 현실과 어긋남이 생긴 결과다. 그리고 고구려가 북
부여 해모수 신화를 점유하면서, 북부여의 해모수 신화에서는
해부루가 해모수의 아들이었으나, 이 「동부여」편에서는 해모수
가 보이지 않고, 해부루가 동부여의 시조로 되어 있다. 그래서
뒤의 다른 한 버전에서는 해부루가 천신의 혈통을 계승하기 위
해 단군을 아비로 하고 있다.

　*금개구리는 정확하게는 금두꺼비를 가리키는 것 같다. 두꺼
비는 중국에서 오래전부터 월광月光·월정月精의 상징이다. 곧
수신水神인 것이다. 그러므로 두꺼비는 곧 수신이다. 더구나 곤
연이란 못 언저리에서 발견된 두꺼비다. 부여는 동이족 중에서
일찍이 중국 문화를 체험한 나라다. 그래서 '해'가 일광·일정을
상징함에 맞추어서 수신인 두꺼비를 택했던 것이다. 일신과 수
신이 주몽신화에 해모수와 유화처럼 부부로 만남이 있지만, 이

해부루와 금와 같이 부자로서의 결합에는 모종 정치적인 변동의 상징이 당연히 있다. 노중국은 금와 집단은 곤연 지역을 중심으로 와蛙를 토템으로 한 김씨 성을 칭한 집단으로 보아, 선진집단인 해부루 집단의 정치적 파트너로서의 선택됨을 상징한 것이라 했다. 두 집단의 이런 결합의 상징에는 와蛙 토템보다는 일신에 대응되는 수신으로서 금두꺼비가 훨씬 사실에 가깝지 않을까 생각한다.

　＊대소는 신화 상으로는 동부여의 3대 왕이다. 고구려왕 무휼의 침공으로 대소가 전사하자, 마치 동부여가 멸망한 것처럼 되어 있으나 이것은 착오다. 동부여국은 광개토대왕 대까지는 존속했다.

고구려

– 동명신화

고구려는 곧 졸본부여卒本扶餘다. 혹은 지금의 화주和州, 또는 성주成州 등지라 하나 모두 잘못이다. 졸본주는 요동 방면에 있다.

『국사』1) 「고(구)려본기」에 다음과 같은 기록이 전한다.

"고(구)려의 시조는 동명성제東明聖帝2)로서 그의 성은 고高씨, 이름은 주몽朱蒙이었다. 고주몽의 탄생과 고구려 건국의 내력은 이러하다.

북부여의 왕 해부루는 그의 재상 아란불의 꿈에서 받은 천제의 명령에 따라 그의 나라를 동부여로 옮겼다. 뒤에 부루왕이 죽고 금와태자가 임금이 되었다.

금와가 왕위에 오른 뒤, 어느 날 그는 태백산 남쪽에 있는 우발수를 지나다가 한 여인을 발견했다. 금와왕은 그녀에게 다가가 웬 여자냐고 물었다. 왕의 물음에 여인은 다음과 같이 고백했다.

'나는 본시 물의 신 하백河伯3)의 딸입니다. 이름은 유화柳花4)라고 해요. 어느 화창한 날 동생들과 함께 나들이를 갔더랬지요. 그때 한 남자를 만났어요. 그는 자기가 천제의 아들 해모수라고 말했어요. 그는 나를 꾀어 ＊웅신산熊神山 아래의 압록강 가에 있는 어떤 집 속으로 데리고 들어갔어요. 거기서 그는 나를 사통하고, 그리고는 떠나가고

---

1) 『국사』 : 김부식의 『삼국사기』를 가리킴.
2) 『삼국유사』의 '성제聖帝'라는 칭호는 『삼국사기』의 '성왕聖王'이라는 칭호와 대조된다. 『삼국유사』의 자주사관의 한 징표다.
3) 하백 : 본래 '황하의 신'을 뜻하나, 여기서는 '강하의 신'의 뜻임.
4) 유화 : 이규보의 「동명왕편」의 주석에는 유화의 두 동생의 이름은 원화와 위화라고 했다.

돌아오지 않고 있어요.[5] 부모님은 중매도 거치지 않고 함부로 낯선 사내에게 몸을 맡겼다고 나를 여간 꾸짖지 않았어요. 그래서 나를 이곳에다 귀양 보낸 것이랍니다.'

여인 유화의 고백을 듣고 금와왕은 이상한 느낌이 들었다. 그래서 그 유화를 데리고 가서 ✻으슥한 방 속에 가두어 두었다. 그랬더니 그 으슥한 방 속으로 햇빛이 들어와 유화의 몸을 비추기 시작했다. 유화가 몸을 움직여 그 햇빛을 피하노라니 햇빛은 또 따라와 그녀의 몸을 비추곤 했다. 그러더니 유화는 마침내 잉태하게 되었다. 닷되들이 크기의 알 하나를 낳았다.

금와왕은 그 알을 내다 버리기로 했다. 처음 ✻개와 돼지들에게 그 알을 던져 주어 보았다. 그랬더니 그들은 알을 먹으려 들지 않았다. 말과 소들이 다니는 길바닥에다 버려 보았다. 말과 소들도 그 알을 밟지 않고 곁으로 피해 갔다. 다시 들판에다 갖다 버렸다. 이번에는 새와 짐승들이 내려와 그 알을 날개랑 몸으로 덮어 주는 것이었다.

왕은 그 알을 도로 가져다 깨뜨려 버리려 했다. 그러나 알은 또 깨뜨려지지도 않았다. 마침내 그 알을 어미 유화에게 되돌려 주었다.

어미 유화는 알을 포근히 감싸서 따뜻한 곳에다 보호했다.

그 알에서 껍질을 깨고 한 아기가 태어났다. 골격이며, 외모부터가 영명해 보이고 기특했다. 나이 겨우 일곱 살에 그 아이는 여느 아이들과는 달리 여간 숙성하지 않았다. 그래서 제힘으로 활이랑 화살을

---

5) 그는 자기가~않고 있어요 : (원주)『단군기檀君記』에는 '단군이 서하 하백(강물의 신)의 딸과 정분을 맺어 아들을 낳아 이름을 부루라 했다'고 기록되어 있다. 이제 이 기록을 보면 해모수가 하백의 딸과 사통하여 뒤에 주몽을 낳았다고 했다. 단군기에 '아들을 낳아 이름을 부루라 했다.'고 했으니 부루와 주몽은 어머니가 다른 형제일 것이다. ― 원주에는 부루와 주몽을 어머니가 다른 형제로 보았으나 이것은 실수다. 아버지가 다른 형제로 보아야 할 것이다.

만들어 곧잘 쏘아댔는데, 그것이 또 백발백중이었다. 그 나라 풍속에서는 활 잘 쏘는 사람을 가리켜 '주몽朱蒙[6]'이라 불렀다. 그래서 그 아이의 이름을 주몽이라 지었다.

금와왕에겐 일곱 왕자가 있었다. 그들은 항상 주몽과 함께 활쏘기며 말타기 등 놀이를 같이했다. 왕자의 그 누구도 주몽의 재주를 당해 낼 수가 없었다. 주몽을 시기해 오던 태자 대소는 드디어 왕에게 아뢰었다.

'주몽은 본시 인간의 정기로 태어난 놈이 아닙니다. 만약 일찍 그를 없애 버리지 않으면 후환이 있을까 합니다.'

금와왕은 태자 대소의 말을 듣지 않았다. 왕은 주몽을 말먹이꾼으로 있게 했다.

주몽은 앞일을 예감하고서, 품종이 썩 뛰어난 놈을 골라 일부러 먹이를 적게 주어 여위게 만들었다. 그리고 미련한 놈은 잘 먹여 살찌게 해 두었다. 아니나 다를까, 왕은 살찐 말을 골라 자기가 타고, 여윈 놈은 주몽에게 주었다.

태자 대소 등 여러 왕자와 금와왕의 여러 신하는 장차 주몽을 해치기로 모의했다. 그 낌새를 알아챈 주몽의 어머니 유화부인은 몰래 주몽에게 말했다.

'이 나라 왕궁의 사람들이 장차 너를 해치려 하는구나. 너만한 재략으로 어딜 간들 뜻을 못 이루랴. 이곳을 벗어나 화를 면하도록 해라.'

그때 주몽에겐 오이烏伊 등 세 사람[7]의 충실한 부하이자 믿음직스

---

6) 「광개토대왕비」에는 '추모鄒牟'라고 되어 있다. 당시는 '朱蒙'과 '鄒牟'의 한자 음이 비슷했던 것 같다.

7) 오이 등 세 사람 : 오이를 제외한 나머지 두 사람은 마리摩離와 협보陝父다.

러운 벗이 있었다. 주몽은 곧 이들 세 사람과 함께 동부여 땅을 탈출해 나왔다. 주몽 일행은 엄수淹水8)에 다다랐다. 그래서 주몽은 강물을 향해 호소하였다.

'나는 천제의 아들이자 하백의 외손이다. 오늘 화를 피해 도망해 오는 길, 쫓는 자들은 바로 뒤에 닥치고 있는데 어쩌면 좋으랴?'

주몽의 호소가 있자마자 문득 물결 위로 무수한 고기와 자라들이 떠올랐다. 그리곤 스스로의 몸들을 이어 순식간에 다리를 이룩했다. 주몽 일행은 그 고기와 자라들의 다리 위를 달려 강을 건넜다.

주몽 일행이 맞은편 강 언덕에 닿자 그 고기와 자라들은 물속으로 흩어져 가고 다리는 풀려 버렸다. 주몽 일행을 추격하던 무리는 마침내 그 물을 건너지 못했다.

주몽 일행은 졸본주9)에 이르러 그곳을 도읍으로 정했다. 미처 궁실을 지을 겨를이 없어 일단 비류수 언저리에 초막을 짓고 머물러 국호를 '고구려'라 하고, 이에 따라서 주몽은 그의 성을 고高10)씨로 했다. 이때 주몽의 나이는 열두 살11). 그가 즉위하여 왕이라 일컬은 것은 중국 한나라의 효원제 12년(기원전 37)의 일이었다. 고구려가 전성하던 때의 가호의 수는 21만 5백 8호12)나 되었다."

---

8) 엄수 : (원주) 지금의 어느 곳인지 미상이다. ― 『구삼국사』에는 '엄체수淹滯水', 『삼국사기』에는 '엄체수遞水', 그리고 「광개토왕릉비」에는 '엄리대수奄利大水'라 하여 문헌마다 표기가 조금씩 다르다.

9) 졸본주 : (원주) 현토군 경계임. 지금의 환인현으로 비정.

10) 고 : (원주) 본성은 '해解'씨였는데 이제 자기가 천제의 아들로 일광을 받고 태어났다고 하여 '고高'씨로 했다. ― 고구려의 태조왕 때 부여의 동명신화가 고구려의 동명신화로 점유되면서 성이 고씨로 바뀌었다고 본다.

11) 열두 살 : 『삼국사기』에는 22세라 했다.

12) 가호의 수는 21만 5백 8호 : 고구려가 망할 때의 가호 수는 69만 7천 호임.

『주림전珠琳傳』[13)]이란 책의 제 21권에 있는 기록.

"옛날, 영품리왕寧稟離王의 시비侍婢가 임신을 했다.

한 관상가가 점을 쳐 보고 말했다.

'이 아이는 태어나 왕이 될 것이다.'

왕은 이 관상가의 점괘 풀이를 듣고서 말했다.

'나의 혈육이 아니다. 죽여 버림이 마땅하겠다.'

이에 그 시비는 설명했다.

'하늘로부터 온 정기로 하여 내가 임신하게 되었습니다.'

그 시비의 몸에 잉태되었던 아기가 태어나자 왕은 상서롭지 못한 일이라 하여 아기를 돼지우리 속에다 버렸다. 돼지가 입김을 불어 아기를 따뜻하게 해 주었다. 다시 마구간에다 버렸더니 말이 젖을 먹여 주었다.

그 아기는 끝내 죽지 않고 자라나 마침내 부여의 왕이 되었다[14).]"

---

13) 『주림전』 : 7세기 당나라 도세道世가 찬술한 책 『법원주림法苑珠林』을 말함.
14) 부여의 왕이 되었다 : (원주) 곧 동명제가 졸본부여의 왕이 된 사실을 말한 것이다. 이 졸본부여는 역시 북부여의 별도別都이기 때문에 이 기록에서 '부여의 왕'이라 했다. 여기 나오는 영품리는 곧 부루왕의 다른 칭호이다.

　　현재까지의 기록으로 전하는 고구려 건국신화 중 가장 이른 기록인 서기 1세기경에 기록된 후한 왕충의 『논형論衡』에 나오는 부여의 건국주 동명東明신화다. 고구려가 이 신화를 점유해서 두 가지 버전의 신화를 보여준다. 그 한 가지는 「광개토왕릉비」버전 이고, 다른 한 가지는 원래 서사무가敍事巫歌로 추측되는 『구삼국 사』 버전이다. 『논형』의 동명신화를 보이면 다음과 같다.

　　북쪽의 이족夷族 탁(고)리국왕槖(橐)離國王('橐'자는 문헌에 따라 高·橐·豪·櫜 등으로 되어 있으나, 高·橐자를 제외하고는 모두 자형字形을 따른 오자이고, 高·橐는 자음이 같으므로 섞어 쓰인 것이다)의 시비가 임신해서 왕이 죽이고자 했다. 시비가 말하기를 "계란만한 크기 의 정기[日精]가 하늘에서 내려와서 내가 그래서 임신하게 됐다" 라고 하였다. 뒤에 아들을 낳자 돼지우리에 버렸더니 돼지들이 입김을 불어 죽지 않게 했다. 다음에는 말 우리에 갖다 놓아 말 로 하여금 밟아 죽이게 했으나 말들도 입김을 불어 죽지 않게 했다. 왕은 아이가 천제의 아들인가 의심하여 그 어미로 하여금 거두어 종처럼 기르게 했다. 이름을 동명東明이라 하고 그로 하 여금 우마牛馬를 기르게 했다. 동명이 활을 잘 쏘아 왕은 그에게 나라를 뺏길까 두려워해서 그를 죽이고자 했다. 동명은 남쪽으 로 달아나 엄호수에 이르렀다. 활로 물을 치니 고기와 자라들이 떠올라 와 다리를 만들었다. 동명이 물을 건너자 고기와 자라들 이 해산했다. 그래서 추격해 오던 군사들은 물을 못 건너고 말았다. 이로 해서 동명은 부여에 도읍하고 왕이 되었다. 그래서 북쪽 이족夷族에 부여국이 있게 된 것이다.

그런데 이 동명신화는 고구려에서 앞에 말한 대로 두 계통의 전승으로 나타난다. 그 중 「광개토왕릉비」 버전은 다음과 같다.

이전에 시조 추모왕鄒牟王이 기업基業을 창성할 적에 북부여에서 나왔으니 천제의 아드님이시다. 어머니는 하백의 따님이시니 낳은 알을 깨고 하늘에서 내려와 태어나시었다. 성덕이 있고(비문 6자 마모) 수레를 몰아 남쪽으로 내려오셨다. 길이 부여의 엄리 큰 강을 건너야 하매 왕께서 나루에 다달아 말씀했다. "나는 황천의 아들이고, 어머니가 하백의 따님이신 추모왕이다. 나를 위해 물풀들을 잇고 거북들을 뜨게 하라"고 하셨더니 즉시 물풀들이 이어지고 거북들이 떠올랐다. 그런 뒤에 나아가 물을 건넜다. 그래서 비류곡沸流谷 홀본忽本 서성산 위에 도읍을 세웠다. 세상의 왕위가 즐겁지 않게 여기게 되자, (천제가)황룡을 내려보내 왕을 맞았다. 왕은 홀본 동쪽 산등성이에서 황룡에게 업힌 채 승천하셨다.

이 버전은 부여의 동명신화를 고구려 추모(주몽)의 상황에 맞추어 조금 변형한 것이다. 동명과 추모가 천제의 아들인 점에서는 변함없으나, 동명의 어머니인 고리왕의 시비가 이 버전에서는 천제의 대응으로서 당당한 존재감으로 다가와 있다. 이러한 변화가 고구려에 와서 있었는지, 그 이전 부여 시절에 변화를 겪어 그대로 「광개토왕릉비」 버전으로 되었는지가 문제인데, 나는 하백이라는, 『장자』에 나오는 황하의 신을 신화에 끌어들인 점에 주목한다. 이것은 아무래도 춘추시대부터 중국 문물에 닿았으며, 해모수의 하강下降 장경에 『사기』의 유사한 장경의 묘사를 가져오는 등, 중국 문물에 익숙한 부여에서 변화를 겪었다고 본다.

신화는 국세國勢의 변화에 따라 일정하게 변화하기 마련이다. 동명이 망명해와서 세운 부여가 강국으로 부상하면서 국격의 제고를 당연히 생각했을 터이고, 그 우선적인 작업이 동명의 어머니의 시비 신분을 없애고, 천제의 당당한 대응으로서의 정립이다. 더구나 부여의 영토 중심에는 송화강이 흐르고 있다. 수신 하백의 딸로 발상하기에 꼭 좋은 환경이다. 『구삼국사』 버전에 하백의 딸 유화에게 지모신적地母神的 면모와 표리관계를 이룬다. 송화강 유역은 들이 넓고 오곡이 잘 되는 것으로 알려져 있다. 수신과 지모신의 존재가 요구되도록 자연환경이 갖추어져 있는 셈이다.

물론 부여의 지모신은 부여 이전부터 있어 왔을 것이다. 그전에 부여 등장 이후 이 신화적 자질은 부여의 것이 되었고, 고구려가 부여의 동명신화를 점유하면서 이 신화적 자산이 고구려의 것이 되었다. 『주서周書』, 「고구려전」에 "또 신묘神廟 두 군데가 있다. 그 하나는 부여신夫餘神이니, 나무로 부인상을 만들었고, 다른 하나는 등고신登高神이니 그들의 시조로 부여신의 아들이다. [중략] 대개 하백과 주몽을 이른다"라 한 것이, 신화적 자산이 부여에서 고구려로 전승된 흔적을 잘 보여준다.

이 「광개토대왕릉비」버전은 광개토대왕과 동시대 지배층인 「모두루牟頭婁의 묘지명」에도 그 골자가 나온다. "하백의 손자(외손)이며 일월의 아들인 추모성왕은 원래 북부여에서 나왔다"고 하고, 추모(주몽)가 하백의 손자, 일월의 아들임을 거듭 강조하고 있다. 그러므로 이 버전은 주로 고구려 지배층(따라서 추모왕의 실정에 맞추어 변형되기 이전은 부여의 지배층)에 의해 전승되던 것이다.

이와는 별도로 『구삼국사』버전은 주로 민중 사회에서 신도 사제司祭(무당)의 신가神歌로 전승되던 버전으로 보인다. 우선 이규보가 "어리석은 남정네와 아낙네들도 자못 이 일(동명신화)을 이야기할 줄 안다"고 한 술회에서도 그 점이 드러나지만, 신화의 전체 면모가 그러하다. 분량이 많아 인용으로 설명하지는 못하거니와, 특히 해모수가 하늘에서 내려오는 장경을 위시하여 해모수와 하백과의 도술 자랑, 비류왕沸流王과의 혈통 자랑과 활쏘기 경쟁, 주몽의 흰 사슴을 향한 하늘에의 주원呪願 등 흥미 위주의 화소話素가 번다하게, 작위적으로 동원해 내용이 사설조의 흐름을 타는 것이, 한문 산문으로 옮겨지기 전에는 서사무가의 한 전형일 것 같다. 앞 「광개토왕릉비」버전과는 내용과 분량이 판이하게 다른 버전이다. 그 두 가지 버전의 다름의 핵심은 「광개토왕릉비」버전에서는 주몽이 '천제의 아들'임에 대하여, 『구삼국사』버전에서는 주몽이 '천제의 손자'로 되어 있다는 것이다. (버전 전자의 골격에 후자의 화소를 다른 문헌도 참고하여 적절히 선취하고, 축약한 『삼국사기』의 동명신화를 또 축약한 것이 이 『삼국유사』의 동명신화다.) 『논형』의 원 동명신화나 「광개토왕릉비」버전에도 없던 해모수의 등장으로 하여 기본 골격을 제외한 내용 전반이 다른 버전이 되었다. '해모수'라는 이름으로 보아 부여 시절에 이미 전승이 시작된 것은 분명하다. 그것이 고려로 넘어와 훗날 『구삼국사』 버전이 이루어지기까지 그 시대의 여건에 맞추어 많은 변개가 있었을 것이다.

부여의 동명신화가 고구려의 동명신화로 점유된 것은 고구려 국세의 상승과 상대적으로 부여(북부여) 국세의 약화의 반영이다. 그런데 왜 고구려는 부여의 동명신화를 탐했는가? 그것은 부여의 정통성 때문이다. 부여는 유서 깊은 고국으로 서기 49년부터 중국식 왕호王號를 사용하고, 중국에 매년 사신을 파견하는 등 성세를 지켜왔다. 그러한 부여에서 분립해 나온 고구려의 전신 졸본부여로서는 선망의 대상이었다. 거기다가 동부여가 분립해 있어 3부여가 정통성을 두고 겨루게 되었다. 당시 국가 정통성의 근원은 하늘이다. 하늘이 얼마나 왕조의 건립을 허용했느냐가 문제였다. 이 허용 여부는 신화를 통해 나타난다. 고구려 (졸본부여)가 부여의 동명신화를 점유할 즈음 부여왕 해부루의 재상 아란불의 꿈을 통하여 "장차 나의 자손(주몽)으로 하여금 이 땅에 나라를 세우게 할 것이니, 너희는 피해가거라."고 하는 천제의 계시에서 고구려가 하늘로부터의 정통성에 얼마나 집착했느냐를 알 수 있다. 동부여를 정통성에서 배제하고, 고구려가 부여의 정통성을 잇겠다는 것이다.

부여계 국가끼리의 정통성 다툼이 얼마나 집요했느냐는 백제를 통해서도 알 수 있다. 백제는 『삼국사기』「온조왕 본기」보다 그 협주夾註의 기록이 더 진실에 가까워 보인다. 즉 비류와 온조 형제는 주몽(동명)의 아들이 아니라, 북부여 해부루(나중에는 동부여의 시조)의 서손 우태優台의 아들로, 남하하여 입국하자 왕성王姓도 부여씨로 하고, 부여 동명의 사당을 세웠으며(김부식은 고구려 동명의 사당으로 알았다), 26대 성왕 때 수도를 사비泗沘로 옮기고 국호를 '남부여'로 바꾸기까지 하였다. 부여 정통성 싸움에서 고구려(졸본부여)는 자기들이 북부여에서 나왔다고 「광개토왕릉비」나 「모두루묘지」에서 밝히고 있는데, 동부여에서는 주몽을 금와왕이 우발수에서 만난 유화의 사생아란 설을 퍼뜨린 정황이 파악된다. 이에 대해 고구려(졸본부여)는 「광개토왕릉비」에서 "동부여는 이전에 추모왕의 속민屬民이었다"고 주장한다. 북부여는 자기들의 국조國組 신화가 통째로 고구려에 점거당해 더 이상 기록이 없고, 현재 기록을 통해 보존한 정통성 싸움은 주로 동부여와 고구려(졸본부여) 사이에서 파악된다. 『삼국사기』의 「동명왕본기」도 동부여에서 퍼뜨린 설을 따르고 있다. 그리고 『삼국유사』의 「동명신화」는 『삼국사기』를 따랐다.

　그렇다면 어느 시기에 고구려는 부여의 동명신화를 점유했느냐가 문제로 떠오른다. 주몽이 북부여를 탈출하여 졸본국에 있을 때 그곳에는 이미 졸본부여가 있었고, 마침 왕이 아들이 없었는데 주몽의 비상함을 알고 사위로 삼아 왕위를 전했다고 『삼국사기』「동명왕 본기」의 협주는 전한다. 이 협주의 기록이 더 사실에 가까워 보인다. 주몽이 졸본부여의 왕으로 있은 지 5대를 지나 태조왕대에 이르러 국호를, 부여 동명의 출자국出自國인 '고려'에 연관되는 '고구려'로 고치고, 왕성도 부여의 왕성 '해解'씨에서 '고高'씨로 바꾸었다. 이 시기 졸본부여의 국세는 부여계 제국諸國을 압도할 만큼 성장하지 않았나 생각되고, 이 시기에 이르러 부여의 동명신화가 고구려의 동명신화로 점유되지 않았나 생각한다.

★동명(주몽)신화는 단군신화의 후기적인 형태로 유연성類緣性을 가지고 있는 것으로 알려져 있다. 환인의 아들 환웅은 여기서는 천제의 아들 해모수로, 단군신화의 웅녀가 동명신화에서는 수신 하백의 딸로 되어 있는데, 이 웅녀에서 하백의 딸로의 변화가 유연성의 고리다. 왜냐하면 본래 곰이 신화학적으로 수신의 상징인데, 동명신화에서는 사람 형태의 수신으로 나타나 있고, 단군신화 웅녀의 웅성熊性을 하백의 딸이 해모수를 만난 곳이 웅신산熊神山이란 지명으로 그 흔적을 남기고 있기 때문이다.

★원주에 있듯이 『단군기』에는 서하 하백의 딸이 단군과 정분이 맞아 그사이에 부루가 태어났다고 했다. 해모수 대신에 단군을 아버지로 받든 것이다. 그래서 해부루의 '해'라는, 부여의 왕성을 쓰지 않고, 그냥 '부루'라고 한 것이다. 고구려에 하늘로부터의 정통성을 점유당하고 난 뒤에 동부여에는 새로운 천손족天孫族의 계보를 단군에서 찾은 일파─波가 있었던 것 같다.

★'으슥한 방 속으로 햇빛이 들어와 유화의 몸을 비추었다'는 것은 『논형』에 실려 있는 부여의 동명신화에서 '계란만한 크기의 정기가 하늘에서 내려와서 운운'한 것의 후세적 진화다. 동명신화의 일정日精 화소가 그 시대에 맞게 형태가 달리 표현된 것이다.

✳'개와 돼지들에게 그 알을 던져 운운'은 선행하는 중국의 국조신화에 먼저 나오는 화소다. 주周의 시조 후직后稷이 '태어나서 골목길에 버려졌는데 마소들이 밟지 않고, 얼음 위에 버려졌는데 새들이 날개로 감싸주었다' 등이 그것이다. 일찍부터 중국 문물의 영향을 받아왔던 부여의 동명신화에서 먼저 이 화소가 쓰여 고구려의 동명신화로 전이된 것이다.

신라 시조 혁거세왕

— 혁거세 신화

진한 땅에는 옛날에는 *6촌이 있었다.

그 첫째가 *알천 양산촌閼川楊山村이니, 남쪽은 지금 담엄사이다. 이 마을의 우두머리는 알평, 그는 하늘에서 표암봉으로 내려왔다. 이 알천 양산촌의 우두머리 알평이 급량부[1] 이씨李氏의 조상이 되었다.

그 둘째가 돌산 고허촌突山高墟村이다. 이 마을의 우두머리는 소벌도리, 그는 하늘에서 형산으로 내려왔다. 이 돌산 고허촌의 우두머리 소벌도리는 *사량부[2] 정씨鄭氏의 조상이 되었다. 사량부를 지금은[3] 남산부라고 하며, 구량벌·마등오·도북·회덕 등의 남쪽에 있는 마을들이 이에 속한다.

그 셋째가 무산 대수촌茂山大樹村이다. 이 마을의 우두머리는 구례마, 그는 하늘에서 이산[4]으로 내려왔다. 이 무산 대수촌의 우두머리 구례마는 점량부[5], 또는 모량부 손씨孫氏의 조상이 되었다. 지금은 장복부라고 하여 박곡촌 등의 서쪽에 있는 마을들이 이에 속한다.

그 넷째가 취산 진지촌觜山珍支村[6]이다. 이 마을의 우두머리는 지백호智伯虎다. 그는 하늘에서 화산으로 내려왔다. 이 취산 진지촌의 우

---

1) 급량부 : (원주) 노례왕 9년에 부部를 설치하여 급량及梁이라 했는데, 본조 태조 23년 경자(940년) 중흥부라 개정했다. 파잠·동산·피상·동촌 등이 이에 속한다. — '본조 태조'란 곧 고려 태조 왕건을 지칭.
2) 사량부沙梁部 : (원주) '梁'은 '道(도)'라고 읽으며, 혹은 '涿'라고 쓰니, 역시 '도'라고 발음한다.
3) 지금 : 고려 태조가 경주 일대에 부를 설치한 다음을 말하는 것, 아래에서도 마찬가지다.
4) 이산 : (원주) '계비산皆比山'이라고도 함.
5) 점량부漸梁部 : (원주) '梁(량)'은 '涿(도)'라고도 쓴다.
6) 취산 진지촌 : (원주) 또는 '빈지賓之', '빈자賓子', '빙지氷之' 라고도 썼다.

두머리 지백호는 본피부 최씨의 조상이 되었다. 지금은 통선부라 하여 시파 등의 동남쪽에 있는 마을들이 이에 속한다. 최치원이 바로 본피부의 사람이었다. 지금도 황룡사 남쪽에 있는 미탄사味呑寺 남쪽에 옛터가 있어, 그것이 문창후文昌侯[7] 최치원의 옛날 살던 집터라고들 말하고 있으니 거의 틀림없다.

그 다섯째가 금산 가리촌金山加里村[8]이다. 이 마을의 우두머리는 지타다. 그는 하늘에서 명활산으로 내려왔다. 이 금산 가리촌의 우두머리 지타는 한기부 배씨裵氏의 조상이 되었다. 지금은 가덕부라고 하여 상서지·하서지·내아 등의 동쪽에 있는 마을들이 이에 속한다.

그 여섯째가 명활산 고야촌明活山高耶村이다. 이 마을의 우두머리는 호진이다. 그는 하늘에서 금강산[9]으로 내려왔다. 이 명활산 고야촌의 우두머리 호진은 습비부 설씨薛氏의 조상이 되었다. 지금은 임천부라 하여 물이촌·잉구미촌·궐곡 등의 동북쪽에 있는 마을들이 이에 속한다.

이상 6촌에 관한 기록을 살펴보면 그들 6부[10]의 조상이 모두 하늘로부터 내려온 것 같다. 노례왕[11] 즉위 9년(32)에 비로소 6촌을 6부로 개정하여 그 명칭을 고치고, 그리고 여섯 가지 성을 각각 내려 주었던 것이다. 오늘날 그곳 풍속에 중흥부를 어미라 하고, 장복부를 아비, 임천부를 아들, 가덕부를 딸이라고 하는데[12] 그 연유는 자세하지 않다.

---

7) 문창후 : 최치원의 시호. 문장가로 이름이 났기에, 문창후文昌侯라 한 것이다.
8) 금산 가리촌 : (원주) 지금의 금강산 백률사의 북산 일대다. ― 여기서 금강산은 경북북산을 가리킴.
9) 금강산 : 경상북도 경주시 동천동에 소재한 경주 북산.
10) 6부 : 신라의 전신인 사로국斯盧國에 존재했던 6촌이 개편되었다고 보여지는 6개의 부部.
11) 노례왕 : 『삼국사기』에는 '유리 이사금儒理尼師今'으로 되어 있다. 그 즉위 9년은 서기 32년이다.
12) 오늘날~하는데 : 이것은 혹시 '두레'의 조직에 관한 것이 아닌가 생각된다.

중국 전한의 지절地節 원년[13] 3월 초하룻날에 있었던 일이다.

6부의 조상, 즉 6촌의 촌장들은 각기 그 자제들을 데리고 알천가 언덕에 모여 의논했다.

"우리에겐 위에 군림하여 백성을 다스려 갈 군주가 없다. 때문에 백성들은 각자 제 마음 내키는 대로 행동하여 질서가 잡혀지지 않고 있다. 어찌 덕 있는 분을 찾아내어 군주로 맞이하지 않겠으며, 나라를 세우고 도성을 갖추지 않을까 보냐."

그때다. 알천가 언덕에서 남쪽으로 양산 기슭에 이상한 기운이 보였다. 그들은 좀 더 높은 곳으로 올라가 바라보았다. 양산 기슭의 나정蘿井 곁, 그 신비스러운 기운은 땅으로 드리워져 있었고, 그것은 마치 전광과 같았다. 그리고 그 서기가 드리워진 곳엔 흰 말 한 마리가 꿇어 절하는 모양을 하고 있었다.

그들은 그곳으로 몰려갔다. 그리고 흰 말이 절하고 있는 곳을 찾았다. 그 흰 말 앞에는 자줏빛 알[14]이 하나 놓여 있었다. 말은 사람들을 보더니 길게 소리쳐 울고는 하늘로 올라가 버렸다.

그 알을 갈라 보았다. 알에선 한 사내아이가 나왔다. 생김새가 단정하고 아름다웠다. 모두들 놀랍고 신기해했다. 아이를 동천東泉[15]에 데리고 가서 몸을 씻겼다. 몸에선 광채가 났다. 새와 짐승들이 덩달아 춤을 추었다. 하늘과 땅이 울렁이고 해와 달의 빛이 더욱 청명해졌다.

---

13) 지절 원년 : (원주) 『고본』에는 건무 원년이라 하고, 또는 건원 3년 등이라고 하나 모두 잘못이다. — 여기서 건무는 후한 광무제의 연호로 그 원년은 서기 25년, 건원은 전한의 무제 연호로 그 3년은 기원전 138년이 된다. 지절은 전한 선제의 연호로 그 원년은 기원전 69년이 된다.
14) 자줏빛 알 : (원주) 혹은 푸른 빛깔의 큰 알이라고도 한다.
15) 동천 : (원주) 동천사는 사뇌야詞腦野 북쪽에 있다.

그래서 혁거세왕赫居世王16)이라 이름했던 것이다. 그리고 그의 직위에 대한 칭호는 거슬한居瑟邯17)이라고 했다.

6촌 사람들은 하늘이 자기들의 임금님을 내려 준 이 경사를 여간 기뻐하지 않았다. 그러면서 그들은 말했다.

"이제 천자님은 이미 강림하셨다. 그렇다면 또 덕 있는 아가씨를 찾아 왕후로 짝을 지어야지 않겠는가."

역시 이날 사량리에 있는 알영閼英 우물가18)에서 한 마리 계룡이 나타나더니, 그 왼편 옆구리로 한 계집아이를 탄생시켰다.19) 그 자태가 유달리 고왔다. 그러나 단 한 가지 그녀의 입술이 마치 닭의 부리처럼 생겼었다. 곧 월성 북쪽에 있는 시내로 데리고 가서 씻겼더니, 그 부리가 빠지면서 예쁘장한 사람의 얼굴이 나타났다. 부리가 빠졌다고 해서 그 시내의 이름을 발천撥川20)이라 했다.

남산 서쪽 비탈21)에다 궁실을 짓고서 두 신성한 아이들을 받들어

---

16) 혁거세왕 : (원주) ✽'혁거세'란 아마 우리말일 것이다. 혹은 '불구내왕弗矩內王'이라고도 하니 '밝게 세상을 다스린다.'는 뜻이다. 혹자는 말하기를 혁거세는 서술성모西述聖母의 낳은 바이니, 중국 사람들이 선도성모仙桃聖母를 찬양하여 '현인을 낳아 나라를 열었다.'는 말을 한 적이 있는 것도 그 때문이라 했다. 그리고 보면 계룡이 상서로움을 나타내어 알영을 낳았다는 것도 서술성모의 현신을 말한 것이 아닐까 한다. — 일연이 고려 시대의 속설을 끌어다 쓴 것이다.

17) 거슬한居瑟邯 : (원주) 혹은 '거서간居西干'이라고도 하니, 이는 그가 최초로 입을 열 때 스스로 일컫기를 '✽알지 거서간 한번 일어나다'고 했으므로 그 말에 따라 부르게 된 것이다. 이로부터 '거서간'은 왕자의 존칭이 되었다. — 이로써 혁거세 신화에 다른 한 전승이 있었음은 알겠다. '알지'는 '아기'라는 우리말. 거서간의 '간'은 상고에 만몽어滿蒙語와 함께한 우리말로, 군장君長을 의미하는 '칸'이었고, 당시는 '한'에 가까운 발음이었다.

18) ✽알영 우물가 : (원주) '아리영정我利英井'이라고도 한다.

19) 계룡이 나타나더니~계집아이를 탄생시켰다 : (원주) 혹은 용이 나타나 죽기에 그 배를 갈라 동녀를 얻었다고 한다. — 왼쪽 옆구리 운운은 석가모니가 마야부인의 오른쪽 옆구리로 탄생한 설화의 영향을 받은 것 같다.

20) 발천 : '알천'과 같은 말. '부리가 빠졌다고 해서' '발천撥川'이라 이름한 것이 아니라, '撥'·'閼'의 고음은 순경음脣輕音 '봁'이었는데, 음운변화로 '볼'·'올'로 분리되었다.

21) 남산 서쪽 비탈 : (원주) 지금의 창림사昌林寺.

길렀다. 사내아이는 알에서 태어났고, 알이 마치 박 같았으므로 박朴이라 성을 지었다. 그리고 계집아이는 그가 나왔던 우물의 이름 알영閼英을 따서 이름으로 했다.

성聖남아와 성聖여아, 이 둘이 자라 열세 살이 되었을 때, 즉 한漢의 선제 17년(기원전 57)에 성남아 혁거세는 왕으로 추대되었고, 성여아 알영은 왕후가 되었다. 그리고 국호를 '서라벌徐羅伐' 또는 '서벌'22)이라 일컬었다. 혹은 '사라'·'사로斯盧'라고도 했다. 처음 왕이 계정鷄井23)에서 출생했기 때문에 국호를 ✹'계림국鷄林國'이라고도 했는데, 그것은 계룡이 상서로움을 나타낸 때문이었다. 한편 다른 얘기로는 탈해왕 시대에 김알지金閼智를 얻게 될 때 닭이 숲속에서 울었다고 해서 국호를 '계림'으로 고쳤다고도 한다. '신라'란 국호를 정한 것은 후대의 일이다.

혁거세왕은 나라를 다스린 지 61년, ✹하늘로 올라갔다. 하늘로 올라간 뒤 7일 만에 왕의 유체遺體가 흩어져 땅으로 떨어지며, 알영 왕후도 따라 돌아가셨다고 한다. 서라벌 사람들이 그 흩어져 내린 왕의 유체를 한자리에 모아 장사 지내려 했더니, 커다란 구렁이 한 마리가 사람들을 쫓아내며 그렇게 못하게 했다. 하는 수 없어 다섯 부분으로 흩어져 놓인 그대로 각기 따로 능을 모았다. 다섯 개의 능, 그래서 오릉五陵이라 했다. 한편 구렁이에 관련된 능이기 때문에 사릉蛇陵이라고도 했다. 담엄사 북쪽에 있는 능이 그것이다.

태자 남해南解가 왕위를 계승했다.

―――――――――――

22) 서벌 : (원주) 지금 시속에 '경흉'자를 새김하여 '서벌徐伐'이라 이르는 것도 여기서 유래되었다. ― '서벌'은 '서울'의 고어로 보는 관점이다.
23) 계정 : '나정'의 다른 이름으로 불려진 것 같다.

✱6촌은 사로국斯盧國의 정치 체제의 기초로서, 여섯 개의 씨족의 집단으로 이해된다. 『삼국사기』 「신라본기」에 "조선 유민이 이곳에 와서 산곡 간에 헤어져 여섯 촌락을 이루었다"고 한 것에 따르면 사로국 6촌의 주민은 고조선의 유민이다. '유민'이라 한 것을 보아서 그들이 이동해 온 시기가 고조선이 멸망되고 난 뒤 기원전 3세기 말경이 된다. 그런데 주보돈의 연구에 따르면 기원전 7~8세기 무렵 지석묘를 조성하기 시작하던 집단이 경주 분지에 자리 잡음으로써 신라의 원태原態가 갖추어졌다는 것이다. 그러나 이 지석묘를 조성하던 집단은 사로국의 성립에 별 관련성이 확인되지 않고, 사로국 정치 체제는 이들 원주민보다 청동기 문화를 가진 6촌의 씨족집단에 의해 형성되었다는 것이다. 6촌 씨족의 촌장들은 모두 하늘에서 경주 일대의 산봉리로 내려왔다고 했다. 모두 하늘에 근원을 둔 존재들이다. 대체로 '천손족天孫族'의 신화는 이주민 집단의 신화다. 그러나 신화에서는 태초부터 토착해 있던 것처럼 한다. 이들에 의해 사로부족의 초기 형태가 이루어진 셈이다.

✱'알천 양산촌'의 촌명村名은 문제가 있는 것 같다. 혁거세신화 본문에 의하면 알천은 경주 중심에서 북동쪽에 있고, 양산은 경주의 남쪽에 위치하는 남산이다. 경주 남북에 있는 산과 시내의 이름이 인접해 있는 곳인 양 기록된 것은 착오가 있지 않으면, 특별한 의미가 주어져서일 것이다. 『삼국사기』에도 같은 표

기로 되어 있다. 특별한 의미가 주어졌다면 두 곳이 다 사로국의 성소聖所란 점과 관련해서일 것이다. 혁거세는 남산 기슭에서 탄생해서 알천에서 씻겨졌고, 알영은 역시 남산 아래 5릉 근처(알영정의 위치)에서 나서 닭부리 입술을 혁거세와 마찬가지로 발천(순경음 '볼'에서 'ㅇ'이 탈락하면 '불'이 된다)에서 씻어 없앴다 했다. 알천은 동쪽에서 흘러 북쪽으로 휘는 물줄기란 점에서 성소로서의 근거가 있을 것 같다. 동방 숭배의 사상이다. 알천 양산촌은 북천보다 좀 더 동쪽에 있는 물줄기 북쪽 언저리에 있다. 혁거세 탄생지와 대각선으로 바라보이는 곳이다. 이 위치에 무슨 의미가 주어졌는지 모르지만 6촌 촌장들이 혁거세를 맞이하는 모임이 있기 이전부터 신도적인 제의가 관례적으로 열려온 곳일 것이다. 그렇기 때문에 혁거세를 맞이하는 제의도 그곳에서 열렸다. 알천과 그 연장인 북천의 신성성은 후세에도 지속된 것 같다. 파사니사금 15년에 열병식이 있었고, 원성왕의 왕위 획득도 북천신의 도움이라 했다. 한편 양산 서쪽 지역에서도 신라 초기부터 열병식이 있어 왔다. 그런데 양산 서쪽 지역은 신도의 사당인 포석사가 있던 곳이다. 이로 보아 열병식이 신도의 제의와 어울려 함께 행해진 의식인 것 같다. 알천과 양산촌이 다같이 성소로서 열병식도 함께 열렸던 공통점을 갖고 있다.

★사도부沙梁部는 '급도부'·'점도부'·'모도부'와 함께 '도'가 '梁'자로 표기 있어, 음독하면 '량'이 되나 훈독하면 '도'가 된다. 일연이 (원주)에서 "'梁'은 '道'라고 읽는다"라고 한 것은 '梁'이 음차가 아니라 훈차임을 밝힌 것이다. '梁'의 고훈은 '돌'인데

'도랑' · '돌다리'를 의미한다. 이순신의 해전으로 유명한 '명량鳴
梁'을 '울돌목'이라고 한 것도 '梁'을 훈차로 읽은 것이다. '梁'의
훈 '돌'은 일연 시대에는 '도(道)'에 가까운 모양이다. 일연이 또
'涿(탁)'을 '도'로 읽는다 했으니, 이것은 음차일 것이다. 『삼국유
사』는 이상적으로 말하면 여기 이러한 한자의 음차 · 훈차에 따
른 음운 문제가 먼저 철저히 연구되고 난 뒤에야 번역되어야 하
는 것이 순서일 것이다.

＊혁거세의 탄생도 '전광 같은 신비스러운 기운이 땅으로 드
리워졌다'는 표현으로 봐서 그 역시, 부여 · 고구려계 국조國祖들
과 마찬가지로, 천손족이다. 흰 말은 신화학적으로 수신을 상징
하는 만큼 혁거세 역시 일정日精과 수신水神의 결합으로 탄생했음
을 뜻한다. 한 편 흰 말은 하늘의 사자로, 혁거세로 탄생할 알을
가져왔다. 이에 대해 천마총의 흰 말은 왕의 치세가 끝나고 하늘
로 승천할 때의 운반체다. 어쨌든 혁거세족은 철기문화를 가진
이주 집단으로 이해된다. 그래서 청동기 문화를 가진, 이미 토착
화한 6촌의 추대를 받아 군장의 지위에 오름으로써 본격적인 사
로 부족연맹이 성립된다.

＊(원주)에 '혁거세란 '불구내弗矩內'라고도 했다. '弗矩內'는 한
자의 훈차와 음차를 섞어서 지은 말로서 (원주)에 있듯이 '내'를
'世'로 보면 '붉내'가 정식 독법이다('矩'는 '붉'의 'ㄱ'의 표기). 그
의미는 '세상을 밝게 다스린다'는 것이라 하니, 혁거세가 태어나
자 알천(동천)에 몸을 씻긴 의식과 관계가 있는 것 같다. 동쪽은

세상이 밝아 오는 곳이다. '동천에서 씻기니 몸에서 광채가 나고, 해와 달이 더욱 청명해졌다'고 했다. (원주)에 '서술성모'란 중국 제실帝室의 딸이 낳았다는 설화는 후세 모화주의자의 한 부회에 지나지 않는다.

✻(원주)에 혁거세가 최초로 입을 열어 한 말이 "알지 거서간 한 번 일어나다"라고 했다 한다. 이로써 혁거세신화도 또 하나의 전승이 있었음을 알겠거니와, '알지'란 '알+지(존칭어미)'로 후세의 '아기'를 가리킨다. 알은 재생의 신령한 힘을 가지고 있다고 고대인들은 믿어, 갓 태어난 아기를 알의 존칭으로 불렀는데, 실은 아기가 무巫에게서 신神의 격을 가지고 있음을 후세의 무속에서 볼 수 있다. 다시 말하면 그 탄생이 알과 관련을 가진 건국주의 탄생신화는 신도의 제의 자체였다. 알에 대한 신앙을 곡식의 낟'알'에 대해서도 두고 있다. 곡식 역시 신령스럽게도 낟알이 석음으로써 새싹이 터져 나오기 때문이다. 그래서 사로국에는 곡령穀靈 신앙이 성했다.

✻'알영 우물'이란 알영 신화가 있고 난 뒤의 이름이거니와, 알영의 우물가에서 탄생했다는 것이 흥미롭다. 혁거세도 양산 기슭의 나정蘿井 곁에서 탄생했기 때문이다. 이것은 사로국의 곡령 신앙과 깊은 관련이 있을 것 같다. 곡식은 물을 요구함으로써다. 그래서 이름에 낟알의 '알' — (원주)의 '아리영정'의 '아리'도 '알'과 마찬가지로 'ar'계의 표기다 — 이 들어갔다. 곡령 신앙이 정령井靈, 천령泉靈·천령川靈의 수령水靈 신앙으로의 발전으

로 알영정이 나타났다. 알영이 '발(알)천'에 가서 씻김으로써 닭 부리 입술을 없앴다는 것은 결국 알영이 곡령 신앙의 제자司祭者로서 알천 물에서 부정을 가시는 제의를 행했음을 뜻한다. 주몽 신화의 유화에게도 닭 부리 입술을 제거했다는 내용이 있다. 혹자는 두 사례를 할례割禮 의식이라 하나, 할례 같은 통과의례라면 두 사례만이 아니라 보다 광범한 분포가 있었을 것이다. 사료에는 알영 이외에 'ar'계 이름을 가진 왕비나 왕매王妹, 예를 들면 남해왕의 비 '아루', 같은 왕의 누이 '아로', 탈해왕의 비 '아로'(『삼국사기』에 아효阿孝로 되어 있으나 효孝는 로老의 오자임), 지마왕의 비 '애루' 등이 있는데, 필경 알영과 마찬가지로 곡령 제의의 사제자로 주임무로 맡은 여인일 것이다.

 *신라를 계림국鷄林國이라 한 것은 토착씨족에게 닭 토테미즘이 있었다고 생각한다. 혁거세가 출생했다는 계정鷄井(한편 양산 아래 나정이라고도 했다), 알영이 태어나온 계룡鷄龍의 옆구리, 김알지가 황금궤에 담겨 하늘에서 하강할 때 시림에서 소리쳐 운 흰 닭[白鷄], 그리고 「천축으로 갔던 여러 스님」편(『삼국유사』 '의해義解 제5'에 있으나 번역에서 제외되었음)에는 다음과 같은 기록이 나온다. "천축 사람들은 해동을 '구구타예설라'라고 부른다. '구구타'는 닭[鷄]이라는 뜻이고, '예설라'는 귀하다는 뜻이다. 천축 지역에서는 서로 전하기를 그 나라 (신라)는 계신鷄神을 공경하며 떠받들므로 그 깃을 꽂아 장식한다고 했다."라고 여기 '구구타'는 닭의 '꼬꼬댁' 울음소리를 그렇게 표기한 것일 것이다.

＊고대 제왕·군장들은 죽음을 하늘로 올라가는 것으로 표현한 것은 하나의 통례다. 대개 용이 승천의 운반자로 등장하나, 천마총의 출토에서 보듯이 신라에서는 백마가 그 운반자인 것이다. 그런데 혁거세의 경우 운반자로서의 백마는 등장하지 않으니, 그것은 아마 승천 7일 후 유체가 산락하고 5릉이 성립되기까지의 기사에 대한 번거로움 때문에 생략했기 때문일 것이다. 승천 7일 후 유체遺體가 지상으로 산락하기에 수습하여 장례를 지내려 하자 큰 뱀이 나타나 그렇게 하는 것을 금하므로, 5체를 분산된 채로 묻어서 다섯 능으로 했다는 혁거세의 사후 사건은 석가의 입멸入滅 후 다비 과정에 영향받아 나중에 꾸며진 전승인 것 같다. 『대반열반경大般涅槃經』에는 "화장한 향나무 더미에 불길이 일고 난 7일 뒤에 관이 다 녹았고, 사리를 수습할 적에 뭇 허공 제천이 묘화妙華를 뿌려 내려 사리에 공양했으며, 제국왕들이 그 사리를 갈라가서 탑파를 만들어 봉안했다"했고, 『반니원경般泥洹經』에는 "다비에 임해 불타의 관에 머리를 조아리고 나무 무더기를 세 바퀴 돌 때 예를 올린 여러 족류族類 가운데 사구신蛇軀神이 있었다"고 했다. 이 두 경전의 영향으로 혁거세는 불타화佛陀化해서 그 유체를 이곳저곳에서 공양받는 사리로 보고 그 무덤을 탑파로 생각하고자 하는 의도를 전래의 승천 모티브의 틀 안에서 실행시키자니 유체를 하늘에서 산락하게 한 것이다. 유체 산락은 불경의 도처에 나오는 천화산락天花散落의 모티브에 익숙했기 때문에 혁거세의 사리(유체)의 산락은 쉽게 발상할 수 있었을 것이다. 그리고 유체의 산락 상태를 그대로 보호하고자 한 큰 뱀은 불경에 많이 나오는 호법용護法龍의 지상적

변용에 다름 아닐 것이다.

한편 김열규는 시신이 찢어졌다가 다시 합해져서 살아나는 시늉을 하는 동북아시아 무당의 입무식入巫式의 핵심적 절차로서의 재생제의에 연계해서 이해하려고 했다.

제2대 남해왕

— 신라 왕의 칭호들

남해 거서간을 또한 차차웅次次雄이라고도 한다. 이는 존장에 대한 호칭인데, 오직 이 남해왕만을 차차웅이라고 불렀다. 아버지는 혁거세요 어머니는 알영부인이며, 비는 운제부인雲帝夫人[1]이다. 전한 평제 원시元始 4년 갑자(서기 4년. 이하 숫자로만 표시)에 혁거세를 이어 즉위하여 나라를 다스린 지 21년 만인 신新의 왕망王莽 지황地皇[2] 4년 갑신(24)에 붕어했다.[3] 이 왕이 삼황三皇[4]의 첫째라 한다.

『삼국사』를 상고해 보면, 신라에서는 왕을 '거서간居西干'이라고 불렀다. 이것이 진한의 말로 '왕'이라는 말이다. 어떤 사람은 말하기를, "거서간은 귀인을 부르는 칭호라고 하며, '차차웅次次雄,' 혹은 '자충慈充'이라고도 한다"고 했다.

김대문金大問[5]은 말하기를, "'차차웅'이란 무당을 이르는 방언이다. 세상 사람들은 무당이 귀신을 섬기고 제사를 숭상하기 때문에 그들

---

1) 운제부인 : (원주) '雲梯'라고도 한다. 지금 영일현 서쪽에 운제산 성모가 있는데 가뭄 때 여기에 기도를 드리면 감응이 있다.

2) 지황 4년 : 원문의 '地皇四年'을 그대로 옮겼는데, 지황은 3년에서 끝나고, 그다음은 회양왕淮陽王의 연호 경시更始로, 경시 2년의 서기 24년에 해당한다. 『삼국유사』에는 이런 착오가 종종 있다.

3) 붕어했다 : 원문 '崩(붕)'자의 번역이다. 그런데 '崩'자는 황제의 죽음을 이르는 말로, 『삼국유사』에서는 우리나라 왕의 죽음을 모두 '崩'자로 표기했다. 반면에 『삼국사기』에는 모두 '崩'보다 한 단계 낮은 '薨(훙)'자로 표기했다. 『삼국유사』와 『삼국사기』의 대조적인 한 단면이다.

4) 삼황 : 즉 남해(아버지), 노례(유리)(아들), 탈해(사위)의 3왕을 말하는 듯 하다.

5) 김대문 : 신라 시대의 학자. 성덕왕 33년(704년)에 한산주 도독을 지냈다. 당대 제일가는 저술가·문장가로서 그의 많은 저서는 후일 김부식의 『삼국사기』 편찬에 귀중한 사료가 되었으나 지금은 전하지 않는다. 『고승전高僧傳』·『화랑세기花郎世記』·『악본악본』·『계림잡전鷄林雜傳』·『한산기漢山記』 등이 그것임.

을 두려워하고 공경한다. 그래서 존장이 되는 이를 드디어 자충이라 한다"고 했다.

혹은 "'니사금尼師今'이라고도 하는데, 이것은 잇금[齒理]을 이르는 말이다." 처음에 남해왕이 세상을 떠나자 그 아들 노례가 탈해에게 왕위를 물려주려 했다. 이에 탈해가 말하기를, '들으니 성스럽고 지혜 있는 사람은 이가 많다고 한다' 하고, 떡을 입으로 물어 시험해 보았다. 옛날부터 전해 오기로는 이와 같다.

혹은 임금을 '마립간麻立干'이라고도 했다. 이것을 김대문은 이렇게 해석했다,

"마립이란 말뚝을 뜻하는 우리나라 말이다. 말뚝은 지위를 따라 정하기 때문에, 임금의 말뚝은 주가 되고, 신하의 말뚝은 아래에 위치한다.6) 그래서 이렇게 이름한 것이다."

사론史論7)에는 이렇게 말했다.

"신라왕으로서 '거서간'과 '차차웅'이란 이름을 쓴 이가 각기 하나요, '니사금'이라고 한 이가 열여섯이며, '마립간'이라 한 이가 넷이다. 신라 말기의 명유名儒 최치원이 『제왕연대력帝王年代曆』8)을 지을 적에는 모두 어떤 '왕'이라고만 하고, '거서간' 등이라고 하지 않았다. 이것은 혹시 그 말이 촌스러워 부를 만한 것이 못 된다고 해서인

---

6) 마립이란~위치한다 : 옛날 벼슬의 서열에 따라 말뚝을 박아 지위를 표시했다. 후세의 품계석品階石은 이것에서 유래했을 것이다.
7) 사론 : 역사의 사실에 대한 사가史家의 논평. 이 책에는 사론이 서너 군데 나오는데, 모두 김부식의 『삼국사기』의 것을 가져 왔다.
8) 『제왕연대력』 : 최치원이 찬술한 제왕들의 연대기로, 책이 실전失傳되었기 때문에 제왕의 범위가 중국과 우리나라인지, 또는 가야를 포함한 4국인지, 아니면 신라만인지 모른다.

가. 그러나 지금 신라의 일을 기록하는 데 우리말을 모두 그대로 두는 것도 또한 마땅한 일일 것이다."

신라 사람들은 추봉된 이들을 '갈문왕葛文王'[9]이라고 불렀는데, 이일은 자세히 알 수 없다.

남해왕 때에 낙랑국 사람들이 금성을 침범하다가 이기지 못하고 그대로 돌아갔다. 또 신新의 왕망 11년, 즉 남해왕 15년 무인(18)에 고구려의 속국인 일곱 나라가 와서 항복했다.

---

9) 갈문왕 : 신라 때 왕의 부친이나 왕모王母의 부친, 왕비의 부친, 왕의 동모제同母弟, 여왕의 배필 등 왕의 친척에게 준 칭호. '갈문'은 '갈무리하다' 등의 뜻이 있다 하나 미상이다.

설화성이 없는 내용임에도 채택하여 실은 이유는 '신라' 특유의 최고 통치자의 호칭에 대한 풀이로서, 『삼국유사』를 이해하는 데에는 중요한 자료이기 때문이다. 아울러 김부식은 흔히 사대주의 사학자라 하나, 최지원의 시대에는 사대주의를 운위할 이유조차 없을 정도로 나·당이 일가적一家的 천하관 속에 살았다.

제4대 탈해왕

— 탈해신화

탈해치질금脫解齒叱今[1]에 관한 남해왕 때[2]의 일이다.

어느 날, 가락국 앞바다에 배 한 척이 와 닿았다. 그 나라의 수로왕
首露王은 신하와 백성들을 이끌고 북을 치며 나아가 배를 맞아들였다.
수로왕은 그 배를 자기 나라에 머물러 있게 하려고 했다. 그랬더니
배는 곧 되돌아 쏜살같이 달아나 버렸다.[3]

배는 신라 동쪽 하서지촌下西知村[4] 아진포阿珍陳 앞바다에 와 닿았다.

아진포 갯가에는 한 노파가 살고 있었다. 그 노파의 이름은 아진의
선阿珍義先이라고 했다. 그는 바로 혁거세왕에게 해물을 진상하던 고
기잡이 어미였다.

아진의선 노파는 어느 날 바다 쪽을 바라보며 혼자 중얼거렸다.

"이 바다엔 까치들이 모여들 만한 바위라고는 하나도 솟아 있는 게
없는데 웬일일까? 까치들이 저리 모여 우는 건…….."

노파는 곧 배를 끌어내어 까치들이 지저귀는 곳을 찾아가 보았다. 까
치들은 어떤 배 위에 모여들어 지저귀고 있었다. 배 안에는 궤 하나가
놓여 있었다. 길이가 스무 자쯤 되고, 폭은 열석 자쯤 되어 보였다.

---

1) 탈해치질금 : (원주) '토해니사금吐解尼師今'이라고도 쓴다. — '치질금齒叱今'은 '尼師今' · '尼
叱今'과 같은 말로서 우리말 '닛금'의 한자차용 표기다. '齒'는 훈차자.
2) 남해왕 때 : (원주) 고본古本에 탈해가 임인년에 왔다는 것은 잘못이다. 가까운 임인년이라면
노례왕의 즉위 초에서 뒤지는 때이니, 노례왕과 왕위를 다투거나 사양할 일이 있을 수 없고,
그 앞의 임인년이라면 혁거세 때일 것이니, 탈해가 신라에 온 해가 임인년이 아님을 알겠다.
— 여기서의 두 임인년은 혁거세 즉위 39년(19)과 노례왕 즉위 19년(42)을 가리킨다.
3) 가락국~버렸다. : 본서 『가락국기』에도 탈해와 수로의 만남의 기록이 있으나 내용은 다르다.
4) 하서지촌 : (원주) 지금도 상서지촌, 하서지촌이라는 이름이 있다.

갯가 수풀 밑으로 그 배를 끌어다 놓고서, 노파는 그 궤 속에 무엇이 들어 있으며 그것이 흉한 일인지 길한 일인지 알지 못해 하늘을 향해 다짐하였다.

조금 있다가 노파는 비로소 궤를 열어 보았다. 궤 안에는 단정하게 생긴 한 사내아이와, 그리고 7가지 보배와 노예들로 가득 차 있었다. 노파는 그들을 집으로 데리고 들어갔다.

그들이 노파의 집에 머물면서 대접을 받은 지 7일 만에, 그때서야 비로소 그 단정하게 생긴 사내아이는 노파에게 입을 열었다.

"나는 본래 바다 건너 용성국龍城國5)의 왕자입니다. 우리나라엔 일찍이 스물여덟 용왕님들이 있었답니다. 그 용왕님들은 모두 사람의 모습으로 태어나서는, 대여섯 살 때부터 왕위를 이어받아 임금이 되었어요. 용왕님들은 온 백성을 잘 다스려 그들의 마음을 바르게 해주었답니다.

그리고 우리나라엔 여덟 종류의 혈통[八品性骨]이 있어요. 그러나 그 혈통을 가리지는 않아요. 다 높은 벼슬자리에 오를 수 있답니다. 나의 아버지는 함달파왕含達婆王이에요. 함달파왕은 적녀국積女國이란 나라의 공주를 왕비로 맞아들였어요. 그 왕비, 그러니까 나의 어머니는 오래도록 왕자를 낳지 못했어요. 그래서 기도를 드렸지요. 그런데 7년 뒤에 그만 커다란 알 한 개를 낳고 말았어요. 아버지 함달파왕은 신하들을 모아놓고 의논을 했답니다. 모두들 사람으로서 알을 낳는 것은 옛날에도 오늘날에도 없는 일로서, 아무래도 좋은 징조는 아니라고들 생각했나 봐요. 그래서 커다란 궤를 만들어 그때 아직 알에서 깨어나

---

5) 용성국 : (원주) 또는 '정명국正明國', 혹은 '완하국琓夏國'이라고도 하는데, '완하'는 혹 '화하국花廈國'이라고도 쓴다. 용성은 왜국의 동북쪽 1천 리 지점에 있다고 했다.

지 못했던 나와 또 일곱 가지 보배와 나를 모실 노예들을 넣어서 배에다 실어 바다에 띄웠답니다. 바다에 띄워 보내면서 아버지와 어머니는 하늘에 빌었답니다. 아무쪼록 너와 인연 있는 땅으로 흘러가서 나라를 세우고 집을 이루어 잘 살라고요. 홀연히 붉은 용이 나타나더니 배를 이곳으로 호위해 왔답니다."

말을 끝내자 그 용성국의 어린 동자는 지팡이를 끌고, 두 사람의 노예를 데리고서 토함산吐含山으로 올라갔다. 그는 산마루에다 무덤 모양의 돌집을 짓고서 7일 동안 그곳에 머무르면서, 서라벌의 도성을 굽어 살펴 제가 살 만한 터를 찾아보았다. 초승달처럼 생긴 한 산 언덕6)을 발견했다. 길운吉運을 오래도록 누리게 될 터전으로 보였다.
곧 서라벌 도성으로 내려와 토함산 마루에서 눈여겨 두었던 그 터를 찾았다. 하나 그곳엔 호공瓠公이란 사람이 살고 있었다. 동자는 이에 한 궤계詭計를 꾸몄다. 즉 그 호공의 집 곁에다 몰래 숫돌과 숯 부스러기를 묻어 두고는 그 이튿날 아침 일찍 호공을 찾아가 말했다.
"이 집은 우리 조상이 살던 집이오."
호공은 그럴 리 없다고 부인했다. 이렇게 내 집이라거니 아니라거니 하여 두 사람의 다툼은 끝이 없었다. 드디어 두 사람은 관가에 갔다. 관원이 그 어린 동자를 보고 말했다.
"무엇으로 네 집임을 증명하는가?"
어린 동자는 답변했다.

---

6) 초승달처럼 생긴 한 산언덕 : 경주의 반월성을 가리킴.

"우리 집은 원래 대장장이였습니다. 얼마 동안 이웃 고을에 나가 있다 돌아와 보니 저 사람이 차지해 살고 있지 않겠어요. 그 집 둘레의 땅을 파헤쳐 보면 아실 거예요."

관원은 어린 동자의 말에 따라, 그 호공의 집 둘레의 땅을 파헤쳐 보았다. 과연 숫돌과 숯 부스러기가 나와, 그곳은 지난날의 대장간 터로 보였다. 마침내 어린 동자는 호공의 집을 차지하고 살게 되었다.

당시 남해왕은 탈해가 지략가임을 알고서, 왕의 맏공주를 시집보내어 그를 사위로 맞았다. 이 맏공주가 아니부인阿尼夫人이었다.

하루는 토해吐解(탈해)가 동악東岳[7])에 올랐다가 돌아오는 길에 갈증을 느꼈다. 백의白衣[8])를 시켜 마실 물을 떠 오라고 했다. 백의가 물을 떠 오다가 도중에서 탈해 모르게 먼저 한 모금 마시고, 그리고서 갖다 바치려 했더니 뿔로 만든 그 잔이 입술에 딱 붙어 버리고 떨어지지 않았다. 탈해가 그 꼴을 보고서 백의를 꾸짖었다. 백의가 "이후로는 거리가 가깝건 멀건 함부로 먼저 맛보지 않겠다"고 맹세한 뒤에야 입술에서 잔이 떨어졌다. 이때부터 백의는 탈해를 두려워하여 감히 속이지 못했다.

지금도 동악에 있는 한 우물을 가리켜 속칭 요내정遙乃井이라 부르고 있는데, 이 우물이 바로 당시 백의가 물을 길었던 우물이다.

---

7) 동악 : 토함산.
8) 백의 : 관아의 심부름꾼.

노례왕이 붕어하자, 후한 광무제光武帝 33년(67) 6월에 탈해는 왕위에 올랐다. 그리고는 "옛적 우리 집이었다"란 트집으로 남의 집을 차지했다고 해서 성을 '석(昔:옛)'이라 했다. 다른 한편 전하는 말로는 까치[鵲]로 말미암아 궤를 열게 되었다고 해서 '작鵲' 자에서 '鳥' 자를 떼어버리고 남는 '석昔' 자로 성을 삼았다고도 한다. 궤에서 풀려나고[脫] 알에서 벗어나[解] 태어났다고 해서 이름을 '탈해'라고 했다.9)

왕위에 있은 지 23년, 후한 명제 22년 기묘(79) 탈해왕이 붕어하자 소천疏川 구릉에 장사 지냈다. 나중에 그의 혼령이 나타나 "내 뼈의 매장을 삼가라."는 지시가 있었다. 능을 헤쳐 보았더니 그 두골의 둘레가 3자 2치, 몸 뼈의 길이가 9자 7치, 이[齒]는 엉키어 한 덩어리가 되어 있고, 뼈마디는 모두 살았을 때의 그것처럼 사슬진 그대로 있었다. 이른바 천하무적의 역사力士의 골격 바로 그것이었다. 그 뼈대들을 부수어 소상塑像을 만들어 궁궐 안에다 안치했더니, 혼령이 또 나타나 일렀다. "내 뼈를 동악東岳에다 두도록 하라." 이 지시에 따라 그곳에 봉안했다.10)

---

9) 옛적~했다 : 모두 한자에 부회附會한 해석이다.
10) 왕위에~했다 : (원주) 일설에 의하면 탈해왕이 승하한 뒤 스물일곱 번째 임금 문무왕 연대, 즉 당 고종 31년 경진(680) 3월 15일 신유일 밤에 태종의 꿈에 매우 사나운 모습의 노인이 나타나 말하기를 "나는 탈해다. 내 뼈를 소천 구릉에서 파내어 소상을 만들어 토함산에 안치하라"고 했다. 왕은 그 말대로 좇았다. 그래서 지금까지 나라에서 제사를 끊이지 않고 있으니 이가 바로 동악신東岳神이라고 했다. ─ 이 주석 가운데의 '태종'은 문무왕의 잘못일 것이다. 당 고종 31년은 문무왕 즉위 20년인데 그때는 태종이 이미 승하한 뒤다.

탈해신화는 대략 6부분으로 나누어 볼 수 있다. 첫째 부분이 탈해 발견의 내력, 둘째 부분이 탈해의 출생담, 셋째 부분이 궤계로 호공의 집 뺏기, 넷째 부분이 뿔잔을 입술에 붙이는 주력呪力, 다섯째 부분이 '昔脫解'란 성명 풀이, 여섯째 부분이 사후 동악(토함산)에의 안치다.

여기서 핵심이 되는 내용은 탈해의 정체성을 알려주는 셋째 부분이다. 그는 여러 대 야장무冶匠巫 가족의 출신으로 보인다. 신라 초기는 철기문화가 시작되던 시기로 알려져 있다. 철기는 당시 사람들의 생활에 막강한 힘을 발휘하고 있어서 철기를 만드는 야장은 사제司祭(무당)의 신이한 능력을 가지고 있는 것으로 인식되었을 뿐 아니라, 씨족이나 부족의 유력 인사들은 일반적으로 사제적 능력 즉, 무적巫的 능력의 소유자였는데, 탈해가 바로 그런 씨족 출신의 유력 인사라는 것이다. 그는 판결을 맡은 관원 앞에서 "우리 집은 원래 대장장이였습니다"라고 당당하게 말한다. 물론, '궤계'라고 했지만 그것은 호공의 집 곁에 몰래 숯을 묻는 것이 궤계라는 것이지 탈해 자신의 정체성을 위장했다는 의미는 아니다. 호공은 『삼국사기』에 의하면 혁거세거서간 38년(20)에 마한에 사자로 간 적이 있는, 그래서 반월성 같은 곳에 주택을 가질 수 있는 사로국의 유력 인사다. 그런 유력 인사의 주택을 궤계로 뺏을 수 있는 것 자체가 유력한 야장 씨족의 세력이 배후에 있음을 암시한다.

그래서 탈해는 신라 때 철鐵 산지로 유명했던 울산에서부터 감포·영일에 이르는 해양 지방에 세력을 가졌던 토착 야장 씨족 출신이다. 이 편의 첫머리에 나오는 가락국 수로왕과의 접촉도 그의 해양 씨족으로서 활약의 일환이다. 게다가 그는 토함산을 마치 6촌의 시조들이 하늘에서 내려온 산들과 마찬가지의 성산聖山으로 삼았던 씨족집단의 우두머리다. 그가 아진의선에게 나와 지팡이를 끌고 두 사람의 노예를 데리고 오른 곳도 토함산이요, 산마루에 무덤 모양의 돌집을 짓고 머무르면서 사로국 도성을 관망한 곳도 토함산이요, 남해왕의 사위가 된 뒤 올랐던 곳도 토함산이요, 죽은 뒤 해골을 부수어 소상을 만들었을 때 탈해의 신이 알려준 최종적으로 안치할 곳도 토함산이다. 탈해는 토함산의 산신이 된 것이다. 바로 이 편의 넷째 부분에 '탈해'를 '토해吐解'라고도 쓴다고 했으니, '토함'이란 이름이 '토해'에서 유래했을 것이다. 그리고 아진의선에게서 나와서 토함산에 오를 때 '지팡이를 끌고 갔다'고 했는데, 여기서 '지팡이'는 야철冶鐵에 쓰던 공구가 아니었을까 싶다.

탈해와 호공 사이의 주택을 둘러싼 분쟁은 울산을 중심으로 한 해양 지방의 토착세력이 사로국의 본거지가 있는 경주 분지로 진출할 때 경주 분지의 유력 인사 호공과의 사이의 마찰이 그렇게 표현되었고, 그 사건은 탈해의 야장적冶匠的 능력 이외에 풍수지리적 능력도 있음을 보여준다. 그래서 『삼국사기』에 남해 차차웅은 탈해의 현명함을 들고 그를 대보大輔로 삼았다고 했다. 호공은 『삼국사기』에 의하면 본래 왜인이었으나 허리에 박[瓠]을 차고 바다를 건너 신라에 왔기 때문에 '호공'이라 불렀다 하나 현실성이 없고, 혹시 박혁거세의 '박'과 모종 연관이 있지 않나 생각한다. 혁거세 38년(20)에 마한에 사신으로 간 호공이 탈해 9년(68)에 시림始林에서 알지를 발견하기까지는 45년이었다. 혹시 '호공'이 한 개의 고유명사가 아니라 '박'과 연관되는 씨족 집단의 명칭으로, 그 집단의 세습된 대표자의 칭호가 아니었나 생각된다.

이 탈해신화는 전승되던 설화와 한 개인의 창작이 섞여서 『삼국유사』에 기록된 것 같다. 특히 탈해의 출생담에 해당하는 둘째 부분에 창작성이 강하게 느껴진다. 가령 용성국龍城國(『삼국사기』에 다파나국多婆那國이라 했음)이니, 28용왕이니, 함달파왕含達坡王이니 하는 불경적 에그조틱한 감각의 용어를 구사한 점, 난생 모티프가 종전의 우리 민족의 신화 일반과는 달리 소설적으로 구성된 점, 적녀국積女國 전설(『삼국지』「동이전」〈예濊〉조에 나오는, 동쪽 바다 먼 곳에 여인들만 모여 사는 나라가 있다는 전설)을 원용한 점, '여덟 종류의 뼈[八品性骨]이 있지마는 그것을 가리지 않고 모두 왕위에 오른다'는 대목이 주는 신라 골품제(신라 골품제도 성골·진골에 6두품 합쳐 8품임)에 대한 저항성이 있는 점 등이 전승 설화와는 다르다. 뿐만 아니라 다섯째 부분 '昔脫解'란 성명 풀이는 한자·한문 사용에 능숙한 사람의 작위적인 해석이다.

나말여초에는 당나라에 유학하고, 본국에 돌아와 뜻을 펼치지 못하는 유한지식인有閑知識人, 그 중에도 6두품 계층 출신이 특히 많았고, 당나라 문학의 영향으로 그들에 의해 전기傳奇작품 창작이 유행했다. 작품 성격으로 보아 『삼국유사』에 섞여 있을 소지가 매우 많다. 뚜렷한 예를 이 책의 「수로부인」, 「미시랑」(생칭省稱), 「조신」(생칭), 「김현, 호랑이와 통하다」 등에서 본다. 나는 탈해신화에도 그런 전기작품이 포함되어 있다고 생각한다.

넷째 부분은 보이지 않는 곳에서 불경한 짓을 한 백의白衣에게 탈해가 뿔로 만든 잔을 입에 붙어 떨어지지 않게 했다는 것은, 탈해의 야무冶巫로서의 영이한 능력을 보인 것이거니와, 알영의 입부리를 북천에 씻어 제거한 것과는 반대로 움직인 것이 흥미롭다. 모종의 문화적 부호가 숨어 있을 것 같다. 『삼국사기』에는 왕이 되어서 토함산에 오르니, 검은 구름이 왕의 머리 위를 일산처럼 덮여서 이윽히 있다 사라졌다고 했다. 역시 신도神道 사제적 신비 역량의 소지자임을 보인 것이다.

김알지, 탈해왕대

— 알지신화

후한 명제 3년, 즉 탈해왕 4년 경신(60) 8월 4일.

반월성 서쪽 마을의 밤길을 호공瓠公이 걸어가고 있었다. 그 마을 곁에 있는 시림始林[1]이란 숲이 온통 환한 광명으로 차 있는 것을 발견했다.

자줏빛 구름이 하늘에서 그 숲속으로 드리워져 있었다. 드리워진 그 구름 속에는 황금으로 된 궤 하나가 나뭇가지에 걸려 있었다. 숲속을 밝히는 그 광명은 바로 그 황금 궤에서 비쳐 나오고 있었다. 그리고 나무 아래에선 흰 닭 한 마리가 높이 울고 있었다.

호공은 궁궐로 달려가 이 광경을 당시 임금 탈해왕에게 아뢰었다. 왕은 곧 시림으로 거동했다. 그리고 궤를 열어 보았다. 한 사내아이가 누워 있다가 발딱 일어나면서, 저 혁거세의 옛일과 같이 "알지 거서간閼智居西干 한 번 일어나다"라고 말했다. 그래서 '알지'를 가져와 이름으로 했다. 알지란 곧 우리나라 말로는 아기를 뜻하는 말이다. 알지를 안고서 탈해왕이 궁궐로 돌아오는 길엔 새와 짐승들이 따라오면서 날고뛰고 모두들 기뻐서 야단들이었다.

왕은 어느 좋은 날을 잡아 알지를 태자로 세웠다. 그러나 알지는 뒷날 왕위를 파사婆娑에게 양보하고 왕위에 오르진 않았다.

---

1) 시림 : (원주) '구림鳩林'이라고도 쓴다.

금궤에서 나왔다고 해서 성을 김으로 했다. 알지가 열한熱漢을 낳고, 열한은 아도阿都를 낳고, 아도는 수류首留를 낳고, 수류는 욱부郁部를 낳고, 욱부는 구도俱道를 낳고, 구도는 미추未鄒를 낳았다. 미추는 왕위에 올랐다. 신라 김 씨는 알지에서 시작되었다.

알지신화는 그 핵심부의 구조를 보면 혁거세신화의 거의 재판이다. '하늘에서 자주빛 구름이 드리워진 숲속에 황금 궤가 나뭇가지에 걸려 있고, 그 나무 아래에선 흰 닭 한 마리가 울고 있었다'는 것과, 혁거세신화에서 '자주빛 구름이 하늘에서 드리워진 속에 알이 하나 놓여 있고, 흰 말이 절을 하고 있었다'는 것 사이에 구조상 아무런 차이가 없다. 흰 닭이 알지 탄강誕降을 알렸다는 것은, 앞에서 말했듯이, 신라의 닭 토테미즘의 표현이고, 시림 숲이 등장한 것은 당시 도처에 있었을 신성수림神聖樹林의 하나로 지목한 것이다. 다만 황금 궤가 혁거세 이후의 사회 변화를 반영하고 있다. 즉 철기문화에 익숙해져 감이 반영된 것이다. 황금 궤는 혁거세신화에서의 그 알의 상징이다. 그런 점에서 알지신화 역시 혁거세 신화와 마찬가지로 천강난생신화天降卵生神話라고 할 수 있다.

이 알지신화의 생성과 관련하여 가장 주목되는 부분이 황금 궤가 걸려 있는 나무다. 엘리아데가 말한, "인간의 영혼이 새처럼 이 나뭇가지에 앉아, 지상에서 다시 아기로 태어날 때를 기다린다"는 세계수世界樹에 근사하기 때문이다. 다시 말하면 별신別神 제의에서 사제자가 한 사설의 일부가 신화로 전이된 흔적일 것이다. 어쨌든 "알지 거서간 한 번 일어나다"라는 혁거세의 첫 일성一聲을 알지도 꼭 같이 했다는 점에서 알지신화는 혁거세 전승 결과다. 사제가 담지해 오던 혁거세신화 전승을 제의 주체가 다른 김씨 씨족의 별신 제의에서 풀어 놓은 것일 것이다. 그런 점에서 알지 족속은 천손족이기는 하지만 외래의 이주 집단은 아니다. 내용이 조금 다른 버전이 『삼국사기』에도 전한다.

한편 장주근은 알지신화를 영남지방에 전해오는 '골맥이' 풍속에 관련하여 이해하고 있다. '골맥이'는 '고울'과 '막(방위)'의 합성어에 명사형 어미 '이'가 더해진 '골막이'에서 온 것으로 동제신洞祭紳을 가리킨다. 골맥이는 씨족 집단 거주지에서 발생했으므로, 박씨 집단 거주지에서는 '골맥이 박씨 할매', 김씨 집단 거주지에서는 '골맥이 김씨 할매' 등으로 불리어지니, '골맥이 ○씨 할매'는 그 마을을 시작한 창조·창건신이며, 또 수호신이기도 하다는 것이다. 그런 점에서 박혁거세는 박씨골맥이고, 김알지는 김씨골맥이로, 시림은 김씨골맥이를 제사 지내던 신성수림이라는 것이다. 결국 민중 레벨의 집단 제의의 형태는 신라의 발전 단계에 따라 그대로 왕궁제식王宮祭式으로 승화되어 갔다는 것이다.

연오랑과 세오녀

— 일본 땅에 왕이 된 신라인

　신라 제8대 임금 아달라왕阿達羅王 즉위 4년 정유년(157)의 일이다.

　동해, 그 바닷가에 연오랑延烏郞·세오녀細烏女가 부부로 살고 있었다. 어느 날 연오랑이 바다에 나가 해초를 따고 있는데, 홀연히 전에 보이지 않던 바위1) 하나가 나타나더니, 연오랑을 싣고서 일본으로 갔다.

　그 나라 사람들은 바위에 실려 온 연오랑을 보고선 범상한 사람이 아닐 것이라 생각했다. 그리고는 연오랑을 그 나라의 왕으로 받들었다.2)

　세오녀는 남편이 돌아오지 않는 것이 이상하게 여겨졌다. 바닷가로 나가 남편을 찾았다. 어느 한 바위 위에 남편의 신발이 놓여 있는 것을 발견했다. 세오녀는 그 바위 위에 올랐다. 바위는 또 세오녀를 싣고 일본으로 갔다. 바위에 실려 온 세오녀를 보고, 그 나라 사람들은 놀랍고 의아스러워 왕 연오랑에게 사실을 아뢰었다. 연오랑과 세오녀 부부는 다시 만났다. 그리고 세오녀는 귀비貴妃로 받들어졌다.

　이때 신라에선 까닭 모르게 해와 달이 빛을 잃었다. 왕의 물음에 일관日官3)은 다음과 같이 아뢰어 왔다.

　"우리나라에 내려와 있던 해와 달의 정기가, 이제 일본으로 건너가

---

1) 바위 : (원주) 일설에는 바위가 아니라 고기라 한다.
2) 왕으로 받들었다 : (원주)『일본제기日本帝紀』를 보면 전후에 신라인으로서 왕이 된 이가 없으니, 이는 변경 소읍의 왕이고 중앙의 큰 왕은 아닐 것이다.
3) 일관 : 천문天文·점복占卜을 맡은 벼슬아치.

버렸기 때문에 이런 변괴가 생긴 것입니다."

왕은 일본으로 사신을 보내어 연오랑과 세오녀를 돌아오도록 타일렀다. 그러자 연오랑은 신라의 사신들에게 말했다.

"내가 이 나라에 오게 된 것은 하늘이 그렇게 하도록 시킨 것이다. 이제 어찌 돌아갈 수가 있겠는가. 그러나 나의 아내에겐 그가 짠 가는 새 명주가 있다. 이것을 가져가서 하늘에 제사를 올리면 해와 달의 빛이 다시 회복되리라."

이어서 그 명주를 하사했다. 신라의 사신들은 그 명주를 받고는 돌아와 왕에게 사실을 아뢰었다. 왕은 곧 사신이 전하는 연오랑의 말대로 그 명주를 받쳐 하늘에 제사를 올렸다. 그러자, 해와 달의 빛은 예대로 회복되었다.

왕은 그 명주를 대궐 안의 곳간에 다 간수하고 국보로 삼았다. 그리고는 그 곳간의 이름을 귀비고貴妃庫라 짓고, 하늘에 제사드렸던 그 곳을 '영일현迎日縣', 또는 도기야都祈野라 이름했다.

　아달라니사금(154~183년 재위) 때 이르러 신라와 일본 사이에 인적 교류가 활발해지기 시작했다. 『일본서기日本書紀』와 『고사기古事記』에도 연오랑과 세오녀 설화와 유사한 내용의 신라 왕자 천일창天日槍 이야기가 전해 오고 있는 것으로 알고 있다. 이 두 가지는 설화이고 역사적 사실이 아니나, 이런 설화가 빚어진 데에는 인적 교류의 실제를 바탕으로 하고 있다. 그런 의미에서 『삼국사기』의 아달라니사금 20년에 왜(일본)의 비미호卑彌乎가 사신을 보내왔고, 바로 다음 왕인 벌휴니사금 10년에는 왜에 흉년이 들어 1천 명이나 신라에 와서 밥을 빌어 먹었다는 기사는 주목된다. 그런데 영일현은 그 위치를 보아 왜와의 교류의 길목이다. 이 편은 그러니까 이 길목의 지역에서 왜와의 인적 교류를 직접 목격한, 현실에 불만족한 어느 지식인의 공상으로 꾸며낸 이야기가 아닐까 한다.

　이 공상의 핵심에는 영일현의 당시 지명이 있었던 것 같다. 『동국여지승람』에 따르면 영일현은 본래 '근오지현斤烏支縣', 또는 '오량지현烏良支縣'이라 했다. 두 지명은 한자를 음차해 온 표기다. 그런데 이 지식인은 '烏'자를 훈차해, '삼족오三足烏', 또는 '금오金烏'로 발전시켰다. 그래서 일식 현상을 체험하자 자신을 '해를 맞이하는 사람[연오랑延烏郎]'으로 정립했다. 일식 중의 해를 맞이하려면 주술, 햇빛과 유사한 물건을 이용한 주술이 필요했다. 그래서 가는 새 명주를 잘 짜는 자신의 아내를, '세초細綃(가는 새 명주)'와 '금오金烏'에 연결시켜 '세오녀細烏女'라 하여 '연오랑延烏郎'의 아내로 삼았다. 그래서 일본으로 가 왕과 왕비가 되는 공상을 함으로써 현실의 불만족을 달래려는 이야기가 언젠가부터 이 영일현 지역에 하나의 전승으로 자리잡은 것이 아닐까 한다. 특히 공상 속 부부의 이름이 '金烏'의 '烏'자를 떠나지 않는 점에 유의할 일이다.

미추왕과 죽엽군

— 신라의 호국신

제13대 미추니사금味鄒尼師今[1]은 김알지의 7대손이다.

미추의 선조들은 대대로 조정에서 높은 벼슬을 지냈고, 또 미추는 성덕이 있었으므로 점해니사금沾解尼師今에게서 왕위를 선양 받아, 김알지의 후손으로선 최초로 왕위에 올랐다.[2] 왕위에 있은 지 23년에 붕어했다. 왕의 능은 흥륜사興輪寺[3] 동쪽에 있다.

제14대 임금 유리왕대儒理王代[4]의 일이다.

이서국伊西國[5] 사람들이 서울 금성金城(서울의 뜻)을 공격해 왔다. 신라 쪽에서도 대거로 방어에 나섰으나 오래 버티어낼 수 없었다.

홀연히 어디에서 온 건지도 알 수 없는 신기한 병정들이 나타나 신라군을 지원해 왔다.

그런데 모두 댓잎사귀를 귀에 꽂고 있었다. 그들은 신라군과 힘을 합하여 적군을 쳐부수었다.

적군들이 물러간 뒤 그 신기한 병정들은 또 온데간데없이 어디로 사라져 버렸다. 다만 미추왕릉 앞에 무수한 댓잎사귀가 쌓여 있는 것

---

1) 미추왕 : (원주) '미추未鄒'를 '미조未祖' 또는 '미고未古'라고도 씀.
2) 최초로 왕위에 올랐다 : (원주) 지금 미추왕의 능을 속칭 '시조당始祖堂'이라 한다. 아마 김씨로 선 최초로 왕위에 올랐기 때문일 것이다. 후대의 김씨 왕들이 모두 미추를 시조라 하는 것은 당연한 일이다.
3) 흥륜사 : 경주시 사정동에 있었던 신라 시대의 절. 진흥왕 대에 완성되었음.
4) 유리왕대 : 『삼국사기』에는 '儒理'를 '儒禮'라 했음.
5) 이서국 : 지금의 경상북도 청도군 지역에 있던 소국小國.

만을 볼 수 있었을 뿐이었다. 그제사 귀에 댓잎사귀를 꽂고 왔던 그 신기한 병정들이 미추왕 혼령의 공덕임을 알았다. 그래서 미추왕릉을 '죽현릉竹現陵'[6]이라고 불렀다.

제36대 임금 혜공왕 15년대惠恭王代, 즉 당 대종 17년 기미(779) 4월 어느 날, 김유신 장군의 무덤에서 갑자기 회오리바람이 일어나 죽현릉 쪽으로 불어가고 있었다. 그 회오리바람 속에는 한 늠름한 장군 차림을 하고 준마에 올라앉은 사람과, 그리고 역시 갑옷을 입고 병기를 갖춘 사람 40여 명이 뒤를 따라와 죽현릉 속으로 사라져 버렸다.

잠깐 뒤에, 능 속에서는 웅숭깊은 울음소리가 울리는 듯하고, 또는 뭔가 호소하는 듯한 말소리가 들려왔다. 그 말은 이러한 내용이었다.

"신은 평생에 나라를 위해 한 시대의 정세에 순응하여 환난을 구제했으며, 나뉘어져 있던 국토를 통일시킨 공이 있습니다. 게다가 지금 죽어 혼백이 되어 있어도 이 나라를 굽어 돌보아, 재앙을 물리치고 환난을 구제하려는 마음은 잠시도 변한 적이 없습니다.

그런데 지난 경술년[7]에 신의 자손이 죄 없이 죽임을 당했습니다. 이것은 지금의 군신들이 나의 공훈을 생각하고 있지 않은 것이 아니고 무엇입니까. 이제 신은 차라리 이곳을 떠나, 멀리 다른 곳으로 옮겨가 버리고, 다시는 나라를 위해 애쓰지 않으려고 합니다. 왕께선 신의 옮겨감을 허락해 주소서."

미추왕의 혼령은 대답했다.

---

6) 죽현릉 : 댓잎 꽃은 병정들이 나타난 능이란 뜻이다.
7) 경술년 : 혜공왕 6년(770년). 이 해 8월에 대아찬 김융金融이 모반하다 사형당한 일이 있었다.

"나와 공公이 이 나라를 돌보지 않는다면 저 백성들을 어찌하겠소? 공은 전과 다름없이 다시 힘쓰도록 하오."

세 번을 청했으나 세 번 다 미추왕의 혼령은 허락하지 않는가 보았다. 그러자 회오리바람은 김유신 장군의 무덤으로 되불어 갔다.

당시의 임금 혜공왕은 이 사실을 보고받고 두려운 마음이 들었다. 곧 대신 김경신金敬信을 시켜 김유신 장군의 묘소에 나아가 사과를 드리게 하고, 다시 장군을 위해 '공덕보전功德寶田'[8] 30결을 취선사鷲仙寺에 내리어 장군의 명복을 빌게 하였다. 취선사는 바로 김유신 장군이 평양을 토평한 뒤에 복을 비느라 세워진 절이었기 때문이다.

미추왕의 혼령이 아니었던들 김 장군의 혼백이 품었던 노여움을 막을 길이 없었을 테니, 왕의 나라를 보호하는 공덕이 크다고 아니할 수 없다. 그래서 나라 사람들은 왕의 공덕을 생각하여 3산[9]과 같은 등급의 제사를 왕에게도 지내어, 제사 등급을 조금도 떨어트리지 않았고, 서차를 오릉五陵(혁거세릉)의 위에 놓아 대묘大廟라 일컬었다.

---

8) 공덕보전 : 공덕보는 공덕을 베풀기 위해 설립한 일종의 제단이다.
9) 3산 : 신라 제전祭典 가운데 대사大祀에 속한 것으로 내림奈林, 골화骨火, 혈례穴禮의 세 곳의 호국산신에 대한 제사를 지칭함.

통일을 전후한 시대에 신라는 온통 호국정신이 팽배해 있었다. 그 기저에는 화랑도 같은 충의로운 예비 전사 집단의 활약이 있었지만, 불교는 공인 당초부터 호국불교로 큰 방향을 잡았다. 그래서 온 국민이 호국정신으로 가득 차 있었고, 그래서 삼국통일도 후진국이었던 신라에 의해 이루어졌다.

그런데 이 호국정신은 통일이 이루어지던 문무왕대에 절정에 오른 뒤로 점차 환산渙散되기 시작했다. 특히 혜공왕대에는 5차례나 모반 사건이 있어 호국정신의 환산 실상이 어떠했나를 여실히 보여준다. 물론 모반 사건이란 호국정신의 과잉으로도 일어날 수 있는 사건이기도 하지만, 왕을 포함한 귀족들의 권력 투쟁으로 일어난 모반 사건을 호국정신의 발로로 볼 수는 없다. 이 모반 사건의 하나는 김유신의 후손 대아찬 김융이 관계되어 그러하여 복주伏誅되었다.

미추왕은 신라 김씨 왕통의 첫머리에 있는 왕이다. 그래서 그의 능에 대한 제사질祭祀秩이 혁거세의 오릉보다 높고, 3산과 함께 대사질大祀秩에 속해, 그의 능은 태묘太廟라 부른다고 했다. 「문무왕릉비편」에 나오는 '성한왕星漢王'은 곧 '미르왕'의 뜻으로, 나는 미추왕으로 보거니와, 비편碑片에 의하면 "몸을 하늘에서 받아 신선의 멧부리로 내려왔다(降質圓穹, 誕靈仙岳)."는 천손강림신화까지 갖춰져 있다. 그래서 소지왕 대에 그 탄강지에 신궁神宮을 짓기까지 했다. 이런 미추왕에게 죽현릉의 유래를 설명하는 설화는 얼마든지 있음직한 일이겠으나, 문제는 그것이 혜공왕대 김유신 후손의 모반 사건을 계기로 상기되었다는 점에 있다. 김유신 후손의 모반 사건과 그 처형은 신라에서 김유신을 숭모하는 방대한 세력에게 엄청난 동요가 있었을 것이며, 신라로부터의 이탈까지 전망되었을 것이다. 김유신의 신혼神魂은 "이제 신은 차라리 이곳을 떠나 멀리 다른 곳으로 옮겨가 버리고 다시는 나라를 위해 애쓰지 않으려고 합니다"라고 한 것이 김유신을 숭모하는 세력의 이탈 조짐이다. 방대한 김유신 흠모 세력의 이탈은 김씨 왕통 자체를 위협할 것이다. 그래서 김유신의 신혼은 함께 통일 대업을 이룩한 문무왕에게 가지 않고 김씨 왕통의 최고 어른인 미추왕에게 간 것이다. 김유신 흠모세력의 이탈과 김씨 왕통의 위협에 대한 염려가 반영된 설화다. 죽현릉 설화는 『삼국사기』에도 유례왕대에 실려 있다.

대나무에는 본래 벽사辟邪, 즉 사귀邪鬼를 물리치는 기운이 있는 나무로 알아 종종의 벽사 행사에 흔히 쓰인 풍속이 있어 왔다. 지금도 무당이 굿을 할 때 신내림 대로 쓰이고 있는 것도 그 때문일 것이다. 이 사귀를 물리친다는 댓잎[竹葉]이 호국사상에 연결되어 적군을 물리치는 설화를 낳은 것이다.

나물왕과 김제상1)

— 그 빛나는 충절

제17대 임금 나물왕奈勿王 36년 경인(391)에 왜왕은 신라에 사신을 보내와, 왕을 뵈옵고 아뢰었다.

"저희 나라 임금님이 대왕의 신성하시옴을 들으시고서, 저희들로 하여금 백제의 죄과를 대왕께 성토하라 하셨습니다. 대왕께선 왕자 한 분을 보내시어, 저희 나라 임금님에게 성의를 보여주소서."

이에 나물왕은 셋째 왕자 미해美海2)로 하여금 왜국에 사신을 가게 했다. 그때 미해 왕자의 나이 겨우 10살이라, 언어 행동에 아직 부족한 점이 있었으므로, 측근에 있는 신하 박사람朴娑覽을 부사로 딸려 보냈다. 왜왕은 답례차로 온 사신 미해 왕자를 볼모로 억류하고서 30년이 지나도록 보내 주지 않았다.

나물왕의 다른 왕자 눌지가 즉위한 지 3년째 되던 해 기미년(419)에 고구려 장수왕이 사신을 보내어 왔다.

"저희 나라 임금님이 대왕의 아우 보해寶海3)의 뛰어난 지혜와 재주를 들으시고, 서로 친분을 두고 지내기를 원하시어 특별히 저희들을 보내어 간청하십니다."

눌지왕은 그렇잖아도 고구려와는 화친을 강구하고 싶었던 참이라, 고구려 사신의 말을 듣고는 여간 다행하게 생각지 않았다. 그래서 그

---

1) 김제상 : 『삼국사기』엔 '박제상'이라 되어 있다.
2) 미해 : (원주) '미토희(未吐喜)'라고도 쓴다. — 『삼국사기』에는 '미사흔未斯欣'이라 했고, 그가 왜국으로 간 것이 18대 실성왕 원년(402)의 일로 되어 있다.
3) 보해 : 『삼국사기』엔 '복호卜好'라고 되어 있다.

의 아우 보해를 고구려로 떠나게 했다. 측근에 있는 신하 김무알金武
謁을 보좌관으로 삼아 함께 보내었다. 고구려의 장수왕 역시 왕제王弟
보해를 억류하고서 돌려보내지 않았다.

왕이 즉위한 지 10년 을축년(425)에 이르러, 조정의 뭇 신하들과
나라 안의 이름난 호걸이며 협객들을 궁중에 불러 모아서 친히 연희
를 베풀었다. 술잔이 서너 차례 돌고 풍악이 시작되자, 왕은 주르륵
눈물을 흘리며 군신들에게 말했다.

"지난날 나의 아버님께선 성심으로 백성들을 위한 정사를 하셨고,
때문에 사랑하는 아들을 동쪽 왜국으로 보내시고는, 끝내 그 아들을
다시는 못 보신 채 돌아가셨소. 또 내가 즉위한 이래 이웃 나라 군사
들이 매우 강성하여 전쟁이 그치지 않더니, 고구려가 유독 화친을 맺
자는 말을 해 왔으므로, 나는 그 말을 믿고서 친동생을 고구려로 보
냈소. 그리했더니 고구려가 또한 억류하고서 이제토록 돌려보내 주
지 않고 있소. 내가 비록 부귀로운 자리에 올라 있으나, 하루도 이
두 아우를 잊는 날이 없고, 울지 않는 날이 없소. 만약 두 아우를 만
나 함께 선왕의 사당에 나아가 사과를 드리게 될 수 있게 된다면, 그
대들에게 그 은혜를 꼭 갚으리다. 누가 이 일을 꾸며 수행할 만한 사
람이 없겠소?"

뭇 신하들은 한결같이 아뢴다.

"이 일은 진실로 용이한 것이 아닙니다. 반드시 지혜와 용기를 갖
춘 사람이고서야 감당해 낼 수 있습니다. 저희들의 생각으론 삽라군
歃羅郡4)의 태수인 제상堤上이 가장 적임자로 여겨집니다."

---

4) 삽라군 : 지금의 경상남도 양산시에 위치했다.

왕은 제상을 불러들여 그의 의향을 물어보았다. 제상은 왕에게 재배를 드리고 서슴없이 말한다.

"신은 들었습니다. 임금에게 근심스러운 일이 있다면 그 신하가 명예롭지 못하고, 임금에게 명예롭지 못한 일이 있다면 신하는 그 일을 위해 죽어야 한다는 것을. 만약 일의 어렵고 쉬움을 따진 뒤에야 행한다면 그것은 참다운 충성이 아니요, 죽을지 살지를 헤아려 본 뒤에야 움직인다면 그것은 용기가 없기 때문입니다. 신이 비록 못난 사람이긴 하오나, 명을 받들어 일을 수행하겠습니다."

눌지왕은 제상을 매우 가상히 여기고, 잔을 맞들어 술잔을 나누었다. 그리고는 손을 맞잡고 작별했다.

제상은 왕에게 명을 받은 즉시 북해의 길[北海之路]5)로 달려갔다. 고구려 땅에 이르자 제상은 변복變服을 하고 잠입해 들어가, 보해가 머물러 있는 처소를 찾아갔다. 보해를 만나 고구려 탈출의 계획을 짜, 탈출의 시일을 서로 기약해 두고, 제상은 먼저 5월 15일 고성高城 항만에 돌아와 배를 대어 놓고 기다렸다.

제상과 기약해 둔 시일이 닥쳐오자, 보해는 병을 핑계로 며칠을 조회에 참석하지 않았다가, 밤중에 고구려 왕성을 빠져나와 고성 바닷가에 이르렀다.

장수왕은 보해의 도망을 알자, 수십 명의 군사들을 보내어 곧 추격케 하였다. 고구려의 군사들은 고성에 이르러 보해를 잡을 수 있었다. 그러나 보해는 고구려에 억류당해 있을 때에 항상 그 주위의 사

---

5) 북해의 길 : 원산만 쪽으로 가는 길을 가리키는 듯.

람들에게 온정을 베풀어 왔으므로, 그를 쫓던 고구려 군사들은 그를 동정하여 살려 보내 주고 싶었다. 그래서 그들은 일제히 화살에 살촉을 빼 던지고 쏘았다.

보해는 마침내 죽음을 면하고 돌아올 수 있었다.

눌지왕은 보해를 만나게 되자, 그의 다른 아우 미해 생각이 더욱 간절해 왔다. 기쁨과 슬픔이 엇갈리는 마음으로, 왕은 눈물을 흘리며 좌우의 신하들을 둘러보고 말했다.

"마치 한 몸에 한쪽 팔만 있는 것 같고, 한 얼굴에 한쪽 눈만 있는 것 같구려. 비록 한쪽은 얻었으나 다른 한쪽이 없으니, 어찌 마음 아프지 않겠소?"

제상 역시 왕의 이 말을 듣고 있었다. 제상은 왕에게 하직하고 곧 장말을 몰았다. 집에 들르지도 않고 바로 율포栗浦 바닷가로 내달렸다.

제상의 아내는 그의 남편이 왜국으로 건너가기 위해, 대궐에서 바로 율포로 갔다는 말을 듣고는 역시 말을 달려 뒤쫓았다. 그녀가 율포 바닷가에 이르렀을 때, 남편은 이미 배에 올라 있었다. 제상의 아내는 애절히 불렀다. 그러나 제상은 다만 손을 흔들어 보일 뿐이었다.

제상은 왜국에 이르러 일단 거짓말을 했다.

"신라왕은 아무런 죄도 없는데, 나의 부형을 죽였습니다. 그래서 이곳으로 도망쳐 왔습니다."

왜왕은 제상의 말을 곧이듣고 그에게 집을 주어 안주케 했다.

제상은 왕자 미해공과 접촉하게 되자 항상 그를 모시고 바닷가를 노닐면서, 고기잡이며 새 사냥질로 때를 기다렸다. 매양 잡힌 고기며 새 따위를 왜왕에게 바치노라면, 왜왕은 무척 즐거워하고 제상에게 의심을 두지 않았다.

어느 날, 마침 새벽안개가 자욱이 끼인 날을 만나자, 제상은 미해에게 나아갔다.

"떠나실 만합니다."

"그렇다면 같이 떠나야지요."

제상은 답변했다.

"만약 신臣까지 가게 되면 왜인들이 알아채고 뒤쫓을 것입니다. 신은 여기 머물러 뒤쫓는 걸 막겠습니다."

미해는 말했다.

"지금 나는 그대를 부형처럼 생각하고 있는데, 어찌 그대를 이 적지에 버리고 나만 혼자 돌아갈 수 있겠소?"

제상은 말했다.

"신으로선 이곳에서 공公을 구해 내어, 대왕의 정회를 풀어 드릴 수만 있다면 그 이상 더 바랄 게 없습니다. 어찌 살기까지 바라겠습니까?"

말을 마치고 제상은 술을 가져다 미해에게 술잔을 드리고, 그리고 그때 왜국에 와 있던 신라 사람 강구려康仇麗를 수행시켜 미해를 떠나게 했다.

미해를 도주시킨 뒤 제상은 미해가 거처하던 방으로 들어가 있었다. 날이 훤히 밝자 미해를 시중들던 왜인들이 미해를 살피러 왔다. 그들이 방으로 들어오려 하자, 제상은 나가 그들을 제지시키면서 말했다.

"어제 사냥질로 좀 뛰어다니시더니 몹시 피곤하신가 보오. 그래 아직 기침起枕을 못 하고 계시오."

한낮이 지나 해가 기울 때가 되어도 미해가 잠자리에서 나오지 않는 것이, 그들 시종들은 아무래도 수상쩍어 다시 와서 제상에게 물었다. 그때서야 제상은 대답했다.

"미해공께선 떠난 지가 이미 오랠세."

시종들은 깜짝 놀라 왜왕에게 달려가 고해 바쳤다.

왜왕은 기마병들을 시켜 미해를 뒤쫓게 했다. 그러나 끝내 미해를 붙잡지 못했다.

그러자 왜왕은 제상을 가두어 놓고 물었다.

"너는 어째서 너희 나라 왕자를 빼 보냈는가?"

제상은 대답했다.

"나는 신라의 신하이지, 왜국의 신하는 아니다. 이제 내 나라 임금님의 뜻을 이루려 했을 뿐인데, 내 어찌 구태여 그대에게 무엇을 말하랴."

왜왕은 성을 내서 말했다.

"네 이미 나의 신하가 된 마당에, 신라의 신하라고 말한다면 오형五刑6)을 갖추어 다스려 주겠다. 그러나 만약 왜국의 신하라고 말하기만 한다면, 내 반드시 후한 작록爵祿을 너에게 상 줄 것이다."

왜왕의 말을 제상은 받아넘겼다.

"내 차라리 신라의 개·돼지가 될지언정, 너희 왜국의 신하는 되고 싶지 않다. 차라리 신라의 매질은 받을지언정, 너희 왜국의 작록은 내 받고 싶지 않다."

---

6) 오형 : 여기서는 다섯 가지 형구刑具. 병기·도끼·톱·송곳·매 따위.

왜왕은 서슬이 등등해졌다. 형관刑官을 시켜 제상의 발바닥 가죽을 벗겨내게 하고, 갈대를 베어낸 뒤의 그 날카로운 끄트머리 위로 제상을 걷게 했다.[7] 그리고는 제상을 향해 다시 물었다、

"너는 어느 나라 신하인가?"

제상은 답변했다.

"신라의 신하다."

왜왕은 이번엔 철판을 달구어 제상으로 하여금 그 위에 올라서게 하고 물어보았다.

"어느 나라의 신하인가?"

제상은 답변했다.

"신라의 신하다."

왜왕은 드디어 제상을 굴복시킬 수 없음을 알고 목도木島에서 불태워 죽였다.

미해는 신라 해안에 상륙하여 먼저 강구려를 보내어 자기의 환국을 궁중에 알렸다. 눌지왕은 놀라와 하고 기뻐했다.

궁중의 모든 관리들에 명하여 굴헐역屈歇驛[8]에 나아가 미해를 맞게 하고, 왕 자신도 보해와 함께 남쪽 교외에 나가 맞아들였다. 대궐로 돌아와 연희를 베풀고, 그리고 나라 안의 죄수들을 크게 사면하는 한편, 제상의 아내에겐 국대부인國大夫人이란 작위를 내리고, 그의 한 딸을 미해공의 부인으로 맞았다.

----

7) 왜왕은 서슬이~걷게 했다 : (원주) 지금도 갈대 끝에 혈흔이 있는데, 세속에서는 그것을 제상의 피라고 말하고 있다.

8) 굴헐역 : 지금의 울산광역시.

논자論者는 말한다.

"주가周苛는 한나라 유방劉邦의 신하였다. 그는 영양 땅에서 초나라 군사들의 포로가 되었다. 초왕 항우는 주가에게 말했다.

'나의 신하가 되면 만호萬戶의 녹을 받는 제후로 삼겠다.'

주가는 오히려 항우를 꾸짖고, 끝내 굽히지 않아 항우에게 죽임을 당하고 말았는데, 제상의 충절은 이 주가에 비해 조금도 못 하지 않다"라고.

앞서 제상이 왜국으로 떠날 때 부인은 그 소식을 듣고 뒤쫓아 갔으나, 끝내 그 남편을 따라잡지 못한 채 망덕사望德寺 절문 남쪽의 모래벌판에 누워 길게 울부짖었다. 그리하여 그 모래벌판을 이름하여 '장사長沙'라고 썼다. 친척 두 사람이 겨우 그를 부축하여 집으로 돌아오는 길에 부인은 털썩 다리를 뻗고 주저앉아 일어나려 들지 않았다. 그곳을 '벌지지伐知旨'라 이름했다.

오랜 뒤에도 부인은 그 남편에의 그리움을 억누를 길 없어, 세 딸을 데리고 치술령鵄述嶺 고개 위에 올라가서 왜국을 바라보며 통곡하다 그대로 죽었다. 죽어서 부인은 치술신모鵄述神母가 되었다. 현재 사당이 남아있다.

　『삼국사기』「박제상전」에도 비슷한 내용의 기사가 나온다. 다만 여기서는 제상의 성이 김씨가 아니라 박혁거세의 후손이라 했다. 부분적으로 『삼국유사』와 다른 내용이 있는데, 나물왕 다음의 실성왕이 같은 김씨로 왕위에 올랐으나, 자기를 고구려 인질로 보낸 것에 대한 앙심으로 나물왕의 두 아들 미해(미사흔)와 보해(복호)를 왜국과 고구려의 인질 요청에 응해 주저 없이 보냈다는 것이다.

　미해가 일본에서 돌아올 때 6부(경주 지방의 행정 구역)에 명하여 멀리까지 맞이하도록 하고, 눌지왕이 스스로 가무를 지어 형제가 와서 만난 정회를 폈으니 향악鄕樂 「우식곡憂息曲」이 그것이라 했다. 그리고 김제상의 아내는 치술령의 산신이 되었다고 했다. 특이한 행적의 여인이 산신이 된 경우다.

고갑[1]을 쏘아라

— 보름 약밥의 유래

제21대 임금 비처왕毗處王[2] 즉위 10년 무진(488) 어느 날, 왕은 천
천정天泉亭에 거둥했다.

그때 까마귀와 쥐가 나타나 울어대더니 쥐가 사람의 말로 지껄였다.
"이 까마귀가 날아가는 곳을 찾아가 보셔요."[3]

왕은 기사騎士를 시켜 까마귀가 날아가는 곳을 따라가 보게 했다.
남쪽으로 피촌避村[4]에 이르자 돼지 두 마리가 한창 싸움판을 벌이고
있었다. 기사는 그 돼지 싸움에 정신이 팔려 한참을 구경하다, 그만
까마귀의 행방을 깜빡 잃어버리고 말았다.

그 근처의 길옆을 배회하고 있노라니까, 한 노인이 못 속에서 나타
나 편지 한 통을 바쳐 왔다. 그 편지의 겉봉에는 이렇게 씌어 있었다.

"이 편지를 열어 보면 두 사람이 죽을 것이요, 열어 보지 않으면
한 사람이 죽을 것이다."

기사는 편지를 가져다 왕에게 바쳤다. 겉봉에 적힌 사연을 읽어 보
고 왕은 말했다.

---

1) 고갑 : '고'는 현악기의 우리말이다. '거문고', '가얏고'의 '고'다.
2) 비처왕 : (원주) 소지왕炤智王이라고도 한다.
3) 이 까마귀가~찾아가 보셔요 : (원주) 일설에는 53대 신덕왕이 흥륜사에 행향行香하러 가다가
   길에서 여러 마리 쥐가 꼬리를 물고 있는 것을 보고, 괴상히 여겨 돌아와 점을 치니 '내일 맨
   먼저 우는 새를 찾으라'고 했다 하나 이 얘기는 그릇된 것이다. — 행향이란 재를 베푸는 사람
   자신이 도량 안을 천천히 돌며 향로에 향을 사르는 불교 의식이다.
4) 피촌 : (원주) 지금의 양피사촌이니, 남산의 동쪽 기슭에 있다.

"두 사람이 죽는 것보다는 열어 보지 않음으로써 한 사람만 죽게 하는 편이 낫겠구나."

곁에 지키고 섰던 일관이 아뢰었다.

"두 사람이란 보통 사람을 가리키고, 한 사람이란 바로 왕을 가리킵니다."

비처왕은 그렇게 생각하고 편지를 열어 보았다.

"고갑을 쏘아라."

왕은 궁궐로 들어가 고갑을 향해 활을 쏘았다. 그 안에서 내전에서 ✱분수焚修5)하는 중이 궁주宮主6)와 몰래 간통하고 있었던 것이다. 두 사람은 죽임을 당했다.

그때부터 우리나라 풍속에 매년 정월달의 첫 해일亥日, 첫 자일子日, 첫 오일午日에는 백사百事를 삼가 함부로 행동하지 않고, ✱정월 보름날을 오기일烏忌日이라 하여 찰밥으로 까마귀에게 제사를 지내 주는 등의 풍속이 생겨 지금까지 행해지고 있다. 이런 풍속은 속언으로 ✱'달도怛忉'라 하고 있는데, 그것은 곧 슬프고 근심스런 마음이 들어 백사에 금기한다는 뜻일 것이다.

편지가 나온 그 못은 서출지書出池라 명명했다.

---

5) 분수 : 즉 분향과 수도의 뜻으로서 온갖 불사를 맡아 행함을 말한다.
6) 궁주 : 왕비와 후궁.

이 설화는 짧지만 여러 가지 화소가 결합 되어 있다. 서술 순서대로 정리하면 까마귀·쥐·돼지의 우화적 등장, 못에서 나온 노인의 편지 내용, 분수승과 궁주와의 간통, 오기일의 풍속화風俗化다. 분수승과 궁주와의 간통은 부분적으로 하나의 역사 사실일 것이다. 이 사실이 정초에 백사에 근신하는 풍속에 연계된 것이 이야기의 골자다. 정월달의 첫 해일亥日, 첫 자일子日, 첫 오일午日이 지목된 것은 우화로 등장하는 풍습이 돼지·쥐·까마귀('烏'와 '午'의 음이 같은 데서 변화된 것으로 보임)이기 때문이다.

＊비처왕대에 궁중에 분수승을 둔 것이 사실이면 이것은 신라에서 법흥왕대에 공인을 얻기 전에 불교 공인이 두 번 있었던 것이 된다. 이 사실은 어떻게 설명해야 할까? 신종원은 비처왕대 왕실의 불교 신앙은 왕실 자체의 사적 차원의 신앙이요, 법흥왕대의 공인은 불교를 반대하던 귀족들까지를 포함한 명실상부한 공인이라 했다. 수긍이 가는 논리다. 사실 불교뿐 아니라 모든 종교는 대게 어느 나라 없이 공인되기 전에 사적 신앙이 어느 만큼 진전되고 난 뒤에 공인이 따르는 법이다. 이런 점을 고려하면서 관련 기록을 검토한 바로는 신라에의 불교 전파는 늦어도 눌지왕대에는 시작된 것으로 보인다.

어째서 왕실에서 사적인 신앙이 행해졌는가? 그것은 아무래도 뒤에 나오는 「아도, 신라 불교의 기초를 놓다」편에서 묵호자墨胡子가 중국에서 온 향물香物의 용도를 설명해 주었다든가, 왕녀의 병을 고쳐 주었다는 기록대로, 왕실과의 잦은 접촉으로 이 질감을 없애고 친숙하게 된 것이 신라 왕실에 불교가 전파된 중요한 원인으로 생각된다. 눌지왕 이래 자비·소지(비처)·지증왕이 모두 신앙해 왔음은 그 불교적 왕호에도 나타나 있거니와, 법흥왕과 진흥왕 양대 왕이 나중에 승려가 되어 생을 마쳤다는 것은 그 이전 왕실의 사적인 신앙이 상당히 깊었음을 의미한다. 그런 점에 여기 비처왕대 궁중에 분수승이 존재했음을 사실로 믿어도 좋을 것이다.

그리고 분수승과 후궁과의 간통 사건도 사실일 가능성이 있다. 『삼국사기』에 의하면 비처왕은 그 22년에 날이군捺已郡[7])에 행차하였는데, 파로波路란 그 고을 사람이 16세 된 자신의 딸 벽화碧花를 성장盛裝시켜 수레에 태워 색 비단 보자기로 덮어 바치기에 음식상으로 알고 보자기를 걷고 보니 국색國色이었다는 것이다. 너무 어리다고 생각하여 받지 않고 환궁했으나, 연모의 정을 참을 수 없어 재삼 미행해서 관계하다, 어느 노파의 간언을 듣고는 몰래 맞아다가 별실에 두었다는 것이다. 이런 정황으로 봐서 불수승과 후궁과의 간통 사건도 사실이 아닐까 싶다.

★음력 정월 보름날을 오기일烏忌日이라 했다. '까마귀를 꺼려하는 날'이란 뜻이다. 설화상으로 서출지 노인의 편지를 까마귀의 인도를 계기로 받았기 때문이고, 그날이 바로 정월 보름날로 상정한 것으로 추측된다. 그래서 그날의 특식인 찰밥으로 까마귀

---

7) 날이군 : 지금의 경상북도 영주시.

에게 제사를 지내 주는 것이다. 그런데 이 찰밥으로 까마귀에게 제사 지내는 것은 감농사와 연관이 있는 것 같다. 1960~70년대 까지도 영남지방에서는 음력 정월 보름날에 찰밥을 해서 감나무에 쳐바르면서 "까마귀 밥 주자"라는 주문을 여러 번 외는 풍습이 있었는데, 이렇게 하면 찰밥의 끈적한 기운이 주력呪力으로 작용해서 감이 잘 낙과되지 않는다는 것이다. 하필 까마귀가 등장하는 것은 까마귀가 홍시를 좋아하기 때문으로 생각된다. 아마 당시는 감이 과일 농사의 대종이었던 모양이다.

　★"슬프고 근심스러운 운운"의 '달도怛忉'에 대한 해설은 후인의 억지다. '怛忉'라는 한자어는 '슬프고 근심스러움'을 뜻하는 것은 사실이나, 양주동에 의하면 '怛忉'는 바로 그 슬프고 근심스러움(悲愁·怛忉)의 뜻을 가지고 우리말 '설'·'슬'과 새해 첫날을 의미하는 우리말인 '설'과 음이 상통하는 데서 온 훈차자 어휘라는 것이다. 따라서 여기서 '怛忉'는 '설'이라고 훈독되어야하며, "슬프고 근심스러운 마음이 들어 백사에 금기한다"가 아니라 '설이기에 백사에 금기한다'로 읽어야 할 것이다. 정초에는 백사에 조심하는 것이 지금도 있는 풍습이다.

지철로왕

― 왕후 간택의 이야기, 그리고 울릉도 정벌

제22대 지철로왕智哲老王의 성은 김씨, 이름은 지대로智大路, 또는 지도로智度路라고 했다. 시호諡號1)를 지증智證이라고 올렸는데, 신라에서 시호를 바치기는 이때부터 비롯되었다. 그리고 우리나라 말로 왕을 가리켜 '마립간'이라 한 것도 이 왕에서부터 시작되었다. 왕은 소지왕의 뒤를 이어 남제의 화제 2년 경진(500)에 즉위했다.

왕은 그 음경의 길이가 무려 한 자 다섯 치나 되어 왕후가 될 짝을 구하기가 어려웠다. 마침내 3도三道로 사자들을 보내어 왕후가 될 짝을 구해 오도록 했다.

사자가 모량부에 있는 동로수冬老樹2) 아래에 이르렀을 때 개 두 마리가 크기가 북만큼이나 한 인분 덩이의 양쪽 끝을 물고 서로 으르렁대며 먹고 있었다. 사자가 그 마을 사람들에게 수소문했더니 조그마한 계집아이가 있다가, 모량부 상공相公3)의 딸이 그곳에서 빨래를 하다 수풀 속으로 들어가 눈 것이라고 알려줬다.

사자가 모량부 상공의 집을 찾아가 살펴보았더니, 놀랍게도 그 딸은 신장이 7자 5치나 되는 거인이었다.

돌아가 왕에게 사실을 알렸더니, 왕은 수레를 보내어 그 모량부 상공의 딸을 궁중으로 맞아들여 황후로 삼았다. 뭇 신하들은 왕의 경사를 축하했다.

---

1) 시호 : 제왕이나 경상卿相 또는 유현儒賢들의 생전의 공적을 칭송하여 죽은 뒤에 바치는 칭호다.
2) 동로수 : 어떤 나무인지 미상. 아마 '冬'자는 '之'자의 오자로 보인다. 그러면 '모량부의 늙은 나무(牟梁部之老樹)'라고 해야 할 것이다.
3) 상공 : 재상의 명칭으로 많이 쓰이나, 범칭 관리를 가르키기도 한다. 여기서는 물론 후자의 뜻이다.

아슬라주阿瑟羅州4)의 동쪽 바다 가운데 순풍을 만난 돛배로 이틀쯤 걸리는 거리에 우릉도于陵島5)라는 섬이 있었다. 그 섬의 둘레 2만 6천 7백 30보6)쯤 되었다. 섬 오랑캐들이 뭍과 떨어진 그 바닷물의 깊음을 믿고서, 교만한 태도로 신라에 복속해 오지 않았다.

지철로왕은 이찬 박이종朴伊宗7)에게 명하여 군사를 거느리고 가 토벌케 했다. 이종은 나무 사자를 만들어 큰 배에 싣고 가 섬 오랑캐들에게,

"너희들이 만약 항복하지 않으면 이 짐승을 놓아 보내겠다."

고 시위했더니, 그들은 두려워하며 마침내 항복해 왔다. 왕은 이종을 포상하여 아슬라주의 지사知事로 삼았다.

---

4) 아슬라주 : (원주) 지금의 명주 — 오늘날의 강원도 강릉시임.
5) 우릉도 : (원주) 지금은 '羽陵島'라고 쓴다. 바로 오늘날의 울릉도임.
6) 보 : 길이의 하나치로 1보는 약 1.82미터가 된다.
7) 박이종 : 『삼국사기』에는 '이사부異斯夫' 혹은 '태종苔宗'으로 되어 있고, 성은 김씨라 했다. '이찬'은 그의 관직명이다.

지철로왕의 음경이 너무 커서 왕후가 될 짝을 구하기 위해 3도로 사자를 보냈다는 이 이야기는, 신라 토우土偶에도 음경이 과장 표현되어 있는 것과 공통된 기반에서 나왔을 것 같다. 즉, 음경 숭배 사상이다. 토우뿐 아니라 토기의 장식으로 개구리를 쫓는 뱀이 요동치며 기어가는 장면을 구운 것도 다산多産 신앙과 함께 두 경우와 같은 사상의 표현일 것이다.

박이종이 나무 사자를 만들어 우릉도를 치는 데에 활용했다는 이야기는 눌지왕대에 들어온 불교가 지철로왕대에 이미 상당한 정도로 신앙이 진전되었음을 뜻한다. 신라에서 사자란 동물을 알게 된 것은 불경佛經과 서역西域의 문물을 통해서이기 때문이다. 최치원이 「향악잡영鄕樂雜詠」에서 읊은 「사자놀이[狻猊]」도 「지철로왕」편의 기록으로 보아 상당히 이른 시기에 성립된 가면희假面戱인 것 같다.

도화녀와 비형랑

— 진지왕 혼령의 정사情事와 도깨비 대장 비형랑

제25대 금륜왕金輪王[1]의 시호는 진지대왕眞智大王이고, 성은 김씨다. 그 왕비는 기오공起烏公의 딸 지도부인知刀夫人이었다.

진흥왕의 뒤를 이어 진나라 선제宣帝 8년[2] 병신(576)에 즉위하여 나라를 다스리기 4년, 정치는 어지러워지고 왕은 쾌락에 방종하기만 하자, 나라 사람들이 그를 왕위에서 끌어내려 버렸다.

금륜왕이 왕으로 군림해 있을 때다. 사량부의 일개 민간 여자로 얼굴이며 맵시가 복사꽃처럼 요염하게 생긴 한 여인이 있었다. 당시 사람들은 그녀를 도화랑桃花娘이라고 불렀다. 금륜왕은 도화랑의 아름다움을 전해 듣고, 그녀를 궁중으로 불러들였다. 그리고는 사통을 요구해 왔다.

금륜왕에게 도화랑은 또렷이 말했다.

"여자가 지켜야 할 것은 두 지아비를 섬기지 않는다는 것이옵니다. 지아비를 두고 다른 남자에게 가게 하는 것은, 비록 제왕의 위엄으로써도 결코 안 되는 일이옵니다."

왕은 도화랑을 위협해 보았다.

"만약 죽인다면 어떻게 하겠는가?"

---

1) 사륜왕 : 원문에는 '舍輪'으로 되어 있으나, '舍'는 '金'의 오자. 이 책의 「왕력」에는 '舍輪'이 '金輪'으로 되어 있다. '금륜'은 불경에서 나온 말이다.

2) 선제 8년 : (원주)「고본」에는 선제 11년이라 했으나 잘못이다. — '고본'은 「고본수이전古本殊異傳」을 지칭한 듯.

도화랑은 대답했다.

"차라리 저잣거리에서 목이 베일망정, 지아비 밖의 다른 남자를 따르고 싶지 않사옵니다."

왕은 슬쩍 농지거리로 바꿨다.

"만약 지아비가 없다면 되겠지?"

"될 수 있사옵니다."

왕은 도화랑을 놓아 보냈다.

바로 그해에 금륜왕은 왕위에서 폐위되고 붕어했다.

금륜왕이 죽은 뒤 3년 만에 도화랑의 남편도 또한 죽어 버렸다.

남편이 죽은 지 열흘쯤 되는 날의 한밤중, 죽은 지 3년째 되는 금륜왕이 생시와 똑같은 모습으로 도화랑이 자는 방으로 들어왔다. 왕은 도화랑에게 말했다.

"네가 이전에 허락했듯, 이제 네 지아비가 없으니 되겠지?"

도화랑은 가벼이 응낙하지 않고, 그 부모에게 사실을 알렸다. 도화랑의 부모는 말했다.

"군왕의 말씀인데 어찌 피할 수 있겠느냐?"

그러고서 왕이 기다리고 있는 방으로 그녀를 들여보냈다.

왕은 도화랑에게서 7일간 머물러 있었다. 그사이 늘 오색구름이 도화랑의 집 지붕을 덮고 있었고, 향내가 방 안에 가득했다. 7일 뒤에 금륜왕은 자취 없이 사라졌다.

도화랑은 임신하게 되었다. 달이 차서 아기를 낳으려는데 천지가 진동하였다. 한 사내아이를 낳았다. 이름을 비형鼻荊이라고 했다.

당시의 임금 진평대왕眞平大王은 그 신기함을 듣고서, 비형을 궁중에 데려다 길렀다. 비형의 나이 열다섯 살이 되자, 왕은 그에게 집사執事[3]란 관직을 주었다.

그런데 이 비형 소년은 매일 밤 궁중을 빠져나가, 어느 먼 곳에서 노닐다 돌아오곤 했다. 왕은 비형의 하는 짓이 의혹스러워 용감한 군졸 50명을 시켜 그를 감시하게 했다. 비형 소년은 번번이 반월성의 성벽을 날아 넘어 서쪽으로 황천荒川[4] 냇가 언덕으로 가서, 도깨비 떼를 모아놓고 놀았다. 군졸들이 수풀 속에 숨어 몰래 엿보았더니, 도깨비들은 한창 놀아대다가 여기저기서 들려오는 새벽 종소리를 듣고는 뿔뿔이 흩어져 가고, 비형 소년 또한 궁중으로 돌아오곤 했다.

군졸들의 보고를 듣고 난 진평왕은 비형 소년을 불러 물었다.

"네가 도깨비 떼를 거느리고 논다던데 참말이냐?"

비형 소년은 그렇다고 시인했다. 왕은 그에게 말했다.

"그렇다면 네가 도깨비 떼를 부려, 신원사神元寺 북쪽 개천[5]에 다리를 놓도록 하여라."

비형 소년은 진평왕의 명령을 받들어 그가 거느리는 도깨비 떼를 부려, 돌을 다듬고 하여 하룻밤 사이에 커다란 다리를 이룩했다. 도깨비들의 손으로 이루어진 이 다리를 귀교鬼橋라 이름했다.

진평왕은 비형에게 또 물어보았다.

"도깨비들 가운데서 인간계에 출현하여, 정사를 도울 만한 자가 있겠는가?"

---

3) 집사 : 왕의 가신家臣인 듯.
4) 황천 : (원주) 서울(경주) 서쪽에 있다.
5) 신원사 북쪽 개천 : (원주) 혹은 신중사神衆寺라 하나 잘못이다. 일설엔 황천의 동쪽 깊은 개천이라 한다.

"길달吉達이란 자가 있습니다. 그가 국정을 도울 만할 거예요."

진평왕은 다음날 길달을 데려오라 했다.

이튿날 비형은 길달을 데리고 함께 왕을 뵈었다. 왕은 길달에게 집사의 직책을 내려 주었다. 길달은 과연 충직하기 비할 데 없었다.

그때 각간角干6) 임종林宗은 아들이 없었다. 왕은 임종에게 길달을 양자로 맞아들이게 했다. 임종은 길달을 시켜 흥륜사興輪寺7) 남쪽에 문루를 세우게 했더니, 길달은 문루를 세우고 매일 밤 그 문루 위에 가서 자곤 했다. 그래서 그 문을 길달문이라고 이름했다.

어느 날, 길달은 여우로 변하여 달아났다. 비형은 도깨비들을 시켜 길달을 붙잡아서는 죽여버렸다. 이로 해서 그 도깨비 무리들은 비형의 이름만 듣고도 무서워 달아나게 되었다.

당시 사람들은 이러한 비형을 두고 사詞를 지었다.

성제의 혼이 낳으신 아들,
비형 도령의 집이 바로 여길세.
날고 뛰는 온갖 귀신들아,
이곳에 함부로 머물지 말게나.

향속鄕俗에서는 집에 이 글을 써 붙여 잡귀를 물리친다.

---

6) 각간 : 신라 17관등의 제1위인 이벌찬伊伐飡의 별칭.
7) 흥륜사 : 경주시 사정리에 있던 절. 신라 불교의 초기에 중심 사찰로 있었다. 진흥왕 5년(544)에 이룩됨.

이 도화녀와 금륜왕 이야기는 신라인의 정조 관념의 일단을 잘 보여준다. 지아비가 있는 한 비록 제왕이라 하더라도 몸을 허락할 수 없다 하고, 그러나 지아비가 없는 한에서는 몸을 허락할 수 있다는 도화녀의 태도가 그것을 말해준다. 비단 결혼한 관계에서만 그런 것이 아니다. 『삼국사기』「설씨전薛氏傳」은 혼약을 한 사이인데도 남녀 간의 신의를 잘 보여준다. 설씨녀의 늙은 아비가 방수防戍의 번番을 들게 되었는데, 여자의 몸이라 모시고 갈 수도 없어 평소 자기를 연모해 오던 청년이 가실嘉實이 아비 대신 가겠노라 나서자, 그 아비가 가실과 설씨녀의 혼약을 허락했다. 거울을 둘로 쪼개어 반쪽씩 나누어 가지고 3년을 기약하고 헤어졌으나, 6년이 지나도록 가실이 돌아오지 않자, 아비는 딸을 다른 사람에게 시집보내기로 밀약을 했다. 그러나 설씨녀는 이를 완강히 거부하고 도망가기로 망설이던 차에 가실이 돌아와 성례成禮를 하게 되었다는 이야기다. 세속5계의 하나인 '벗은 사귀되 신의로써 하라'는 것은 비단 남자 세계에만 국한되지 않는다. 어쨌든 도화녀 이야기는 주자학이 지배하던 조선 시대에 인간성은 거스르고 정절을 지켜 자결하기까지 한 것과는 대조적이다.

한편 도화녀 설화의 성격에 대해서는 죽은 왕의 혼령과의 육체적 관계란 점에서 이물교구異物交媾 설화다. 이물교구로 태어나는 2세는 대개 비상한 능력을 가진 존재인데, 비형랑이 바로 그런 존재다. 이 책의 뒤에 나오는, 지렁이와의 교혼交婚으로 견훤을 낳았다는 설화와 같은 성격이라고 하겠다.

천제, 옥대를 하사하다[1]

— 신라의 보물

　백정왕白淨王[2]의 시호는 진평대왕, 성은 김이다. 진나라 선제 11년 기해(579) 8월에 즉위했다. 신장이 11척이나 되었다.

　한번은 ＊내제석궁內帝釋宮[3]에 거둥하여 돌 층층다리를 밟고 올라가는데, 세 개의 댓돌이 한꺼번에 부러졌다. 왕은 곧 좌우의 신하들을 돌아보며,

　"이 돌을 옮기지 말고 뒤로 오는 이에게 보여라."

고 명하여, 자신의 기골과 체력의 비상함을 기념하게 했다. 그래서 도성 안의 옮기지 않는 돌 다섯 중의 하나가 되었다.

　백정왕이 즉위한 첫해에 궁전 뜰에 천사가 내려와 왕에게 말했다.

　"상황上皇[4]께서 저더러 옥대를 전해 드리라 하셨습니다."

　왕은 몸소 꿇어앉아 옥대를 받았다. 그리고 난 뒤에 천사는 하늘로 올라가 버렸다.

---

1) 천제, 옥대를 하사하다 : (원주) 후당 폐제 4년, 즉 태조(왕건) 20년 정유(937) 5월에 정승 김부가 금으로 새기고 옥으로 장식한 요대腰帶 하나를 바쳐 왔다. 길이가 10위, 62개의 쪽으로 되어 있었다. 김부는 그것이 바로 진평왕의 '천사대(하늘이 하사한 띠)'라고 했다. 태조는 그것을 받아 내고에 간수했다. 즉 태조(왕건) 20년 정승 김부는 곧 고려 태조에게 항복한 신라의 말왕 경순왕을 가리킴. '10위'의 '위'는 길이의 하나치로 5촌이다.
2) 백정왕 : 진평왕의 이름. 석가의 아버지 이름을 가져온 것이다. 당시 왕실은 석가와 같은 찰제리 종으로 자처하였다.
3) 내제석궁 : (원주) '천주사天柱寺'라고도 하는데 바로 진평왕이 세운 절이다.
4) 상황 : 천제.

그때부터 교제郊祭와 묘제廟祭[5] 등의 나라의 큰 제사를 지낼 때는 으레 그 옥대를 띠었다. 뒤에 고구려왕이 신라를 공벌 할 것을 모의 하다가,

"신라에는 세 가지 보물이 있어 침범할 수 없다 하니, 무엇을 두고 하는 말인가?"라고 물으니,

"그것은 황룡사의 장륙존상丈六尊像[6]이 그 첫째의 것이요, 그 절의 구층탑이 그 둘째의 것이요, 진평왕의 하늘이 내린 옥대가 셋째의 것 입니다"라고 신하들은 답했다.

그리고는 신라를 공벌할 계획을 그만두었다.

찬讚[7]한다.

구름 밖 멀리에서 하느님이 내려 주신 옥대,

제왕의 용포 차림과 잘 어울리었네.

우리 임금 이로부터 몸 더욱 무거워져,

아마도 다음에 섬돌은 쇠로써 만들어야겠네.

---

5) 교제와 묘제 : 교제는 도성 교외에서 하늘에 드리는 제전, 묘제는 종묘에서 조상에게 지내는 제사 의식이다.
6) 장륙존상 : 1자 6척의 대불상을 말함. 석가모니의 등신대等身大 불상이라 한다.
7) 찬 : 찬양하는 송가로 시체侍體의 하나임.

　신라는 상고기말上古期末의 네 왕(눌지·자비·소지·지증왕)과 함께 법흥왕에서 진덕왕까지의 이른바 중고기中古期의 왕들은 왕호나 시호를 모두 불교에서 취해 지었다. 그 가운데 특히 진평왕은 이름을 석가의 아버지 이름을 가져와 '백정白淨'이라 했고, 왕비의 이름은 석가의 어머니 이름을 가져와 '마야부인'이라고 했을 정도였다. 자신들을 인도의 카스트 제도의 찰제리종으로 생각했다. 찰제리종은 제1계급 바라문종과 계급차가 별반 없는 왕종王種이다. 요컨대 진평왕은 '왕즉불王卽佛' 사상의 소유자다.

　그런 진평왕이 궐내에 내제석궁을 창건하여 제석신앙을 적극 수용하였다. 제석은 수미산 꼭대기 도리천 선견성善見城에 사는 33천의 천주天主로, 4천왕과 32천을 거느리고 불법을 수호하는 호법신이다. 불법을 호지護持하는 12천의 하나다. 석가가 성도한 뒤에는 석존의 수호신이 된 천신이다. 내제석궁은 제석을 받든 궁전으로, 일명 '천주사天柱寺'라 한 절이다. '천주'란 이 수미 소세계의 중앙에 있는 기둥으로서 수미산의 정상에 있는 절이란 뜻으로, 내제석궁에 다름 아니다. 진평왕이 제석을 자신의 수호신으로 받들어, 불교를 통한 중고기 왕권을 한 층 강화하는 의도로 볼 수 있다.

　제석을 수호신으로 받들었다고 해서 종래의 천신 신앙에 문제가 생긴 것은 아닌 것 같다. 재래의 천신은 시조의 출자로서 세계를 포괄적으로 임어臨御하는 데 대하여, 제석은 불교와 왕자 신의 수호신으로서만 의미가 있기 때문이다. 그러므로 신라

왕들이 알현하는 신궁神宮의 천신과는 위격이 다르다고 보아야 할 것이다. 『삼국유사』「흥륜사 벽화 보현보살」(번역에서 제외됨) 편의 설화는 제석의 위격을 보여주는 좋은 사례라고 하겠다. 즉, 54대 경명왕 때에 흥륜사의 모연募緣 중수를 꾀하던 차에 제석이 절의 왼쪽 경루經樓에 내려와 열흘 동안 머물렀는데, 사람들이 모여들어 옥백과 곡식이 산처럼 희사되어, 그것으로 절 중수가 불일不日로 이루어졌다는 것이다. 그런 의미에서 단군신화에서 천신 환인을 불교적으로 해석하여 '제석'이라고 주석을 붙인 것 은 문제가 있다고 보아야 할 것이다. 제석 신앙은 그 뒤 민간의 무교巫敎로 스며들어, 후세의 무교 설화나 무가巫歌에 곧잘 제석의 이름이 등장하는 것을 볼 수 있다. 특히 가택을 둘러싸고는 성주 신앙과 혼동될 정도가 되었다.

＊내제석궁을 '천주사天柱寺'라고 한 데에는 수미 소세계에서의 신라 중심의 세계관과 신라 불국토 사상이 거의 완벽하게 자리 잡고 있다. 앞에서 말했듯 '천주'는 이 세계의 중심에 있어 제석이 사는 도리천이 그 꼭대기에 있는 수미산이다. '산'이라지만 동서남북 네모난 깔때기 모양 두 개가 역접逆接한 듯이 가운데가 잘룩한 모양으로 관념되고 있다. 신라 궁궐 안에 있는 내제석궁을 천주 꼭대기 도리천에 있는 제석의 궁전으로 관념하는 데에서, 우리는 진평왕 당시 신라 왕족을 중심한 귀족들의 신라 중심 세계관과 함께, 「아도, 신라 불교의 기초를 놓다[阿道基羅]」 편에서 말하는, 신라 왕경에 있었다는 7곳의 전불세前佛世 가람 터 관념과는 차원이 다른 불국토 사상의 극치를 본다. 특히 수미

소세계에서의 신라 중심 세계관에서 우리는 「황룡사의 9층탑[皇龍寺九層塔]」편에서 안홍安弘이 말한, 신라를 침노할 9한韓 가운데 '중화中華'가 들어있는 사상적 출자를 이해하게 된다. 그러니까 적어도 9층탑을 세운 선덕대왕대까지 신라 중심 세계관이 작동하고 있었다는 것이다.

선덕여왕의 지혜

— 미리 안 세 가지 일

제27대 덕만德曼의 시호는 선덕여대왕, 성은 김씨, 진평왕의 따님으로 부왕을 이어 당 태종 6년 임진(632)에 즉위했다. 이 여왕에겐 나라를 다스린 지 16년 동안에 앞일을 미리 안 것 세 가지가 있다.

첫째는, 당나라 태종이 홍색·자색·백색, 이 3색의 모란꽃을 그린 그림과 그 씨앗 석 되를 보내왔다. 선덕여왕은 모란꽃 그림을 보고 말했다.

"이 꽃은 틀림없이 향기가 없을 것이다."

그 씨앗을 궁전 뜰에 심어 보게 했다. 꽃이 피어서 지기까지 과연 향기라곤 없어 선덕여왕의 예언은 맞았다. 이것이 세 가지 예지한 것 중의 그 첫째다.

둘째는, 추운 겨울날이다. 영묘사靈廟寺[1]의 옥문지玉門池에는 난데없는 개구리 떼가 모여들어 3, 4일을 두고 울어 댔다. 나라 사람들이 해괴한 일이라 생각하여 왕에게 물어보았다. 여왕은 급히 각간 알천 閼川과 필탄弼呑 등에게 명해 날쌘 군사 2천 명을 뽑아 서울의 서쪽 교외로 달려가도록 했다. 가서 여근곡女根谷[2]이란 골을 물어 찾아가 보면, 거기에 틀림없이 적병이 잠복해 있을 테니 습격해 죽이도록 명령했다.

두 각간이 왕명을 받고서 각각 1천 명의 군사들을 거느리고 서쪽 교

---

1) 영묘사 : 경주시 사정리에 있었다. 선덕왕 즉위 1년 (632)에 창건, '靈妙寺'·'令妙寺'라 쓰기도 한다.
2) 여근곡 : 지금의 경주시 서쪽 건천과 아화 사이의 부산富山에 있음.『삼국사기』에는 경주 서남쪽에 있는 옥문곡玉門谷이라 했다.

외에 달려가서 물어보았더니, 그곳 부산富山 기슭에 과연 여근곡이란 골이 있고, 거기에 백제의 군사 5백여 명이 잠복해 있기에 엄습하 여모두 잡아 죽였다. 그리고 백제의 장군 우소亐召란 자가 남산령3) 바위 위에 숨어 있는 것을 포위하여 사살하고, 또 백제군의 후속 부대 1천 3백여 명이 들이닥치는 걸 공격하여 한 사람 남김없이 죽였다.

셋째는 왕이 건강할 때인데, 그 신하들을 보고서 "나는 아무 해, 아무 달, 아무 날에 죽게 되겠으니, 장사를 도리천忉利天4)에 하라"고 당부한 것이다. 신하들은 그 도리천이 어느 곳인지 알 수 없어 왕에게 물어보았더니, 왕은 "낭산狼山의 남쪽 비탈이다"라고 했다. 왕이 예언했던 그날이 되자 왕은 과연 죽었다. 신하들은 왕의 당부에 따라 낭산의 남쪽 비탈에 장사 지냈다.

그로부터 10여 년 뒤, 문무대왕은 선덕여왕의 능 아래에다 사천왕사四天王寺5)를 창건했다. 불경에서 사천왕천은 수미산須彌山6)의 중턱에 있고, 그 위에 바로 도리천이 있다고 한 말을 상기하고서, 그제야 선덕여왕의 영험스러움을 알았다.

선덕여왕이 생존해 있을 때, 신하들이 모란꽃과 개구리에 관한 예언을 두고, 어떻게 그런 사실을 알 수 있었는지를 물어보았다. 왕은 다음과 같이 설명했다.

----

3) 남산령 : 부산에 있는 산령山嶺의 하나인 듯.
4) 도리천 : 33천이라고도 함. 불교의 우주관에 이 천天이 옥계 6천의 제2천. 제석천이 머무는 천계로서 수미산 꼭대기에 있다 함.
5) 사천왕사 : 지금 경주시 배반리에 그 유지가 있다.
6) 수미산 : 불교의 세계 구성설에 나오는 산. 섬부주 · 승신주 · 우화주 · 구로주. 이 네 개 주洲의 중앙 금륜金輪 위에 높이 솟은 산으로서 그 꼭대기에 도리천(제석천), 중턱에 사천왕천이 있다고 한다.

"꽃을 그린 그림에 나비가 함께 그려져 있지 않다는 것으로써 그 꽃의 향기 없음을 알았다. 그것은 당나라의 임금이 내가 짝이 없는 것을 풍자한 것이다. 그리고 개구리는 그 눈이 불거져 나와 성난 현상으로 생겨 있는데 그것은 병사의 상징이다. 옥문이란 곧 여근이요, 여자는 음과 양 중에 음에 속하고, 그 빛깔은 흰 것이요, 흰 빛깔은 서쪽이다. 그래서 적의 병사가 서쪽에 있음을 알았고, 남근이 여근속에 들어가면 반드시 죽는 법이라, 이로써 그들을 쉽게 잡을 수 있음을 알았다."

이 설명을 듣고 뭇 신하들은 모두 그 성지聖智에 감복했다.

당나라 임금이 세 가지 빛깔의 모란꽃을 보낸 것은, 신라에 세 여왕이 있을 것을 예측하고서 그렇게 한 것인가. 세 여왕은 바로 선덕·진덕·진성이다. 이로써 당나라 임금에게는 앞일을 예지하는 특별한 밝음이 있었다고 하겠다.

선덕여왕이 영묘사를 창건한 일에 관해서는 이 책의 「양지 석장을 부리다良志使錫」에 기록되어 있고, 별기別記에는 이 선덕여왕대에 돌을 다듬어 첨성대瞻星臺를 쌓았다고 했다.

선덕여왕의 지혜를 두고 이어령은 다음과 같이 보았다. '나비가 없는 모란꽃 그림을 보고 향기가 없을 것이라고 한 첫 번째 예언은 과학적 분석력에 의해서 사물을 예지하는 태도다. 개구리의 노한 형상은 병사의 형상이며, 옥문은 여자의 몸으로 그 빛이 희고, 또 흰 것은 서쪽에 해당하므로 군사가 서쪽에 있음을 알 수 있으며, 남근이 여근에 들어가면 반드시 죽는 법이니, 두 번째 예언은 유추적 사고라 할 수 있다. 왕이 자기가 죽거든 도리천忉利天에 장사하라고 한 예언이 죽은 지 10여 년 뒤 문무왕이 선덕여왕의 능 아래에다 사천왕사四天王寺를 지음으로써 적중했으니, 세 번째 예언은 인간의 경험과 과학적 분석력을 뛰어넘은 초월적인 감성, 즉 일종의 계시작용이다'.

김유신

─ 그 전생과 호국산신의 가호

김유신은 이간伊干[1] 무력武力의 손자이자 각간 서현舒玄의 장자다. 그의 아우는 흠순欽純이요, 누이는 보희寶姬, 아명은 아해阿海였고, 그 동생은 문희文姬, 아명은 아지阿之였다.

유신공은 진평왕 17년 을묘(595)에 태어났다. 그는 7요七曜[2]의 정기를 받아 태어났으므로 등에는 7성七星 무늬가 박혀 있었고, 그밖에도 그에게는 신이한 것이 많았다.

열여덟 살 임신년에 검술을 닦아 국선國仙[3]이 되었다. 당시 백석白石이란 자가 있어 어디서 왔는지 그 근본은 알 수 없었으나, 유신의 낭도에 끼어 여러 해 있었다. 유신랑은 그때 한창 고구려와 백제의 공벌 문제를 두고 밤낮으로 깊이 궁리를 거듭하고 있을 때였다. 백석이 그 계획을 알아채고서 유신랑에게 제의해 오기를, "공이 저와 함께 저쪽 적국에 잠입해 들어가 먼저 저들의 내정을 탐지하고 나서, 일을 꾀하는 것이 어떻소?"라고 했다.

유신도 기뻐하면서, 백석을 데리고 밤을 타서 적국을 향해 출발했다.

어느 고개를 넘다 잠깐 쉬고 있는데, 어떤 두 여인이 유신랑 일행의 뒤를 따라오고 있었다. 그날 밤 골화천骨火川[4] 에 이르러 유숙하려는데 또 한 여인이 홀연히 출현하여 왔다. 유신랑은 세 여인과 함께 한바탕

---

1) 이간 : 신라 17관등의 제2위인 '이찬伊湌'의 다른 표기임.
2) 칠요 : 일 · 월과 화 · 수 · 목 · 금 · 토성. 또는 북두칠성.
3) 국선 : 나라의 대표적인 화랑이다.
4) 골화천 : 지금의 경상북도 영천시의 하천으로 비정됨.

즐겁게 얘기를 나누었다. 그때 여인들은 맛 좋은 과일을 유신랑에게
바쳤다. 유신랑은 과일을 받아먹고, 그리고 서로 마음이 허락되어 통
심정하기에 이르자, 여인들은 유신에게 말했다.

"공이 말씀하신 바는 이미 알고 있습니다만, 공이 잠깐 저 백석이란 자
를 떼어 두고 같이 수풀 속으로 들어가면 다시 속내를 펴오리다."

유신랑은 여인들과 함께 수풀 속으로 들어갔다. 수풀 속에 들어가
자, 여인들은 별안간 신령의 모습으로 변하여 유신에게 말했다.

"우리들은 나림·혈례·골화, 이 세 곳5)의 호국신이다. 지금 적국
의 사람이 낭을 유인해 가는데도, 그대는 그것을 알지 못하고 따라가
기에, 우리가 낭을 만류하려고 여기에 온 것이다."

말을 마치고 세 신령은 사라져 버렸다. 유신공은 신령이 일러주는
말에 놀라 넘어졌다가, 재배를 드리고는 숲을 나왔다.

골화관에 들어 유숙하면서 유신은 백석에게 말했다.

"지금 타국으로 가면서 중요한 문서를 잊어버리고 왔구나. 함께 집
으로 되돌아가 문서를 가져오도록 하자."

집으로 되돌아오자, 유신공은 백석을 결박해 놓고 사실을 문초했다.
백석은 다음과 같이 고백했다.

"나는 본래 고구려 사람이다.6) 우리나라 군신들에게 나는 이런 얘
기를 들었다. 즉 신라 김유신의 전신前身은 우리나라의 복술가였던

---

5) 나림·혈례·골화 이 세 곳 : '나림'은 지금 경주의 낭산, '혈례'는 청도의 부산(오리산), '골화'
는 영천의 금강산에 비정됨. 세 호국 여신에 대한 제사는 신라 제사질祭祀秩에서 상사上祀에
속한다. 3여신에는 각각 신당神堂이 있었고, 나라에서 관리를 보내어 제사를 지냈다.
6) 나는 본래 고구려 사람이다 : (원주) 고본에는 백제의 사람이라 했으나 잘못이다. 추남은 고구
려 사람이고 또 남녀 성교를 거꾸로 행한 것도 보장왕의 일이다.

추남楸南[7]이다. 한번은 국경에 물이 역류하는 일이 있었다.[8] 왕은 그에게 점을 쳐 보게 했다. 추남은 점괘를 뽑아 보고 아뢰기를, '대왕의 부인이 남녀 간의 성교를 거꾸로 행하기 때문에 그 표징이 그와 같이 나타난 것입니다'라고 했다. 대왕은 놀라고 괴이하게 여기었고, 왕비는 대노하여 이것은 요괴스러운 여우의 말이라 했다. 왕에게 고하여 추남을 다시 다른 일로 시험해 보아, 알아맞히지 못하면 죽여 버리도록 했다. 이에 쥐 한 마리를 함 속에 감추고서, 추남에게 이 속에 무엇이 들어 있느냐고 물었다. 추남은 그 속에 틀림없이 쥐가 들어 있고, 그 쥐는 여덟 마리라고 아뢰었다. 그러나 한 마리 쥐를 두고 여덟 마리라고 했으니, 그것은 잘못 맞힌 것이라 하고 추남을 죽이기로 했다. 추남은 형장에 나아가 맹세했다. '내 죽은 뒤에 다른 나라의 대장으로 태어나, 이 고구려를 꼭 멸하고 말리라.'고.

추남의 목은 베어졌다. 함 속에 넣었던 쥐를 꺼내 배를 갈라 보았더니, 그 속엔 새끼 일곱 마리가 들어 있었다. 이리하여 앞서 추남이 했던 답변이 맞았음을 알았다.

추남을 처형한 그날 밤에 왕은 꿈을 꾸었다. 왕은 그 꿈에서 추남이 신라 서현공舒玄公 부인의 품속으로 들어가는 걸 보았다. 신하들에게 왕은 꿈을 얘기했더니, 모두들 추남이 맹세하고 죽더니만, 과연 그 맹세대로 실현되었나 보다 하였다, 그리고 나를 이곳에 보내어 당신을 유인해 오는 계략을 쓰게 했던 것이다."

---

7) 추남 : (원주) 고본古本에는 춘남春南이라 했다.
8) 물이 역류하는 일 : (원주) 혹은 자웅雌雄이 엎치락뒤치락하는 현상이라고 한다.

유신공은 백석을 형벌하고, 갖은 제물을 갖추어 세 산신에게 제사를 드렸다. 그 신령들은 모두 현신하여 제사를 받았다.

김씨 집안의 재매부인財買夫人이 죽자, 청연清淵 위의 골짜기에 장사 지냈다. 이에 따라 그 골짜기를 재매곡이라 이름하게 되었다.

해마다 봄이 돌아오면 김씨 일문의 사녀士女들이 이 골짜기의 남쪽 시내에 모여 잔치를 벌이곤 했다. 그때가 되면 온갖 꽃이 흐드러지게 피고, 송화가 가득히 골짜기의 숲에 날아올랐다. 그래서 골짜기 어귀에 암자를 지어 이름을 송화방松花房)이라 하고, 대대로 소원을 비는 원찰願刹로 삼았다.

54대 경명왕 때9)에 이르러 유신공을 흥무대왕興武大王으로 추봉했다. 유신공의 능은 서산 모지사毛只寺 북쪽의 동편으로 뻗은 봉우리에 있다.

---

9) 54대 경명왕 때 : 『삼국사기』 「김유신전」에는 42대 흥덕왕 10년(835년)의 일로 되어 있다.

    김유신 관계 기록이나 전설을 보면 당시 신라의 각종 신앙사상이 습합되어 김유신을 통해 구현되거나, 유신 자신이 그들 신앙을 가진 것으로 보이는 사례가 많다. 여기 이 설화도 재래 신도神道(최남선의 용어)의 산신 신앙에 불교의 인과응보 및 전생轉生 사상이 습합된 양상을 볼 수 있다. 몇 가지 저례著例를 보일까 한다.

    『삼국사기』「김유신전」에, "유신이 15세에 화랑이 되자, 당시 사람들은 유신의 무리를 용화향도龍華香徒라고 불렀다"고 했다. 미래세에 미륵불이 하생하여 용화수 아래에서 성도한다는 미륵하생彌勒下生 사상을 표상한 것이다.

    17세 때 홀로 중악석굴(경주 단석산으로 비정)에 들어가 적국을 평정한 수단을 하늘[天王]에게 여러 날을 빌자, 홀연히 난승難勝이란 한 노인이 나타났다고 했다. 난승은 노인으로 현신한 산신으로 이해된다. '난승'이란 『인왕호국반야바라밀다경仁王護國般若波羅密多經』에 "세간의 여러 기예技藝가 가지가지로 군생群生을 이롭게 하니, 이름해서 '난승지難勝地'라고 한다"에서 왔다. 유신이 적국을 평정한 병술비법을 간절히 구하여, 여기에 대응하여 산신이 '여러 가지 기예(병술도 기예의 한 가지임)로 군생을 이롭게 한다'는 '난승'이란 이름으로 현신한 것이다. 신불神佛 습합이라고 할 수 있다.

    그는 18세에 적국의 침략이 절박해 오자 홀로 보검을 가지고 열박산咽薄山(미상) 깊은 골짜기에 들어가 분향하며 하늘에 고하기를 중악에서 하듯이 하고 기도했더니, 천관신千官神(도교의 신)이 빛을 드리워 보검에 영기를 내리고, 3일 되는 밤에 허수虛宿·각수角宿(28수의 두 별자리)의 광망이 환하게 내려 닿으며 보검이 동요하는 것 같았다고 했다. 여기에서는 그의 도교의 성수星宿 신앙을 볼 수 있다.

그는 고구려 공벌에 나선 소정방의 군량 요청에 적진을 뚫고 군량을 전달하러 갈 때 현고잠懸鼓岑(소재지 미상)의 수사岫寺에 이르러, 재계하고 영실靈室에 들어가 혼자 분향, 기도하기를 여러 날, 그리고 나와서 기뻐하며 "내가 이번 길에 죽지는 않게 될 것이다"라고 말했다 한다. '懸鼓岑'이란 '북을 매달아 놓은 멧뿌리'란 뜻이다. 필시『삼국지』「동이전」의 '소도별읍蘇塗別邑'의 큰 나무에 북을 매달아 놓고 신을 섬기던 신도의 신앙 관습과 연관이 있는 곳일 것이다. 그리고 '수사의 영실'이란 후세의 사찰의 산신각처럼 사찰에 부속하여 기도장으로 쓰이는 건물을 말한 것이다. 유신은 이렇게 신도의 적극적인 신앙자다.

유신이 죽음에 앞서 요성妖星이 나타나고 지진이 있어 문무왕이 근심을 하자, 유신이 "나라의 재앙이 아니라 신臣에게 재앙이 있습니다"고 하고, 군복에 병기를 든 수십 명이 유신의 집에서 울면서 떠나 곧 사라지자 유신이 듣고서 "이는 필시 나를 보호해 주던 음병陰兵일 것이다. 나 이제 죽을 것이다"라고 했다고 한다. '음병'이란 도교적 정기精氣, 불교적 신중神衆, 그리고 신도적 신귀神鬼가 하나로 합해진 존재가 아닐까 한다.

그 밖에 백제 정벌 시 소정방 면전에서 '불상지조不祥之鳥'를 칼로 겨누기만 해서 갈갈이 찢겨 떨어지게 했다든가, 한산성에

서 고구려·말갈 연합군의 포위에 위급해진 신라군을, 경주 성
부산星浮山에 작단作壇해서 신술神術로 벼락불을 날려 적 진영을
박살 내어 구했다든가, 그의 신이한 능력에 관한 기록은 많다.

그런데 여기 세 여산 신과의 관련은 유신이 신도 신앙의 역량
을 돋보여 주거니와, 유신이 강릉·진천·군위 등지에서 산신(서
낭신)으로 받들어지는 것이 우연이 아닌 듯하다. 그리고 『오주연
문장전산고五洲衍文長箋散稿』의 기록은 더욱 우리의 흥미를 끈다.
군위의 김유신 신사에는 그의 어머니 만명萬明을 부녀들이 받들
고, 신당에는 반드시 명도明圖라는 구리거울을 걸어 놓는다고 했
는데, 지금도 무속에서 받드는 '만명할미'는 김유신의 어머니 만
명이라는 것이다. 만명의 신도적 소질과 역량이 유신에게로 전
해졌다고 할 수 있지 않을까.

태종 춘추공

— 신라 3국 통일의 이야기들

제29대 태종대왕의 이름은 춘추春秋, 성은 김씨로서 문흥대왕文興
大王으로 추봉된 각간 용수龍樹[1]의 아드님이다. 어머니는 진평대왕의
따님인 천명부인天明夫人이고, 왕의 비는 문명황후文明皇后 문희文姬이
니, 바로 김유신 공의 작은 누이이다.

왕이 문희를 맞아들이기 전의 일이다.

문희의 언니 보희寶姬는 어느 날 밤 서악에 올라가 오줌을 누었더
니, 온 서울에 오줌이 그득히 차오른 꿈을 꾸었다. 아침에 일어나 그
꿈을 얘기했더니, 문희는 이야기를 듣고 나서 말했다.

"내가 그 꿈을 사겠다."

언니는 물었다.

"무엇을 주겠느냐?"

"비단 치마면 되겠지?"라고 동생은 말하였다.

언니는 좋다고 응낙했다.

문희는 언니 보희 쪽을 향하여 옷깃을 벌리고, 꿈을 받아들일 자세
를 취했었다.

보희는, "지난밤의 꿈을 너에게 넘겨준다"고 외쳤다.

동생 문희는 비단 치마로 꿈값을 치렀다.

그 뒤 열흘쯤 되는 정월 오기일烏忌日[2]이었다. 유신은 바로 자기

---

1) 용수 : (원주) 혹은 용춘龍春이라고도 한다.
2) 정월 오기일 : (원주) 위의 '고갑을 쏘아라.'조에 보이니, 곧 최치원의 설이다. — 즉 음력 정월
　　보름날을 가리킴.

집 앞에서 춘추와 함께 공차기[蹴鞠]3)를 하고 놀았다. 유신은 짐짓 춘추의 옷을 밟아 그 옷고름을 떼어 놓고는, "우리 집에 들어가 꿰매도록 하자"고 청했다. 춘추공은 유신의 청에 따랐다. 유신은 아해(보희)에게 춘추의 옷고름을 꿰매 주라고 말했다.

아해는 "어찌 그런 사소한 일을 가지고 가벼이 귀공자를 가까이 하리까"라고 하면서 사양했다.4) 그러자 유신은 아지(문희)에게 명하였다. 춘추공은 유신의 의도를 알아채고, 마침내 문희와 상관했다.

그 뒤로 춘추공은 자주 문희에게 다녀가곤 했다.

유신은 문희가 임신했음을 알았다.

"네가 부모님께 아뢰지도 않고, 잉태한 건 어쩐 일이냐?"고 문희를 책망했다.

그리고는 널리 소문을 퍼뜨리고, 그 누이를 불태워 죽이겠다고 했다.

하루는 당시의 임금 선덕여왕이 남산으로 산책 나가는 것을 기다려, 유신은 자기 집 뜰에다 섶을 쌓아 놓고는 불을 질러 연기가 치솟게 했다. 선덕여왕은 연기를 바라보고 웬 연기냐고 물었다.

신하들은 들은 바대로, "아마 유신이 그 누이를 불태우나 봅니다"고 아뢰었다.

왕은 그 까닭을 물었다.

"그 누이가 시집도 가지 않았는데, 임신을 한 때문인가 합니다"라고 신하들은 아뢰었다.

---

3) 공차기 : (원주) 신라 사람들은 공차기 축국를 가리켜 '구슬놀리기[弄珠之戱]'라고 했다.
4) 아해는~사양했다 : (원주) 고본에는 보희가 병으로 나오지 못했다고 했다.

왕은, "그것은 누구의 소위냐?"고 다시 물었다.

이때 역시 왕을 가까이서 모셔 그 앞에 있던 춘추의 얼굴색이 확 변했다. 왕은 "네가 한 짓이로구나. 빨리 가서 구해 내도록 해라"하고 일렀다.

춘추공은 왕의 명을 받고 유신의 집으로 말을 달려, 왕명임을 알리고 제지시켰다. 그 뒤로 곧 드러내 놓고 혼례를 치렀다.

진덕여왕이 승하하자, 당 고종 5년 갑인(654)에 춘추는 왕위에 올라, 나라를 다스리기 8년, 고종 12년 신유(661)에 붕어했다. 향년 59세였다. 애공사哀公寺5) 동쪽에 장사를 지냈다. 비석이 세워져 있다.

왕은 유신과 함께 심신을 다하여 삼한을 하나로 통합하여, 사직에 큰 공을 세웠으므로 묘호를 태종太宗이라 했다.

태자 법민法敏과 각간 인문仁問과, 각간 문왕文王과, 각간 노저老且와 각간 지경智鏡과, 그리고 각간 개원愷元은 모두 문희 부인의 소생이다. 그때 언니 보희에게서 꿈을 샀던 결과가 여기에 나타났다. 서출庶出로는 급간級干6) 개지문皆知文과, 영공令公7) 차득車得과, 아간阿干8) 마득馬得, 그리고 딸을 아울러 다섯 사람이었다.

왕은 매끼에 쌀 서 말과, 장끼 아홉 마리씩 잡수시다가, 경신년에 백제를 멸한 뒤로는, 점심을 그만두고 아침 저녁끼만을 들었다. 그러나 따져 보면 하루에 쌀 여섯 말, 술 여섯 말, 꿩 열 마리씩이었다.

왕이 치세하던 때 도성 안의 물가는, 베 한 필이면 벼가 30석, 또

---

5) 애공사 : 지금의 경주시 효현동에 있었다.
6) 급간 : 신라 17관등의 제9위. 급벌찬級伐湌이라고도 함.
7) 영공 : 국상國相에 대한 존칭.
8) 아간 : 신라 17관등의 제6위인 아찬阿湌의 별칭.

는 50석이나 되어 백성들은 모두 성대聖代라고 했다

왕이 태자로 있을 때 고구려를 정벌할 심산으로 청병請兵차 당나라에 들어갔다. 당나라 임금이 왕의 그 풍채를 칭찬하여 '신성한 사람[神聖之人]'이라 하고는, 굳이 자기 곁에 머물러 주기를 원하는 걸 애써 설득하고 돌아왔다.

당시 백제의 마지막 임금 의자왕은 무왕의 맏아들로서, 그 사람됨이 큼직하고 용맹스러워 담력이 있을 뿐 아니라, 어버이 섬기기에 효성스럽고 형제에도 우애가 있어, 그때 사람들이 그를 해동증자海東曾子라 부를 정도였다.

당 태종 15년 신축(641)에 왕위에 오른 뒤로, 의자왕은 사뭇 술과 계집에 탐닉하여 정치는 거칠어지고, 나라는 위태로워졌다. 백제의 대신 직인 좌평佐平9) 벼슬에 있는 성충成忠이 충간忠諫을 다했으나, 의자왕은 듣지 아니하고 그를 옥에다 가두어 버렸다. 성충은 옥고로 말미암은 병으로 해서 죽기에 이르렀다. 죽음에 임하여 성충은 의자왕에게 글월을 올렸다.

"충신은 죽어도 그 임금을 잊지 못한다 합니다. 원하옵건대 한 말씀 드리고서 죽고자 합니다. 신이 일찍이 시세時世의 변동을 살펴보니, 반드시 전쟁이 있겠습니다. 대체로 군사를 부림에 있어서는 그 싸울 지역을 잘 가려야 하오니, 상류에 진을 치고 적병을 맞이해야만 나라를 온전히 보전할 수 있습니다. 만약 이국異國의 군사가 오게 되면, 육로로는 탄현炭峴10)을 넘어서지 못하게 하고, 수군은 기

---

9) 좌평 : 백제의 관직 16등급 가운데 제1등급. 중앙관청의 우두머리 벼슬.

벌포伐浦[11]로 들어오지 못하게 하여, 그 험하고 좁은 지세에 의지하여 막은 연후에야 가할 것입니다."

그러나 의자왕은 살피지 못했다.

당 고종 10년, 즉 의자왕 19년 기미(659), ★백제의 오회사烏會寺[12]에는 빛깔이 붉은 커다란 말이 나타나, 밤낮으로 여섯 번을 절을 끼고 돌았던 일이 있었다.

같은 해 2월에는 한 무리의 여우가 의자왕의 궁궐에 들어와, 그중의 한 마리 흰 여우는 좌평이 쓰는 책상 위에 올라앉았다.

4월에는 태자궁에서 암탉이 뱁새와 교미를 한 일이 있었다.

5월에는 사비수泗沘水[13] 강안에 커다란 고기가 나와 죽었는데, 길이가 3장丈이나 되었고, 그 고기를 먹은 사람들은 모두 죽는 변이 일어났다.

9월에는 궁정에 있는 느티나무가 울어 댔는데, 그것은 사람의 곡성과 같았다. 밤에는 귀신이 궁궐 남쪽의 길 위에서 울어 댔다.

왕 즉위 20년 경신(660), 봄 2월에는 왕도의 우물물이 핏빛으로 변했다. 또 서해 바닷가에 작은 고기들이 나와 죽었는데, 백성들이 이루 다 먹지를 못했다. 사비수도 역시 핏빛이 되었다.

---

10) 탄현 : (원주) 한편 '침현'이라고도 하니 백제의 요새다.
11) 기벌포 : (원주) 즉 '장암長巖'이니 '손량孫梁'이라기도 하고, 한편 '지화포只火浦' 또는 '백강白江'이라고도 쓴다.
12) 오회사 : (원주) 또는 '오합사'烏合寺고도 했다.
13) 사비수 : (원주) 부여의 강의 이름이다. ― 원문에는 '泗沘'로 되어 있으니, '沘'자는 '沘'의 오자이다. 이하 '沘'자는 모두 '沘'로 고친다. '사비수'는 지금의 백마강이다.

같은 해 4월에는 수만 마리의 개구리들이 나무 위에 몰려든 변이 일어났고, 왕도王都 저자의 사람들이 공연히 놀라 마치 누가 잡으러 오기나 하듯 달아나다 쓰러져 죽은 자가 백여 명이나 되었고, 재물을 잃은 자가 무수했다.

6월에는 왕흥사王興寺[14]의 중들 눈에 돛대가 큰 물결을 따라 절문으로 들어오는 것 같은 광경이 보였고, 들사슴만큼이나 커다란 개가 서쪽에서 사비수 강안으로 와서, 왕궁을 향해 짖어 대다가 홀연히 어디론가 사라졌다. 또 서울 안의 뭇 개들이 길 위에 모여 혹은 짖어 대고, 혹은 울어 대다가 한참 만에 흩어진 일이 있었다. 또 한 귀신이 궁중에 들어와 큰 소리로, "백제 망한다! 백제 망한다!"고 외쳐 대더니 곧 땅속으로 들어가 버렸다. 왕은 괴이하게 여겨 사람들을 시켜 귀신이 들어간 자리를 파 보게 했다. 서너 자쯤의 깊이로 내려간 땅속엔 거북이 한 마리가 있고, 그 거북이의 등에는 다음과 같은 글이 씌어있었다.

"백제는 보름달이요, 신라는 초승달이다."

왕은 무당에게 물어보았다. 무당은 이렇게 일렀다.

"보름달이란 이미 다 찬 것입니다. 차면 이즈러지기 마련입니다. 초승달과 같다는 것은 아직 차지 못한 것입니다. 차지 못했으면 점점 차오르기 마련입니다."

이 해석을 듣고 의자왕은 노하여 그 무당을 죽여 버리고, 다른 무당을 불러 물어보았다.

다른 무당은 아뢰었다.

"보름달이란 융성한 것이고, 초승달과 같다는 것은 미약한 것을 말

---

14) 왕흥사 : 지금의 충남 부여군에 있었던 백제 무왕이 세운 절이다.

합니다. 생각하건대 우리나라는 성대해지고, 신라는 미약해질 것인가 합니다."

의자왕은 이 해석을 듣고는 기뻐했다.

신라의 태종은 백제에 온갖 괴이한 변괴가 번번이 일어나고 있다는 것을 듣고는, 무열왕 즉위 7년 경신(660년)에 그 아들 인문을 당나라에 사신으로 보내어 군사를 청하게 했다.

당나라 고종은 좌무위대장군左武衛大將軍15) 형국공 소정방蘇定方을 신구도 행군 총관神丘道行軍摠管으로 임명하여, 좌위 장군으로 자字16)가 인원仁遠인 유백영劉伯英과, 좌무위장군左武衛將軍 풍사귀馮士貴와, 좌효위장군左驍衛將軍 방효공龐孝公 등을 막료로 하여, 13만17) 군사를 거느리고 가서 정벌하도록 했다. 그리고 당 고종은 한편으로 신라왕 춘추를 우이도 행군총관嵎夷道行軍摠管으로 삼아서, 신라군을 거느리고 자기 나라 군사들과 합세하게 했다.

소정방은 군사를 이끌고 성산城山18)에서 바다를 건너 신라의 서쪽 덕물도德勿島19)에 이르렀다. 신라왕은 장군 김유신으로 하여금 정병 5만을 거느리고 진격하게 했다.

백제의 의자왕은 나당 양국의 군사가 움직이고 있다는 보고를 듣고

---

15) '左武' : 원문에는 고려 2대 왕 혜종의 이름 '武'자를 되해 '虎'자로 되어 있다. 이하 같음.
16) 자: 본명本名 외에 가지는 부명副名.
17) 13만 : (원주) 우리나라 기록에는 군졸이 12만 2천 7백 11명, 배가 1천 9백 척이라 했는데 『당사』에는 자세히 말하진 않았다.
18) 성산 : 지금의 산둥성 문등현.
19) 덕물도 : 지금의 인천광역시 옹진군 덕적면 덕적도로 추정된다.

서, 뭇 신하들을 모아 놓고 싸워 깎아낼 계책을 물었다. 좌평 의직義直이 아뢰었다.

"당나라 군사들은 멀리 바다를 건너왔지만 물에는 익숙지 못하고, 신라군은 큰 나라의 원조를 믿어 상대를 가벼이 여기는 방자한 마음만 있어, 만약 당군唐軍의 불리함을 보게 되면 반드시 의구심이 생겨 감히 민첩하게 진격해 오지 못할 것입니다. 때문에 먼저 당군과 결전하는 것이 옳을 것으로 알고 있습니다."

달솔達率[20] 벼슬에 있는 상영常永 등이 의직의 의견에 반대하고 나섰다.

"그렇지 않습니다. 당군은 멀리서 왔기 때문에 빨리 결전하려는 태도로 임할 것이므로, 그 민첩함을 당할 수 없습니다. 신라군은 이미 여러 번 아군에게 패전한 적이 있으므로, 이제 우리의 군세를 바라보기만 해도 두려워하지 않을 수 없을 것입니다. 오늘의 계책은 마땅히 당군의 진로를 막아서, 그 군사들의 기세가 둔화되기를 기다리는 한편, 먼저 한쪽 부대로 신라군을 공격하여 그 예기銳氣를 꺾고, 그리고 난 다음에 기회를 엿보아 병합하여 싸워나가면 군사들을 온전하게 할 수 있는 동시에, 나라를 보존할 수가 있습니다."

왕은 머뭇거리며 어느 편을 좇아야 할지를 알지 못했다.

그때 좌평 흥수興首는 죄를 얻어 고마며지古馬旀知[21] 고을에 유배당해 있었다.

사자를 보내어 흥수에게 의견을 물어보았다.

---

20) 달솔 : 백제 17관등의 제2위.
21) 고마며지 : '고마미지古馬彌知'라고도 씀. 지금의 전라남도 장흥군.

"사세가 급박하오. 어쩌면 좋겠소?"

흥수는, "대개 좌평 성춘의 말과 같소" 하고 그 의견을 밝혔다.

대신들은 흥수를 불신하고 나섰다.

"흥수는 지금 죄를 지어 구속 상태에 있는 사람으로서, 그는 임금을 원망하고 있으며 나라를 사랑하고 있지 않습니다. 때문에 그의 의견은 채택할 수 없습니다. 당나라 군사로 하여금 백강22)으로 들어오게 하여, 강류를 따르느라 배를 병행시켜 진격할 수 없도록 하고, 신라군으로 하여금 탄현을 오르게 하여, 지름길을 통하느라 말을 병행시켜 진격할 수 없도록 해 두고, 이 기회를 잡아 군사를 놓아 공격한다면, 그들 적군은 곧 둥지 안에 갇힌 닭과 같이 될 것이며, 그물에 걸린 고기와 같이 될 것입니다."

의자왕은 이 의견에 따르기로 했다.

곧 또 당나라 군사가 이미 백강을 지났고, 신라 군사가 이미 탄현을 넘어왔다는 보고가 들어왔다.

왕은 장군 계백을 시켜 결사대 5천 명을 이끌고 황산黃山23)으로 나가 싸우게 했다.

계백은 5천 명의 결사대를 지휘하여 신라군과 접전하기 4번, 모두 이겼다. 그러나 신라군에 비해 워낙 군사의 수효가 적었고, 또 힘이 다하여 백제군은 마침내 패전했고, 계백은 전사했다.

---

22) 백강 : (원주) 기벌포다.
23) 황산 : 본래 백제 때의 황등야산현黃等也山縣이었다. 지금의 충청남도 논산시 지역.

신라군과 당군은 각기 진군, 양쪽 군사가 합세하여 도성으로 들어오는 나루 어귀에 이르러 강가에 주둔하고 있었다.

그때 홀연히 새 한 마리가 나타나 소정방이 들어 있는 병영 위를 선회했다. 정방은 그것이 못내 꺼림칙하여 점쟁이에게 점을 쳐 보게 했다.

"필시 원수께서 상할 징조입니다."

라고 했다. 정방은 이 점괘를 듣고 겁이 났다. 그래서 군대를 퇴각시켜 공격을 그만두려 했다. 이러한 낌새를 보고 유신이 말했다.

"어찌 나는 새 한 마리 따위의 변괴로써 천시天時를 어길 수 있겠소. 천명에 응하고 인심에 순하여 불인자不仁者를 치는 이 마당에 무슨 상서롭지 못한 일이 있겠소?"

그리고 신검神劍을 빼어 그 새를 겨누었다. 새는 갈가리 찢어져 자리 앞에 떨어졌다. 그제야 정방은 백강의 왼편 기슭으로 나와 산을 등지고 진을 치고 싸웠다.

백제군은 대패했다. 당나라 군사들은 강으로 밀려드는 밀물을 타고서 꼬리에 꼬리를 물고 전선을 몰아 북을 울리며 진격해 올라왔다. 정방은 보병이랑 기병을 거느리고 곧바로 도성 30리 지점에 와 머물렀다. 백제는 도성 안의 군사라는 군사는 다 동원하여 항거했으나, 또 패배하여 전사자를 1만여 명이나 내었다.

당군은 승승장구, 바로 도성에 육박해 들었다. 의자왕은 비로소 함락을 면할 수 없음을 알고 탄식했다.

"후회막급이로다. 성충의 말을 듣지 않았다가 이 지경에 이르렀구나!"

드디어 의자왕은 태자 융隆과 함께 북쪽 변방으로 도주해 갔다.

정방은 도성을 포위했다. 의자왕의 둘째 아들 태泰가 스스로 왕이 되어, 성안의 무리를 몰아 성을 고수하고 나섰다. 태자 융의 아들 문사文思가 그의 숙부인 태에게 불복하고 나섰다.

"왕과 태자이신 아버님께서 이미 이 성을 벗어나고 안 계신데, 숙부님께서 혼자 맘대로 왕이 되셨으니, 만약 당나라 군사가 포위를 풀고 가는 날엔 우리들의 신명이 어찌 안전하리까?"

문사는 종자들을 데리고 줄을 타고 넘어 성을 나갔다. 그러자 백성들도 그를 따랐다. 태는 그들을 막을 수 없었다.

정방은 군사를 시켜 성채에 올라서서 당나라의 깃발을 꽂게 했다. 태는 궁지에 몰리다 마침내 성문을 열고 목숨을 빌었다. 이에 의자왕 및 태자 융과, 왕자 태, 그리고 대신 정복貞福이 전국의 여러 성과 더불어 모두 항복했다. 정방은 의자왕 및 태자 융과, 왕자 태와 왕자 연連과 대신 및 장사將士 88명과 백성 1만 2천 8백 7명을 당나라의 서울 장안으로 호송시켰다.

백제는 본래 5부 37군 2백 성 76만 호가 있었는데, 이때에 당나라는 그 백제의 옛 영토에다 웅진熊津·마한馬韓·동명東明·금련金漣·덕안德安 등의 5도독부를 나누어 두고, 수령을 뽑아 도독都督과 자사刺史로 삼아 다스리게 했다. 그리고 낭장郞將 유인원을 시켜 백제의 도성을 지키게 하고, 또 좌위낭장左衛郞將 왕문도王文度를 웅진 도독으로 임명하여 백제의 유민들을 무마하게 했다.

정방이 사로잡힌 사람들을 이끌고 황제에게 알현하니, 황제는 사로잡힌 사람들을 일단 꾸짖고 나서 사면했다. 의자왕이 그곳에서 병사하자, 당나라 조정에서는 그에게 금자광록대부위위경金紫光祿大夫衛尉卿의 작위를 주고, 그의 옛 신하들의 조상弔喪하는 것을 허락했다.

그리고 손호孫皓24)와 진숙보陳叔寶25)의 무덤 곁에 장사 지내게 하고, 함께 비석을 세워 주었다.

당 고종은 그 13년 임술(662)에 소정방을 요동도 행군대총관으로 임명했다가, 곧 평양도 행군대총관으로 고쳤다. 소정방은 고구려군을 패강浿江에서 깨뜨리고, 마읍산馬邑山을 점령하여 진영을 만들고, 드디어 평양성을 포위했다. 그러나 마침 큰 눈이 내려 포위를 풀어 돌아갔다. 그는 돌아가 양주 안집대사安集大使로 임명되어 토번을 평정했다. 고종 18년(667)에 정방은 죽었다. 고종은 그의 죽음을 애도하면서 좌효기대장군 유주도독幽州都督의 벼슬을 내리고, 시호를 장莊이라 했다.26)

『신라별기新羅別記』에는 다음과 같은 기록이 있다.

"문무왕 즉위 5년 을축(665) 가을 8월 경자일에 왕은 친히 대군을 거느리고 웅진성으로 행차하여, 가왕假王 부여융扶餘隆27)을 만나 단壇을 모으고 백마를 희생하여 맹서했다.

먼저 천신 및 산천의 신에게 제사 드리고 난 다음에 삽혈歃血28)을 하고 글로써 맹서했다. 그 맹서문은 다음과 같다.

'지난날 백제의 선왕(의자왕)은 거역과 순종의 도리에 어두워 이웃 나라와 우호를 돈독하게 하지 않고, 인척29)과 화목하지 않은 한편 고구

---

24) 손호 : 중국 삼국시대 오의 마지막 왕으로 바로 손권의 손자.
25) 진숙보 : 중국 남조 진의 후주 이름이다.
26) 당 고종은~장이라 했다 : (원주) 이상은 『당사唐史』의 기록이다.
27) 가왕 부여웅 : 당나라가 백제 의자왕의 아들 융을 웅진도독으로 삼아 고국에 돌아가 유민을 진정시키게 했기 때문에 '가왕假王'이라 했다. '부여'는 백제의 왕성王姓이다.
28) 삽혈 : '삽혈'이란 고대 맹서의 한 의식으로 백마를 베어 그 피를 입에 발랐다.

려와 결탁하고 왜국과 교통하여 함께 잔포한 짓을 일삼아 신라를 침노, 영토를 깎아 먹으며 성읍을 파괴하도록 하여 거의 안락한 세월이 없었다. 천자는 한 가지라도 제 안존할 곳을 잃음을 민망히 여기고, 백성들이 해독 입는 것을 가련히 생각하여, 번번이 사자를 보내어 화친할 것을 타일렀다. 그러나 백제는 바다를 사이에 두고 지세의 험함과 거리의 요원함을 믿고서, 천조天朝의 크나큰 경륜을 모멸하므로, 황제는 이에 크게 노하여 삼가 시달린 백성들을 찾아 위로하고, 죄지은 자들을 토벌하였나니, 깃발이 향하는 곳마다 한번 싸워 크게 평정하였다.

진실로 그 궁궐을 없애 연못으로 바꿔 버리기까지 해서라도30) 장차 올 후예들에게 경계가 되게 해주고, 근원을 막고 뿌리를 뽑아 버려서라도 그 후손들에게 교훈을 남겨 주어 마땅할 것이다. 그러나 유순한 자는 포용하고 반역한 자만 쳐 없앰은 선왕들이 남긴 훌륭한 전범이요, 망한 자를 일으켜 주고 끊어진 세손을 이어주게 함은 옛 현철들이 세운 떳떳한 법도라, 일은 반드시 전적에 전해 오는 옛것을 본받아야 할 것이다. 그러므로 전 백제왕 사가정경司稼正卿 부여융扶餘隆을 웅진도독으로 세워 그 선대의 제사를 받들게 하고 그 고토古土를 보전케 하노니, 신라에 의지하여 길이 우방이 되어 각각 지난날의 묵은 원한을 없애고 우호를 맺어 서로 화친하여 공경히 소명을 받들어 길이 번방藩方으로 복속할 일이다.

이에 우위위장군右威衛將軍 노성현공魯城縣公 유인원을 보내어 친히

29) 인척 : 백제의 무왕과 신라의 선화공주와의 결혼은 역사적인 사실로서는 의문시되고 있지만, 신라 소지왕 15년 — 백제 동성왕 15년에 백제와 통혼한 사실이 있다.
30) 궁궐을 없애~버리기까지 해서라도 : 옛날에는 역적 같은 큰 죄인을 벌하여 그의 3족, 9족을 멸하고, 그가 살던 집을 파서 못으로 만들어 버렸다.

141

타이르고 자세히 취지를 알리노니 그대들은 서로 혼인하기를 약속하며 맹서를 되뇌이며, 짐승을 잡아 피를 바르고 함께 시종을 돈독히 하고, 재해를 같이하며 환난을 서로 구제해서 은의를 형제같이 하여 지내는 한편, 공손히 천자의 말을 받들어 감히 소홀히 하지는 말 것이다.

이미 맹서한 뒤에는 다 같이 절의를 지킬 것이니, 만일 이에 위배하여 그 신의를 한결같이 하지 않고서, 군사를 일으키고 무리를 움직여 변경을 침범하는 일이 있게 되면, 신명이 이를 밝히 굽어보고 온갖 재앙을 내려 자손은 길러지지 않고 보존되지 못할 것이며, 사적이 끊어져 제사도 없어지고 남는 것이라곤 아무것도 없이 될 것이다. 그러므로 금서철계金書鐵契[31]을 만들어 종묘에다 보관해 두니, 자손 만 대에 위반하는 일이 없도록 하라. 신이여 들으소서, 흠향歆饗[32]하시고 복을 주소서!'

입에 백마의 피를 바르는 의식이 끝나자 폐백을 제단의 북쪽에 묻고, 그리고 맹서문은 신라의 태묘太廟에 간수했다. 맹서문은 대방도독帶方都督 유인궤劉仁軌가 지은 것이다.[33]"

또 『고기』에 이러한 기록이 있다.

"〈당 고종 19년〉, 즉 신라 문무왕 8년 무진[34](668)에 신라에서 청

---

31) 금서철계 : 철판에다 글자를 새기고 금으로 입힌 것. 한 고조가 천하를 평정하고 공신을 봉할 때 사용한 것이 그 시초다.

32) 흠향 : 신령이 제물을 받아먹음.

33) 『신라별기新羅別記』에는 다음과~지은 것이다 : (원주) 위의 『당사』의 기록을 보면 소정방이 의자왕과 그 태자 융 등을 당의 서울로 호송시켰다고 했는데, 여기서는 부여왕 융과 회합했다고 했으니, 당제가 융을 사면해 보내어 웅진도독으로 세웠음을 알겠다. 그러므로 맹서문의 명언明言이 이 사실로써 징험이 된다. — 맹서문의 명언이란 부여융을 웅진도독으로 세운다는 말이다.

34) 총장 원년 무진 : (원주) 총장總章 무진년이면 이적李勣의 일이니, 그 아래의 글에 소정방이

한 당나라의 원군이 평양성 교외에 주둔하고 있으면서, 급히 군량을 보내 달라는 편지를 신라 조정에 보내왔다. 문무왕은 신하들을 모아 놓고 대책을 물었다.

'적국을 거쳐 당군 진영에까지 간다는 것은 위험한 일이요. 그렇다고 해서 우리가 청해 온 당나라의 군사들이 군량이 다했다는데 보내 주지 않는다는 것도 또한 마땅한 처사는 못 되오. 어떻게 하면 좋겠소?'

김유신이 있다가 아뢰었다.

'신臣들이 그 군량을 수송할 수 있사오니 대왕께선 염려 마십시오.'

이에 김유신·김인문 등은 수만의 사람들을 이끌고서 고구려 영토 안으로 들어가, 군량미 2만 섬을 당군에게 수송해 주고 돌아왔다. 왕은 크게 기뻐했다."

"(신라군은) 또 당군과 연합하려 하였다. 김유신은 먼저 연기然起와 병천兵川 두 사람을 당군 진영에 보내어 그 만날 기일을 물었다. 당군의 장수 소정방은 종이에다 난새와 송아지를 그려 돌려보냈다. 신라군에선 그 그림의 의미를 풀 수 없어, 사람을 보내어 원효 법사에게 물어보았다.

원효 법사는 그림을 해석하여,

'빨리 군사를 돌려라. 송아지와 난새를 그린 것은 둘이 끊어짐[35]을 말한 것이다.' 고 일러 주었다.

나온 것은 잘못이다. 만약 군량을 청한 것이 정방의 사실이라면, 연호는 마땅히 용삭龍朔 2년 임술이어야 할 것이니, 바로 정방이 평양성을 포위했을 때의 일이다.

35) 둘이 끊어짐 : 송아지는 땅에 있고 난새는 하늘에 있어 둘 사이가 격절된 것, 즉 신라군과 당군이 격절되어 있어 연합작전이 불가능하다는 뜻이 아닐지.

이에 유신은 군사를 돌려서 패강을 건너기로 하고, 늦게 건너는 자는 목을 벤다는 엄한 군령을 내렸다. 군사들은 앞을 다투어 강을 건넜다. 군사의 절반쯤이 건넜을 때 고구려군들이 공격해 와 아직 건너지 못한 자들을 죽였다. 다음 날 유신은 고구려군을 반격하여 수만 명을 잡아 죽였다."

백제의 『고기』의 기록이다.

"부여성의 북쪽 일각에 큰 바위가 백강을 아래로 굽어보며 서 있다. 고래로 전해 오는 말로는 의자왕과 그의 여러 후궁이 죽음을 면할 수 없음을 알고서,

'차라리 자살할지언정 남의 손에 죽지는 않으리라.'

하고, 서로 이끌어 이곳에 와선 백강에 몸을 던져 죽었다고 한다. 그래서 세상에선 그 바위를 가리켜 타사암墮死岩(낙화암)이라 부르고 있다고 한다."

그렇지만 이것은 속설의 잘못이다. 단지 궁녀들만 그 바위에서 떨어져 죽고, 의자왕은 당나라에서 죽었다. 의자왕이 당나라에서 죽었다는 것은 당나라의 사록史錄에 명백하게 기록되어 있다.

다음은 신라 『고전古傳』의 내용이다.

"*소정방은 고구려와 백제 두 나라를 이미 토평하고 나서, 또 신라를 공벌하려는 심산으로 곧바로 본국으로 회군하지 않고 한동안 머물러 있었다. 유신이 이 책략을 알아채고서, 당나라 군사들에게 잔치를 베풀고는 독주를 먹여 모두 죽게 하여 쓸어 묻어 버렸다. 지금 상주 근방에 있는 당교唐橋가 바로 당군을 쓸어 묻었던 그 자리다.[36]

당나라 군사가 백제를 평정하고 이미 본국으로 돌아간 뒤에, 신라 왕은 장수들에게 명하여 백제의 잔적들을 추격해 잡고 있는데, 고구려와 말갈 두 나라 군사가 공격해 와 신라군을 포위했다. 서로 공방전을 계속하여 5월 11일에서 6월 22일에 이르도록 고구려와 말갈 군사들의 포위는 풀리지 않았다. 신라군은 위태한 지경에 빠졌다.

왕이 이 소식을 듣고서 뭇 신하들을 모아 그 대책을 어떻게 할 것인가를 의논했으나, 모두 머뭇거리고 선뜻 해결책을 내놓지 못하고 있었다. 이럴 즈음에 유신이 궁중으로 달려와 아뢰었다.

'일이 급박하옵니다. 사람의 힘으로서는 미칠 수 없고, 오직 신술神術로나 구원할 수 있을 뿐입니다.'

유신은 곧 성부산星浮山[37]에다 단을 모으고 신술을 베풀었다. 그러자 갑자기 큰 독만한 광채가 단 위로부터 나타나더니 별이 날듯 북쪽을 향해 날아갔다.

한산성 안에 포위당해 있는 군졸들은 지원병이 오지 않음을 원망

---

36) 소정방은 고구려~그 자리다 : (원주) 『당사』를 보면 그 죽은 까닭은 말하지 않고 다만 '죽었다'고만 했으니 무슨 까닭인가? 사실을 감추기 위함일까. 혹은 신라 『고전』의 기록이니 근거 없는 것인가. 만일 임술년(662) 고구려와의 전투에 신라 사람이 소정방의 군사를 죽였다면 그 뒤 당나라 고종 18년(668)에 어찌 군사를 청하여 고구려를 멸할 수 있었겠는가. 이로써 신라 『고전』의 기록이 근거 없음을 알겠다. 다만 고종 19년에 고구려를 멸한 뒤 신라가 당나라에 복종하지 않았던 사실은 있었으나, 신라가 맘대로 정복한 땅을 점유했던 것뿐, 소정방·이적 두 사람을 죽이기까지에는 이르지 않았을 것이다.

37) 성부산 : (원주) 이 일로 인해서 '성부산星浮山'이라 부르니, 성부산이 된 데는 다른 이야기가 있다. 즉 도림都林의 남쪽에 유독 빼어난 봉우리 하나가 있으니 경주에 사는 어떤 이가 벼슬을 얻으려고 그 아들을 시켜 횃불을 만들어 밤에 그 산에 올라가 켜들게 했다. 그날 밤 서울 사람들이 그 횃불을 바라보고는 괴성이 나타났다고 떠들었다. 왕이 듣고서 근심스럽고 두려워 그 괴성의 재난을 없앨 사람을 공모했다. 횃불을 들어 올리게 했던 그 아버지가 응모하려 했다. 그런데 일관이 왕에게 아뢰기를 이것은 큰 변괴가 아니라, 단지 어느 한 집의 아들이 죽고 아버지가 울게 될 징조일 뿐이라고 하여 마침내 그 괴물을 물리칠 계획을 그만두었다. 그날 밤 그 아들은 산에서 내려오다 호랑이에게 물려 죽었다고 했다.

하면서, 서로 바라보며 울고 있을 뿐이었다. 적군들이 공격을 서두르고 있는데, 홀연히 한 광채가 남쪽 하늘로부터 날아와선 벼락불이 되어 30여 개 소의 포석砲石[38]을 단번에 부숴 버렸다. 뿐만 아니라 적군의 활이며 화살이며 창 따위가 깡그리 부서지고, 적군들은 모두 땅바닥에 쓰러졌다. 얼마 뒤에 적군들은 깨어나 황황히 흩어져 달아나 버리고 신라군은 돌아왔다.

태종이 처음 즉위하였을 때 어떤 사람이 머리 하나에 몸이 둘, 그리고 다리가 여덟 개나 달린 돼지 한 마리를 바쳤다. 이 돼지를 두고 '이것은 반드시 육합六合[39]을 통일할 상서로운 징조'라고들 말했다.

이 태종 연대에 비로소 중국의 의관과 상아로 만든 홀笏[40]을 착용했다. 그것은 자장慈藏 법사가 당나라 황제에게 청하여 가져온 것이다.

신문왕 때에 당 고종이 신라에 사신을 보내어 말해 왔다.

'나의 아버님께서는 현량한 신하 위징魏徵·이순풍李淳風 등을 만나 마음을 합하고 의기를 같이하여 천하를 하나로 통합한 공훈이 있기 때문에 태종 황제太宗皇帝라 한 것이다. 그러나 너희 신라는 해외의 작은 나라로서 태종이란 칭호를 사용하여 천자의 명호名號를 함부로 범함은 도리에 어긋나니 빨리 그 칭호를 고치도록 하라.'

신라의 신문왕은 글을 올려 이에 답변했다.

'신라가 비록 작은 나라이긴 하나 성신聖臣 김유신을 얻어 삼국을 하나로 통합했기에 봉하여 태종이라 한 것입니다.'

신라왕의 글을 보고 당 고종은 자신이 아직 태자로 있었을 때의 한

---

38) 포석 : 포차砲車를 말하는 것이니, 큰 돌을 튕기어 성채를 파괴하는 무기다.
39) 육합 : 천지사방. 천하.
40) 홀 : 조례 때 벼슬아치들이 손에 쥐는 상아나 대나무로 만든 직사각형의 굽은 판.

1. 기이紀異 ㅣ

가지 일이 생각났다. 즉 어느 날 하늘에서의 외침 — '33천天[41]의 한 사람이 신라에 탄강하여 유신이 되었다.'는 말을 들었고, 그것을 책에 기록해 둔 적이 있었다. 이제 그 기록을 찾아보고 당 고종은 사뭇 놀라고 두려워했다. 그래서 다시 사자를 신라에 보내어 '태종'이란 묘호廟號를 고치지 않아도 좋다고 했다."

---

41) 33천 : 불교의 세계 구성설에서 수미산 꼭대기에 있는 도리천을 가리킴.

✽붉은 말이 오회사를 돈다든가, 한 무리의 여우가 의자왕의 궁중에 들어온다든가, 암탉이 뱁새와 교미를 한다든가 하는 등은 천도天道의 문란을 말한다. 그런데 이런 천도의 문란이 인도 人道의 혼란에 감응되어서 일어난다고 생각한 것이 옛날 사람들 사고방식이다. 중국 한대 동중서董仲舒의 천인감응天人感應 사상 이 저명한 예이거니와, 비단 동중서만이 그런 사고를 가졌던 것 은 물론이다. 여기 온갖 천도의 디테일들의 혼란이 과장적으로 강조되는 수법으로 묘사된 기록도 천도의 차원은 동중서의 천변 지이天變地異와는 다르나, 인도의 혼란이 천도의 혼란을 불러온 다는 그 근본 사고에 있어서는 결국 같다. 당시 백제 내부의 혼 란이 자연 질서의 문란·도착으로 윤색된 유언비어가 난무했던 정황이 잘 드러난다고 하겠다.

✽신라와 연합하여 백제와 고구려를 멸하고 난 뒤에 당군은 신라까지 공벌하려고 하였다. 이 책략은 당이 한반도로 파병할 때 계획되어 있었다고 보아야 할 것이다. 김유신이 이 책략을 알 아채고, 경주에 가까운 상주 근처 함창에 주둔하고 있는 소정방 이하 당군에게 잔치를 베풀어 독주를 먹여 죽게 했던 것이다. 일 연은 (원주)에서 이 사건이 662년에 있었던 것으로 착각하고 회 의했으나, 이 사건은 실제 있었다고 보아야 한다. 우선 『동국여 지승람』 「함창」편에 이 책의 여기와 같은 '당교唐橋 전승'을 소개 하고, '당교'라는 다리 이름이 이 전승으로 하여 생겨났다고 한

것을 가벼이 볼 수 없다. 신화적 전승이 아니라, 신라 당대에 기록된 사실이 전승이기 때문이다. 삼국통일 이후 화친하게 된 대당對唐 관계에서 신라로선 그 사건을 공적인 역사 기록에 올려놓을 수가 없었을 것이다.

공적 역사 기록에 올려놓을 수 없는 것은 당나라가 더욱 그러했다. 대당제국의 장수가 소국과의 전투에서 죽었다는 것은 드러내 놓을 수 없는 치욕이기 때문이다. 중국의 역사는 가급적 자기 나라에 치욕적인 일은 기록하지 않거나, 부득이 기록할 적에는 간략히 사건의 얼개만 기록하는 전통이 있다. 아예 이른바 기록을 '爲親者諱爲君者諱(어버이를 위해서도 기피하고, 임금을 위해서도 기피한다)'라는 말이 있다. 당 태종이 친히 대군을 거느리고 고구려에 침입했을 때, 안시성의 성주 양만춘楊萬春의 백우전白羽箭 화살에 눈알 하나를 잃었다. 그러나 중국의 공사公私 어느 문헌에도 기록이 없다. 다만 구전으로만 전해질 뿐이다. 우리나라의 문헌에도 구전하던 것이 가끔 사적이 문헌에 오를 뿐이다. 이색이 「정관음貞觀吟」(정관은 당 태종의 연호)이란 시에서 "(태종이) 이것(고구려)쯤이야 내 주머니 속의 물건일 줄 알았더니 / 어찌 알았으랴, 백우전 화살에 눈알이 떨어질 줄을"하고 읊은 것이 그것이고, 박지원이 『열하일기』에서 "또 세상에서 전해 오기를 안시성주 양만춘이 황제를 쏘아 눈이 맞혔다"고 한 것이 그것이다.

소정방은 서역의 여러 나라와 백제 · 고구려 등을 침공하여 공적을 많이 세운 유명한 장수다. 그런데 중국의 어디에도 그의 무덤이 없다는 것이다. 『당서唐書』에는 정방이 죽고 난 뒤 고종의 시신侍臣들이 정방에게 증직贈職을 하자고 말하는 사람이 아무도

태종 춘추공

없자, 고종은 "정방은 나라에 그토록 공이 많아 마땅히 증직해야 하거늘, 너희들이 아무 말도 하지 않는 것은 무슨 까닭인가?"라고 화를 냈다고 하는 기록이 나온다. 황제의 속마음을 모르는데 함부로 정방의 증직을 건의함으로써 그의 치욕의 죽음을 상기시킬까 해서일 것이다. 시신들은 정방의 치욕을 황제와 나라의 치욕으로 알고 있었기 때문이다.

기이紀異 Ⅱ

- 역사의 신이한 일들의 기록 Ⅱ

문무왕[1] 법민

— 당나라의 병탄 음모에의 저항, 그리고 거득공 이야기

문무왕이 태종무열왕의 뒤를 이어 즉위한 것은 당 고종 12년 신유(661)의 일이었다.

사비수[2] 남쪽 바다에 한 여인의 시체가 있었는데 신장이 73자, 발의 길이가 6자, 그 음부의 길이가 3자나 되었다. 혹은 신장이 18자라 고도 했다. 이것은 당 고종 18년, 즉 신라 문무왕 7년(667)의 일이었다.

당 고종 무진, 즉 문무왕 8년(668)에 문무왕은 군사를 거느리고 인문仁問·흠순欽純 등과 함께 평양에 이르러 당나라 군사와 연합하여 고구려를 쳐 없앴다. 그때의 당나라 장수 이적李勣은 고장왕高臧王[3]을 사로잡아 본국으로 돌아갔다.[4]

----

1) 문무왕 : 원문에는 고려 제2대왕 혜종의 이름자 '武' 자를 피해서, 대신에 '虎'자를 써서 '문호왕'이라 했음. 법민法敏은 그의 이름이다.

2) 사비수 : 지금의 백마강.

3) 고장왕 : 보장왕을 말한다.

4) 당~돌아갔다 : (원주) 왕의 성이 고씨이므로 고장이라 했다. 『당서』 「고종기」를 보면 고종 11년(660)에 소정방 등이 백제를 치고 나서, 그 뒤 12월에는 대장군 설필하력은 패강도행군대총관, 소정방은 요동도대총관, 유인원은 평양도대총관이 되어 고구려를 쳤다. 또 이듬해 정월에 소사업은 부여도총관, 임아상은 패강도총관이 되어 군사 35만을 거느리고 고구려를 쳤으며, 8월에는 소정방 등으로 고구려와 패강에서 싸우다가 패주했다. 고종 17년(666) 6월에는 방동선·고임·설인귀·이근행 등으로 후원케 했더니, 9월에 방동선은 고구려와 싸워 승리했다. 12월에는 이적을 요동도행군대총관을 삼아 6총관의 군사들을 거느리고 고구려를 치게 했다. 고종 19년(668) 9월에 이적이 고장왕을 사로잡고, 12월에 포로들을 황제에게 바쳤다. 고종 25년(674) 2월에는 유인궤가 계림도총관이 되어 신라를 쳤다고 했다. 한편 『향고기』에는 당나라가 육로장군 공공과 수로장군 유상을 보내어 신라의 김유신 등과 함께 고구려에 진군케 했다는데, 여기에는 인문과 흠순 등만 지적되고 유신은 빠지고 없으니 자세히 알 수 없는 일이다.

✱당시 당나라의 유병遊兵[5] 및 장병들 가운데서 진영에 머물러 기회를 보아 신라를 습격하려고 기도하는 자가 있어, 왕은 그의 음모를 알아채고 군사를 일으켰다. 그 이듬해 당 고종은 김인문 등을 불러 질책했다.

"너희들이 우리 군사를 청해다 고구려를 쳐 없애고는, 이제 도리어 우리를 해침은 무슨 까닭이냐?"

곧 인문 등을 옥에 가두어 버렸다. 그러고는 군사 50만을 훈련시키고, 설방薛邦으로 장수를 삼아 신라를 공벌하려고 했다. 그때 의상 법사義湘法師가 유학차 당나라에 들어가 있었다. 법사가 인문을 찾아보았더니 인문이 그 사실을 말했다. 의상 법사는 곧 신라로 돌아와 문무왕에게 보고했다. 왕은 몹시 우려하여 신하들을 모아 놓고 방어책을 물었다. 각간 김천존金天尊이 아뢰었다.

"근자에 명랑법사明朗法師란 이가 용궁에 들어가 비법을 전수하여 왔다고 하오니, 그를 불러 물어보십시오."

왕의 부름을 받고 온 명랑법사는 말했다.

"낭산의 남쪽 기슭에 신유림神遊林이 있습니다. 그곳에다 사천왕사四天王寺를 세우고 도량道場을 개설하면 되옵니다."

그때 정주貞州[6] 고을에서 사자가 달려와 알렸다.

"당나라 군사들이 무수히 우리 해상을 순회하고 있습니다."

왕은 다시 명랑법사를 불러,

"일은 이미 급박하게 되었으니 어쩌면 좋겠느냐?"

고 물었다. 명랑법사는 채색 비단을 가져다 임시로 절을 짓도록 하라

---

5) 유병 : 일정한 임무 없이 시기를 보아 본대本隊를 도와 싸우는 병사. 일종의 게릴라전 부대이다.
6) 정주 : 지금의 경기도 개성 지역.

고 알려 줬다. 왕은 채색 비단으로 절을 짓고, 풀로써 동·서·남·북과 중앙의 다섯 방위를 각기 맡은 신의 신상神像들을 만들어 세웠다. ＊그리고는 유가 명승瑜伽名僧 열두 사람을 데려와 명랑법사를 우두머리로 하여 문두루文豆婁 비밀의 법7)을 썼다. 이때는 아직 당나라 군사와 신라군이 교전도 하기 전이었다. 바다에 갑자기 거센 풍랑이 일어 당군을 실은 배는 모두 바닷속으로 침몰했다.

나중 토목으로써 본격적으로 절을 짓고 '사천왕사'라 이름했다. 지금까지 이 절의 단석壇席이 끊어지지 않고 있다.8)

그 후 신미년(671)에 당나라는 다시 조헌趙憲을 장수로 삼아 5만의 군사로 침공해 왔다. 신라에서는 또 그 비법을 지었더니 당나라의 배들은 전과 마찬가지로 그렇게 침몰했다.

이때 신라의 한림랑翰林郎 박문준朴文俊이 김인문을 따라 옥중에 있었다. 당 고종은 박문준을 불러 물었다.

"너희 나라엔 무슨 비법이 있기에, 우리가 두 번이나 대군을 보냈는데도 살아 돌아오는 자라곤 없는가?"

박문준은 대답했다.

"저희 배신陪臣9)들이 상국上國에 온 지 이미 10여 년이나 되어, 그간 본국의 일을 잘은 알지 못하옵고, 단지 한 가지 사실을 멀리 듣고 있을 뿐입니다. 그것은 두터이 상국의 은혜를 입어 삼국을 통일하였으므로, 그 은덕을 갚고자 새삼 천왕사를 낭산 남쪽 기슭에 개창하고

---

7) 문두루 비밀의 법 : '문두루'는 산스크리트어로 'Mudra'라고 하며, 신왕神王, 즉 오방신五方神의 인印이라는 뜻이다.

8) 나중 토목으로써~않고 있다 : (원주)『국사』에는 이 사천왕사를 크게 고쳐 지은 것이 당 고종 30년 기묘년(679)이었다고 했다.

9) 배신 : 속방 신하의 황제에 대한 자칭.

서, 황제의 만년 수명을 축원하여 여러 날에 걸쳐 법석法席을 열었다
는 것뿐입니다."

고종은 문준의 말을 듣고서 무척 즐거웠다. 이에 예부시랑 악붕귀
樂鵬龜를 신라에 사자로 보내어, 그 천왕사란 절을 살펴보게 했다.

문무왕은 당나라의 사자가 천왕사를 살피러 올 것이라는 소식을
미리 듣고서, 그 천왕사만은 보여줄 수 없다고 생각하여, 그 절 남쪽
에 별도로 새 절을 지어 대기하고 있었다.

당나라 사자는 왔다. 그리고 말했다.

"먼저 황제의 장수를 축원한다는 곳 천왕사에 꼭 가서 분향하고 싶소."

신라 조정에서는 계획대로 당나라의 사자를 천왕사 남쪽의 새 절
로 인도했다. 사자는 그 새 절의 문 앞에 서서 말했다.

"사천왕사가 아니오. 이 절은 '망덕요산지사望德遙山之寺요.'"

그리고는 끝내 그 새 절에 들어가지 않았다. 신라 조정에서는 그에
게 금 1천 냥을 주었다. 그 사자는 돌아가 이렇게 아뢰었다.

"신라가 천왕사를 세우고 황제께서 오래 살기를 새 절에서 빌고 있
사옵니다."

당나라 사신의 말에 따라, 그 새 절을 '망덕사'라 이름했다.10)

문무왕은 박문준이 잘 아뢴 덕으로 당나라 황제가 김인문 등을 사
면할 뜻이 있다는 소식을 듣고, 강수強首 선생11)에게 「인문의 석방을
청하는 표문表文12)」을 짓게 하여, 사인舍人13) 원우遠禹를 시켜 당나라

---

10) 망덕사라 이름했다 : (원주) 혹은 효소왕대의 일이라 하나 잘못이다.
11) 강수 선생 : 신라의 대문장가. 벼슬길에 오른 후 당나라에서 온 난해한 국서를 쉽게 해석,
    왕의 신임을 얻었다. 문무왕 때 외교문서를 능숙하게 다루어 삼국통일에 큰 공을 세웠다.
12) 표문 : 신하가 제왕에게 아뢰는 글.
13) 사인 : 신라 때 집사성 등의 관청에 있던 12관등의 대사, 13관등의 소사를 통틀어 일컫는 말임.

조정에 전달했다. 황제는 표문을 읽고는 눈물을 흘리고, 그리고 인문을 사면하여 위로해 보냈다.

김인문이 당나라의 감옥에 갇혀 있을 때, 신라에선 그를 위해 절을 세워 이름을 인용사仁容寺라 하고, 관음도량觀音道場을 개설한 바 있었다. 인문이 당나라에서 돌아오다 해상에서 죽으매, 그 도량을 미타도량彌陀道場으로 고쳤다. 아직도 이 절이 남아있다.

문무대왕은 나라를 다스리기 21년 당 고종 32년 신사(681)에 붕어했다. 왕의 유조遺詔[14]에 따라 동해의 큰 바위에다 장사 지냈다.[15]

왕은 생시에 지의법사智義法師에게 곧잘 말했다.

"나는 죽은 뒤에 나라를 지키는 큰 용이 되련다. 그래서 불법을 받들고 국가를 수호하련다."

지의 법사가,

"용이라면 축생畜生의 과보果報[16]인데 어찌하시렵니까?"

라고 묻자, 문무왕은 이렇게 대답하는 것이었다.

"내가 인간 세상의 영화를 싫어해 온 지가 오래되었소. 만약 좋잖은 과보로 축생이 된다면 그것은 나의 소망에 본디 합일되는 일이요."

문무왕은 처음 즉위하여 남산에다 장창長倉을 설치했다. 그 창고는 길이가 50보, 너비가 15보로 쌀과 무기를 쌓아 두었다. 이 남산의 창고가 우창이다. 천은사天恩寺[17] 서북쪽의 산 위에 있는 것이 좌창이었다. 다

---

14) 유조 : 임금의 유언.

15) 왕의~지냈다 : 화장한 뒤 그곳에 뼈를 묻었다고 한다. 그래서 그 바위를 '대왕암'이라 한다. 1967년 고적 답사반에 의해서 경북 감포 앞바다에서 그 바위를 확인했다.

16) 과보 : 사람이 과거에 지은 선악의 업으로 인하여 받는 결과. '인과응보'의 준말.

17) 천은사天恩寺 : 지금의 경주시 탑동에 있었다.

른 책에는 진평왕 건복建福18) 8년 신해(591)에 남산성을 쌓았으니, 그 둘레가 2천 8백 50보라고 기록되어 있는 걸 보면, 이 남산성은 진평왕 대에 비로소 쌓았던 것으로, 문무왕 때에 와서 중수한 것일 것이다. 또 부산성富山城19)을 처음으로 쌓기 시작하여 3년 만에야 공사가 끝났다.

안북하安北河20)가에 철성鐵城을 쌓고, 또 서울 일대에 성곽을 쌓으려고 이미 관리까지 있는데, 의상 법사가 왕의 이 계획을 듣고 글을 보내어 진언했다.

"왕의 정교政敎가 밝아지면, 비록 풀 언덕 따위에다 금을 그어 성곽 이라 해 두어도 백성들은 함부로 그것을 넘지 않을 것이며, 재앙을 씻 고 복을 이루게 할 수 있습니다. 그러나 정교가 진실로 밝아지지 못하 면, 비록 만리장성을 가졌더라도 재해가 소멸되지 않을 것입니다."

왕은 마침내 그 성 쌓는 일을 파했다.

당 고종 17년 병인(666) 3월 10일에 길이吉伊라는 민가의 한 여자 종이 한꺼번에 세 아기를 낳았다. 역시 고종 21년 경오(670) 정월 7일에 한기부漢岐部의 일산급간一山級干21)의 여자 종이 한꺼번에 딸 하나와 아들 셋을 낳았다. 나라에선 곡식 2백 석을 주어 포상했다.

18) 건복 : 진평왕대의 연호.
19) 부산성 : 지금의 경북 경주시 서면 부산에 그 성터가 있다.
20) 안북하 : 지금의 함경남도 문천군 덕원면의 북면천北面川으로 비정.
21) 일산급간 : (원주)혹은 성산아간城山阿干이라 함. — 급간·아간은 모두 신라의 관등 이름.

또 고구려를 치고 그 나라의 왕손王孫[22]이 귀화하매, 그를 대우하여 진골의 계급에 있게 했다.

왕은 어느 날 그의 서제庶弟인 거득공車得公을 불러 말했다.

"네가 재상이 되어 백관을 잘 통어하고, 천하를 태평하게 다스려라."

거득공은 답했다.

"폐하께선 소신으로 재상을 삼으시겠다면, 먼저 나라 안을 몰래 수행하여 민간 부역負役의 과중 여부와, 세금의 경중과, 그리고 관리의 청탁을 살펴보고 나서 비로소 재상의 직책을 맡고자 합니다."

왕은 허락했다.

거득공은 검은 빛깔의 승복을 입고, 그리고 손에는 비파를 들고, 거사居士[23]의 모습을 하고서 서울을 떠났다. 아슬라주阿瑟羅州[24]와 우수주牛首州[25], 그리고 북원경北原京[26] 등지를 경유하여 무진주武珍州[27]에 이르러 마을을 순행하고 있었다.

무진주의 관리 안길安吉은 거득공을 보고 범상한 사람이 아니라 생각하고서, 자기 집으로 청해다가 극진하게 대접했다. 밤이 되자 안길은 그의 세 처첩을 불러 말했다.

"오늘 밤 거사 손님을 모시고 자는 사람은 나와 종신토록 해로하리라."

----

22) 왕손 : 안승安勝을 가리킴.
23) 거사 : 속가에 있으면서 삭발하지 않고 불교를 믿는 사람.
24) 아슬라주 : 지금의 강원도 강릉시.
25) 우수주 : 지금의 강원도 춘천시.
26) 북원경 : 지금의 강원도 원주시.
27) 무진주 : 지금의 광주광역시.

그중 두 아내는 말했다.

"차라리 당신과 함께 종신토록 살지 못할망정, 어떻게 다른 남자와 동침한단 말이오."

나머지 한 아내는 답했다.

"당신이 종신토록 함께 살 것을 허락하신다면, 저는 시키는 대로 하겠나이다."

그녀는 거사와 동침했다.

이튿날 아침 거사는 하직하면서 말했다.

"나는 서울 사람이외다. 나의 집은 황룡皇龍과 황성皇城의 두 절 사이에 있고, 내 이름은 단오端午[28]라고 합니다. 주인께서 혹시 서울에 오는 일이 있거든 내 집을 찾아 주면 고마우리다."

거득공은 수행을 마치고 서울로 돌아와 재상에 취임했다.

당시 제도에 외방 각 고을의 관리 한 사람씩 불러올려 서울의 여러 부처를 지키게 했는데,[29] 무진주의 안길이 마침 그 상수上守[30]의 차례가 되어 서울로 올라왔다. 서울에 온 안길은 황룡과 황성 두 절 사이에 있다는 단오 거사의 집을 물어보았으나, 아무도 아는 이가 없었다. 안길이 오랫동안을 길가에 서서, 오는 이 가는 이들에게 집을 묻고 있는데, 한 노인이 지나다가 그 말을 듣고는 한참을 서서 생각하더니 말해주었다.

---

28) 단오 : (원주) 속俗에 단오를 가리켜 '거의車衣'라 한다. — '거의'는 '수리' 또는 '수릿'의 차자. '거득' 역시 '수렛' · '수릿'쯤의 차자가 아닐까. 때문에 자기 이름을 '수릿날'인 단오로 암시한 것인 듯.

29) 당시 제도에~지키게 했는데 : (원주) 지금의 기인其人 제도다. — 고려와 조선의 기인 제도는 신라의 상수리上守吏 제도에서 연원했으니, 이 제도는 인질이라는 수법에 의해 지방 세력을 중앙에 얽매기 위한 것이다. 고려는 향리鄕吏[토호]의 자제를 상경시켰으나, 신라선 향리 자신이 임무를 담당했다.

30) 상수 : 서울에 올라와 지킴.

"황룡·황성 두 절 사이의 한 집이라면 그건 대궐일 거요. 그리고 난오란 곧 거득공일 것이다. 이전 외방 고을을 밀행할 때 그대와 무슨 인연이 있었는가 보군."

안길은 그 노인에게 사실을 얘기했다. 노인은 안길에게 일러 주었다.

"궁성의 서쪽 귀정문歸正門으로 가게. 거기서 기다리다가 드나드는 궁녀를 잡고 알리게."

안길은 노인의 말에 따라,

"무진주의 안길이 뵈러 왔다."

고 궁녀를 통해 알렸다.

거득공은 듣고서 뛰어나와 안길의 손을 잡아끌고 궁으로 들어갔다. 그리고 그의 부인을 불러내어 동석을 시키고 안길과 연회를 열었다. 음식 갖춘 게 50가지나 되었다

왕에게 알리어 성부산星浮山[31]을 내려 주어, 무진주 상수리上守吏의 소목전燒木田[32]으로 지정하여 아무나 벌채하지 못하도록 금지했다. 사람들은 그 소목전에 감히 접근하지 못했고, 그리고 궁 안팎 사람들은 모두 부러워했다. 그 성부산 아래에 종자 3석을 뿌릴 만한 넓이 30묘畝의 밭이 있는데, 이 밭에 풍년이 들면 무진 고을에도 풍년이 들고, 이 밭이 흉작이면 무진 고을 역시 흉작이 들었다고 한다.

✽당나라는 백제·고구려에 이어 신라까지 공벌, 병탄하려는 음모를 가지고 있었다. 그 전략의 하나가 결정적인 공격을 하기 전에 신라의 국력을 소진시키는 것이다. 그것을 위해 끊임없이 군량의 조달을 요구하고, 신라군과의 연합 작전을 핑계로 신라군을 적병 속으로 몰아넣어 곤경에 빠뜨리고는 뒤로 빠지는 책략을 썼다.

『삼국사기』「문무왕본기」 가운데서도 문무왕이 당장 설인귀에게 보낸 답서를 보면 그런 일이 비일비재했음을 알 수 있다. 편지에 "남으로 수송하고… 북으로 공출하여 조그만 신라가… 인력이 피폐하고 우마가 죽어나서… 당 병사들의 피골皮骨은 비록 한토漢土여서 생겨났지만 혈육血肉은 모두 신라의 것이라" 했다. 그리고 육지와 해상에서 당군과의 크고 작은 교전이 무수히 있었다. 대동강 이남의 영토를 그나마 보전한 것은 당나라의 전략을 견뎌내며 싸워 물리친 힘겨운 항쟁의 결과다.

✽이 「문무왕 법민」편은 통일 과정과 직후에 신라가 당에 대해 한편으로는 굴종하면서 한편으로는 항쟁하는 신라와 문무왕의 고뇌가 불교, 즉 밀교密教의 문두루비법을 통해 피력된 것이다. 문무왕 죽어서 용으로 태어나 나라를 지키겠다는 염원도, 표면적으로는 왜와의 관계 때문이지만, 속으로는 당나라에 당한 유린과 수모가 뼈에 사무쳤기 때문일 것이다.

만파식적[1]

— 평화를 가져오는 신비한 피리

제31대 신문왕의 휘諱는 정명政明, 성은 김씨였다. 당 고종 32년 신사(681) 7월 7일에 즉위하여 부왕인 문무대왕을 위하여 동해 가에 감은사感恩寺를 세웠다[2].

그 이듬해 임오[3] 5월 초하룻날이다. 해관 파진찬波珍湌[4] 박숙청이 와서 동해에 한 작은 산이 감은사 쪽으로 떠내려와서는 물결을 따라 오락가락한다고 아뢰었다.

왕은 신기하게 여기고 일관 김춘질에게 점을 쳐 보게 했다.

"돌아가신 선왕께서 지금 바다의 용이 되시어 이 삼한 땅을 눌러 지키고 계십니다. 뿐만 아니라 또 김유신 공은 본래 33천天의 한 아들로서, 지금 인간 세계에 내려와 대신이 되어 있습니다. 두 성인의 의기를 같이하여 지금 나라를 지킬 보기寶器를 주시려 하오니, 만일 폐하께서 해변으로 가시면 값으로 따질 수 없는 큰 보배를 반드시 얻게 될 것입니다."

일관의 점친 결과를 듣고 신문왕은 기뻤다.

---

1) 만파식적 : '모든 파랑波浪을 그치게 하는 피리'라는 뜻.

2) 감은사를 세웠다 : (원주) 감은사 내에 전해오는 기록에 의하면 문무왕이 왜병을 진압하려고 이 절을 짓다가 끝내지 못하고 붕어하여 해룡이 되고, 그 아들 신문왕이 즉위하여 당 고종 33년(682)에 낙성했는데, 금당 섬돌 아래 동쪽으로 굴혈이 뚫려 있으니, 그것은 용이 들어와서 서리고 있게 하기 위한 것이다. 대개 왕의 유조遺詔에 의해 그 유골을 간수한 곳으로 이름을 '대왕암'이라 하고, 절 이름은 '감은사'라 하고, 나중에 용의 현형現形을 본 곳은 '이견대'라 이름했다. — 감은사는 경상북도 경주시 양북면 용당리에 있었다. 지금 그 옛터엔 삼층 석탑이 있다.

3) 이듬해 임오 : (원주) 다른 한 책에서는 천수 원년(690)이라 하나 잘못이다 — 천수는 당 측천 무후의 연호.

4) 파진찬 : 신라 17관등의 제4위.

그달 7일에 왕은 이견대利見臺[5]에 나아가서 바다에 뜬 그 작은 산을 바라보았다. 그리고는 사람을 보내어 살펴보게 했다. 산세는 마치 거북이 머리 같고, 그 위에는 ✽한 그루 대나무가 있어 낮에는 둘이 되어 있다가 밤이 되자 하나로 합하더라고[6] 사자가 와서 보고했다.

왕은 감은사에 묵었다.

이튿날 오시午時[7]에 그 대나무는 합하여 하나가 되었다. 그때 천지가 진동하고 비바람이 몰아쳐 세상이 혼돈한 어둠에 7일 동안이나 잠겨 있었다.

그달 16일에 이르러서야 비바람은 걷히고, 바다도 평온해졌다. 왕은 배를 타고 그 산으로 들어갔다. 산에 이르자 용이 있어 왕에게 검은 옥대를 바치었다. 왕은 용을 맞아 함께 앉았다. 그리고 물어보았다.

"이 산과 대나무가 갈라지기도 하고 합쳐지기도 하는 것은 어쩐 일인가?"

용은 대답했다.

"비유컨대, 한 손으로 치면 소리가 나지 않고, 두 손뼉을 마주쳐야 소리가 나는 것과 같습니다. 이 대나무는 본시 합한 뒤에야 소리가 나도록 되어 있습니다. 이것은 거룩하신 대왕께서 소리로써 천하를 다스리라는 상서로운 징조입니다. 대왕은 이 대나무를 가져가시어 피리를 만들어 불어 보십시오. 그러면 천하가 화평해질 것입니다. 이제 대왕의 돌아가신 아버님께선 바다의 큰 용이 되고 유신은 다시 천

---

5) 이견대 : '이견대'라는 명칭은 『주역周易』의 '비룡재천, 이견대인飛龍在天, 利見大人(날으는 용이 하늘에 있음이니 대인을 보는데 이롭다)'에서 취해 온 것.

6) 산세는 마치~하나로 합하더라고 : (원주) 일설에는 산도 역시 대나무와 마찬가지로 밤낮에 따라 개합했다고 한다.

7) 오시 : 낮 11시에서 1시 사이

신이 되었는데, 두 거룩한 이들이 마음을 같이하여, 이루 말할 수 없이 값진 이 큰 보배를 내리시고는 저로 하여금 대왕께 바치게 하신 것입니다."

용의 말을 듣고 왕은 놀랍고도 기뻤다. 오색 비단과 금과 옥으로 용에게 보답했다. 그리고 사자를 시켜 그 대를 베어내게 했다. 왕 일행이 대를 베어 바다에서 나오는 동안 그 산과 용은 홀연히 사라져버리고 다시는 나타나지 않았다.

그날 밤을 왕 일행은 감은사에서 묵고, 17일에 기림사祇林寺8) 서쪽 시냇가에 이르러 수레를 멈추고 점심을 먹고 있었다. 그때 태자 이공理恭9)이 대궐을 지키고 있다가, 이 소식을 듣고서는 말을 달려와서 축하했다. 그리고는 찬찬히 ＊옥대를 살펴보더니 왕에게 아뢰었다.

"이 옥대의 여러 쪽이 모두 진짜 용들입니다."

"그것을 어떻게 아느냐"고 왕이 묻자, 태자는 "그 옥대의 쪽 하나를 떼어 물에 넣어 보시면 아실 것입니다."라고 답했다. 이공 태자의 말대로 옥대의 왼편 둘째 쪽을 떼어서 시냇물에 넣어 보았다. 그 옥대 쪽은 곧 용이 되어 하늘로 올라가고, 그 올라가고 난 자리는 못이 되었다. 그 못을 용연龍淵이라 불렀다.

수레는 궁으로 돌아왔다.

그 대나무 피리를 만들어 월성의 천존고天尊庫에다 간수했다. 그 피리를 불면 적군은 물러가고, 병은 나았다. 그 피리 소리는 가뭄에는 비를 내리게 하고, 장마가 질 땐 비를 그치게 했다. 그리고 바람을 가라앉히고 물결을 잠재웠다. 그래서 그 피리를 이름하여 만파식적萬

---

8) 기림사 : 경상북도 경주시 문무대왕면 호암리 함월산에 있다. 선덕여왕 즉위 12년(643)에 창건.
9) 태자 이공 : (원주) 곧 효소대왕이다.

波息笛이라 부르고, 국보로 삼았다.

효소대왕孝昭大王 때에 이르러, 즉 당 중종 10년 계사(693)에 적군의 포로가 되었던 부례랑夫禮郎10)이 살아 돌아오게 된 기적에 연유되어, 그 피리를 다시 만만파파식적萬萬波波息笛이라 했다. 자세한 것은 그 전기11)에 보인다.

---

10) 부례랑 : 원문에 '실례랑失禮郎'으로 되어 있으나, 이 책의 「백률사」편에 따라 '夫禮郎'으로 수정함.

11) 그 전기 : 이 책의 '4. 탑상 – 탑과 불상에 얽힌 이야기들'의 「백률사」를 가리킨다.

　(원주)에 나오는, 감은사 내에 전해오는 기록에 의하면 문무왕이 왜병을 진압하기 위해 이 절을 짓다가 끝내지 못하고 붕어하여 동해 용이 되고, 그 아들 신문왕이 즉위하여 그 2년(682)에 낙성하였다고 했다. 그러니까 만파식적이란 피리는 감은사 낙성 행사로 감은사에서의 법회와, 대왕암(문무왕 장골처)이 바라보이는 이견대(뒤에 명명된 것으로 추측됨)에서의 신도 제의를 대대적으로 벌리고 성립시킨 국보다. 설화에서 만파식적을 탄생시킨 초현실적인 여러 일들의 동원은 샤먼의 연출이고, 만파식적은 제의에서 사용한 신내림 대나무로 만든 피리다. 대나무에는 앞에서 말했듯이 사기邪氣를 물리치는 신비한 힘이 있다고 믿었다. 그것을 불면 부왕인 문무왕의 염원인 왜적으로 인한 병란을 위시하여 가뭄과 장마 같은 천변天變 등, 평화로운 치국에 방해되는 모든 재앙의 파랑波浪이 잠자듯 조용해진다는 것이다. 요컨대 무열·문무 양대에 걸친 대전란의 시대를 보내고, 문무왕과 김유신에 의해 완성된 통일된 나라에, 두 위인의 권위를 배경으로 평화의 시대에 새로운 국정을 운영해 가려는 유신維新의 결의를 선포하는 기념물이다. 그 원년(681)에 김흠돌의 모반 사건을 겪은 신문왕으로서는 그런 염원과 결의가 각별했을 것이다.

　그때 이견대에서 벌린 제의에서 연출된 문무왕과 신문왕 부자 간의 정회는 속악俗樂으로 표현되었으니, 『고려사』「악지」〈이견대〉에서 "신라왕의 부자가 오랫동안 헤어졌다가 만나게 되어 대臺를 쌓아 서로 보고 부자간의 즐거움이 비할 데 없어 「이견대

가」를 지어 불렀다"고 했다. 가사가 전하지 않아 내용은 알 수가
없다.

✽한 그루 대나무가 낮에는 둘이 되어 있다가 밤이 되자 하나
로 합했다는 것에는 『주역周易』적 사고가 펼쳐지고 있다. 즉 부
부가 낮에는 다른 몸이었다가 밤에는 합환合歡하여 한 몸이 되듯
이, 천지 음양의 기운에 의해 대나무가 7일 동안 그런 과정을
밟고서야 위대한 능력을 가진 신성물神聖物로 생성되었다는 것이
다. 신라인의 『주역』 애호 흔적은 곳곳에 남아 있다. 일찍이 진
흥왕 「마운령 순수비」에서 "건도乾道에 위배될까 두렵다"했고,
감은사에서 출토된 건물 모양의 사리함의 문짝에 태극도가 있으
며, 경주에서 출발하는 5방위로의 길 초두에 있는 각역의 이름
도 '건문역乾門驛', '곤문역坤門驛' 하는 식으로 이름이 지어져 있
음을 『삼국사기』「지리지」에서 본다.

✽「천제天帝, 옥대玉帶를 하사하다」에는 신라 국보로 세 가지가
나온다. 그중 황룡사 장6존상과 황룡사 9층탑은 신라 공동의 보
물이나, 진평왕의 이른바 천제가 내린 옥대와 신문왕대 「만파식
적」의 옥대는 전자와 성격이 좀 다르다고 판별된다. 즉 진평왕
의 옥대는 중고대 성골왕통의 권위와 존엄을 상징했는데, 태종
무열왕부터 중대의 진골왕통이 성립되면서, 진평왕의 성골 옥대
의 권위와 존엄에 그냥 기댈 수는 없다는, 진골왕통의 자각이 신
문왕의 만파식적과 옥대를 출현시켰다고 본다. 황룡사의 두 국
보는 왕좌의 계통과 상관없이 신라 공통의 호국 보물이라 종전

대로 준수하고, 신문왕의 만파식적과 옥대로 새로운 국보 체계를 성립시키려 기획한 것으로 보인다. 그런데 옥내 실화에서, '시냇물에 넣어보자 곧 용이 되어 하늘로 올라간' 옥대의 쪽 하나가 왜 하필 옥대의 왼편 둘째 쪽인지, 상징하는 바가 분명 있을 터인데 모르겠다. 필경 신문왕이나 태자 이공理恭의 왕통과 관계된 상징일 것이다.

효소왕대의 죽지랑[1]

— 화랑의 한 전형

제32대 효소왕대에 죽만랑竹曼郞이 거느리는 낭도 가운데 급간級干 득오得烏라는 한 낭도가 있어, 화랑도의 명부에 이름이 올라 있었다.

그는 날마다 충실하게 출근하더니, 한번은 열흘 동안 나타나지 않았다.

죽지랑은 득오의 어머니를 불러 아들이 어디에 가 있는가를 물어 보았다. 그의 어머니의 말이, "당전幢典[2]인 모량부의 아간阿干[3] 익선益宣이 내 아들을 부산성의 창고지기로 임명했으므로, 급히 달려가느라 낭에게 하직을 고할 틈이 없었습니다"고 했다.

이 말을 듣고 죽만랑은 당신의 아들이 만약 사사로운 일로 갔다면 찾아볼 필요가 없겠으나, 공적인 일로 갔다니 마땅히 찾아가 대접해야 한다고 말하고는, 떡 한 함지와 술 한 항아리를 좌인左人[4]들에게 들리어 득오를 찾아 나섰다. 낭도 137명도 역시 의장을 갖추고 그를 시종했다.

죽만랑 일행은 부산성에 도착하여, 문지기에게 득오가 어디에 있는가 물어보았다. 문지기는 득오가 지금 익선의 밭에 가서 예에 따라 노역에 종사하고 있다고 알려 주었다.

죽만랑은 익선의 밭으로 가서 득오를 만나 가져온 술과 떡으로 그

---

1) 죽지랑 : (원주) 죽지竹旨는 '죽만竹曼'이라고도 하고, 또 '지관智官'이라고도 한다.
2) 당전 : 신라 군직명, 부대장이다.
3) 아간 : 신라 17관등의 제6위. 아찬阿湌이라기도 한다. 6두품이 받을 수 있는 최고의 관위임.
4) 좌인 : (원주) 우리말로는 '개질지皆叱知'라 하니, 곧 노복을 말한다.

를 먹였다. 그리고 익선더러 득오에게 휴가를 주어 자기와 함께 돌아
갈 수 있도록 해 달라고 청했다. 익선은 죽만랑의 소청所請을 굳이 거
부하고 허락해 주지 않았다.

그때 사리使吏5) 간진侃珍이 추화군推火郡6) 능절能節의 벼7) 30석을
거두어, 성안으로 수송해 가다가 이 일을 알았다. 간진은 죽만랑이
낭도를 중히 여기는 풍모를 내심 찬미하는 한편, 익선의 그 사람됨이
어둡고 막힌 것을 더럽게 여겼다. 이에 그는 가지고 가던 30석의 벼
를 익선에게 주면서, 곁들여 죽만랑의 청을 도왔다. 그래도 익선은
허락하지 않았다. 간진은 다시 사지舍知8) 진절珍節의 말과 안장을 주
었다. 그제야 익선은 허락했다.

조정의 화주花主9)가 이 사실을 듣고서, 사자를 보내어 익선을 잡아
다가 그 더러움을 씻겨 주려 했다. 익선이 달아나 종적을 감춰 버리
자 그 맏아들을 잡아갔다. 때는 바로 11월, 극심하게 추운 날이다.
성 안의 못에서 목욕을 시켰더니 얼어 죽었다.

효소왕이 익선의 일을 듣고서 명령을 내려, 모량리 사람으로서 관
직에 종사하는 자들을 모두 몰아내어 다시는 관공서에 몸을 붙이지
못하게 하고, 검은 옷10)을 입지 못하게 했다. 그리고 만약 중이 된
자라 해도 종고사鐘鼓寺11)에는 어울려 들어가지 못하게 했다. 한편

---

5) 사리 : 수송 · 연결 등의 임무를 띤 관리.
6) 추화군 : 지금의 경상북도 밀양시.
7) 능절의 벼[能節租] : 어떤 성격의 벼인지는 미상.
8) 사지 : 신라 17관등의 제13위.
9) 화주 : 화랑 단체를 관장하던 관직.
10) 검은 옷 : 승복僧服을 가리키는 듯.
11) 종고사 : 어떤 절인지 미상임.

사史12)에게 명하여 간진의 자손은 평정호손枰定戶孫13)으로 삼아 표창하도록 했다. 당시 원측 법사圓測法師14)는 해동의 고승이었음에도 그가 모량리 사람이란 이유로 하여 승직을 얻지 못하였다.

죽만랑의 아버지는 진덕왕 때의 술종공述宗公, 그가 삭주朔州15) 도독사都督使로 임명되어 임지로 부임하게 되었는데, 그때 삼한三韓16)에는 병란이 있어 기병 3천 명으로 호송했다. 부임 행차가 죽지령竹旨嶺에 이르니 한 거사가 그 고갯길을 닦고 있었다. 술종공은 그것을 보고 탄미歎美했다. 거사도 또한 술종공의 위세가 혁혁함이 마음에 들어 두 사람은 서로 마음에 감응을 받았다.

술종공이 삭주의 임소에 부임한 지 한 달이 지난 어느 날 밤, 죽지령 길을 닦아 주던 그 거사가 방 안으로 들어오는 꿈을 꾸었다. 술종공의 아내 역시 꼭 같은 꿈을 꾸게 되어 놀라움은 한층 더했다. 이튿날 술종공은 사람을 보내어 그 거사의 안부를 물어보았다. 그곳 사람이 하는 말이 거사는 며칠 전에 죽었다는 것이다. 사자가 돌아와 보고하는 그 거사의 죽음을 따져 보니, 바로 술종공 부부가 거사가 방안으로 들어오는 꿈을 꾼 그날이었다. 술종공은,

"아마 거사가 우리 집에 태어나려나 보다."

---

12) 사 : 신라의 집사성 등 관청에 두었던 벼슬아치의 하나. 12관등에서 17관등까지 있었다.

13) 평정호손 : 이병도는 당나라 제도에 한 마을의 사무를 통할하는 호를 평정호枰定戶라 했다.

14) 원측법사 : 원측법사(613~696)는 어려서 출가하여 당나라에 가서 불법을 배웠다. 특히 유식학唯識學에 밝아 『유식론소』를 지어 당나라를 승려 현장의 제자인 규기窺基의 절을 반박함. 그런데 그가 당나라를 간 뒤 귀국한 흔적이 없는데 모량리 출신이란 이유로 신라 승직을 얻지 못했다니 알 수 없는 일이다.

15) 삭주 : 지금의 강원도 춘천시 방면.

16) 삼한 : 막연히 한반도를 가리키는 명칭임.

하고 다시 군졸을 보내어 죽지령 위의 북쪽 봉우리에다 거사의 장례를 치르고, 돌로 미륵을 만들어 그 무덤 앞에 안치했다.

술종공의 아내는 거사가 방 안으로 들어오는 그 꿈을 꾼 날 임신이 되었다.

한 사내아이를 낳았다. 거사가 길을 닦아 주던 그 고개의 이름을 따서 죽지라고 이름했다. 죽지는 자라서 벼슬길에 나아갔다. 그는 김유신과 더불어 부수副帥가 되어 삼한을 통일하고, 그리고 진덕·태종·문무·신문, 4대의 조정에 대신이 되어 나라를 안정시켰다.

처음에 득오가 죽지랑을 사모하여 읊은 노래17)가 있다.

간 봄 그리매 모든 것사 설이 시름하는데,

아름다움 나타내신 얼굴이 주름살을 지니려 하옵내다.

눈 돌이킬 사이에나마 만나 뵙도록 (기회를) 지으리이다.

郎(랑)이여, 그리운 마음의 녀올 길이 다북쑥 우거진 마을18)에 잘 밤이 있으리이까.

---

17) 처음에 득오가~읊은 노래 : 지금은 모죽지랑가慕竹旨郎歌라 불리고 있음.
18) 다북쑥 우거진 마을: 무덤을 의미함.

이 편의 죽지랑 이야기는 죽지랑이 10대 후반 화랑으로 활동하던 어느 왕 때의 일로 보아야 할 것이다. 김유신과 함께 통일 대업을 이룩한 죽지는 효소왕대에 6·7십대의 노인이다. 이야기의 내용을 보건대 노장수가 한갓 당전幢典을 상대로 한 일일 수가 없다.

죽지가 화랑일 때인 통일 이전에 화랑도에 대한 사회적 관심과 대우가 아무리 지극했다고 하더라도 사리 간진이 30석의 능절조라는 공공재公共財를 득오를 위해 임의로 처분한 것이 문책은 고사하고 그 자손에게까지 우대가 주어지는 조처, 조정의 화주가 익선의 비루하고 추한 마음의 때를 씻긴다면서 도망한 익선 대신 그 아들을 잡아다 씻기다가 얼어 죽게 한 사건, 그리고 왕까지 나서 익선과 같은 모량리 출신 관리를 모두 축출하고 다시는 관공서에 몸을 붙이지 못하게 할 뿐 아니라, 그 고장 출신 승려에게까지 규제를 가한 처분은 아무리 시대를 달리 한 평가 기준을 적용하더라도 맞지 않는다. 필시 전승 과정에 착오나 과장이 있었던 것 같다.

이 편은 요컨대 죽지랑이 낭도를 중히 여기는 품격을 드러내자는 것이 목적인데, 그 품격의 내원來源을 미륵신앙에서 찾는다. 즉 불교 신앙, 아마 미륵신앙에 독실했던 죽지령의 한 거사가 술종공의 아들로 환생해서 화랑이 되어 낭도를 그토록 중히 여기는 품격을 가졌다는 것이다. 거사의 무덤 앞에 안치한 미륵불은 그 시대 화랑의 표상이다. 김유신의 용화향도龍華香徒에 이어 화랑과 미륵신앙의 결합을 보여주는 또 하나의 기록이다.

수로부인

— 미녀와 노옹과 용

성덕왕 때다.

순정공純貞公이 강릉 태수로 임명되어 그곳으로 부임해 가는 도중이었다. 바닷가의 어느 곳을 잡아 그들은 길을 멈추고 점심 자리를 벌렸다. 그 곁에는 바다를 면해 병풍처럼 둘러선 석벽이 있어 높이가 천 길이나 되었는데, 그 위에는 철쭉꽃이 활짝 피어 있었다. *수로부인은 그 꽃을 갖고 싶어서 종자들을 둘러보며 물어보았다.

"저 꽃을 꺾어다 줄 사람 누구 없는가?"

종자들은 그 석벽 위는 도저히 사람의 발자취가 이르지 못할 곳이라 하여, 모두들 난색을 지으며 수로부인의 요구에 응하지 않았다. *그때 마침 한 노옹老翁이 암소를 끌고 그 곁을 지나가다, 수로부인의 말을 엿듣고서 *천 길 석벽 위로 올라가 부인이 탐내던 그 철쭉꽃을 꺾어 왔다. 그리고는 시가를 지어 읊으며 부인에게 바쳤다.

자줏빛 바위 끝에,

잡으온 암소 놓게 하시고

나를 아니 부끄러하시면,

꽃을 꺾어 바자오리이다.

그 노옹은 어떤 사람인지 알 수 없다.

그 뒤로 임지를 향해 이틀 길을 더 가서, 역시 바다를 면해 있는 어느 정자에 다다라 점심을 먹고 있었다. *그 때 홀연히 용이 나타나 수로부인을 납치해 바닷속으로 들어가 버렸다. 순정공은 허둥지둥 발을 구르며 야단을 쳤으나 아무런 계책이 나서지 않았다. 또 한 노인이 지나가다가 말했다.

"옛사람의 말이 뭇사람의 말은 쇠도 녹인다고 했는데, 이제 바닷속의 한 축생이 어찌 뭇사람의 말을 두려워하지 않을까 보오. 경내境內의 백성들을 모아다가 노래를 지어 부르며 막대기로 해안을 치노라면 부인을 다시 볼 수 있으리다."

순정공은 노인이 일러 주는 대로 했다.

거북아 거북아 수로를 내놓아라.
남의 부녀 뺏어 간 죄 그 얼마나 클까.
네 만일 거역하고 내놓지 않으면,
그물로 사로잡아 구워 먹고 말 테다.

뭇사람들이 모여 이 「해가海歌」를 부르며 막대기로 물가를 쳐 댔더니 그제야 용은 부인을 받들고 나와 바쳤다.

순정공은 부인에게 바닷속의 일들을 물어보았다. 부인은, 일곱 가지 보배로 지은 궁전이 있고, 그 음식은 달고 부드러우며 향기롭고 깨끗하여 인간의 요리와는 전혀 다르더라고 대답했다. 그리고 부인의 옷에는 일찍이 인간 세상에서 맡아 볼 수 없었던 이상한 향내가 스며 있었다.

수로부인은 자태며 용모가 절세의 미녀라서, 매양 깊은 산골이나 큰 못을 지나다 이처럼 여러 번 신물神物들에게 납치되곤 했다.

수로부인 설화는 경덕왕 때에 강릉 지방에서 순정공과 그의 아내 수로부인이 관련된 실재한 사건이 후대에 설화로 상징화되어 전승되어 오던 것이 신라 말엽 견당遣唐 유학생으로 당에서 돌아와 할 일이 없던 유한 지식인에 의해 거의 창작에 가깝게 윤색되어 나타난 것으로 보인다. 신라 말엽에 유행한 전기傳奇소설의 한 편이었던 것 같다는 말이다. 다만 지명 '강릉'은 성덕왕 때까지는 '하서량', 또는 '하슬라'로 불리다가 경덕왕 때부터는 '명주溟州'로 불리던 것을 후인이 자기 당대 지명 '강릉'으로 고친 것 같다.

무릇 설화의 주인공은 대개 당대의 유명인이다. 수로부인 아버지의 순정공은 경덕왕의 첫째 왕후인 삼모부인三毛夫人의 아버지 이찬 김순정金順貞(신라인의 이름에는 純貞·順貞과 같이 동음이자同音異字 사용은 흔히 있는 일이다)이다. 진골 귀족으로 고관을 지냈을 뿐 아니라 경덕왕의 장인이기도 한, 당대로선 상당히 높은 신분의 존재다. 그 아내 수로부인의 신분은 물론 순정공에 준한다. 그런데 이야기의 제목과 내용으로 봐서 아내 수로가 주연자이고 남편 순정은 조연자다. 수로부인 설화를 바로 이해하는 열쇠는 먼저 여기에 있다.

나는 이렇게 생각한다. 첫째 수로는 당대의 이름난 신도神道의 사제司祭였다. 신라는 말기 헌강왕의 영매적靈媒的 거조擧措에서 보듯, 신라 지배층은 신도 신앙을 온존시켜 오고 있었다. 모든 정권의 속성은 정권에 유리한 것이면 불교든, 신도든 마다할 이

유가 없다. 그래서 불교 다음으로 신도도 신앙되고 있었던 것이다. 수로부인은 그 걸출한 사제의 한 사람이었다. 둘째는 설화 본문에 말했듯 '자태며 용모가 절세의 미녀'였다. 셋째 성격이 개방적이고 활달했다. 그렇지 않아도 남녀관계가 개방적인 신라 사회에 진골 귀족 부인으로서 절세의 미녀이자 성격이 활달한 신도 사제라면, 본인의 의도와는 상관없이 족히 남편을 뒷전으로 돌려세울 만한 조건은 충분히 된다. 수로부인이 관계된 사건이 후세에 설화화될 수 있었던 것은 전적으로 수로부인의 이 특징에 기인한다.

여성의 미모라는 것은 항용 연정이나 성적 충동의 모티브가 되기 십상이다. 도화녀가 그러하고, 처용의 아내가 그러하다. 수로부인 설화는 한 편의 이야기며, 각각 한 편의 삽입시가 포함되어 있는, 결이 전혀 다른 두 단화短話로 되어 있다. 그것은 수로 부부가 관련된 사건이 각각 다르기 때문이고, 이렇게 전해 오는 이질적인 두 사건이 한 편으로 엮어질 수 있던 것은 진적으로 수로부인의, 연정을 일으키거나 성적 충동을 일으킬만한 미모를 축으로 삼고 있기 때문이다. 즉, 수로부인의 미모가 「헌화가」와 그 단화에서는 연정의 모티브가 되어 있고, 「해가」와 그 단화에서는 성적 충동의 모티브로 되어 있다. 이것이 수로부인 설화의 내용개황의 구도다.

그렇다면 실제로 어떤 사건이 있었던가? 성덕왕대에는 가뭄과 기근이 잦았다. 『삼국유사』「성덕왕」 편에는 "성덕왕 5년에 비가 오지 않아서 인민들의 기근이 심했다"고만 했거니와, 『삼국사기』를 보면 그 4년에서 15년 사이에 특히 가뭄과 기근이 잦았고, 15년에는 병란의 상징인 태백성이 나타나는 등 성변星變이 잦았다. 그 가운데 4년에 "나라 동쪽 주군州郡에 기근이 들어 인민들의 유망流亡이 많으매 사람을 보내어 진휼賑恤케 했다"라고 한 기사와, 14년과 15년은 연달아 6월 가뭄이 심하여 두 번이나 하서주(강릉) 용명악거사龍鳴嶽居士 이효理曉를 불러 경주의 임천사林川寺 연못가에서 비를 빌었다는 기사가 특히 주목된다. 이효도 사실은 신도 사제의 거장이라고 보아야 한다. 불교식으로 기우祈雨 기도를 한다면 고승·대덕을 불러서 했을 것이지, 거사 이효를 부를 까닭이 없기 때문이다.

즉, 강원도 지방에 가뭄과 기근이 심해 민란의 조짐이 있자, 조정에서 순정공을 하서주 도독(강릉태수)로 임명하여 구휼·수습케 했던 것이다. 그래서 그들은 현지에 가서 비를 비는 제의를 크게 벌렸던 것이다. 그것이 본문에 나와 있는 '바닷가의 어느 곳을 잡아 점심 자리를 빌렸다'고 상징화되어 표현되었다. 그 제의에는 용명악거사 이효도 불려 왔을 것이다. 그러니까 첫 번째 나오는 바닷가의 점심자리는 수로부인과 이효가 벌린 제의였던 것이다. 이 남녀 두 거장 사제가 연출한 제의가 후대의 전승 과정에 제의에서 불려졌던 기우를 위한 무가巫歌는 노옹의 연가로 바뀌어 수로부인에게 바쳐진 것으로 되었던 것이다. 용명악거사 이효가 뒤에 서울로 불려간 것은 지방에서의 제의가 성공적이었기(우연히 마침 비가 내림) 때문이 아니었나 한다.

두 번째 사건은 불온한 세력의 준동과 수로부인의 수습이다. 본문에 "홀연히 용이 나타나 수로부인을 납치해 바닷속으로 들어가 버렸다"고 했다. 바다의 용, 특히 신라 시대 동해의 용은 대개 중앙정부에 대해 불온한 생각을 품은 세력들이다. 여기에 관해서는 상세한 고증·소명이 이우성에 의해 이루어졌기에 여기에서 다시 논의하지 않기로 한다. '바다에 면해 있는 정자에서의 점심 자리에' 홀연히 용이 나타나 바닷속으로 들어가 버린' 사건의 실제는 무엇인지 가늠하기 쉽지 않은데, 가령 기근에 흉흉해진 민중들이 떼 지어 태수의 점심 자리를 덮치어 순정공 부부를 둘러싸고 요구사항을 피력했을 수도 있다. 이때 수로부인이 미모에 현란한 달변으로 군중의 저항 심리를 잠재워 무사히 위기를 면할 수 있었던 것이 아니었나 생각해 볼 수 있다.

"백성을 모아다가 노래를 지어 부르며 막대로 바닷물을 치면 수로부인을 다시 볼 수 있을 것"이란 주술은, 실제 사건에 근거를 가진 상징이 아니라, 수로를 납치해 간 해룡에 대한 순정공의 위기 상황과 해룡과의 대결 의식이 고조되어 있음을 의미하기 위해 윤색자가 가공으로 넣은 것에 불과해 보인다. 가공이지만 윤색자의 창작은 아니다. 거북이든, 도마뱀이든 일정한 동물을 상대로 주체의 소망을 주원呪願하며 일정한 동작을 짝하여, '(만일) ~하지 않으면(~해야), ~하리라(하고 말 테다)' 식의 위협적인 주요呪謠를 되풀이하는 일종의 의식이 오랜 옛날부터 일상적이고 일반화되어 오던 것을 이용했을 뿐이다. 이를테면 조선시대에 기우 의식의 하나로 창덕궁 등의 연못가에서 항아리 물에 도마뱀을 띄워 놓고, 청의를 입은 동자 수십 명으로 하여금 버드나무 가지로 항아리를 치고 징을 울리며 소리치기를 "도마뱀아 도마뱀아 / 구름을 일으키고 안개를 토해내어 / 비가 쏟아지게 해야 / 너를 놓아 돌아가게 할 것이다" 했다든가(『용재총화』), 삼척 지

2. 기이紀異 II

방에서 최근까지 "방게야 방게야 나올라 / 나오지 않으면 잡아 먹는다" 같은 주요(『한국민요집』)가 불렸다든가 하는 것 등이다.

여기 「해가」는 윤색자의 시대에 일정한 범위의 사람들에게 알려져 있는 주술요 「귀지가龜旨歌」를 가져다 7언 고체시로 변형, 부연한 것이다. (가공의 사건이라든가, 주술요의 7언 시로의 변형, 부연은 이 설화의 윤색에 관계한 유한 지식인의 존재를 알려 준다) 잘 알려져 있듯이 「귀지가」는 수로왕신화에 등장하는, "거북이시여, 거북이시여! / 머리를 처드시오. // 처들지 않으면 구워서 먹으리라"라는 주요다. 그렇다고 해서 수로왕신화로 해서 처음 등장한 가요는 아니다. 「귀지가」는 가야 연맹 성립 오래전부터 김해 지방에 존재해 왔다. 아마 김해 지방의 해룡, 또는 거북 토테미즘이 있어, 거기에 관련된 가요일 것이다. 거북과 해룡을 동류同類로 보거나, 거북이 해룡의 사자로 관념되거나 했을 것이다. 어쨌든 해룡을 향해 「귀지가」를 원용한 「해가」를 지어 쓰게 된 연유다. 해룡을 향한 주가에 하필 「귀지가」를 원용한 이유는 위와 같은 연유에다, 무엇보다 '水路'가 '首露'란 인명이 '수로'라는 동음이의어인 데서 오는 어희적語戱的 측면도 아울러 고려되었을 것이다.

그런데 아무리 역사적으로 실재한 사건이라 하더라도 순전히 수로부인을 둘러싼 연정이나 성적인 충동에서 온 사건으로 끝났다면 일연이 『삼국유사』의 한 편으로 채택했을 리가 없다. 당초 가뭄과 기근의 해소, 불온한 세력의 조복調伏을 위한 여사제 수로부인의 활약이 수로의 미모로 생성된 일종의 스캔들이 전승 과정, 또는 윤색 과정에 어느덧 『금광명최승왕경金光明最勝王經』

에 근거하여 불교적으로 윤색되어 나타났다. (『금광명최승왕경』과의 관련성은 이현정의 논문에서 발상을 얻었으나, 이 설화에 대한 나의 해석 각도는 전혀 다르다.) 『금광명최승왕경』은 『금광명경』 별역본別譯本이다. 『금광명최승왕경』은 『법화경』·『인왕경』과 함께 호국 3부경의 하나로, 이 경을 신앙하여 송독하면 사천왕의 국토 수호와 백성들의 안락한 삶이라는 현세 이익을 획득할 수 있다는 것이다. 특히 이 경의 「대변재천녀품大辯才天女品」의 변재천녀, 「대길상천녀품大吉祥天女品」의 길상천녀, 「견뢰지신품堅牢地神品」의 견뢰지신, 「장자자유수품長者子流水品」의 장자자유수 신앙이 수로부인 설화에 깊이 침투하였으니, 이 네 신격神格을 가진 존재는 가뭄과 기근을 해소하고, 대지의 풍요를 가져다주며, 병고의 해결, 전쟁의 승리를 이끈다는 것 때문이다.

★ '수로'라는 이름의 유래다. 『금광명최승왕경』의 「장자자유수품」에, "장하도다! 착한 남녀! 너는 참뜻이 있어 유수流水라고 이름하였으니, 이 고기들을 불쌍히 생각하여 물을 주도록 하라. 두 가지 인연이 있어 이름이 유수이니, 첫째는 능히 흐르게 하고, 둘째는 능히 물을 주는 것이다. 너는 지금 반드시 이름을 따라서 일하여야 한다"라고 (동국역경원 번역에 의함. 이하 같음.)한 데서 왔다. '水路'라면 두 가지 인연을 동시에 감당할 수 있다. '수로'는 그러니까 물이 없어 죽어가는 고기떼처럼 가뭄으로 인한 기근에 굶어 죽어가는 인민들에게 물길 같은 존재가 되라는 의미다. 「대길상천녀품」에서는 "땅맛으로 하여금 언제든 더 늘게 / 모든 하늘이 비를 내려 시절을 맞추어 / 하늘 대중과 동산 숲

을 맡은 곡식과 과실의 신을 모두 다 즐겁게 하오리"라는 대길상천녀의 게송偈頌이 '수로'라는 이름이 가진 의미를 뒷받침하고 있다.

그런데 경문經文에 있는 대로 '流水'라고 이름하지 않고, 굳이 '水路'라고 이름한 것은 역시 「해가」에 원용한 「귀지가」의 주인공 '首露'를 염두에 두었기 때문이다. 거기다가 경문의 유수는 남성임에 대하여 설화에서는 수로부인이란 여성으로 바뀌었다. 이것은 가뭄 해소를 위한 기우 제의에서 수로에 대응되는 남성 사제 이효가 존재하기 때문이다. 단순한 윤색으로 보다는 창작에 가까운 세심한 의장意匠이 개입되어 있음을 본다.

＊'암소 고삐를 잡은 노옹'은 기우 제의에서 대지의 지모신적地母神的 이미지를 가진 암소가 등장했기 때문인데, 이것은 「대변재천녀품」에서 대변재천녀가 방편으로 '소먹이는 환희녀歡喜女'로 화현한 대목에 연결되는 것이다. 변재천녀는 여성인데 설화에서는 '노옹'이라 한 것은 실제 제의에서 노옹이 등장하기 때문이고, 그 노옹은 아마 이효일 것이다.

＊'천길 석벽石壁 위의 철쭉꽃'은 실제 제의에 사용한 꽃을 가리킨 것이다. 신도 제의에서 꽃은 신체神體를 상징하기 때문에 필수적이다. 이것은 「대변재천녀품」에 나오는 "쇠똥을 발라 단을 만들고 / 꽃을 그 위에 뿌려라", 「대길상천녀품」에 나오는 "혹은 고요한 절에서 구미瞿麛(쇠똥)로 단을 만들고… 모두 이름

난 꽃을 단 위에 벌려 놓고…" 등의 대목에 연결되는 것이다. 인도에서는 성소聖所에 쇠똥을 발라 단장하는 풍속이 「헌화가」의 '자줏빛 바위'란 쇠똥으로 단장한 성소로 상징화한 것이다.

★수로부인이 해룡에게 납치되었다가 민중들에 위화적威嘩的인 주가로 풀려난 것은, 수로부인의 불온 세력과의 대치에서 미모와 언변으로 조복調伏 받은 것을 상징한 것이거니와, 「대변재천녀품」에서 대변재천녀가 "큰 바다 조수같이 반드시 와 응해 / 모든 용 · 신 · 야차 무리에서는 / 다 우두머리가 되어 잘 조복발네"라고 한 데에서 상징의 근거가 나왔다. 해룡에게 납치되어 바닷속을 다녀온 수로부인의 달콤한 경험담은 수로부인으로부터 소외된 순정공의 열등의식을 형상화한 표현이고, 미녀라서 신물들에게 여러 번 납치되곤 하다는 것은 수로부인의 거침없는 행보에 늘 불안해하는 순정공의 심정의 상징적 표현이다.

경덕왕과 충담사와 표훈대덕

— 충담사의 향가

경덕왕景德王이 나라를 다스리기 24년, 5악과 3산[1]의 신들이 가끔 궁전의 뜰에 현신하여 모시곤 했다.

어느 3월 3일[2] 왕은 귀정문歸正門의 누각 위에 나와 좌우의 신하들을 둘러보며 말했다.

"누가 길에서 영복승榮服僧[3] 한 분을 데려오겠는가?"

그때 마침 위의가 깨끗한 한 대덕大德[4]이 거리를 걸어가고 있었다. 신하들이 보고는 데리고 와서 왕에게 접견시켰다. 왕은 그 중을 보고 나서 말했다.

"내가 말하는 영복승은 아니다. 물러가게 하라."

다시 한 중이 있어 납의衲衣[5]를 입고 앵통櫻筒[6]을 둘러메고 남쪽으로부터 오고 있었다. 왕은 반가운 마음으로 바라보다가 그를 문루 위로 영접했다. 그가 둘러멘 통 속을 살펴보았더니, 다른 것은 없고 차 끓이기에 필요한 가구들만 들어 있을 뿐이었다.

왕은 물어보았다.

---

1) 5악과 3산 : 신라에서 국가적인 제전의 대상으로 지적된 곳으로 5악은 동악 토함산, 남악 지리산, 서악 계룡산, 북악 태백산, 중악 부악(일명 공산, 지금 대구의 팔공산)을 가리키고, 3산은 나력(지금 경주의 낭산), 골화(지금 영천의 금강산), 혈례(지금 청도의 부산)을 가리킴.

2) 3월 3일 : 삼짇날. 음력 삼월 초사흗날.

3) 영복승 : 위의威儀가 있는 승려를 말하는 듯.

4) 대덕 : 승직의 하나. 여기서는 지혜와 덕망이 높은 승려.

5) 납의 : 불승이 입는 법의法衣의 일종. '납가사'라고도 함. '납'은 기웠다는 뜻이다. 그래서 불승을 일명 '납자衲子'라고도 한다.

6) 앵통 : (원주) 일설에는 앵통이 아니고 삼태기를 둘러메었다고도 함. — 앵통은 미상. 그러나 거치게 만들어진 통을 가리키는 듯.

"그대는 누구인가?"

"충담忠談이옵니다."

"어디서 오는 길인가?"

충담은 대답했다.

"제가 해마다 3월 3일과 9월 9일이면 남산 삼화령三花嶺7)에 계시는 미륵세존彌勒世尊8)님께 차를 끓여 드리는데, 지금도 바로 차를 드리고 돌아오는 길이옵니다."

왕은 물어보았다.

"나에게도 차를 한 잔 줄 게 있겠소?"

충담은 곧 차를 끓여 바쳤다. 차 맛이 범상하지 않았고, 그릇 속에서 이상한 향기가 진하게 풍겼다. 경덕왕은 또 말을 걸었다.

"내가 일찍이 들으니 사師가 기파랑耆波郎을 찬양하는 사뇌가詞腦歌9)를 지어, 그 뜻이 매우 높다고들 하던데 정말 그러하오?"

"그러하옵니다."

"그러면 나를 위해 백성을 다스려 편안하게 하는 시가를 지어 주오."

✽충담은 그 즉시 명을 받들어 시가(「안민가安民歌」)를 지어 올렸다.

　"君(군)은 아버지요 臣(신)은 사랑하실 어머니요,

　民(민)은 어린아이로고!"하실지면, 民이 사랑을 알리이다.

---

7) 삼화령 : 경주 남산에 있는 삼화봉三花峯. 지세가 세 갈래로 꽃송이처럼 솟아 올랐기 때문에 명명된 것인지, 아니면 세 화랑과 관계가 있어서 명명된 것인지는 미상임.

8) 미륵세존 : 육승보살六乘菩薩. 석가불의 뒤를 이어 나타날 미래불이다. 이름은 아시다, 인도 바라내국의 바라문 가정에 태어나 석가불의 교화를 받고 미래에 성불하리라는 수기授記를 받아 도솔천에 올라 있으면서 지금 그 하늘에서 천인들을 교화하고 있으며, 석가불 입멸入滅 후 56억 7천만 년을 지나 다시 이 사바세계에 출현, 화림원 안의 용화수 아래서 성도成道(도를 깨달아 불타가 됨)하여 3회의 설법으로써 석가불의 교화에 빠진 모든 중생을 제도한다고 한다.

9) 사뇌가 : 신라 고유의 시가. 경주의 사뇌야詞腦野에서 비롯되었다 함. 즉 향가를 가리킴.

꾸물거리며 살손 物生(물생)이 이를 먹어 다스리어져,

"이 땅을 버리고 어디 가려!" 할지엔, 나라 안이 유지될 줄 알리이다.

아으, 君답게, 臣답게, 民답게 할지면, 나라 안이 태평하니이다.

왕은 아름다이 여기고 충담에게 왕사王師의 직위를 내렸다. 그러나 충담사는 굳이 사양하고 그 직위를 받지 않았다.

＊충담사의 「찬기파랑가讚耆婆郎歌」는 이러하다.

"열치매 나타난 달이

흰 구름 좇아 떠감이 아니야?" "새파란 내川에

耆郎(기랑)의 모양이 있어라! 이로 냇가 조약에

郎(랑)의 지니시던 '마음의 끝'을 좇고저."

아으, 잣[栢]가지 드높아 서리를 모르올 花郎長(화랑장)이여!"

경덕왕의 음경은 8치였다. 왕비가 오랫동안 잉태를 못 하므로 폐하여 사량부인沙梁夫人으로 봉했다. 후비 만월부인滿月夫人은 시호가 경수태후景垂太后, 의충依忠 각간의 딸이었다. 왕이 하루는 표훈대덕表訓大德10)을 불러 말했다.

"내가 복이 없어 아직 아들을 두지 못하고 있으니, 대덕께서는 상제께 청하여 아들을 있게 해 주오."

＊표훈대덕은 천제에게 올라가 아뢰고, 돌아와 왕에게 말했다.

---

10) 표훈대덕 : 신라 화엄종의 고승이며 의상대사의 10대 제자 중의 한 사람이다. 흥륜사興輪寺 금당金堂에 봉안된 10성聖 중의 한 분이기도 하다.

"상제의 말씀이 딸을 원하신다면 될 수 있으나, 아들이라면 안 된다고 하옵니다."

이 말을 듣고 경덕왕은 다시 부탁했다.

"딸을 바꾸어 아들이 되도록 해 주오."

표훈대덕이 재차 하늘로 올라가 상제께 청했더니, 상제는 표훈에게 말해주었다.

"딸을 바꾸어 아들이 되게 해 주는 것이 좋다면 그렇게 할 수 있다. 그러나 아들을 두면 나라가 위태로워질 것이다."

표훈대덕이 지상으로 내려오려고 할 때, 상제는 다시 대사를 불러 말했다.

"하늘과 인간은 혼동될 수 없다. 이제 대덕이 마치 이웃 드나들 듯 오르내리며, 천계의 기밀을 누설하고 있으니, 이 뒤로는 다시 왕래하지 못하리라."

표훈대덕은 내려와 천제의 말을 그대로 왕에게 일러 주었다. 왕은 듣고 말했다.

"나라가 비록 위태로워지더라도 아들을 얻어 뒤를 잇게 되면 만족하오."

이러고 나서 만월왕후는 태자를 낳았다. 왕의 기쁨은 대단했다.

태자의 나이 여덟 살이 되었을 때 경덕왕이 붕어하자 태자가 즉위했다. 이가 곧 혜공대왕惠恭大王이다. 왕이 아직 어린 나이였으므로 태후가 섭정했다. 정사는 다스려지지 못하고, 도적은 벌떼처럼 들고일어나 미처 막을 수 없게 되어, 표훈대덕이 일러 주던 말이 실증된 것이다.

혜공왕은 본래 여자로 태어나게 될 것을 남자로 바꾸어 태어나게 했기 때문에, 돌이 되면서부터 왕위에 올라서까지 노상 부녀자와 같은 짓을 하여 비단 주머니 차기를 좋아하고, 곧잘 도사道士[11]들과 어울려 유희하곤 했다. 이리하여 나라가 크게 어지럽게 되고 왕은 마침내 선덕宣德과 김양상金良相[12]에게 죽임을 당했다.

표훈대덕 이후로는 신라에 성인이 나지 않았다고 한다.

---

11) 도사 : 당시 신라 궁중도 도교를 받아들였으나 과의도교科儀道敎일 듯.
12) 선덕과 김양상 : 『삼국사기』에 의하면 선덕(왕)과 김양상은 같은 사람이므로 여기 김양상은 김경신金敬信의 잘못일 듯.

경덕왕과 충담사와 표훈대덕

✽충담사의 '忠談'이란 이름은 경덕왕의 요구에 응해, 『논어』 「안연편」의 "임금은 임금답고, 신하는 신하답고, 아비는 아비 답고, 자식은 자식다워야 한다"는 공자가 한 말의 의치를 취하여, "임금답게, 신하답게, 백성답게 할지면, 나라 안이 태평하니이다"라고, 군·신·민이 각기 본분을 다하도록 나라를 다스리면 백성들이 편안해질 것이라는, 임금에게의 충언忠言을 바쳤기 때문이다. 이런 생애에 특별한 이력을 근거로 이름을 지은 경우가 『삼국유사』에는 여럿이 있다. 진지왕대의 '진자사의 眞慈'는 흥륜사 미륵불상이 화현한 미륵선화, 즉 '진정한 자씨 慈氏'(미륵불을 慈氏라 함)를 만났다는 사연 때문이고, 진평왕대 「혜성가」를 지어 성변星變을 없앤 융천사의 '融天'은 '천문에 대해 융통했다'는 사연 때문이다. 경덕왕대의 월명사의 '月明'은 피리를 잘 불어 사천왕사 앞길을 지나며 피리를 불었더니, 하늘에 떠가던 '달조차 운행을 멈추었다'는 사연 때문이고, 경문왕대 범교範敎는 헌안왕의 사위로 간택된 경문왕의 화랑 시절에 못생긴 맏딸에게 장가들도록 가르쳐 결과적으로 왕위와 미모의 둘째 딸까지 얻어 '가르침의 본보기'를 보여주었다는 사연 때문이다. 그리고 보면 신도 사제의 거장 '理曉(이효)'란 이름도 기우의 제의 끝에 비가 내리게 한 정도로 '사물의 이치에 밝다'는 찬사를 들은 사연 때문이 아니었나 생각되기도 하고, 천수관음상千手觀音像에 기도하여 눈먼 아이의 눈을 뜨게 한 '希明(희명)'이란 여인도 '밝음을 희구함' 때문이라 생각된다.

그런데 이런 일종의 별명이 언제, 누구에 의해 지어졌나가 우선 문제다. 위에 든 5사람의 승려 가운데, 범교사만 『삼국사기』에 그 특별한 이력의 기사가 나오고, 충담사가 「안민가」를 지은 것도 『삼국사기』에 빠졌을 뿐이지 다분히 사실로 보인다. 나머지 사람들은 대개 설화의 주인공이 되어 있다. 이력이 사실인 경우엔 당대에 별명을 지을 수 있지만, 설화인 경우는 설화가 생성되고 난 뒤에나 가능하다. 결국 한 사람이 일시에 작명했다기보다, 한 사람씩 경우에 따라 작명된 것으로 보인다.

이 문제와 관련하여 신라인 내지 고구려·백제인들의 이름은, 주지하듯이, 상고上古에 가까울수록 대개 한자의 음차로 표기했다. 한자의 표의에 상관없이 글자의 음운이 근가近可하면, '朱蒙(주몽) - 鄒牟(추모)' 식으로 같이 썼다. 신라는 말기까지도 그런 습관이 완전히 사라지지 않았다. 예하면 경문왕의 이름은 '膺廉(응렴) - 凝廉(응렴)'이다. 위의 '忠談'과 같은 별명의 작명은 요컨대 오랜 음훈차 혼용의 표기 방식에서, 점차 한자의 표의성의 매력을 발견하고, 순전히 훈차만으로 별명을 지어 보인, 다분히 어희적인 일면도 있는 것 같다. 물론 위의 별명들에 앞서 한자를 훈차한 본명이 있기도 했을 것이다. 순전히 훈차만으로 별명을 지은 사례가 기록으로 남은 것은 위의 6~7건에 불과하지만, 기록으로 남지 못한 사례는 무수했을 것이다. 그래서 별명을 가진 사람들의 별명이 사회적으로는 본명처럼 통용된 것 같다.

그런데 위의 사師들은 모두 각 화랑단 소속 승려들이다. 이들의 화랑단 내의 지위는 낭도 중의 우두머리다. 범교사를 가리켜 "낭의 상수上首 범교사란 자(郎之徒上首範教師者)"라고 했다. 이들은 주로 화랑을 보좌하면서 낭도들의 교양, 이를테면 불교ㆍ유교ㆍ향가 등에 관한 문제를 책임지고 있었지 않나 생각한다.

＊충담사의 「찬기파랑가」는 화랑 기파랑의 드높은 인격과 지조를 찬미한, 한 편의 영웅 찬가로서 현존 향가 25수 중에서도 「제망매가」와 함께 가장 빼어난 작품이다. 이 시가가 당시 사람들의 입에 화자되는 명작으로 알려져 있음은 경덕왕의 충담사에게의 물음에 "내가 일찍이 들으니…"로 알 수 있다.

＊표훈대덕이 하늘에 올라가 만난 '상제', 또는 '천제'가 산신으로 강림하는 토착 신도의 천신인지, 아니면 불교의 제석천인지, 아니면 옥황상제인지를 본문의 묘사만으로는 판단하기가 어렵다. 왜냐하면 각 천신을 신앙하는 입장에서는 아들을 점지해 달라는 소원을 아뢰는 것은 어느 천신에게도 가능하기 때문이다. 그런데 표훈대덕이 불교 승려이므로 제석천일 가능성이 높거니와, 이를 단정할 수 없는 것은 토착신앙과 불교신앙이 습합되어 있어, 불교 승려도 토착 천신을 이런 경우 끌어올 수 있기 때문이다. 요컨대 하늘을 오르내리며 천신을 만났다는 것은, 흥륜사 금당에 원효ㆍ의상과 함께 봉안된 신라 10성聖 중의 한 사람으로서 표훈대덕의 법력法力이 세다는 소문이 설화화한 것일 것이다. 경덕왕이 후사가 없어 근심하던 문제를 표훈대덕에게 토로한 것은 사실로 보아야 할 것이다.

원성대왕

― 두 번의 해몽, 호국용, 당 황제의 여의주

이찬伊湌[1] 김주원金周元이 처음 상재上宰[2]가 되어 있을 때, 원성왕
元聖王은 각간으로서 2재二宰[3]의 위치에 있었다.

2재의 위치에 있을 때의 어느 날, 왕은 복두幞頭[4]를 벗고, 소립素
笠[5]을 쓰고, 열두 줄 가야금을 들고서 ★천관사天官寺[6]의 우물로 들어
가는 꿈을 꾸었다. 꿈에서 깨어나 사람을 시켜 해몽점을 쳐 보게 했다.

"복두를 벗은 것은 관직을 잃을 징조입니다. 가야금을 든 것은 목
에 칼이 씌워질 징조입니다. 그리고 우물에 들어간 것은 옥에 들어갈
징조입니다."

왕은 해몽을 듣고 근심에 빠져 두문불출했다.

그때 아찬 여삼餘三[7]이 찾아와 면회를 요청했다. 왕은 병이 났다는
핑계로 면회를 사절하고 나가지 않았다. 아찬 여삼은 재차 한번 만나
고 싶다고 요청해 왔다. 그제야 왕은 허락했다. 여삼은 들어와 공이
무슨 일을 꺼려하고 있기에 두문불출이냐고 물었다. 왕은 그 해몽점
을 자세히 들려주었다. 왕의 얘기를 듣고 난 여삼은 일어나 절을 하
며 말했다.

---

1) 이찬 : 이척찬伊尺湌이락고도 함. 신라 17관등의 제2위.
2) 상재 : 상위의 재상.
3) 2재 : 차위의 재상.
4) 복두 : 귀인貴人이 쓰는 모자, 또는 과거에 급제한 사람이 홍패를 받을 때 쓰던 것.
5) 소립 : 무늬와 장식이 없는 갓.
6) 천관사 : 지금의 경상북도 경주시 내남면에 있었던 절로서 옛날 김유신의 여인 천관녀天官女의
   집이라 한다.
7) 여삼 : (원주) 어떤 책에는 여산餘山이라 했다.

"이것은 좋은 꿈입니다. 공이 만일 대위大位8)에 올라 나를 버리지 않으신다면, 공을 위해 내 풀어 드리리다."

왕은 이에 시종하고 있던 사람들을 물러가 있게 하고, 여삼에게 해몽을 청했다.

"복두를 벗는 것은 자기 위에는 아무도 없게 됨을 말합니다. 소립을 쓴 것은 면류관을 쓸 징조입니다. 열두 줄 가야금을 든 것은 12세 손9)이 대를 이어받을 징조입니다. 그리고 천관사의 우물에 들어간 것은 대궐에 들어가게 될 길한 조짐입니다."

왕은 말했다.

"내 위에 주원周元이 있는데, 어찌 상위에 오를 수 있단 말이오?"

여삼은 알려 주었다.

"비밀히 ★북천신北川神10)에게 제사를 드려 두는 게 좋습니다."

왕은 그대로 따라 했다.

그 뒤 오래지 않아 선덕왕은 붕어했다. 조정 안의 사람들이 상재의 자리에 있는 김주원을 받들어 왕으로 세우려고, 그를 왕궁으로 맞아들이려 했다. 그런데 그의 집이 북천의 북쪽에 위치하고 있었는데, 갑자기 북천의 냇물이 불어서 건너올 수가 없었다. 이 기회에 왕이 먼저 대궐에 들어가 즉위했다. 상재 김주원을 따르던 무리들도 모두 와서 새로 등극한 임금에게 하례를 올렸다. 이렇게 등극한 임금이 원성대왕이다.

이름은 경신敬信, 성은 김씨다. 전날에 꾸었던 길몽이 그대로 들어

<hr>

8) 대위 : 곧 왕위를 가리킴.
9) 12세손 : 『삼국사기』에 의하면 원성왕은 나물왕의 12세손이라 한다.
10) 북천신 : 북천은 신라의 성소聖所 알천의 연장으로 경주 북쪽을 흐르는 냇물이다.

맞아 왕이 된 것이다. 주원은 명주溟州11)로 퇴거해 갔다. 왕이 등극했을 땐, 일찍이 길몽을 풀어 왕의 등극을 네인했던 그 이친 여삼은 이미 죽고 없었으므로, 그 자손을 불러 벼슬을 내려 주었다.

원성왕의 손孫으로 다섯 사람이 있었다. 혜충태자惠忠太子와, 헌평태자憲平太子와, 예영 잡간禮英匝干12)과, 그리고 대룡부인大龍夫人, 소룡부인이 그들이다.

대왕은 진실로 인생이 곤궁하고 현달학이 변하는 이치를 알았다. 이에 「신공사뇌가身空詞腦歌」13)를 지었다.

왕의 아버지는 대각간大角干14) 효양孝讓, 그는 조종祖宗의 만파식적을 전해 받아 왕에게 전해 주었다. 왕은 그것을 얻게 되었으므로 두터이 천은天恩을 입었고, 그 덕이 멀리 빛났다.

당 덕종 7년 즉, 왕 즉위 2년 병인년(786) 1월 11일, 일본왕 문경文慶15)이 군사를 일으켜 신라를 치려다가, 신라에 만파식적이 있어 그것이 군사를 물리친다는 소문을 듣고서, 사자를 보내어 금 50냥으로써 그 피리를 요구해 왔다. 왕은 일본 사자에게,

"나는 윗대 진평왕16) 때에 그것이 있었다고 들었을 뿐, 지금은 어디 있는지 알 수 없다." 고 했다.

---

11) 명주 : 지금의 강원도 강릉시.
12) 잡간 : '잡찬迊飡'이라고도 함. 신라 17관등의 제3위.
13) 신공사뇌가 : (원주) 가사가 없어져 알 수 없다. — 추측컨대 불교적인 인생관의 피력일 듯.
14) 대각간 : 신라 17관등의 제1위인 각간보다 더 위에 두어졌던 관등. 이 대각간보다 더 위의 관등이 있어 '태대각간太大角干'이라 했으나 바로 김유신의 관등이었다.
15) 일본왕 문경 : (원주)『일본제기』에 의하면 제55대 왕 문덕왕文德王이 이 문인 듯하다. 그 밖에 달리 문경이란 왕은 없다. 어떤 책에선 이 왕의 태자라 한다.
16) 진평왕 : 만파식적은 신문왕대에 만들어졌으므로 진평왕은 신문왕의 잘못인 듯.

그 이듬해 7월 7일, 일본 왕은 다시 사자를 보내어, 금 1천 냥으로 써 그 만파식적을 요구해 왔다.

"과인이 그 신물을 얻어 보기만 하고 돌려보내리다."

원성왕은 역시 전과 같은 답변으로 거절하고는, 은 3천 냥을 그 사자에게 주고, 금은 받지 않고 돌려보냈다. 8월에 일본 사자가 돌아가자 그 피리를 내황전內黃殿17)에 간수했다.

왕 즉위 11년 을해(795)에 당나라 사자가 서울에 와서 한 달을 머물다 돌아갔다. 사자가 떠난 하루 뒤에 두 여인이 내정內庭에 나와 아뢰었다.

"저희들은 동지東池와 청지靑池18)의 두 용의 아내입니다. 당나라 사자가 하서국河西國19)의 사람 둘을 데리고 와서, 저희들의 지아비인 두 용과, 그리고 분황사20) 우물의 용, 이 세 용을 조그만 고기로 변하게 해서 통 속에다 담아 가지고 떠났습니다. 바라옵건대, 폐하께서는 그 두 하서국 사람에게 경고하여, 저희들의 지아비들과 다른 또 한 용, 이들 호국룡을 이 땅에 머물게 하십시오."

왕은 곧 뒤쫓아 하양관河陽舘21)에 이르러 그들 일행을 만났다. 거기

---

17) 내황전 : 신문왕대에 만파식적을 만들어 천존고天尊庫에 간수했다고 했는데, '庫'와 '殿'의 차이에서 보듯 보다 더 외부에서 범접하기 어려운 곳에 간수한 듯.

18) 청지 : (원주) 바로 동천사東泉寺의 샘이다. 그 절의 기록에 이 샘은 동해의 용이 오가며 설법을 듣던 곳이라고 했다. 절은 진평왕이 세운 것으로, 5백 성중상聖衆[나한]像과, 5층탑 및 전민田民을 아울러 헌납했다.

19) 하서국 : 중국의 감숙성 안에 있는 황하 서쪽 지역을 '하서'라고 일컫는데, 여기에 신라 원성왕대에 어떤 나라가 있었는지는 미상임.

20) 분황사 : 경상북도 경주시 구천리에 있다. 선덕여왕 3년(634년)에 창건. 원효대사가 있었던 절이다.

21) 하양관 : 하양은 지금의 영천의 서쪽. 대구로 가는 길목에 있던 역촌이다.

서 왕은 친히 연회를 열어 주고는, 그 하서국 사람들에게 경고했다.

"너희들은 어째서 우리의 세 용을 잡아 왔느냐! 만약 사실내로 고하지 않으면 사형에 처하고 말겠다."

그러자 그 하서국 사람들은 세 마리의 고기를 꺼내어 왕에게 바쳤다.

돌아와 그 세 마리의 고기들을 각기 제 곳에다 놓아주었더니, 세 곳의 물이 각각 한 길이 넘도록 뛰어오르고, 고기들은 기뻐 날뛰며 사라져 갔다.

당나라 사람은 원성왕의 명철함에 감복했다.

원성왕은 어느 날 황룡사22)의 중 지해智海를 대궐로 청해 들여 50일 동안 『화엄경華嚴經』을 강의케 했다. 지해를 따라온 묘정妙正 사미沙彌23)는 매양 금광정金光井24)가에 가서 바리때를 씻었다. 그 우물에는 한 마리 자라가 있어 떠올랐다 가라앉았다 하곤 했다. 묘정은 바리때를 씻을 때마다 그 자라에게 밥찌꺼기를 먹이면서 장난하곤 했다.

법석法席이 끝나려 할 즈음에 묘정은 그 금광정의 자라에게 말했다.

"내가 너에게 은덕을 베풀어 온 지가 오래다. 너는 무엇으로 갚으려는가?"

---

22) 황룡사 : (원주) 어떤 책에는 '화엄사華嚴寺'라 하고 또 '금강사金剛寺'라 하니, 아마 절 이름과 경 이름을 혼동함인 듯하다.

23) 사미 : 수행이 미숙한 나이 어린 사내 중.

24) 금광정 : (원주) '금광정'이란 이름은 대현 법사大賢法師에 의해 지어진 것이다. ― 번역에서 제외한 「현유가賢瑜伽·해화엄海華嚴」편에서는, 경덕왕 때 가뭄이 들어 유가종이 대현으로 하여금 『금광명최승왕경金光明最勝王經』을 강의하게 했는데, 그때 대현의 묵도로 궁정의 우물에 물이 솟아나와 『금광명경』의 이름을 따서 '금광정'이라 이름했다. 「수로부인」편을 참조 바람.

수일 후에 그 자라는 한 개의 조그만 구슬을 토해내어 묘정에게 주 겠다는 시늉을 했다. 묘정은 그 구슬을 받아 허리띠 끝에다 매어 달았다.

그런 뒤로는 왕이 묘정을 귀애하여, 그를 내전으로 맞아들여 곁을 떠나지 못하게 했다.

그때 한 잡간이 마침 당나라로 사신을 가게 되었다. 이 잡간 또한 묘정을 무척 귀애했다. 그래서 사신 길을 함께 가게 해 주기를 청했 다. 왕은 허락해 주었다.

함께 당나라에 들어갔더니, 당나라의 황제 역시 묘정을 보고는 총 애하기 시작했다. 뿐만 아니라 그 나라의 정승이며 임금, 좌우의 신 하들이 묘정을 높이고 미덥게 여기지 않은 이가 없었다. 이 모양을 본 관상가가 황제에게 아뢰었다.

"이 묘정을 살펴보니 도무지 길상吉相이라곤 한 구석도 없는데, 이 렇게 남들에게 믿음과 공경을 받고 있으니, 필경 이 사미에겐 그 몸 에 신이한 물건을 지닌 게 있을 것입니다."

사람을 시켜 묘정의 몸을 뒤져 보게 했다. 허리띠 끝에 매어 단 조 그만 구슬이 발견되었다. 그 구슬을 보고 나서 황제는 말했다.

"내게 여의주 네 개가 있었는데, 연전에 그중의 한 개를 잃어버렸 더니만, 이제 이 구슬을 살펴보니 바로 내가 잃어버렸던 그것이로구 나."

황제는 그 구슬을 가지게 된 유래를 물어보았다. 묘정은 그 사실을 자세히 진술했다. 황제가 여의주의 한 개를 잃었던 날이, 묘정이 자 라에게서 구슬을 얻은 날과 같은 날임이 밝혀졌다. 황제는 그 구슬을 남겨두고 묘정을 돌려보냈다. 그 뒤로는 아무도 묘정을 사랑스럽고 미덥게 여기는 사람이 없었다.

원성왕의 능은 토함산 서쪽 골짜기에 있는 동곡사洞鵠寺25)에 위치하고, 최치원이 찬술한 비26)가 있다. 왕은 또 보은사報恩寺와, 그리고 망덕루望德樓27)를 세웠다. 왕의 조부인 훈입訓入 잡간을 흥평대왕興平大王으로, 증조인 의관義官 잡간을 신영대왕神英大王으로, 고조인 법선法宣 대아간大阿干28)을 현성대왕玄聖大王으로 각각 추봉했다. 현성의 아버지는 바로 마질차摩叱次 잡간이었다.

---

25) 동곡사 : (원주) 지금의 숭복사. ― 지금의 경상북도 경주시 외동면에 있었다.
26) 최치원이~비 : 바로 최치원의 「대숭복사비명大崇福寺碑銘」을 가리킴.
27) 보은사와, 그리고 망덕루 : 『삼국사기』에 봉은사奉恩寺·보은루報恩樓로 되어 있다.
28) 대아간 : '대아찬大阿飡'이라고도 함. 신라 17관등의 제5위. 진골 귀족만이 될 수 있었음.

 ＊천관사는 본래 김유신 소년 시절의 여인 천관녀의 집이라
한다. 『동국여지승람』에 전하는 이야기는 이러하다. 김유신이
소년 때 우연히 여성 노예女隸를 좋아해 자주 출입을 했다. 유
신의 어머니가 이 사실을 알고, "너가 성장하여 공명을 세워 임
금과 어버이를 명예롭게 하기를 밤낮으로 바랐는데, 지금 미천
한 아이들과 술집에서 어울려 놀다니…" 하며 울음을 그치지
않았다. 유신은 어머니에게 다시는 그 집에 가지 않겠노라 맹
서를 했다. 그런데 하루는 다른 곳에서 술에 취해 집으로 돌아
오는데, 유신이탄 말이 천관녀의 집 옛길에 익숙하여 잘못 그
녀의 집에 이르렀다. 천관녀는 눈물을 흘리며 반가이 맞았다.
잘못 온 것을 깨달은 유신은 당장 칼로 말목을 베고 돌아서 나
왔다. 이에 천관녀는 원사怨詞와 곡조를 지었다. 그리고 그녀의
집이 절이 되었다는 것이다.

 '천관'이란 도교의 '천관·지관·수관'의 3관신 중 하나다.
신라의 미천한 여성 노예가 무슨 연유로 천관의 칭호를 가지게
되었는지는 알 수가 없다.

 김유신의 소년 시절이면 그가 적국을 물리치기를 맹서하고
열박산 골짜기에 들어가서 분향도천焚香禱天했더니, 천관신이
유신의 칼로 광망을 드리웠다는 일이 있은 때이긴 하지만, 이
일이 천관녀와 관련이 있을 리가 없다. 혹시 당나라의 당시 풍
속에 기녀들을 여도사女道士라고 했던 것과 관련이 있을 듯하
나, 김유신의 소년 시절에는 그런 풍속까지 전파될 정도로 신

200

라에 도교가 깊이 침투했을지가 의문이다. 어쨌든 천관사는 재상이 꿈을 꿀 정도로 꽤 유명했던 깃 같다.

　＊앞에서 말했듯 경주의 북천은 신라 성소聖所의 하나인 동천의 연장이다. 동천은 경주 동쪽 추령楸嶺에서 발원하여 그 하류는 경주의 북천이 된다. 혁거세와 알영이 탄강誕降 뒤 첫 목욕도 동천에서 했고, 혁거세 추대의 신도 제의도 동천 언저리 알천 양산촌에서 했다. 이러한 동천의 성소적 신성성은 그 하류인 북천에도 연속된다고 믿었다.

신무대왕과 염장과 궁파

— 왕위 찬탈과 배신

제45대 신무대왕神武大王이 아직 왕이 되기 전, 왕은 당시 협객 궁
파弓巴[1]에게 말했다.

"나에게 불구대천不俱戴天의 원수[2]가 있는데, 네가 나를 위해 제거
해 줄 수 있겠는가? 왕위를 차지하면 네 딸을 데려다 왕비로 삼겠다."

궁파는 승낙했다. 그리고 신무왕과 마음을 합하고 힘을 모아 군사
를 일으켜, 서울을 침범해 들어가 그 일을 잘 수행해 냈다.

왕위를 찬탈한 뒤 신무왕은 궁파와의 약속대로 그의 딸을 왕비로
맞아들이려 했다.[3] 그러나 신하들이 극구 반대하고 나섰다.

"궁파는 미천한 사람입니다. 그 딸로 비를 삼으시겠다니 안 될 일
입니다."

왕은 대신들의 이 간언을 받아들였다.

그때 궁파는 청해진淸海鎭[4]에서 진을 치고 있었다. 그는 신무왕이
전날의 약속을 어긴 것에 원망을 품고 모반하려 했다. 장군 염장閻長
이 이 소식을 듣고 왕에게 아뢰었다.

"궁파가 충성스럽지 못한 일을 일으키려 합니다. 소신小臣이 가서
그를 제거하고 오겠습니다."

---

1) 궁파 : 일명 궁복弓福, 또는 장보고張保皐. 지금 전라남도 완도군에 설치한 청해진을 거점으로
   당나라 해적들이 신라인을 잡아다가 노예로 파는 일을 막고, 대당·대일 무역에도 종사했음.
2) 불구대천의 원수 : 제44대 민애왕 김명金明을 가리킨다. 김명은 신무왕의 아버지 균정을 죽였
   고, 또 희강왕을 죽게 하고 스스로 왕이 되었다.
3) 왕위를~했다 : 『삼국사기』에는 신무왕 다음의 문성왕이 궁파의 딸을 차비次妃로 삼으려 했다
   고 했다.
4) 청해진 : 지금의 전라남도 완도군에 두었던 진鎭.

왕은 기뻐하며 허락했다.

염장은 왕의 뜻을 받들고 청해진에 들어왔다. 그리고 안내사를 통해 궁파에게 알렸다.

"내가 임금에게 작은 원망이 있어, 그대에게 의탁하여 신명을 보전코자 하오."

궁파가 전해 듣고 크게 성냈다.

"너희들이 임금에게 충동질하여 내 딸을 폐해 놓고, 어째서 나를 찾아보려는 건가?"

염장은 다시 알렸다.

"그것은 다른 중신들이 간한 것이지, 나는 그 일에 참여하지 않았소. 나를 혐의치 마시오."

궁파는 말을 듣고 그제야 염장을 청사로 인도해 들이게 하고, 그리고 물었다.

"경은 웬일로 이곳에 왔소?"

염장은 답했다.

"왕의 뜻을 거스른 바가 있어, 그대의 막하에 몸을 던져 앞으로의 화를 면하려고 하오."

궁파는 잘되었다면서 술자리를 벌이고 퍽 기뻐했다. 염장은 궁파의 장검을 집어 그를 베었다. 궁파 휘하의 군사들은 놀라고 질려서 모두 땅에 엎드렸다. 염장은 그들을 이끌고 서울에 이르러 복명하였다.

"궁파를 베었습니다."

왕은 염장의 성공을 기뻐하며 그에게 상을 주고 아간阿干 벼슬을 내렸다.

제48대 경문대왕

— 임금이 된 내력과 당나귀 귀 이야기

경문왕景文王의 휘는 응렴膺廉, 18세에 국선國仙[1]이 되었다. 응렴랑이 스무 살이 되었을 때, 헌안대왕憲安大王이 그를 불러 궁전 안에서 연회를 베풀고는 물었다.

"낭이 국선이 되어 사방을 두루 노닐며 어떤 기특한 일을 보았는가?"

응렴랑은 대답했다.

"제가 행실이 아름다운 사람 셋을 본 적이 있습니다."

왕은 그 얘기를 들려 달라고 했다.

"남의 윗자리에 있을 만한 사람이면서도 행동거지를 두루 겸손히 하여 남의 아래 좌석에 앉은 사람이 있었는데, 이것이 그 첫째입니다. 대단한 부자이면서 검소하고 평이한 옷을 입은 사람이 있었는데, 이것이 그 둘째입니다. 셋째로는 본래 존귀하고 세력이 있으면서 그 위세를 부리지 않는 사람이었습니다."

헌안왕은 응렴랑의 말을 듣고 그의 사람됨이 현철함을 알았다. 자신도 모르게 눈물을 떨어뜨리며 말했다.

"내게 두 딸이 있으니 그대의 아내로 맞아주면 좋겠다."

황송한 마음에 응렴랑은 자리에서 일어서서 절을 드린 후, 머리를 조아리며 왕에게서 물러나왔다. 응렴랑은 돌아가 부모에게 알렸다. 낭의 부모는 놀라고 기뻐했다. 그리고 그 자제들을 모아 놓고 의논했다.

---

1) 국선 : 나라에 대표적인 화랑.

"왕의 맏공주는 용모가 매우 못생겼다. 둘째 공주는 무척 아름다우니 둘째 공주를 맞도록 하자."

응렴랑의 낭도 상수上首 범교사範敎師[2]란 이가 이 소식을 듣고서 낭의 집으로 찾아와 물었다.

"대왕께서 공주를 공에게 시집보내려 하신다니 참말입니까?"

응렴랑은 "그렇다"고 대답했다. 범교사는 다시 물었다.

"어느 분을 맞으시렵니까?"

"양친께서는 그 아우가 좋다고 말씀하셨다."

범교사는 말했다.

"낭께서 만일 아우를 맞으신다면, 저는 낭이 보는 앞에서 죽고 말겠습니다. 그 맏공주를 맞으시면 세 가지 좋은 일이 꼭 있게 될 터이니 신중히 하십시오."

응렴랑은 알아들었노라고 답했다.

얼마 안 있어 왕은 혼례 날을 잡아, 응렴랑에게 사람을 보내어 말해 왔다.

"두 공주 가운데서 누구를 취할 것인가는 오직 그대의 의향에 달렸노라."

사자는 돌아와 응렴랑의 뜻을 아뢰었다.

"맏공주님을 받들겠답니다."

그 뒤 석 달이 지나 왕은 병석에 눕게 되었고, 그 병환은 또 몹시 위독했다. 뭇 신하들을 불러 놓고 말했다.

---

2) 범교사: 『삼국사기』 '헌안왕'조에는 단지 '흥륜사의 중'이라고만 했고, 응렴랑이 그에게 찾아가 물었다고 했다. 「경덕왕과 충담사와 표훈대덕」편 해설 참조 바람.

"알다시피 나에게 사내 혈손은 없소. 내 죽은 뒤 왕위는 마땅히 맏 딸의 남편 응렴이 이을 것이요."

이튿날 헌안왕은 붕어했다. 응렴랑은 유조를 받들어 왕위에 올랐다.

이에 범교사가 왕에게 나아가 말했다.

"전날 제가 얘기했던 세 가지 좋은 일이 이제 모두 드러났습니다. 맏공주를 맞으셨기 때문에, 첫째로 지금 왕위에 오르시었고, 다음으 론 지난날 연모하셨던 아우 공주를 이제는 쉽게 취하실 수 있게 되셨 습니다. 그리고 그 언니를 맞으심으로 하여, 선왕과 왕비께서는 무척 기뻐하시게 되었던 것이 그 셋째의 것입니다."

왕은 지난날 범교사의 그 깨우쳐 주던 말이 고마워서, 그에게 대덕 大德의 직위를 내리고, 금 130냥을 주었다.

왕이 붕어하자 시호를 경문景文이라 했다.

경문왕의 침전엔 날마다 저녁녘이면 무수한 뱀들이 모여들곤 했 다. 궁인들이 겁을 집어먹고는 뱀들을 몰아내려 하면 왕은 말했다.

"나는 뱀들이 없으면 편히 잘 수가 없다. 그냥 두어라."

왕이 잘 때면 매양 뱀들은 혀를 날름거리며 왕의 가슴에 뒤덮이곤 했다.

＊경문왕은 왕위에 오르자마자 귀가 갑자기 커져 버려, 마치 당나 귀의 귀와 같이 되었다. 왕후도 궁인도 아무도 모르고 오직 한 사람 복두幞頭 만드는 장인만이 그 비밀을 알고 있었다. 그러나 그 장인은 왕의 비밀을 함부로 발설할 수 없어, 평생토록 사람을 향해 자기만 아는 그 사실을 얘기해 보지 못했다. 그러다가 죽음이 다가온 때에 그 장인은 도림사道林寺3)의 대숲 속 아무도 없는 곳에 들어가 대나무

들을 보고 외쳤다.

"임금님 귀는 당나귀 귀, 임금님 귀는 낭나귀 귀."

그 뒤로 바람이 불면 도림사의 대숲에서는 소리가 울려 나오는 것이었다.

"임금님 귀는 당나귀 귀, 임금님 귀는 당나귀 귀."

왕은 대나무들을 베어내고 대신 산수유를 심었다. 그 뒤로는 바람이 불면 단지 이렇게 소리가 났다.

"우리 임금님 귀는 길기도 하다."

★국선 요원랑邀元郎 · 예흔랑譽昕郎 · 계원랑桂元郎 · 숙종랑叔宗郎 등이 금란金蘭[4]에서 노닐었다. 그들은 임금을 위하고 나라를 생각하는 마음을 은근히 부쳐 향가 세 수를 지어, 사지舍知[5]에게 그 원고를 주어 대구화상大炬和尙[6]에게로 보냈다. 그 노래의 이름은 첫째가 「현금포곡玄琴抱曲」, 둘째가 「대도곡大道曲」. 셋째가 「문군곡問群曲」이다. 대거화상이 궁중으로 들어가 왕에게 연주해 보였더니, 왕은 그 노래들을 감상하고 무척 즐거워하여 칭찬했다. 지금 그 노래는 알 수 없다.

---

3) 도림사 : (원주) 옛적에 입도림入都林 변두리에 있었다. — 지금의 경상북도 경주시 내동면에 있던 절이었다.

4) 금란 : 지금의 강원도 통천의 옛 이름. 화랑단의 출유지로 유명함.

5) 사지: 신라 17관등 제13위.

6) 대구화상: 『삼국사기』에는 '태구太矩'라 했음. 진성여왕 때에 각간 위홍魏弘과 함께 향가집 『삼대목三代目』을 편찬한 이다.

✱경문왕의 '귀 이야기'는 그리스의 미다스 왕 이야기와 흡사하다. 미다스 왕도 경문왕 같이 귀가 당나귀 귀 같았고, 이 사실을 알고 있는 이는 오직 왕의 이발사뿐이었다. 이발사는 발설하지 않겠다고 왕에게 맹서하였다. 그러나 말하지 않고는 견딜 수 없어 갈대밭으로 가 구덩이를 파고, "임금 귀는 당나귀, 임금 귀는 당나귀 귀"라고 토설하고는 그 구덩이를 묻어버렸다. 물론 이발사는 그 말이 땅속에 묻혔으므로 다른 사람에 전달되지 않으리라 믿었었다. 이 이야기는 흔히 문학에서 카타르시스, 즉 배설과 정화 작용을 설명하는 예화로 쓰이거니와, 경문왕의 귀 이야기는 미다스 왕 이야기의 전파임이 확실한 것 같다. 실크로드로 통한 서역西域 지방과의 인적, 물적 교류는 오늘날 우리의 상상 이상으로 활발했던 것 같다. 이를테면 서역의 유리잔이 5·6세기경의 신라 고분에서 발견될 정도였다. 괘릉의 석상石像, 용강동 고분의 토우土偶에서 서역인의 형상을 보거니와, 말기로 올수록 더욱 진전되어 헌강왕대에는 처용설화가 탄생하기도 했다.

✱술랑述郎·남랑南郎·영랑永郎·안상安詳 등 4사람은 익히 알려진 대로 신라 4선新羅四仙이다. 이들이 출유出遊한 금강산 총석정에 4선봉이 있는 것으로 보아서, 아마 동시대의 화랑 4인인 것 같다. 『삼국유사』「백률사」편에서 안상이 부례랑의 낭도로 나오는 것을 보아서, 안상이 효소왕대의 인물임이 확실한 만큼, 나머지 3인도 그 무렵의 인물일 것이다. 통일전쟁 뒤 화랑도의 주조적

主調的 기풍이 '임전무퇴臨戰無退'의 전사적 기풍에서 '유오산수遊娛山水'의 신선석 기풍으로 바뀌었다. 통일 전의 '3화지도三花之徒'와 통일 뒤의 '4선四仙'이란 말이 주조적 기풍의 전환을 단적으로 보여준다. 이 경우 4선의 '仙'자의 의미도 화랑을 미륵불의 상징으로서의 '仙'이기보다는, 신선의 상징으로서의 '仙'에 더 가깝다고 할 것이다. 어느 때인지 확실하게는 모르나, 이들이 연출했다고 전해지는 가무가 팔관회의 '4선악부'로 편입되기도 했다.

그런데, 이 신라 중대中代의 4선에 대하여 여기 요원랑 등도 네 사람의 국선으로서, 말하자면 신라 하대下代의 4선이라 할 수 있다. 따라서 신라에는 두 그룹의 4선이 있는 셈이다. 하대의 4선도 역시 금란金蘭에서 노닐었다. '금란'이란 지명은 화랑도의 잦은 출유지로서 얻은 지명이라 흥미를 끈다. 즉, 화랑도의 굳은 신의를 나타내기 때문이다. 『주역』(신라인은 『주역』을 좋아했다) 「동인괘」에 "二人同心, 其利斷金; 同心之言, 其臭如蘭(두 사람이 마음을 같이 하면 그 견고하기가 쇠를 끊을 만하고, 마음을 같이 하는 이의 말은 그 향취가 난초와 같다)"이라고 한데서 취해 온 지명이다. 이들 4선은 "임금을 위하고 나라를 생각하는 마음을 은근히 부쳐 향가 세 수를 지었다"고 했다. 「현금포곡玄琴抱曲」은 거문고를 타는 정회에 왕에게의 충언을 실은 시가 같고, 「대도곡大道曲」은 치국治國의 대도를 읊은 시가 같고, 「문군곡問群曲」은 매사를 뭇 신하에게 물어서 정사를 하라는 시가 같다. 역시 호국정신을 떠나지 못하는 시가들이다. 화랑도의 주된 기풍이 가무의 내공內攻과 실천윤리가 융합된 현묘한 도[玄妙之道]로(최치원의 「난랑비서鸞郎碑序」) 전환되어서 말이다.

처용랑과 망해사

— 처용랑의 아내와 역신, 그리고 쇠운의 조짐들

제49대 헌강왕 때에 신라는 서울에서부터 국경에 이르기까지 즐비한 주택과 담장이 잇달아 있었고, 초가집은 한 채도 없었다. 거리엔 항상 음악이 흐르고 있었고, 봄·여름·가을·겨울의 사철 기후는 순조롭기만 했다.

이렇게 나라 안이 두루 태평의 극을 누리자, 왕은 어느 한 때를 타서 신하들을 데리고 개운포開雲浦[1] 바닷가로 놀이를 나갔다.

놀이를 마치고 서울로 행차를 돌리는 길에 왕 일행은 한낮의 물가에서 쉬고 있었다. 그때 갑자기 바다에서 구름이랑 안개가 자욱이 끼어 덮여 오면서 훤하던 대낮이 어두컴컴해지고, 행차가 나아갈 길조차 어둠 속으로 흐려 들어갔다.

이 갑작스런 변괴에 놀란 왕은 좌우의 신하들에게 물어보았다. 일관이 있다가 왕의 물음에 답했다.

"이것은 동해의 용이 부린 조화입니다. 뭔가 좋은 일을 베푸시어 풀어 주어야겠습니다."

이에 왕은 당해 관원에게 명하여, 동해의 용을 위해 그 근경에다 절을 지어 주게 했다. 왕의 그러한 명령이 내려지자 구름이 개고 안개가 사라졌다. 그래서 왕 일행이 머물던 그곳을 개운포開雲浦라 이름 지었다.

자기를 위해 절을 세우기로 한 결정에 동해의 용은 유쾌했다. 그래

---

1) 개운포 : (원주) 학성 남서쪽에 있으니 지금의 울주다. — '울주'는 오늘날의 울산광역시임.

서 그는 그의 일곱 아들을 데리고 왕의 수레 앞에 나타나, 왕의 덕을 찬양하여 춤추고 노래하였다.

동해 용의 그 일곱 아들 중의 한 아들이, 왕의 행차를 따라 서울에 들어와 왕의 정사를 보좌했다. 이름을 ＊처용處容이라 했다. 왕은 미녀 한 사람을 그의 아내로 짝지어 주었다. 그것은 그가 동해로 되돌아가지 않도록 마음을 잡아 두기 위해서였다. 그리고 또 그에게 급간級干의 직위를 내려 주었다.

처용의 아내는 무척 아름다웠다. 이 아름다운 처용의 아내를 역신疫神2)이 사랑했다. 역신은 사람으로 화하여 밤중에 처용의 집으로 그녀를 찾아왔다. 역신은 처용의 아내와 함께 몰래 잠자리에 들었다.

처용이 외출했다가 집에 돌아와 보니, 자기 아내 혼자만이 있어야 할 잠자리에 두 사람이 누워 있는 것이었다.

처용은 노래를 지어 부르며, 춤을 추면서 그 자리를 물러나왔다.

처용이 지어 부른 노래(「처용가」)는 이러한 것이었다.

새벌 밝은 달에 밤들이 노니다가,
들어와 자리를 보니
가로리 네히러라.
둘은 내해엇고 둘은 뉘해인고.
본디 내해다마는 앗아날 어찌하리꼬.

그 역신은 모습을 나타내어 처용 앞에 무릎을 꿇고 말했다.

---

2) 역신 : 마마를 맡았다는 신. 곧 역병 따위의 재앙을 끼친 신이다.

"제가 공의 아내를 사모해 오다가 오늘 밤 범했던 것입니다. 그런데도 공은 성난 기색 하나 나타내지 않으시니, 참으로 감복하고 탄미했습니다. 맹세합니다만 이 뒤로는 공의 모습을 그린 화상만 보여도 그 문엔 들어가지 않겠습니다."

이것을 연유하여 나라 사람들은 문간에다 처용의 얼굴을 그려 붙여, 사악한 귀신을 물리치고 경사스러운 복을 맞아들이게 했다.

헌강왕은 개운포에서 돌아와 곧 영취산 동쪽 산록에다 좋은 터를 잡아 절을 세웠다. 이름을 망해사望海寺3)라고 했다. 또는 신방사新房寺라고 하기도 했는데, 바로 그 동해의 용을 위해 세운 것이다.

✻헌강왕은 또 포석정에 거둥했다. 그때 남산의 신이 나타나 어전에서 춤을 추었다. 좌우의 신하들에겐 보이지 않고 오직 왕에게만 춤을 추는 모습이 보였다. 왕은 남산 신의 그 춤을 본떠서 몸소 추어, 그 춤이 어떤 모양의 것인가를 보여주었다.

어전에 나타나 춤을 춘 그 신의 이름은 상심祥審이라고 했다. 그래서 지금까지도 나라 사람들은 이 춤을 전하여 '어무상심御舞祥審' 또는 '어무산신御舞山神'이라고도 하고 있다. 어떤 설에는 신이 나와 춤을 추자, 그 형상[象]을 살피어[審] 장인에게 명하여 조각시켜 후세에 보여 주었기 때문에 그 춤을 가리켜 '상심象審'이라 한다고 했다. 혹은 '상염무霜髥舞'4)라기도 하는데, 이것은 곧 그 산신의 모양 때문에 일컬어진 것이다.

왕은 또 금강령金剛嶺에 거둥했을 때, 북악의 신이 나타나 춤을 추

---

3) 망해사 : 지금의 울산광역시에 있었다.
4) 상염무 : 새하얀 수염이 있는 귀신이 추는 춤이라는 뜻인 듯.

었다. 춤의 이름을 '옥도검玉刀鈐'이라 했다.

또 동례전同禮殿에서의 연회 때 지신地神이 나와 춤을 주었으므로, 지신을 '지백급간地伯級干'이라 이름했다.

『어법집語法集』5)에는 그때 산신이 춤을 추고 노래를 부르되, '지리다도파智理多都波'라고 했는데, 그것은 대체로 지혜[智]로써 나라를 다스리[理]던 사람들이 미리 알아채고, 많이[多]들 도피해[逃]감으로 하여, 도읍[都]이 장차 깨뜨려[破]질 것임을 말한 것이라고 했다.

즉 지신이나 산신은 나라가 장차 망해 갈 것을 알았으므로, 그 기미를 춤을 추어 경고해 주었다는 말이다. 그런데도 나라 사람들은 그 기미를 깨닫지 못하고, 오히려 상서를 나타낸 것이라고 하여 환락이 갈수록 심해졌다. 그리하여 나라는 끝내 망하고 말았다.

---

5) 어법집 : 미상未詳의 문헌.

헌강왕대는 신라의 역년의 장구로, 태평성대의 외양外樣의 이면에는 골품제 귀족 정권의 무력화, 안일화로 쇠운의 조짐들이 점증되어 가던 시대다. 「처용랑과 망해사」 편의 설화는 이러한 시대를 배경으로 생겨났다. 전후반부 각각 다른 이야기로 보이나, 신라 쇠운의 조짐이란 주제로 연결되어 있다.

먼저 이우성은 정치사적 시각에서 전후반부 설화가 긴밀히 관계된 것으로 보았다. 그래서 헌강왕의 개운포 행차에 운무로 작 변作變한 동해 용을 신라 동편에 있는 반중앙적 호족의 상징으로 보았다. 따라서 그 용의 아들 처용은 중앙정부의 포섭과 견제의 대상으로 보았다. 그리고 신라 망국을 미리 경고한 서울 주위의 제신들은 신라 하대의 지성을 대표하는 육두품 계층의 상징으로, 처용의 아내를 간통한 역신을 타락한 화랑의 행위, 또는 병 든 도시 경주의 상징으로 해석했다. 아내의 간음 행위를 보고 가무歌舞하며 물러난 처용의 행위를 자신을 포섭 견제하려는 중앙 정권의 전략을 야유하는 행위로 해석했다. 설화가 상징하는 바의 실체를 낱낱이 밝혀냈으나, 한편 지나치게 작위적이라는 느낌을 떨칠 수 없다.

✱이 설화의 '처용'이라는 존재는 하나의 의안疑案이다. 그러므로 『삼국사기』에서 최근 학설에 이르기까지 갖가지 해석이 존재한다. 『삼국사기』 헌강왕 5년 3월에 왕이 나라 동쪽으로 고을을 순행했는데, 어디서 온 지 모르는 네 사람이 어가 앞에 나타나 가무를 하였다. 그 모양이 해괴하고 외관이 괴이하여 당시 사람

들이 "'산해山海의 정령精靈'이라 하였다"고 하였다. 산해간의 정기가 응결된 신령스런 존재로 인식했나는 말이다.

고려 사람들은 처용을 일월식신 라후(라후라아수라왕)와 석가의 출가전 친자 '라후라'를 동일 존재로 만들어, 역병을 막기 위해 문에 그려 붙여 놓은 처용의 화상에 부쳐 「처용가」를 지어, 궁중의 구나驅儺 의식 처용희處容戱에서 연출하기도 했다. 「처용가」는 이렇게 시작한다. "新羅盛代 昭盛代(신라성대 소성대) / 天下泰平 羅侯德(천하태평 라후덕) / 處容(처용) 아바"(『악학궤범』). 설화에서 훤하던 대낮이 어두컴컴해지는 것을 일식으로 보고, 일식신 라후라 아수라왕을 호명을 했는데, 아내의 간통을 목격하고도 "노래를 지어 부르며 춤을 추면서 그 자리를 물러나온" 처용의 관용과 인욕은 바로 석가의 친자로—, 덕을 외면에 드러내지 않고 내면에 감추어 아라한과阿羅漢果를 증득한 라후라 를 포개어 호명함으로써 동일 존재를 만들었다(라후라가 라후라아수라왕이 달을 가린 월식 때 태어났기 때문에 라후라로 명명했다 한다). 그래서 처용의 관용과 인욕으로 '열병신熱病神'을 쫓아내는 위력을 노래했다.

다음은 현대 학자들의 처용 관련 해석을 보겠다. 김동욱은, 처용은 용신의 사제자로서 신라 서울에의 내방자로 보고, 처음 아내의 역신과의 간통은 무녀 사회에 흔히 볼 수 있는 '매음적' 행위이며, 이에 대한 처용의 너그러움은 호귀배송胡鬼拜送(천연두 귀신을 절을 해 보냄)과 같은 굿 절차의 후전後錢 풀이와 같은 의취라 하겠다. 김열규는 처용의 출현은 용의 아들의 제의적 재연再演이며, 경

주로 귀환한 처용은 접신한 무부巫婦와 맺어 당대 1급의 국무國
巫 노릇을 했는데, 아내의 간통에 대해서는 무당의 가정 구조가
여권적이었으므로 역신으로 대표되는 외방 남성과의 간통은 굿
의식에서 신을 시집보내는 일쯤으로 보아, 평온한 과정의 하나
로 치부, 처용은 체념할 수밖에 없을 것이라고 해석했다.

이 두 민속학적 연구는 무당과 굿의 위상을 후세의, 불교에
습합되고 유교에 억눌려있던 저층 사회에 기생하던 때의 위상에
맞추어 논의한 큰 실수를 범했다. 이 편의 후반부에 있듯이, 헌
강왕이 남산·북악 등지에 거동하여 산신의 현현을 본 것은 헌
강왕이 신도적 제의(굿 의식)에 참예하여 그의 영매적 자질이 발
동된 것이 아닌가 생각되거니와 헌강왕 때까지의 신라에서의 무
당과 굿의 위상을 짐작케 한다.

다음은 대외교류사적 시각에서 처용의 해석을 보겠다. 이용범
은, 해난海難을 당해 울산에 상륙한 아랍 상인의 한 사람으로, 헌
강왕의 왕정을 경제적으로 보좌했다 했고, 정수일도 처용은 동
해로부터 울산항에 상륙한 초견初見의 진기한 외국인으로, 당시
아랍의 수입품에 신라의 검·견포絹布·도자기 등이 포함되어
있는 점을 들어 처용을 무슬림의 한 사람으로 보았다. 신라와 아
랍권과의 교섭은 괘릉의 무인 석상 등이 그 증좌가 아닐까 생각
되기도 하거니와, 처용은 무엇보다 그 전래하는 가면의 형상이
아랍인에 근사한 점에서 설득력이 있는 해석이라고 하겠다.

＊헌강왕이 포석정에 거동했다고 했으나, 사실은 포석사鮑石祠

에 거동했다고 보아야 할 것이다. 포석정과는 별개로 포석사는 남산 산신에 대한 신노석 세의를 연행하던 곳이다.『삼국사기』경애왕 4년 초의 '후궁後宮', 또는 '이궁離宮'이라 한 곳 가까이에 포석사가 있었을 것이다. (1999년 포석정 주변 일부를 발굴 조사할 때 '포석砲石'이라 새겨진 기와가 출토되었다) 헌강왕이 포석사에 거동하여 남산신에게 제의를 베풀 때 남산신이 어전에서 춤을 추었는데 좌우 사람들에게는 보이지 않았으나 오직 헌강왕에게는 신의 춤 모습이 보여서, 왕은 신과 같이 따라서 춤을 추었다고 했다. 헌강왕의 무적巫的, 영매적 자질이 발현된 것이다.『삼국사기』에 의하면 헌강왕은 성품이 총민하고 독서를 좋아했으며, 눈으로 한 번 본 것은 모두 입으로 외었다고 했다. 그리고 한시에도 능한 것으로 알려져 있다. 그러나 신라왕들은 신정神政 시대 이래 사제司祭의 체질이 오랫동안 저류를 흐르고 있었던 것 같다. 신라금관도 무구巫具의 하나란 설도 있다.

신라가 망하고 남산 산신에 대한 국가적 차원의 제의가 없어지니까 포석사는 사람들의 입에서 떠나고, 그 대신 포석사 옆에 설치해둔 유상곡수流觴曲水의 연회장이 상대적으로 드러나게 되어, 후세 사람들이 포석사를 가리킬 때에도 포석정으로 지칭하게 된 것이다.『삼국사기』경애왕 4년 11월 조에, 견훤이 경주를 습격해 왔을 때 경애왕이 비빈妃嬪·종척宗戚들과 포석정에서 놀고 즐기느라 견훤의 내습을 몰랐다고 했는데, 음력 동짓달 겨울에 포석정에서 놀았다니 말이 되지 않는다. 필시 경애왕이 남산 산신제를 베풀고, 그 자리에서 비빈·종척들과 음복연을 하는 중에 견훤이 닥친 것일 것이다.

진성여대왕과 거타지

— 신라의 쇠운, 그리고 거타지 이야기

　　제51대 진성여왕이 국정에 임한 지 몇 해 만에, 여왕의 유모인 부
호부인鳧好夫人과, 그리고 그녀의 남편인 위홍魏弘[1] 잡간[2] 등, 서녀
총신寵臣이 권세를 휘둘러서 정사를 어지럽혀 놓았다. 도적은 봉기하
고 사람들은 국운을 걱정하게 되었다. 그래서 누군가 다라니陀羅尼[3]
의 은어隱語를 지어 그것을 노상에다 던져두었다. 왕과 권세를 잡은
신하들은 이것을 입수해 보고는 말했다.

　　"이것은 왕거인王居人[4]의 소행이다. 그가 아니고는 아무도 이 글을
지을 만한 사람이 없다."

　　그리고는 당시의 은사隱士 왕거인을 옥에 가두어 버렸다. 왕거인은
옥에 갇히자 시를 지어 하늘에 억울함을 호소했다.

　　　연단燕丹[5]이 피로 울매 무지개가 해를 꿰뚫었고,

　　　추연鄒衍[6]이 슬픔 머금으매 여름에 서리 내리네.

---

1) 위홍 : 진성대왕의 숙부로서, 또는 정부情夫로서 권력을 휘둘렀다 함. 대구화상과 함께 향가집
　『삼대목三代目』을 편찬함.
2) 잡간 : 신라 17관등의 제3위.
3) 다라니 : '총지總持'·'능지能持'·'능차能遮'라 번역됨. 범어는 번역하지 않고 음 그대로 적어
　서 외는 일로서, 한 자 한 귀에 무량무변無量無邊한 의취를 감추고 있어, 진언·밀어로써 이것
　을 독송할 때 모든 장애를 제거하여 여러 가지 공덕을 받는다고 한다. 곧 불가의 주문.
4) 왕거인 : 『삼국사기』에는 '王巨仁'으로 되어 있다. 나말의 실정에 저항한 육두품의 대표 인물로
　보인다.
5) 연단 : 중국 전국 시대 연나라의 태자 단丹을 가리킴. 진시황을 죽이러 자객 형가荊軻를 보내기
　도 했음.
6) 추연 : 중국 전국 시대 제나라 사람. 음양오행설을 제창했고, 그래서 5·6월에도 서리를 내리
　게 했다 함.

지금의 길 잃은 내 처지 그 옛일과 같은데,

황천이여, 어찌하여 표징이 없는가.

거인이 이렇게 시로 호소하자, 하늘은 그 옥을 벼락으로 때려, 놓여나오게 해 주었다.

노상에 던진 그 다라니는 이러하였다.

南無亡國刹尼那帝 判尼判尼蘇判尼 于于三阿干 鳧伊婆婆訶

(나무망국 찰니나제 판니판니소판니 우우삼아간 부이사바하)

한 해설자는 말했다. '찰니나제'는 바로 진성여왕을 가리킨 것이다. '판니판니소판니'는 두 소판을 가리킨다. 소판[7]은 관작 명칭이다. '우우삼아간'은 3, 4명의 총신을 말한 것이다. 그리고 부이鳧伊란 곧 여왕의 유모 부호부인을 말한다.

진성여왕 때의 아찬인 양패良貝는 왕의 막내아들이다. 그는 당나라로 사신을 떠나면서, 백제[8]의 해적[9]들이 진도에서 뱃길을 가로막고 있다는 정보를 듣고, 궁수 50명을 뽑아 그를 따르게 했다.

✱양패 일행이 탄 배가 곡도鵠島[10]에 이르렀을 때, 갑자기 풍랑이

---

7) 소판 : 신라 17관등의 제3위인 잡찬의 별칭.

8) 백제 : 여기서는 '후백제'를 가리킴.

9) 해적들 : 후백제의 수군을 가리키는 듯.

10) 곡도 : (원주) 우리말로는 '골대섬[骨大島]'이라 한다. — 지금의 서해 백령도로 비정된다.

거세게 일어났다. 그래서 열흘 동안이나 그곳에서 묵고 있었다. 양패는 걱정이 되어 사람을 시켜 점을 치게 했다.

"이 곡도에 신령스런 못이 있습니다. 거기에 제사를 드리는 게 좋겠습니다."

이래서 그 못 가에다 제사상을 차렸다. 그랬더니 못 물이 한 길이 넘도록 용솟음쳐 올랐다. 그리고 그날 밤 한 노인이 양패공의 꿈에 나타나 말했다.

"활 잘 쏘는 군사 한 사람을 이 섬에다 남겨두고 가면 순풍을 만날 수 있으리라."

양패공은 꿈에서 깨어나 부하들에게 그 꿈을 얘기해 주고 나서, 누구를 머무르게 하는 것이 좋겠느냐고 의견을 물어보았다. 부하들은 제의했다.

"50개의 나무 조각에다 각기 저희의 이름을 적어 물에 넣어 보고, 그 이름이 물에 잠기는 사람이 남아있기로 제비뽑기합시다."

양패공은 부하들의 제의대로 했다. 그들 50명의 궁수 가운데 거타지居陀知란 자의 이름이 물속에 잠겨 들었다. 결국 거타지를 그 섬에 남겨 두고 양패공 일행은 출범하기로 했다. 그때 문득 순풍이 불어와 배는 미끄러지듯 바다를 떠갔다.

홀로 섬에 남은 거타지는 시름에 잠긴 채 멍하니 서 있었다. 그때 홀연히 한 노인이 바로 제사를 드렸던 그 못에서 나왔다. 그 노인은 거타지에게 말했다.

"나는 서해의 해신이다. 매일 한 사미沙彌[11]가 해 돋을 녘이면 하

---

11) 사미 : 십계를 받고 불도를 닦는 어린 남자 승려.

늘에서 내려와, 다라니[12]를 외면서 이 못을 세 바퀴를 돈다. 그러면 우리 부부랑 자손들은 모두 물 위에 뜨게 된다. 이렇게 해 두고, 그 사미는 내 자손들의 간장을 빼어 먹어 왔다. 이제 내 자손들의 간장은 다 빼먹고, 오직 우리 부부와 딸 하나만 남겨두고 있다. 내일 아침에도 그 사미는 반드시 올 것이다. 그대에게 부탁하노니 그 사미를 쏘아다오."

거타지는 대답했다.

"활을 쏘는 일이라면 본래 나의 특기입니다. 말씀대로 하겠습니다."

그 노인은 거타지에게 감사하고, 도로 못 속으로 사라져 갔다.

거타지는 그 못 주변에 잠복하여 기다리고 있었다. 이튿날, 동쪽에서 해가 떠오르자 사미가 과연 내려왔다. 그 사미는 전과 마찬가지로 주문을 외고, 그 늙은 용의 간을 빼내려 했다. 기다리고 있던 거타지는 활을 쏘았다. 화살은 명중되었다. 그 사미는 곧장 늙은 여우로 변해 땅에 떨어져 죽었다.

그러자 노인은 못에서 나와 거타지에게 감사하며 말했다.

"그대의 은덕을 입어 우리의 생명을 보전하게 되었다. 내 딸을 그대의 아내로 데려가 주게."

거타지는 말했다.

"주시는 것을 마다하겠사옵니까. 진실로 바라던 바였습니다."

노인은 그의 딸을 한 송이 꽃으로 변하게 하여 거타지의 품속에다 넣어 주었다. 그리고 두 마리의 용에게 명하여, 거타지를 받들어 앞서간 양패공 일행의 배를 따라잡게 하고, 또 그 배를 호송하여 무사

---

12) 다라니 : 주문呪文.

히 당나라 땅에 들어가도록 해 주었다.

당나라 사람들은 신라의 선박이 두 마리의 용에게 업혀 오는 것을
보고, 그 일을 임금에게 아뢰었다. 당나라 황제는 "신라의 사자는 틀
림없이 비상한 사람일 것이다"하고 연회를 베풀 때 뭇 신하들의 윗자
리에 앉히는 한편, 금과 비단을 후하게 주었다.

고국에 돌아오자 거타지는 품속에서 꽃가지를 꺼내어 여자로 변하
게 하였다. 그리고 그녀와 함께 살았다.

거타지 설화는 왕건의 자손들이 자기들 선조의 내력來歷을 신비화하기 위해 이를 차용하여 작제건作帝建 설화로 발전, 부연했다. 김관의金寬毅의 『편년통록編年通錄』에 의하면 '작제건은 항해 도중 풍랑이 일자 근처에 있는 섬에 내렸는데, 서해 용왕의 부탁으로 부처의 모습을 한 늙은 여우를 활로 쏘아 죽이고, 그 보람으로 작제건은 용왕의 딸과 결혼하고, 버드나무 지팡이 등 신물神物을 얻게 되며, 용왕은 장차 작제건의 자손이 왕이 될 것을 예언했다'는 것이다. 한 편 거타지 설화는 인신공희설화人身供犧說話로서, 고전소설 『심청전』의 근원설화로 보기도 한다.

노인이 딸을 한 송이 꽃으로 변하게 하고, 거타지는 귀국하여 품속에 품어온 꽃을 다시 여인으로 변하게 하여 함께 살았다는 이야기는 다분히 「아라비안나이트」적 의취를 풍긴다. 한편 『대동운부군옥大東韻府群玉』에는 『수이전殊異傳』에서 나온 것일 듯한 「죽통미녀竹筒美女」라는 설화가 있다. 김유신이 서쪽 고을에서 서울 경주로 오는 길에 한 이인異人 나그네가 품속에서 죽통을 꺼내자 미녀 두 사람이 출현했는데, 자기는 서해에서 동해로 장가들었기에 지금 동해의 처부모를 뵈러 간다고 했다는 것이다. 김유신을 관련시킨 것은 후세인의 부회일 것이다. 역시 「아라비안나이트」에나 나올 법한 이야기가 신라에 들어와 토착화한 이야기가 아닐까 한다. 처용 설화와 마찬가지로 신라 말기 중동과의 교역의 결과인 것 같다.

김부대왕

— 신라의 멸망

제56대 김부대왕金傅大王[1]의 시호는 경순敬順이다.

후당의 명종 2년, 즉 경애왕 즉위 4년 정해(927) 9월에 후백제의 견훤甄萱이 신라를 침범해 고울부高鬱府[2]에까지 들어오자, 경애왕은 우리 태조[3]에게 구원을 청해 왔다. 태조는 굳센 군사 1만 명을 거느리고 가서 신라를 구원해 주도록 장군들에게 명했다. 이 원병이 미처 이르기 전, 견훤은 그해 겨울 11월에 서울을 습격해 왔다.

이때 ★경애왕은 왕비며 후궁이며 종척宗戚들과 더불어 포석정鮑石亭에 나가 잔치를 벌려 한창 즐기고 있는 중이었다. 때문에 견훤병甄萱兵의 내습을 알지 못하고 있다가, 갑자기 닥친 일에 어찌할 바를 몰랐다.

왕은 왕비와 함께 후궁[4]으로 도망해 들어가고, 종척들이며 높은 벼슬아치의 남녀들은 사방으로 흩어져 달아났다. 그들은 적도들의 포로가 되어 귀천 없이 그 앞에 엉금엉금 기며, 노예라도 되게 해 달라고 빌어 댔다. 견훤은 군사들을 풀어 공사 구별 없이 재물을 마구 약탈했다. 그리고 왕궁[5]으로 들어가 자리를 정하고, 부하들에게 명령하여 경애왕을 찾아내도록 했다.

---

1) 김부대왕 : '김부'는 신라 마지막 왕 경순왕의 성과 이름이다.
2) 고울부 : 지금의 경상북도 영천시.
3) 우리 태조 : 고려 태조 왕건을 지칭. 이하 같음.
4) 후궁 : 포석정 근처에 포석궁鮑石宮이 있어, 그 뒷 궁전을 말하는 듯.
5) 왕궁 : 포석궁의 정전正殿을 말함인 듯.

경애왕은 왕비랑 빈첩嬪妾6) 두어 사람과 함께 후궁에 숨어 있었다. 견훤의 부하들은 왕과 그 비빈들을 군중軍中으로 끌어냈다. 견훤은 경애왕을 협박하여 자살하게 했다. 그리고 그 자신은 왕비를 강간하고, 그의 부하들에겐 왕의 빈첩들을 욕보이게 했다. 그리고서 견훤은 경애왕의 족제族弟되는 부傅를 세워 신라의 왕으로 삼았다.

견훤의 손에 의하여 김부대왕, 즉 경순왕은 즉위했다. 왕은 전왕의 시체를 서당西堂에 안치하고서, 뭇 신하들과 더불어 통곡했다. 우리 태조는 사자를 보내어 조제弔祭했다.

그 이듬해 무자(928) 봄 3월 태조는, 종자 50여 명을 데리고 신라의 서울 근교로 순행해 왔다. 경순왕은 백관들과 함께 교외에 나와 태조를 맞았다. 둘은 궁으로 와 서로 마주 대하여, 정의와 예의를 극진하게 폈다. 그리고 경순왕은 태조를 위하여 임해전臨海殿7)에서 연회를 열었다. 술기운이 무르녹아 가자 경순왕은 말했다.

"내가 하늘의 보살핌을 얻지 못하여 점점 더 화란禍亂이 일어나게 되고, 견훤은 불의한 짓을 자행하여 우리 국가를 망하게 하니 이 통한을 내 어쩌면 좋으리오."

그리고는 주르륵 눈물을 흘렸다. 좌우의 신하들 또한 흐느끼지 않는 이가 없었으며, 태조 역시 눈물을 흘렸다.

태조는 수십 일간 머물다 행차를 돌렸다. 휘하의 종자들이 모두 정숙히 하여 조금도 범법犯法하는 일이 없었다. 그래서 서울의 남녀들은 서로 칭송하여 말했다.

---

6) 빈첩 : 임금의 첩.
7) 임해전 : 경주시에 있는 안압지 가에 있었던 궁궐건물.

"전날 견훤이 왔을 땐 승냥이와 범 떼를 만난 것 같더니, 이제 왕공王公[8]이 옴에는 마치 부모를 대한 것 같다."

8월에 태조는 사자를 보내어 경순왕에게 금삼錦衫과 안마鞍馬를 선사했다. 아울러 신료臣僚와 장사들에게도 그 지위의 고하에 맞추어 선물을 보냈다.

그 뒤, 후당의 폐제廢帝 2년, 즉 경순왕 즉위 9년 을미(935) 10월이 되어서다. 왕은 사방의 국토가 거의 다 남의 소유가 되어 버리고, 국세는 약하고 의지할 데 없게 되자, 도저히 나라가 스스로의 힘으로 안보해 갈 수는 없다고 생각했다. 그리하여 왕은 모든 신하들을 모아 놓고 회의를 열었다. 국토를 들어 태조에게 항복하자는 것이었다.

군신들은 찬반양론이 분분하여 그칠 줄을 몰랐다. 태자는 나서서 말했다.

"나라의 존망에 반드시 천명이 있습니다. 마땅히 충신·의사들과 더불어 민심을 수습·통합하여, 버티어 가다가 끝내 힘이 미치지 못한다면 그때서야 그만둘 일이지, 1천 년의 사직을 어찌 가벼이 남에게 넘겨줄 수가 있겠습니까!"

경순왕은 답변했다.

"외롭고 위태로움이 이 지경에 이르렀으니, 대세는 이미 보전키 어렵게 되었다. 기왕 강하지도 못하고, 약해지지도 못할 처지인 바에야, 저 무고한 백성들을 싸움터로 끌어내어 내장과 뇌장腦漿으로 땅을 매닥질 하는 일은 나로선 차마 못 할 노릇이다."

----

8) 왕공 : 왕건을 가리킴.

드디어 경순왕은 시랑 김봉휴金封休에게 국서國書를 지녀 보내어, 태조에게 항복을 청하였다.

＊태자는 울며 왕을 하직하고, 곧바로 개골산皆骨山으로 들어갔다. 거기서 그는 바위에 의지하여 집을 짓고, 삼베옷을 입고 풀을 먹으며 일생을 마쳤다.

경순왕의 막내 왕자는 머리를 깎고 화엄종에 들어가 승려가 되었다. 법명은 범공梵空이라 하고, 뒤에 법수사法水寺9)와 해인사海印寺에 머물러 있었다고 한다.

태조는 김봉휴로부터 경순왕이 보낸 항서를 받고자, 태상太相10)의 직위에 있는 왕철王鐵을 보내어 경순왕을 영접해 오게 했다. 경순왕은 백관들을 거느리고 우리 태조에게 귀순해 왔다. 향거香車며 보마寶馬11) 들이 내리 30여 리에 뻗쳐 길이 막히고, 연도에는 구경꾼들이 도열했었다.

태조는 송도12) 교외에 나와 경순왕을 맞아들이고 위로했다. 경순왕에게 궁 동쪽의 한 구역13)을 주어 거처케 하고, 그리고 맏딸 낙랑공주를 아내로 들여 주었다. 경순왕이 자기 나라를 떠나와 남의 나라에 와서 산다고 하여, 어미에게서 떨어져 사는 난새에 비유하고는, 낙랑공주의 칭호를 신란공주神鸞公主라 고쳤다. 신란공주의 시호는 효목孝穆이라 했다.

---

9) 법수사 : 가야산 남쪽에 있었던 절.
10) 태상 : 문하부門下府의 장관에 준하는 직위임.
11) 향거며 보마 : 호화로운 수레와 말이란 뜻이다.
12) 송도 : '개성開城'의 옛 이름.
13) 궁 동쪽 한 구역 : (원주)지금의 정승원正承院이다.

경순왕은 정승正承14)으로 봉해졌다. 그 위계는 태자의 위에 있었고, 급록給祿이 1천 석, 시종과 관원·장졸들을 다 딸려 주어 부리게 했다. 그리고 신라는 경주로 고쳐 정승공의 식읍食邑으로 삼았다.

처음 경순왕이 국토를 바쳐 내항하자, 태조는 대단히 기뻐하며 돈독한 의례로 대우했다. 그리고 사람을 시켜 왕에게 말했다.

"지금 왕의 나라를 나에게 넘겨주시니, 그 줌[賜]이야말로 큰 것입니다. 바라나니 종실과 혼인을 맺어 길이 사위와 장인의 좋은 정의로나 지내도록 합시다."

경순왕은 대답했다.

"나의 백부 억렴億廉15)에게 딸이 있어, 심덕이며 용모가 다 아름답습니다. 이가 아니면 내정의 일을 주선하기가 어려우리다."

태조는 억렴의 딸과 결혼하였다. 이가 곧 신성왕후神成王后 김씨16)다.

태조의 손자 경종景宗 주伷는 정승공의 따님을 맞아 비婢로 삼았다. 이가 곧 헌승왕후憲承王后다.

그리고 정승공을 봉하여 상보尙父17)로 하였다. 송 태종 2년, 즉 경종

---

14) 정승 : '政丞'과 같은 말.

15) 억렴 : (원주) 경순왕의 아버지 효종 각간. 즉 신흥대왕으로 추봉된 이의 아우다.

16) 신성왕후 김씨 : (원주) 본조(즉 고려조)의 등사랑登仕郞(정9품 하위 문관의 품계) 김관의金寬毅가 찬한 『왕대종록王代宗錄』에 의하면, 신성왕후는 이씨이고, 그는 본래 경주대위慶州大尉 이정언李正言이 협주수로 있을 때 태조가 그 고을에 왔다가 맞아들여 비로 삼았으므로 혹은 협주군俠州君이라고도 했다. 그의 원당願堂은 현화사玄化寺이며 기일은 3월 25일, 정릉에 장사 지냈다고 했으며, 그가 아들 하나를 낳았으니 바로 안종安宗이라 했다. 이 밖에 25비妃 중 김씨의 일은 실려 있지 않으니 미상이다. 그러나 사신史臣의 논평에 안종을 역시 신라의 외손이라 했으니, 마땅히 사전史傳의 것이 옳다고 보아야 할 것이다. — 협주는 지금의 합천 을 가리키고, 안종은 고려 태조의 여덟 번째 아들 욱旭이다. 원당이란 소원을 비는 절이다.

17) 상보 : 국왕의 고문 격이다. 주나라 무왕의 태사 태공망太公望을 상보라 존칭한 데서 발단되었다.

3년 무인(978)에 정승공, 곧 신라의 마지막 임금 김부왕은 붕어했다.
시호를 경순敬順이라 했다.[18]

　　신라 일대에 대한 사론[19]은 이러하다.

　　"신라의 박씨와 석씨는 모두 알에서 태어났다. 김씨는 하늘로부터
금궤에 들어 탄강했다고도 하고, 금수레를 타고 내려왔다고도 한다.
이것은 허황하고 괴상하여 믿을 만한 것이 못 된다. 그러나 세속에서
서로 전하여 실제로 있었던 일로 인정되었다.

　　이제 그 초기로 돌아가 살펴보면, 위정자들은 그 자신을 위함에 있
어서는 검소했고, 남을 위함에 있어서는 너그러웠다. 관청을 설치함
은 간략했고 일의 시행은 간소했다. 그리고 지성으로 중국을 섬겨,
산을 넘고 바다를 건너 조빙朝聘[20]하는 사신이 잇달아 끊어지지 않았
다. 항상 중국으로 자제를 보내, 그곳의 조정에 나아가 숙위宿衛[21]하
게 했고, 국학에 입학하여 송습誦習[22]하게 했다. 이로 인해서 성현들
의 교화를 받아, 미개한 풍속을 고쳐 예의의 나라가 되었다. 또 신라
는 중국의 황제가 거느리는 군대의 위력에 힘입어, 백제와 고구려를
평정하여 그들의 영토를 신라의 군현들로 만들었으니, 가위 성세라
고 할 수 있었다.

---

18) 이 이하에 있는 경순왕을 상보에 책봉하는 고명서誥命書와 부속 문서는 고태조의 고문서 형식
　　으로 귀중한 사료이나, 설화 위주의 번역서인 본서에는 맞지 않으므로 번역에서 제외했다.
19) 사론 : 『삼국사기』에 나오는 사론史論임.
20) 조빙 : 제후국이 일정한 기간마다 천자국에 뵈는 일이다.
21) 숙위 : 본뜻은 왕궁을 숙직하여 지킨다는 것이나, 인질의 방편으로 쓰였다.
22) 송습 : 책 따위를 읽어서 익힘.

그러나 불법佛法을 받들어 그 폐단이 무엇인지를 알지 못하고, 마을마다 탑이며 절간들을 즐비하게 짓고, 일반 백성들은 승려의 신분으로 도피하게 되어, 병력과 농경 능력은 점점 줄어들고, 이에 따라 국가는 날로 쇠약해지기에 이르렀으니, 어찌 어지러워지지 않았겠으며, 또 망하지 않을 수 있었겠는가.

이런 때에 경애왕은 더욱 방탕한 쾌락에 빠져, 궁인 및 가까운 신하들과 함께 더불어 포석정에 놀이를 나가 주연을 벌이고 있느라, 견훤의 내습을 알지 못했다. 그래서 저 문외門外의 한금호韓擒虎[23]와, 누두樓頭의 장려화張麗華[24]와 다름이 없이 되어 버렸다.

경순왕의 태조에의 귀순 같은 것은 그것이 비록 부득이했기에 취해진 조처이긴 했으나, 역시 잘한 일이라 할 만하다. 그때 만약 힘을 다해 싸워 우리 고려군에게 어리석게 항거하다가 마침내 힘이 굽혀지고 형세가 막다르게 되는 지경에 이르게 되었다면, 반드시 그 종실宗室은 복멸覆滅되었을 것이요, 화는 무고한 백성들에게까지 미쳤을 것이다. 그러나 고명誥命을 기다릴 것 없이 부고府庫[25]를 닫아 봉하고 군현郡縣을 기록해 스스로 고려로 귀부歸附해 왔으니, 그 조정에의 유공과 생민에의 유덕은 지대한 것이다. 옛적에 전錢[26]씨가 오월의 땅을 송나라에 바친 사실을 두고, 소동파는 전씨를 충신이라 일컬은 적이 있지만, 지금 신라의 공덕은 그것을 훨씬 더 넘어선다. 우리 태조는 비빈이 많아 그

<hr>

23) 문외의 한금호 : 수나라의 노주총관으로서 진나라의 공벌에 선봉으로 금릉을 격파, 진의 후주를 잡은 사람이니 견훤에게 잡힌 경애왕의 말로가 이 한금호에게 잡힌 진의 후주의 경우와 흡사함을 말하고 있다.
24) 누두의 장려화 : 진나라 후주의 비로서 자태가 아름답고 총명했다. 후주와 함께 수군에게 사로잡혀 죽었다. 여기서는 경애왕의 비빈에 비유되었다.
25) 부고 : 궁정의 곳간.
26) 전씨 : 중국 5계 시대 오월의 왕이었던 전숙錢俶을 가리킨다.

자손이 역시 번성했지만, 현종은 신라의 외손으로 왕위에 오르시고 난 그 뒤로 왕통을 계승하는 사람은 모두 그 자손이었으니, 이 어찌 음덕의 소치가 아니겠는가."

　신라가 이미 영토를 바치고 나라가 망한 뒤다. 외방의 관원으로 나가 있던 아간 신회神會는 그 외방 관서를 파하고 자기가 봉직하던 나라인 신라의 서울로 돌아왔다. ＊그 왕도王都가 이미 황량하게 퇴락해 가고 있음을 본 신회는 망국의 탄식이 솟아 시가를 지었으나, 시가가 없어져 지금은 알 수 없게 되었다.

해설

＊경애왕이 그 4년 11월에 왕비며 후궁이며 종척宗戚들과 더불어 포석정에서 잔치를 벌려 즐기느라, 견훤군의 내습도 몰랐다는 『삼국사기』의 기록이 잘못되었음은 「처용랑과 망해사」 편에서 이미 설명하였다.

＊『삼국사기』에서 인용해 와, "(마의)태자가 울며 경순왕을 하직하고 계골산(금강산)으로 들어갔다"고 했다. 그런데 『장안사 사적』에는 『삼국사기』와는 다른 내용이 좀 더 자세히 나온다. 요지는 아래와 같다.

태자는 항복한 데 대한 분한 마음이 풀리지 않아서, 처음에는 국권을 회복할 계획을 가지고 밤을 틈타 시종 두어 사람과 함께 정병 3천여 명을 거느리고 주야로 행군하여 장안사 남쪽 삼억리에 이르러 병졸을 주둔시키고, 열흘 남짓 재식才識이 뛰어난 고승을 찾았다. 당시 장안사에는 대륜大輪이라는 선사가 있었는데, 태사는 보통 사람의 행색으로 삼억리에 도보로 대륜선사를 찾아갔다. 절 문에 당도하기 전에 대륜선사가 미리 알고, 다리 밖으로 나와 태자를 맞아 함께 들어가 밤새도록 법문을 들려주었다. 마침내 태자는 삼억리에 주둔하던 병졸을 파해 모두 고국으로 돌려보내고 장안사에 머물기 1년 남짓, 고을 백성들이 태자의 높은 의리를 흠모하여 장안사 위의 영원靈源 골짜기 어귀에 작은 궁宮을 지어 태자의 존체를 보존하게 했다. 태자는 궁 뒤의 봉우리에 올라 군왕이 있는 곳을 바라보며 눈물을 흘리기도 했고, 대 륜과 풀을 깔고 앉아 도道를 논하기도 하며, 바위에 앉아 선정에 들기도 했다. 궁터 앞 시내기 바위에 '동경의렬 북지영풍 東京義烈 北地英風' 여덟 자 새겨져 있다. 이 어구는 아마 후세에 새긴 것일 것이다.

✱아간 신회가 외방 관리로 있다가 신라가 항복한 뒤 경주로 돌아와 보니 왕도가 이미 황량하게 퇴락해 가고 있었다고 했다. 신회가 있었던 외방이 가령 최북방인 대동강 가에 있었다 치더라도 경주로 귀환하는 데 넉넉잡아 한 달은 넘지 않았을 것이다. 그런데 그사이에 이미 왕도가 퇴락해 가고 있었다는 것은 인위적인 파괴가 있었기 때문일 것이다. 안압지 발굴에서 신라 궁정에서 쓰던 온갖 물건들이 나온 적이 있다. 인위적인 파괴의 증거다. 그러니까 왕건의 부하들이 신라인들의 신라에 대한 미련을 없애기 위해 신라의 궁전과 경순왕과 함께 개경으로 옮아간 대신들의 집을 위시하여 표적이 될 만한 건축물을 파괴했던 것이다.

남부여1)-전 백제

— 백제의 이야기들

부여군은 전前 백제의 왕도다. 혹은 소부리군所夫里郡이라 부르기도 한다. 『삼국사기』에는 "백제 성왕 16년 무오戊午(538) 봄에 도읍을 사비로 옮기고 ★국호를 남부여南扶餘라 하였다."2)

다음은 『삼국사기』「백제 본기」의 기록이다.

"백제의 시조는 온조溫祚다. 그의 아버지는 추모왕, 또는 주몽이라고도 한다.

주몽은 북부여에서 화난을 피해 도망해 나와 졸본부여에 이르렀다. 그 졸본주의 왕에겐 왕자는 없고 다만 딸 셋만 있었다. 졸본주의 왕은 주몽을 보고 범상한 사람이 아님을 알고서, 그의 둘째 딸을 시집보내어 그를 사위로 맞았다.

그 뒤 오래지 않아 졸본주의 왕은 죽고, 주몽이 그 자리를 계승했다. 주몽은 그 졸본주 왕녀와의 사이에 두 아들을 낳았다. 맏아들이 비류沸流요, 둘째 아들이 온조溫祚다.

이들 비류와 온조는 나중에 태자3)에게 용납되지 않을 것을 우려하여, 마침내 오간烏干과 마려馬黎 등 열 사람의 부하들과 함께 남쪽으로 내려갔다. 그들을 따르는 백성들이 많았다.

비류와 온조 일행은 드디어 한산漢山에 이르렀다. 그들은 부아악負兒岳에 올라가 근거지가 될 만한 땅이 있는가 바라보았다.

---

1) 남부여 : (원주) 북부여는 이미 위에 나왔다.
2) 이 이하 '부여'의 지명 고증 부분은 번역에서 제외했다.
3) 태자 : 주몽이 북부여에서 낳은 아들 유리琉璃, 또는 유류孺留를 가리킴.

비류는 바닷가에다 근거지를 잡으려고 했다. 열 사람의 그 부하들은 비류에게 간했다.

'이 하남의 땅은 북쪽으로 한강을 끼고, 동쪽으로 높이 묏부리에 의지하고, 남쪽으로 기름진 들이 펼쳐져 있고, 그리고 서쪽은 큰 바다로 막혀 있어, 그 천연으로 이룩된 요새의 이로움으로 보아 얻기가 어려운 지세이온데, 이곳에서 도읍을 잡는 것이 역시 마땅치 아니하겠습니까.'

비류는 부하들의 의견을 듣지 않았다. 그리고 그는 따라온 백성들을 아우 온조와 나누어, 미추홀彌雛忽[4]로 가서 자리 잡았다.

온조는 하남 위례성慰禮城[5]에 도읍을 정하고서, 그 열 사람의 신하들을 그의 보익輔翼으로 삼아 국호를 '십제十濟'라 했다. 그것은 한나라 성제 15년(서력 기원전 18)의 일이었다.

비류는 미추홀의 땅이 습하고 물이 짠 때문에 안거할 수가 없어 되돌아왔다. 위례의 도읍이 바야흐로 자리 잡히고, 인민들이 편안히 살고 있는 것을 보고, 그는 마침내 부끄러움과 후회로 하여 죽고 말았다. 그의 신하와 백성들은 모두 위례성으로 돌아 왔다. 후에, 올 때 백성들이 즐거워했다고 해서 그 뒤 국호를 '백제百濟'로 고쳤다. 백제의 세계世系는 고구려와 함께 다 같이 부여에서 나왔으므로 성씨를 해解[6]라고 했다."

---

4) 미추홀 : (원주) 미추홀은 지금의 인주仁州이다. ― 지금의 인천광역시 지역.

5) 하남 위례성 : (원주) 미추홀은 지금의 인주仁州이고, 위례성은 지금의 직산稷山이다. ― 한성시대 백제의 도성이었던 위례성을 한강을 기준으로 하북위례성河北慰禮城과 하남위례성河南慰禮城으로 나누어 보기도 한다. 하남위례성은 서울특별시의 몽촌토성 및 풍납토성으로 비정하기도 한다.

6) 해 : 현존 『삼국사기』 「백제 본기」에는 '부여'로 성씨를 삼았다고 했다.

뒤에 성왕聖王 연대에 이르러 도읍을 사비에 옮기니 지금의 부여군
이다.

『고전기古典記7)』에는 다음과 같은 기록이 있다.

"동명왕의 셋째 왕자 온조는 전한 성제 15년 계묘(서력 기원전 15)에
졸본부여에서 위례성으로 가서 도읍을 세우고 왕이라 일컬었다. 온
조 14년 병진(기원전 5)에는 도읍을 한산漢山8)으로 옮겼다. 이곳에서
389년을 지냈다.

제13대 근초고왕 26년, 즉 동진의 간문제 원년(371)에는 고구려의
남평양9)을 점령했다. 그리고 도읍을 북한성10)으로 옮겼다. 여기서
105년을 지냈다.

제22대 문주왕 즉위년, 즉 유송劉宋 후폐제 3년 을묘(475)에 도읍
을 웅천熊川11)으로 옮겼다. 이곳에서 63년을 지냈다.

제26대 성왕 연대에 이르러선 소부리로 도읍을 옮기고, 국호를
'남부여南扶餘'라 했다. 제31대 의자왕에 이르기까지 120년을 그곳에
서 지냈다.

당 고종 11년, 즉 의자왕 20년(660)에 신라의 김유신과 소정방이
백제를 토평했다.

백제국에는 본래 5부, 37군, 2백여 성, 76만 호가 있어 나누어 통

---

7) 『고전기』: 『삼국사기』 「지리지」와 『유사』의 본편에서 확인하는 우리나라의 문헌이나, 어떤 책
   인지는 미상이다.
8) 한산 : (원주) 지금의 경기도 광주시廣州市.
9) 남평양 : 지금의 서울특별시.
10) 북한성 : (원주) 지금의 경기도 양주시.
11) 웅천 : (원주) 지금의 충청남도 공주시.

치해 왔었다. 당은 그 땅에다 웅진·마한·동명·금련·덕안 등의 다섯 도독부를 설치하고서, 추장酋長으로 도독부 자사를 삼았다. 얼마 있지 않아서 신라는 그 땅을 깡그리 병합하고서, 웅천熊川·전주全州·무주武州의 세 주와 그 밖에 여러 군현을 두었다.

백제의 호암사虎巖寺12)에는 정사암政事巖13)이 있었다. 국가에서 재상을 선임하려 할 때에는 선임 당할 만한 사람 3, 4명의 이름을 함 속에 적어 넣고는, 그것을 봉하여 바위 위에 두었다가 잠깐 뒤에 개봉해 보고, 이름 위에 도장이 찍힌 자국이 있는 사람으로 재상을 삼아 왔다. 그래서 그 바위를 일컬어 정사암이라고 한 것이다.

또 사비수 가에 한 바위가 있어, 소정방이 일찍이 이 바위 위에 앉아 어룡을 낚아 냈다. 그래서 바위 위에는 용이 꿇어앉은 자취가 있고, 따라서 용암龍嵓14)이라 이름했다.

부여군 안에 세 산이 있어, 일산日山·오산吳山·부산浮山15)이라고 했다. 백제가 전성全盛할 때에 그 세 산 위에는 각각 신인神人이 살고 있었는데, 그들은 날아다니며 서로 왕래가 조석으로 끊이지 않았다.

---

12) 호암사 : 지금의 충청남도 부여군 규암면 호암리에 그 절터가 있다.

13) 정사암 : 속칭 천정대天政臺라고 한다.

14) 용암 : 즉 조룡대.

15) 일산·오산·부산 : 오산은 지금의 부여군 부여읍의 오산이 그것이고, 부산은 부여읍 규암면 백마강 남쪽에 있으며 옛 이름 그대로 쓰이고 있다. 일산은 미상임.

또 사비수 언덕에는 10여 인이 앉을 만한 바위 하나가 있다. 백제 왕이 왕흥사에 예불차 거동할 때, 먼저 이 바위에서 부처에게 망배望 拜했더니, 그 바위가 저절로 따뜻해졌다. 그래서 그 바위를 돌석煐 石16)이라 이름 지었다.

사비수 양안에는 그림병풍 같은 곳이 있었다. 백제의 왕들은 매양 그곳에서 연회를 열고서 노래하고 춤추며 놀았다. 그래서 지금도 그 곳을 대왕포大王浦라 부르고 있다.

그리고 시조 온조는 바로 동명왕의 셋째 왕자로서 그는 체구가 큼 직하고, 성품이 효우孝友스러웠으며, 말타기 · 활쏘기를 잘했다. 다루 왕多婁王은 너그러우면서도 위엄이 있었다.

사비왕17)은 구수왕이 붕어하자 왕위를 계승했는데, 아직 어려서 정사를 처리해 갈 수 없었다. 곧 사비왕을 폐하고 고이왕을 세웠다. 일설에는 위 명제 13년 기미(239)에 사비왕이 붕어하자 고이왕이 섰 다고도 한다.

---

16) 돌석 : 지금 충청남도 부여군 부여읍 서쪽에 있는 이른바 자온대自溫臺가 그것이다.
17) 사비왕 : (원주) 사이왕沙伊王이라고도 쓴다.

★'남부여'란 백제의 제2 국호다. 백제 성왕이 그 16년(538)에 사비로 천도하면서 새로 정한 국호다. '남부여'란 국호는 부여계 제국諸國이 부여의 정통성을 둘러싼 경쟁이 북부여와 동부여가 멸망했음에도 불구하고, 고구려와 여전히 지속되고 있음을 의미한다. 더구나 온조왕이 입국하면서 부여의 동명을 분명하게 시조로 표방해 동명의 사당[18]을 건립해 모셔 온 백제로서는 국호를 '남부여'로 고친 것은, 고구려의 동명신화 점유에 대항하여 부여 정통 계승 의식을 더욱 강화한 것이라 볼 수 있다.

이 편에 실린 백제 건국신화는 『삼국사기』 「백제본기」 정문正文에서 인용해온 것인데, 사실은 그 정문의 협주에 나오는 내용이 더 사실에 가깝다 할 것이다. 협주의 요지는 이렇다. '시조는 비류왕인데, 그 아버지 우태는 북부여왕 해부루의 서손庶孫이다. 어머니 소서노召西奴는 졸본 사람 연타발의 딸로서, 처음에 우태에게 시집가서 두 아들을 낳았으니 장남은 비류, 차남은 온조다. 우태가 죽고 졸본에서 과부로 지냈다. 뒤에 주몽이 부여에 용납되지 못해 남쪽으로 달아나 졸본에 이르러 나라를 세우고, 소서노를 왕비로 삼았다. 소서노는 주몽의 입국立國에 재정적 지원이 컸기 때문에 주몽이 온조 형제를 자기의 친자와 같이 대했다. 그러나 부여에서 낳은 유리가 와서 태자로 세워지고 왕위를 계승하게 되자, 형제는 어머니 소서노를 모시고 남쪽으로 와서 터를

---

18) 동맹의 사당 : 후세에 흔히 고구려 주몽의 사당으로 오인되었다.

잡아 별도를 임국하였다'는 것이다. 비류와 온조는 비록 해부루의 서손일 망정, 아니 오히려 서손이기 때문에 더욱 부여의 정통성에 대한 애착이 컸고, 자손들도 이를 고수하여 국호를 '남부여'로 고친 것이다.

무왕[1]

백제 제30대 무왕武王의 이름은 장璋이다.

무왕의 어머니는 과부였다. 그녀는 백제의 서울 남지南池 가에 집을 짓고 홀로 살던 중, 그 못의 용과 교통하여 무왕 장을 낳았다. 무왕의 아명은 서동薯童—맛동, 그의 재능이며 도량은 넓고 깊어 헤아리기 어려웠다. 항상 마를 캐어 팔아 생활해 나갔다. 사람들은 그래서 그의 이름을 서동이라고 불렀다.

서동은 신라 진평왕의 셋째 공주 선화善花[2]가 세상에 둘도 없는 아름다움을 지녔다는 소문을 들었다. 그는 머리를 깎아 중으로 변장하여 신라의 서울로 왔다. 서울의 마을 아이들에게 그는 마를 나누어 주었다.

아이들은 호감을 가지고 그를 따랐다. 서동은 마침내 한 편의 동요[3]를 지었다. 그리고는 마을의 그 아이들을 꾀어, 자기가 지은 동요를 부르고 다니게 했다.

善花(선화) 공주님은,

남 그으기 얼어 두고,

맛둥방을,

몰래 밤에 안고 가다.

1) 무왕 : (원주)『고본』에는 '무강武康'이라 했으나 그릇된 것이다. 백제에는 무강이라는 이는 없다.
2) 선화 : (원주) '善化'라고 한다.
3) 한 편의 동요 : 지금은 「서동요」라 불리고 있다.

동요는 서울의 거리에서 거리로, 입에서 입으로 번져, 드디어 대궐에까지 알려졌다. 백관들은 동요의 내용을 사실로 믿고, 선화공주의 부정한 행실을 극력 규탄하여 공주를 먼 시골로 유배시키도록 했다.

누명을 쓰고 공주가 유배의 길을 떠날 때, 왕후는 순금 한 말을 노자로 주었다.

선화공주가 장차 유배지에 당도한 즈음에 서동이 도중에 나타나 공주를 맞았다. 그리고는 앞으로 공주를 모시어 호위해 가겠다고 나섰다. 공주는 그가 어디서 온 어떤 정체의 사람인지를 알지 못하면서도, 어쩐지 미덥고 즐거웠다. 이리하여 서동은 공주를 수행하게 되었고, 그리고 둘은 몰래 통하게 되었다. 그런 뒤에 공주는 서동(맛동)이란 이름을 알고서, 그 동요가 사실로 실현되어 나타남을 알았다.

함께 백제로 왔다. 선화공주가 그 모후母后[4]가 준 금을 꺼내어 놓고 생활을 계획하려 하자, 서동은 큰 소리로 웃어 젖히며 물었다.

"이게 무슨 물건이오?"

이건 황금입니다. 평생동안 부자로 살아갈 수 있을 거예요."

공주의 대답을 듣고 서동은 말했다.

"내가 어려서부터 마를 캐던 곳에 이런 것들이 흙처럼 쌓여 있소."

공주는 그 말을 듣고서 깜짝 놀라며 말했다.

"이것은 세상에도 지극한 보물입니다. 그대가 지금 금의 소재를 아신다면, 그 보물을 부모님 궁전으로 실어 보내는 것이 어떨까요?"

---

4) 모후 : 임금의 어머니.

서동은 그러자고 했다.

이래서 그 황금을 모아들였다. 구릉만큼이나 황금을 쌓아 두고, 서동과 공주는 용화산龍華山5) 사자사師子寺에 있는 지명 법사知命法師에게로 가서 황금 수송의 방책을 여쭈어 보았다.

지명법사는 응낙했다.

"내가 신통력으로 보낼 수 있다. 금을 가져오너라."

선화공주는 편지를 써서 금과 함께 사자사 앞에 가져다 두었다. 법사는 신통력을 써서, 하룻밤 사이에 그 황금과 공주의 편지를 신라의 궁중에 옮겨다 놓았다.

진평왕은 그 신묘한 변통이 경이로워, 무척 존경하게 되어 항상 글을 띄워 안부를 묻곤 했다. 서동은 이로 말미암아 인심을 얻게 되어 왕위에 올랐다.

하루는 서동, 즉 무왕이 왕비 선화와 함께 사자사로 거동하는 길에, 용화산 아래의 큰 못가에 이르자 *미륵彌勒 3존三尊6)이 못 속에서 나타났다. 왕과 왕비는 수레를 멈추고 경례를 올렸다. 왕비는 이어 왕에게 말했다.

"이곳에다 큰 가람을 세우는 것이 진실로 소원입니다."

왕은 그 소원을 들어주었다.

지명 법사에게로 가서 그 못을 메울 일을 여쭈었다.

신통력을 써서 하룻밤 사이에 산을 무너뜨려 못을 메워 평지로 만들어 놓았다. 그곳에다 미륵 3회會7)를 법 받아 전殿·탑塔·낭무廊廡

---

5) 용화산 : 지금의 전라북도 익산시 금마면 미륵산.

6) 미륵 3존 : 중앙의 미륵불과 왼편의 법음륜法音輪보살, 오른편에 대묘상大妙相 보살임.

7) 미륵 3회 : 『미륵하생경彌勒下生經』에 미륵이 용화수 아래에서 성불하고, 3회의 법회를 행하여 중생을 제도한 것이라 함.

를 각각 세 곳에 세우고 이름하여 미륵사彌勒寺[8]라 했다.

　이 미륵사를 세울 때 신라의 진평왕은 온갖 장인들을 보내어 후원해 주었다. 지금도 이 절이 남아있다.[9]

---

8) 미륵사 : (원주)『국사國史』에는 왕흥사라 했다.

9) 이 미륵사~절이 남아있다 : (원주)『삼국사三國史』에는 이 무왕을 법왕法王의 아들이라 했는데, 이 기록에서는 과부의 아들이라 하고 있으니 자세히 알 수 없다.

백제 무왕과 선화공주의 로맨스에 대해 이병도는 백제 24대 동성왕이 신라와 통혼한 사실이 잘못 설화화된 것이라 했다. 동성왕의 이름은 '모대牟大'·'모도牟都'인데, 이것이 한자 훈차자 '薯童(마동)'이라 한 데서 생겨난 설화라는 것이다.

＊용화산 아래의 큰 못에서 미륵 3존이 출현하였다는 설화의 존재, 그리고 실제로 미륵사를 대규모로 창건한 것 등은 백제도 신라 못지않게 미륵신앙이 독실하였음을 징표한다. 당시 미륵신앙은 고구려를 포함한 3국이 공통이었음은 말할 것도 없고, 중국이 먼저 4세기 서진西晉 시대 이래 미륵신앙이 보급되었던 것이다. 미륵신앙은 미륵 상생 신앙과 미륵 하생 신앙이었다. 미륵 상생 신앙은 현재 도솔천에서 설법하고 있는 미륵보살을 신앙하여 도솔천에 왕생하려는 것이요, 미륵 하생 신앙은 미륵보살이 장자 이 세계에 하생하여 용화수 아래에서 3회의 설법으로 중생을 구제할 때 신앙과 자신도 또한 이 세계에 태어나서 용화수 아래의 설법을 듣고 성불하기를 바라는 것이다. 특히 미륵 하생 신앙은 메시아 사상으로 발전하여, 이를 빙자하여 무리를 모아 유사 종교를 일으키거나, 반란을 꾀하는 자가 역사에 비일비재하다.

김영태는 백제 미륵사가 있는 산 이름 용화산과, 지명 법사가 있는 절 이름 사자사는 『미륵하생경』에 나오는 미륵보살의 행적과 대응된다고 하였다. 즉 용화산은 미륵보살이 장차 하생하여 성불할 용화수 아래에 대응되고, 사자사는 미륵보살이 도솔천의 칠보대 안의 마니전상摩尼殿上에 있는 사자상좌獅子上座에 앉아 설법한다고 하는 것과 대응된다고 했다. 그리고 미륵사의 전殿·탑塔·낭무廊廡를 각각 셋으로 창건한 것은 성불한 미륵불이 3회의 법회를 행하여 중생을 제도한다는 것에 대응된다고 하였다. 백제의 미륵사는 신라의 황룡사와 같은 비중의 절이다.

후백제—견훤1)

─ 견훤의 흥망과 그 비참한 최후

『삼국사』본전本傳2) 에 의하면 견훤甄萱은 상주 가은현加恩縣 사람이다. 그는 당 의종 8년, 즉 신라 경문왕 즉위 7년 정해(867)에 태어났다. 본래 성이 이李 씨였는데 나중 그는 견甄 씨로 성을 삼았다.

견훤의 아버지 아자개阿慈介, 그는 농사를 지으며 살아오다가, 당 희종의 광계光啓 연간, 즉 신라 헌강~진성 연간(885~887)에 사불성沙弗城3)에 웅거하여 자칭 장군이라 했다. 그에게는 네 아들이 있었고, 그들은 모두 세상에 이름이 알려졌었다. 그중에서도 훤은 특히 걸출하며 지략이 많았다고 한다.

『이제가기李磾家記』를 보면 "진흥대왕의 비는 사도思刀, 시호를 백융부인白駹夫人이라 했다. 이 백융부인의 셋째 아들은 구륜공九輪公, 구륜공의 아들은 파진간波珍干4) 선품善品, 이 선품의 아들은 각간 작진酌珍이다. 작진이 왕교파리王咬巴里를 아내로 맞아 각간 원선元善을 낳았다. 이 원선이 바로 아자개다. 아자개의 제1 부인은 상원부인上院夫人, 제2 부인은 남원부인南院夫人, 그래서 다섯 아들과 한 딸을 낳았다. 그 맏아들이 바로 상보[尙父] 훤萱이다. 둘째 아들이 장군 능애能哀, 셋째 아들이 장군 용개龍盖, 넷째 아들이 보개寶盖, 다섯째 아들이

---

1) 견훤 : '견훤'은 한편 '진훤'이라고 한다. '甄'자에 '견'과 '진' 두 음이 동시에 있기 때문이다. '진훤'이 속칭 '진훤이'의 구음口音이 '지렁이'로 와전되어 지렁이와의 교혼 설화가 생겨났다는 설이 있다.

2) 본전 : 견원전.

3) 사불성 : (원주) 지금의 경상북도 상주시.

4) 파진간 : '파진찬'이라고도 함. 신라 17관등의 제3위.

장군 소개小盖, 그리고 딸은 대주도금大主刀金이라" 했다.

『고기』의 기록이다.

"옛날 한 부호가 광주 북촌에 살고 있었다. 그에겐 한 딸이 있어 얼굴이며 맵시가 단아했다. 어느 날 딸은 그 아버지에게 아뢰었다.

'밤마다 자줏빛 옷을 입은 한 사나이가 침실로 들어와 교혼交婚하고 가곤 합니다.'

그 아버지는 딸에게 시켰다.

'네가 긴 실을 바늘에 꿰어 그 사내의 옷에다 꽂아 보아라.'

그날 밤 그 자줏빛 옷을 입은 사나이가 나타나자 딸은 아버지가 시키는 대로 했다.

날이 밝자 그 풀려나간 실을 따라 찾아가 보았다. 실은 그 집 북쪽 담장 밑으로 풀려나갔고, 거기엔 커다란 지렁이 한 마리가 있어, 바늘이 그 지렁이의 허리에 꽂혀 있었다.

뒤에 그 부호의 딸은 잉태하더니 한 사내아이를 낳았다. 그 사내아이는 나이 열다섯 살이 되자 스스로 견훤이라 일컬었다.

당 소종 4년, 즉 신라 진성여왕 즉위 6년 임자壬子(892)에 견훤은 왕이라 자칭하고, 완산군完山郡[5]에다 도읍을 잡았다.

치세하기 43년, 후당 폐제 원년, 즉 신라 경순왕 즉위 8년 갑오(934)에 그의 세 아들[6]이 결탁하고서 그 아비를 반역하자, 훤은 태조[7]에게 투항했다.

---

5) 완산군 : 지금의 전라북도 전주시.
6) 세 아들 : 신검神劒·용검龍劒·양검良劒을 가리킨다.
7) 태조 : 고려 태조 왕건을 가리킴.

훤이 투항한 뒤에 아들 금강金剛[8]이 즉위했다. 후진의 고조 원년, 즉 태조 19년 병신(936)에 고려병과 일신군에서 싸워 후백제군은 패배하고 그것으로 나라는 망했다.

견훤이 아직 강보에 싸여 있을 때다. 들에 밭갈이 나간 아버지에게 밥을 갖다주느라, 그 어미는 아기를 수풀 밑에다 뉘어 두고 갔다. 그 때 호랑이가 와서 견훤에게 젖을 먹여 주고 간 일이 있었다. 고장 사람들은 듣고 신기한 일이라고들 했다.

견훤이 장성하자 체격이며 용모가 웅장하고 특이했으며, 의기가 활달하고 비범했다. 군인이 되어 신라의 서울에 들어왔다가, 서남해로 가서 해안 수비의 임무를 맡고 있었다. 창을 베고 누워 적군을 기다릴 만큼 그의 기개는 항상 다른 사졸들을 앞질렀다. 거기서 이룬 공로로 그는 비장裨將이 되었다.

당 소종 4년, 즉 신라 진성여왕 6년(892)이다. 몇몇 총애 받는 자들이 왕의 측근에서 국권을 농락해 온 때문에 질서는 문란해지고, 게다가 기근이 들어 백성들은 떠돌고, 도적 떼들이 봉기함을 보자, 견훤은 드디어 반역할 뜻을 품었다. 그는 무리를 불러 모아 서울 서남쪽의 고을들을 공략하고 다녔다. 반기를 든 견훤에게 이르는 곳마다 백성들은 호응해와, 한 달 사이에 그 무리가 5천 명에 달했다. 드디어 그는 무진주武珍州[9]를 습격하고 스스로 왕이 되었다. 하나 아직은 감히 공공연하게 왕이라 일컫지 못했고, 자칭하여 '신라서남도통 행전 주자사 겸 어사중승 상주국 한남국 개국공新羅西南都統行全州刺史兼御史 中承上柱國漢南國開國公'이

----

8) 금강 : '신검'의 잘못일 것이다. 금강은 신검에게 죽임을 당했다. 금강은 견훤의 넷째 아들이다.
9) 무진주 : 지금의 광주광역시.

라 했다. 이것은 당 소종 원년, 즉 신라 진성여왕 3년 기유(889)의 일이다. 그러나 일설에는 당 소종 4년, 즉 진성여왕 6년 임자(892)라고도 한다.

이때 북원北原[10]의 도둑 양길良吉의 세력이 웅강雄强하매, 궁예弓裔는 자진해서 양길에게 투신, 그 휘하가 되었다. 견훤이 그 소식을 듣고 멀리서 양길에게 비장裨將의 직책을 주었다.

견훤이 서쪽[11]으로 순행하여 완산주에 이르자, 그 고을 백성들이 견훤을 환영하고 위로했다. 견훤은 자신이 인심을 얻은 것이 즐거워 부하들을 보고 말했다.

"백제가 개국한 지 6백여 년, 당 고종이 신라의 요청을 받아들여 장군 소정방으로 하여금 선병船兵 13만을 이끌고 바다를 건너게 하고, 한편으론 신라의 김유신이 또한 휩쓸어 황산을 거쳐 와 당병唐兵과 연합하여 백제를 쳐 멸망시켰다. 내 이제 감히 도읍을 세우고, 이 오랜 분원忿怨을 씻지 않을까 보냐."

드디어 견훤은 후백제 왕이라 자칭하고, 그리고 관청을 설치하고 직책을 분배했다. 이것은 당 소종 12년, 즉 신라 효공왕 4년(900)의 일이다.

후량의 말제 4년, 즉 신라 경명왕 즉위 2년 무인(918)에 철원경鐵圓京[12]의 궁예 부하들은 마음이 급변하여 우리 태조를 추대하여 즉위케 했다. 견훤은 이 소식을 듣고서 사자를 보내어 축하하고, 공작부

---

10) 북원 : 지금의 강원도 원주시.
11) 서쪽 : 정확히는 '북쪽'이다.
12) 철원경 : 지금의 강원도 철원군 철원읍 홍원리 풍천원.

채[孔雀扇]와 지리산대화살[智異山竹箭] 등속을 바쳐 왔다. 견훤과 우리 태조는 겉으로는 친한 제하나, 속으로는 서로 비디고 있었디. 견훤은 또 총마驄馬13)를 태조에게 바쳐 왔다.

후당 장종莊宗 3년, 즉 태조 6년(928) 겨울 10월에 견훤이 군사 3천을 거느리고 조물성曹物城14)에 닥쳤다. 태조 역시 정병을 거느리고 와서 둘은 서로 대치했다. 견훤의 군사는 날랬다. 그래서 거기선 미처 승부를 가리지 못했다.

태조는 임시변통으로 견훤과 화친함으로써, 그 군사들의 기세를 둔화시키려 했다. 그래서 견훤에게 편지를 띄워 화친을 빌고, 태조의 종제15)인 왕신王信을 볼모로 보냈다. 견훤 역시 그의 사위 진호眞虎를 보내어 볼모를 교환했다.

12월에 견훤은 신라의 거서居西16) 등 20여 성을 공략했다. 그리고 후당에 사자를 보내어 번신藩臣이라 일컬으니, 후당에서는 그에게 '검교태위 겸 시중 판백제군사檢校太尉兼侍中判百濟軍事'라는 직위를 주고, 종전대로 '도독 행전주자사 해동사면도통지휘병마판치등사 백제왕都督行行全州刺史海東四面都統指揮兵馬判置等事百濟王'임을 인정하고, 식읍은 2천 5백 호로 하였다.

후당 장종 4년, 즉 태조 9년(926)에 볼모로 와 있던 진호가 갑자기 죽었다. 견훤은 고의로 죽인 것으로 오해하고서, 곧장 왕신을 가두었다. 그리고 사람을 시켜 전년에 태조에게 보냈던 그 총마를 돌려 달

---

13) 총마 : 청백색이 섞여 있는 말.

14) 조물성 : (원주) 지금 어느 곳인지 미상이다. ─ 지금의 안동·상주 부근인 듯하다.

15) 종제 : 사촌아우.

16) 거서 : (원주) 지금 어느 곳인지 미상이다.

라고 요구했다. 태조는 웃으면서 말을 돌려주었다.

후당 명조 2년, 즉 태조 10년 정해(927) 9월에 견훤이 근품성近品城[17]을 공략하여 불사르자, 신라 왕은 태조에게 구원을 청해 왔다. 태조가 출병시키려는데 견훤은 고울부高鬱府[18]를 습격하고, 시림始林[19]으로 진군하여, 졸지에 신라 왕도에 들어오고 말았다.

마침 신라 왕은 왕비 등과 더불어 포석정에 나가 놀이[20]를 벌이고 있었던 터라, 이로 말미암아 낭패가 막심했다. 견훤은 왕비를 끌어다 강간하고, 그리고 왕의 족제族弟[21]인 김부金傅로써 왕위를 잇게 했다. 그런 뒤에 왕의 아우 효렴孝廉과 재상 영경英景을 사로잡고, 국고에 들어 있는 진귀한 보물과, 병기와, 자녀들과 온갖 장인 중에도 숙련공들을 노략질한 뒤 스스로 돌아갔다.

귀로에 선 견훤을 태조는 정예 기병 5천 명을 거느리고, 공산公山[22] 아래에서 요격하여 한바탕 대전을 벌였다. 그러나 태조 휘하의 장군 김낙金樂과 신숭겸申崇謙들이 전사하고, 모든 부대들이 패배했다. 태조는 몸만 겨우 위기를 벗어나오고, 견훤과 더 대결하지 못하고 그가 포악한 짓을 할 대로 하도록 내버려 두었다. 견훤은 승세를 몰아 대목성大木成[23]·경산부京山府[24]·강주康州[25] 등지를 옮겨 다니

17) 근품성 : (원주) 지금의 산양현. — '품' 자는 '嵒(岩)'의 잘못인 듯, 지금의 문경시 산양면 일대.
18) 고울부 : (원주) 지금의 울주. — 고울부는 지금의 영천시이니, 여기 울주(울산)라고 한 것은 잘못임.
19) 시림 : (원주) 일설에는 계림 서쪽 외곽이라고 한다. — 시림은 곧 계림이다.
20) 놀이 : 「처용랑 망해사」편에서 말했듯이 음력 11월에 포석정에서의 놀이는 가능하지 않으므로 남산 산신을 제사하는 포석사에서 산신에게 제사하고 음복연을 한 것으로 보임.
21) 족제 : 동성동본인 사람 중에서, 유복친有服親 이외의 아우뻘이 되는 남자.
22) 공산 : 팔공산. 대구광역시 동구와 경상북도 영천시 신녕면 및 군위군 부계면, 칠곡군, 경산시에 걸쳐 있는 산.
23) 대목성 : (원주) 지금의 약목현이다. — 지명 약목은 오늘날도 그대로 쓰임.
24) 경산부 : (원주) 지금의 성주다.

며 노략질하고, 부곡성缶谷城26)을 공격했다. 의성부義城府의 태수 홍
술洪述이 항전하다 죽자 태조는 이 소식을 듣고, "나의 오른팔을 잃었
구나!"라고 비탄했다.

42년27) 경인(930)에 견훤은 고창군古昌郡28)을 공격하려고 대거
동원하여 석산石山에다 성채를 구축하고 있었다. 태조는 견훤의 진
지와 1백 보를 격하여, 그 고을의 북쪽에 있는 병산甁山에다 역시
성채를 구축했다. 여러 차례 교전한 나머지 견훤군이 패배, 그의
시랑인 김악金渥을 사로잡았다. 이튿날 견훤은 군사를 거두어 순주
성順州城29)을 습격하자, 순주성의 성주 원봉元逢은 이를 막지 못하
고, 밤사이 성을 버리고 도망가 버렸다. 태조는 몹시 노해서 순주
성을 하지현下枝縣30)으로 격하시켜 버렸다.

신라의 군신들은 나라가 쇠미衰微에 이르러 다시 흥왕하기 어렵다
고 생각하고, 우리 태조를 끌어 화친을 맺고 그 후원을 힘입으려 계
획했다. 견훤이 이 소식을 듣고 또 신라의 왕도에 들어가 횡포를 부
릴 작정을 했다. 그러나 태조가 먼저 가지나 않을까 우려하여, 태조
에게 편지를 보내왔다. 편지의 사연은 이러했다.

"일전에 신라의 재상 김웅렴金雄廉 등이 장차 족하足下31)를 서울로

---

25) 강주 : (원주) 지금의 진주다.
26) 부곡성 : (원주) 지금의 어디인지 미상임.
27) 42년 : '42년'은 견훤의 반란을 진성여왕 3년(889년)의 일로 보아 그때에서 기산한 것임.
28) 고창군 : (원주) 지금의 안동부다.
29) 순주성 : 안동시 풍산읍 지역.
30) 하지현 : (원주) 지금의 풍산현이니, 순주성을 격하시킨 이유는 그 성주 원봉元逢이 본래 순주
성 사람이기 때문이다.
31) 족하 : 상대방에 대한 존칭.

불러들이려 하매, 마치 큰 자라의 소리에 작은 자라가 호응하는 것과 같은 일32)이 있었으니, 이것은 저 메추라기가 새매33)로 하여금 그 날개를 펴게 하는 짓으로서, 반드시 생령이 도탄에 빠지고 종묘사직이 폐허가 되게 할 것입니다. 이러므로 내가 먼저 조생祖生의 채찍을 잡고34), 홀로 한금호韓擒虎의 도끼를 휘둘러35) 백관들에게 맹서시키기를 백일白日과 같이하고, 6부36)를 설유하되 의리 있는 기풍으로써 했더니, 뜻밖에 간신들이 도망하고 방군邦君37)이 돌아가매, 드디어 경명왕의 외종제이매 헌강왕의 외손38)을 받들어 왕위에 오르게 했소이다. 그리하여 위태한 나라를 다시 고쳐 세우고, 없어진 임금을 다시 있게 한 것은 내가 한 일이거늘, 그런데 족하는 충고를 자세히 살피지 않고 한갓 유언流言만을 듣고서, 온갖 계책으로 왕좌를 넘겨보고 여러 방면으로 강토를 침노하고 있소.

그러나 족하는 오히려 나의 말머리도 보지 못했고, 나의 쇠털 하나도 아직 뽑지 못하였소. 초겨울 성산진星山陣39)아래에서 족하의 도두都頭40)인 색상索湘이 그 손이 묶였고, 이달 들어 미리사美利寺41) 앞에

----

32) 큰 자라의~같은 일 : '원명별응黿鳴鼈應'이란 숙어에서 나온 것으로 큰 자라(원)는 신라에, 작은 자라(별)는 고려에 비유하여 두 나라가 의합·상응함을 뜻함.

33) 매추라기가 새매 : 메추라기는 고려 및 신라에, 새매는 견훤 자신의 후백제에 비유하고 있다.

34) 내가 먼저~ 채찍을 잡고 : 조생은 진나라의 맹장 조적을 가리킨다. '먼저 조생의 채찍을 잡았다.'는 말은 조적의 친구 유곤은 항상 조적이 자기보다 먼저 탁용되어 채찍을 치지나 않을까 두려워했다는 고사에서 나온 것으로, 곧 선수를 잡았다는 의미다.

35) 한금호의 도끼를 휘둘러 : 한금호는 진나라 후주를 잡은 수나라의 장군. '도끼를 휘두른다.'는 말은 곧 불인자不仁者에게 벌책을 가한다는 의미다.

36) 6부 : 곧 신라.

37) 방군 : 곧 경애왕.

38) 외손 : 곧 경순왕.

39) 성산진 : 성산은 지금의 경상북도 성주군이다.

40) 도두 : 미상.

선 족하의 좌장인 김낙이 그 해골을 드러내었소. 죽여 잡은 자도 많았고, 쫓아가 사로잡은 자도 적지 않았소. 강약이 이와 같으니 승패는 가히 알리다.

나의 목적하는 바는 평양성의 문루에 활을 걸고, 패강浿江[42]의 물을 말에게 먹이는 것이오만, 지난 달 7일에 오월국吳越國의 사자 반상서班尙書가 와서 그 국왕의 조서를 전하였소. 조서의 내용은 이러하오.

'경卿[43]이 고려와 더불어 오래 우호를 통하고, 함께 이웃끼리의 동맹을 맺은 것을 알아 왔다. 그런데 근래에 쌍방 볼모의 죽음을 원인으로 하여, 마침내 화친의 옛 우호를 잃고 서로 강역을 침범하여 전쟁을 그치지 않고 있다. 이제 특히 그 일을 위해 사신을 주선하여 경의 본도本道[44]로 보내고, 또 고려에도 글을 띄우노니 마땅히 서로 친목하여 길이 선미한 관계에 충실토록 하시오.'

나는 존왕尊王[45]의 의리를 돈독히 하고, 사대事大의 정의를 깊이 해 온 만큼, 지금 오월국 왕의 조서의 타이름을 듣고서 즉시 받들어 행하려고 하오마는, 다만 족하가 우리를 파하려고 했으나 파하지를 못해, 부대끼면서도 오히려 싸우려고 하는 것이 우려되오. 그래서 그 조서를 전사傳寫하여 보내 드리는 것이니, 유의하여 잘 살펴 두시오. 토끼와 개가 서로 지치면 마침내 놀림을 받고, 조개와 황새가 서로 버티면 또한 웃음거리가 될 것이오.[46] 마땅히 미혹함을 경계하여 후

---

41) 미리사 : 대구광역시 팔공산 아래에 있었음.

42) 패강 : 대동강.

43) 경 : 견훤을 지칭.

44) 본도 : 후백제를 지칭.

45) 존왕 : 신라 왕을 존중한다는 뜻.

46) 조개와 황새가~될 것이오 : 황새가 조개를 쪼아 먹으려다가 도리어 조개에게 입이 물려 결국 어부만 이익되게 하여 웃음거리가 된다는 일.

회를 자초하는 일이 없도록 하오.47)"

후당 명종 3년48), 즉 태조 11년(928) 정월에 태조는 견훤에게 답서를 보냈다.

"오월국의 통화사通和使49) 반상서가 전하는 조서 한 통을 받았고, 겸하여 족하가 준 저간 일들을 서술한 긴 글월도 받았소. 존귀한 사자는 이에 조서를 가져왔고, 편지의 좋은 소식에 겸하여 가르침을 입었소이다. 오월국에서 보낸 조서를 받들매 감격을 더하였으나 족하의 편지를 펼치매 혐의를 덜기 어려웠소. 이제 회사回使50)에 부쳐 나의 생각을 피력해 보이겠소.

내가 우러러 하늘의 위촉을 받들고 굽어선 사람들의 추대에 밀려, 외람되이 장수의 직권을 가지고 경륜의 기회에 임하게 되었소. 전날에 삼한이 화난의 때를 만나 9주51)의 땅이 흉황凶荒하게 되어, 인민은 많이 도적의 무리로 소속해 가고, 농토는 벌거숭이 민둥땅으로 되지 않은 것이 없었소. 이 세상의 소란함을 그치게 하고, 이웃 나라의 재난을 구원하려 하여 이에 선린으로 우호를 맺었더니, 과연 수천 리의 농민은 편안히 생업에 종사하고, 7, 8년 간을 군졸은 한가히 잠을 잘 수 있게 되었소.

---

47) 일전에 신라의~없도록 하오 : 견훤의 이 편지는 『삼국사기』에 의하면 나말의 문인 최승우崔承祐의 작이다.
48) 명종 3년 : 원문에는 '2년 정월'이라 했으나 '3년'이라야 옳을 듯. 여기 견훤의 편지에도 나오는 견훤의 신라 서울 침범 사건이 후당 명종 2년(927) 11월에 있었기 때문이다.
49) 통화사 : 강화를 주선하는 사신.
50) 회사 : 사례하는 뜻을 표함.
51) 9주 : 신라 전역은 9주였다.

그러나 지난 을유년52) 10월에 이르러 갑자기 사태가 발생하여 이에 교전에 이르게 되었소. 족하는 처음에는 상대를 가벼이 여기고 곧장 달려들어, 그것은 마치 버마재비가 수레바퀴에 버티려는 것 같더니, 종국엔 어려움을 알고 과감히 물러서긴 했소만, 역시 모기가 산을 짊어진 것 같았소. 그리하여 족하는 공손히 사과하고는 하늘을 두고 맹서했소. '오늘 이후로는 영세토록 화친하고, 만일 맹서를 어기는 일이 있다면 신이 곧 벌하리라'고. 나도 또한 전쟁을 그치게 하는 무武의 본의53)를 숭상하고, 사람을 죽이지 않는 인仁을 목적하여, 마침내 겹친 포위를 풀어 지친 군사들을 쉬게 하고, 볼모도 서슴지 않아 오직 백성들을 편안케 하려고만 노력하였으니, 이것은 내가 그곳 남쪽 사람들54)에게 큰 덕을 베푼 것이오.

그런데 어찌 예견했으리오, 맹서의 피가 아직 마르기도 전에 흉포한 힘이 다시 발작할 줄을. 벌이며 전갈 같은 독소가 생민生民을 해치고 승냥이며 호랑이 같은 광포가 경기55) 땅을 가로질러, 금성56)을 곤궁에 몰아넣고 왕궁을 놀라게 할 줄을 어찌 생각했겠소. 의리를 짚고 주周나라를 높임에 있어, 저 환공桓公 · 문공文公의 패업霸業57)에 맞

---

52) 을유년 : 원문에는 '계유년'이라 했으나 '을유년'의 잘못일 것이다. 그즈음 계유년에서 앞 계유년(913년)은 아직 왕건이 나라를 세우기도 전이고, 뒷 계유년(973)은 후백제가 멸망하고 난 뒤의 고려 4대 광종 연대가 된다. 후당 장종 3년 시월에 견훤이 조물성에서 왕건과 버틴 사실이 앞에 나온 바 있는데 그 장종 3년이 바로 을유년이다.

53) 무의 본의 : '武'의 문자 구조가 '止戈', 즉 '창을 그치다'는 뜻이다.

54) 남쪽 사람들 : 후백제를 가리킴.

55) 경기 : 서울을 중심한 가까운 지방이니, 여기선 신라의 경기를 가리킴.

56) 금성 : 신라의 서울.

57) 패업 : 제후의 으뜸이 되는 사업.

설 수 있는 사람58)은 과연 그 누구이겠소. 기회를 타 한나라를 도모하던 왕망·동탁의 간악함59)만을 오직 볼 수 있을 뿐이오. 왕60)의 그 지존으로 하여금 족하에게 굽히어 '아들'이라 부르게 하는 등, 존비尊卑가 그 차례를 잃으매 상하 사람들이 다 같이 근심하였소. '원보元輔61)의 충순忠純함이 아니면 어찌 사직을 다시 안정시킬 수 있으리오.'라고들 하고 있소. 나는 마음에 숨겨진 사악이 없고 뜻은 왕62)을 높임에 간절하기에 신라에서는 장차 나를 조정에 불러 위태로운 나라를 붙들어 일으키려 하고 있소.

그러나 족하는 호리毫釐63)와 같은 조그만 이익을 보고 천지의 두터운 은혜를 저버리고서, 군왕을 죽이고 궁궐을 불사르며 대신들을 참살하고 사민士民들은 살육하며, 미녀들이면 취하여 함께 수레에 태우고 진기한 보물이면 빼앗아 실어갔으니, 그 흉악함은 걸주桀紂64)보다 지나치고 그 불인不仁함은 효경梟獍65)보다 심하오.

나는 원한이 임금의 붕어66)에 극해 해를 돌이킨 정성으로,67) 매가

---

58) 의리를~사람 : 중국 춘추 시대에 제후들이 이미 실력이 없는 종주국 주 왕실을 의리상 높이고 받들었는데, 제나라의 환공, 진나라의 문공들은 그 주도자다. 여기선 후백제와 고려 자신에 대한 신라 왕실을 그 주 왕실에 비유하고, 고려의 왕건 자신을 제 환공, 진 문공에 견주어 자부하고 있다.

59) 왕망·동탁의 간악함 : 전한을 전복시킨 왕망, 후한의 왕권을 농락했던 동탁, 이들 역신에 견훤을 비유하고 있다.

60) 왕 : 여기서는 경순왕을 가리킴.

61) 원보: 왕건 자신을 가리킴.

62) 왕: 여기서는 신라 왕을 가리킴.

63) 호리 : ① 자나 저울 눈의 호毫와 이釐. ② 몹시 적은 분량의 비유.

64) 걸주 : 걸은 하의 폭군, 주는 상의 폭군. 포악한 군주의 전형으로 곧잘 거론됨.

65) 효경 : '효'는 그 어미를 잡아먹는다는 새, '경'도 그 어미를 잡아먹는다는 짐승.

66) 임금이 붕어 : 견훤의 횡포에 의한 경애왕의 죽음을 가리킴.

67) 해를 들이킨 정성으로 : 노 양공이 전쟁할 때에 창을 휘둘러 해를 뒤로 돌렸다는 고사.

참새를 쫓듯이 국가에 대해 개나 말의 부지런함[犬馬之類]을 발휘하기
로 맹서하고, 다시 군사를 일으킨 지 두 해를 거치는 사이, 육전陸戰
에선 우레같이 내닫고 번개같이 거셌으며, 수전水戰에선 범같이 치고
용같이 튀어 올라, 움직이면 반드시 성공했고 일어서면 또한 헛되이
끝난 적은 없었소.

바닷가에서 윤경尹卿[68]을 쫓을 그때엔 노획한 병갑이 산같이 쌓였
었고, 성 변두리에서 추조雛造[69]를 사로잡았을 때엔 죽어 넘어진 시체
가 들을 덮을 지경이었소. 연산군燕山郡[70] 언저리에선 길환吉奐[71]을
군진 앞에서 베었고, 마리성馬利城[72] 주변에서는 수오隨晤[73]를 깃발
아래에서 죽였소. 임존성任存城[74]을 함락시키던 날엔 형적形積[75] 등
수백 사람이 목숨을 버렸고, 청천현淸川縣[76]을 깨트리던 때엔 직심直
心[77] 등 4, 5명의 무리가 머리를 주었소. 동수桐藪[78]에서는 깃발만 바
라보고 무너졌고, 경산京山[79]에서는 구슬을 물고[80] 항복해 왔으며,

----

68) 윤경 : 후백제의 장군.
69) 추조 : 후백제의 장군.
70) 연산군 : 지금의 세종특별자치시.
71) 길환 : 후백제의 장군.
72) 마리성 : 지금의 경상남도 거창군 마리면.
73) 수오 : 후백제의 장군.
74) 임존성 : (원주) 이산군伊山郡인 듯. ― 지금의 대흥군.
75) 형적 : 후백제의 장군.
76) 청천현 : (원주) 상주 영내의 현명.
77) 직심 : 후백제의 장군.
78) 동수 : (원주) 지금의 동화사다. ― 대구광역시 팔공산에 있음.
79) 경산 : 지금의 경상북도 성주군.
80) 구슬을 물고 : 고대 항복의 한 의식이다. 적에게 항복할 때는 스스로 그 손들을 묶고, 입으로
   구슬을 물고 가 예물로 삼았다.

강주康州는 남쪽에서 귀속해 오고, 나부羅府[81]는 서쪽에서 복속해 왔소. 나의 공략이 이와 같으니 수복의 날이 그 어찌 멀까 보오? 기필코 저수泒水[82]의 진중에서 장이張耳[83]의 천 가지 한을 씻고, 오강烏江의 언덕[84]에서 한漢 왕의 일대 회심의 승첩을 이룩하여, 풍파는 마침내 그치고 강산은 길이 맑도록 하고야 말겠으니, 하늘의 돕는 바에 그 명이 어디로 돌아갈 것 같으오?

하물며 오월왕 전하는 그 덕이 두루 하찮은 곳까지도 포용하고, 그 어짊이 뭇 백성들을 애육愛育하기에 깊으시어, 특히 대궐에서 조칙을 내어 청구靑丘[85]의 분쟁을 그치라 계유하시니, 이미 가르침을 들었으니 감히 받들지 않을 수 있으리오. 만일 족하가 오월왕의 뜻을 받들어 흉악한 그 병기들을 모두 놓으면, 그것은 상국의 어진은혜에 부응되는 일일 뿐 아니라, 이 동방의 끊어진 대代도 또한 이을 수 있을 것이오. 그렇지 않고 족하가 허물을 고치지 못한다면 그때엔 실로 후회막급할 것이오.[86]"

후당의 명종 7년, 즉 태조 15년(932)에 견훤의 신하로 용감하고 지략이 있는 공직龔直이 태조에게 투항해 왔다. 견훤은 공직의 두 아들과 딸 하나를 잡아 그들의 다리 힘줄을 단근질로 끊었다.

---

81) 나부 : 지금의 전라남도 나주시.
82) 저수 : 중국 하북성 원씨현 서군산에서 궤하로 들어가는 강.
83) 장이 : 한나라 사람. 처음 위나라의 관리로 있으면서 진여와 절친하게 지냈다. 진나라 말년에 조나라 재상이 되었고, 나중에 진여와의 사이가 나빠져 한나라에 투항, 한신과 함께 조나라를 멸하고 저수 가에서 진여를 베었다.
84) 오강의 언덕 : 유방이 항우를 격파, 최후의 승리를 했던 곳이다.
85) 청구 : 우리나라 별칭의 하나다.
86) 오월국~것이오 : (원주) 이 편지는 최치원이 지은 것이다.

그해 가을 9월에 견훤은 일길—吉을 시켜 수군으로 고려의 예성강에 들어 사흘을 머물면서, 염주鹽州·백수白州·신주貞州 세 주의 배 1백 척을 빼앗아 불 지르고 갔다.

후당의 폐제 원년, 즉 태조 17년 갑오(934)에 견훤이 태조가 운주運州[87]에 주둔하고 있다는 말을 듣고, 드디어 정병들만 골라 뽑아 서둘러 운주에 당도했다. 태조의 진영에 아직 당도하지도 못했을 때 장군 유검필庾黔弼이 굳센 기병으로 공격하여 3천여 명을 목 베었다.

웅진熊津 이북의 30여 성은 이 소문만을 듣고 자진 항복해 왔다. 그리고 견훤 휘하의 술사인 종훈宗訓과 의사인 지겸之謙과 용장 상봉尙逢·최필崔弼 등이 모두 태조에게 투항해 왔다.

병신년丙申年[88] 정월, 견훤은 그 아들들에게 말했다.

"이 늙은이가 신라의 말세를 당해 후백제라고 세운 지 지금까지 여러 해가 되었다. 병력이 북군[89]보다 갑절이나 더 많음에도 오히려 불리하기만 하니, 아마 하늘은 그 뜻을 고려로 하여금 실현케 하려나 보다. 어찌 북쪽 왕에게 귀순하여 목숨을 보전하지 않을 수 있겠느냐."

그의 아들 신검·용검·양검의 셋은 모두 불응하고 나섰다.

『이제가기』에 의하면, 견훤에게는 자식이 아홉이나 있었는데, 그

---

87) 운주 : 지금의 어느 곳인지 미상이다. — 운주는 아마 오늘날의 홍성 부근이 아닌가 추측된다.
88) 병신년 : 병신년은 곧 고려 태조 19년(936)이다. 견훤이 태조에게 내항한 것은 태조 18년 을미년으로, 여기 병신년이라고 한 것은 견훤의 아들 신검이 항복한 해다.
89) 북군 : 고려군.

맏아들이 신검90), 둘째 아들이 태사인 겸뇌謙惱, 셋째 아들이 좌승인 용술龍述, 넷째 아들이 태사인 총지聰智, 다섯째 아들이 대아간大阿干91) 종우宗祐, 여섯째 아들은 그 이름이 전해지지 않고, 일곱째 아들이 좌승인 위흥位興, 여덟째 아들이 태사인 청구靑丘, 그리고 그의 한 딸은 국대부인이니, 모두 상원부인의 소생이다.

견훤에겐 처첩이 많아서 십여 명의 아들들이 있었다. 그 넷째 아들 금강은 체구가 장대하고 지혜가 많았다. 그래서 견훤은 특히 그를 사랑하여 자기 자리를 그에게 물려 줄 심산으로 있었다. 이에 금강의 형인 신검·양검·용검들은 견훤의 이 의도를 알아채고 속이 편치 못했다. 그때 양검은 강주도독康州都督으로, 용검은 무주도독武州都督으로 가 있었고, 신검만이 견훤의 곁에 있었다.

이찬 능환能奐이 강주와 무주로 사람을 보내어 양검들과 공모하고는 후당 폐제 2년, 즉 태조 18년 을미(935) 봄 3월에 영순英順 등과 함께 신검에게 권하여, 견훤을 금산金山의 절92)에다 유폐시키고 사람을 시켜 금강을 죽여 버렸다. 신검은 대왕이라 자칭하고 경내의 죄수들을 사면했다.

이에 앞서 견훤이 아직 잠자리에서 일어나기 전에 멀리 궁정에서의 함성을 듣고 이것이 무슨 소리냐고 물었다. 신검은 그 아비에게 고했다.

"왕께서 연로하시어 군국軍國의 정사에 어두우므로, 장자 신검이 부왕의 자리를 대신하매 모든 장군이 환영하여 축하하는 소리입니다."

---

90) 신검 : (원주) 혹은 견성甄成이라고도 한다.
91) 태사·좌승·대아간 : 모두 관직명.
92) 금산의 절 : 지금의 옥구 금산사.

그리고 조금 있다 신검은 그 아비를 금산의 절간으로 옮기어선, 파달巴達 등 장사 30명으로 하여금 지키게 했다. 그내 이러한 동요가 떠돌았다.

가련한 완산 아이는,
아비 잃고 눈물 흘리네.

견훤은 후궁의 연소한 남녀 두 사람과, 그리고 시비侍婢 고비녀古比女와, 나인內人 능예남能乂男[93] 등과 함께 감금되어 있었다. 4월에 이르러 술을 빚어 지키는 군졸 30명에게 먹여 취하게 하고, (원전의 이 부분에 빠진 글이 있는 듯) (태조는) 소원보小元甫 향예香乂·오담吳琰·충질忠質[94] 등을 해로로 가서 맞이하게 했다.

견훤이 도착하자 태조는 견훤이 나이가 10년이나 위라고 하여 높여 상보尙父라 하고, 남궁에다 안치시키고는 양주楊州의 식읍과 전장田莊, 노비 40명, 말 9필을 주었다. 그리고 후백제 사람으로서 앞서 투항해 온 신강信康으로 견훤이 거처하는 남궁의 아전으로 삼았다.

견훤의 사위인 장군 영규英規는 그의 아내에게 몰래 말했다.

"대왕이 40여 년을 애써서 공업功業을 거의 이루게 되었더니만, 하루아침에 가족의 화난으로 하여 땅을 잃고 고려에 따르고 있지 않소?

---

93) 시비 고비녀와 나인 능예남 : 『삼국사기』 「견훤전」에는 '애첩 고비'와 '막내아들 능예'로 되어있다.
94) 소원보 향예·오담·충질 : 태조 당시의 고려 관직으로 원보元甫 다음의 중신급이었던 것 같다. 『삼국사기』 「견훤전」에는 검필黔弼과 만세萬歲를 보내어 데려오게 했다고 되어 있다.

무릇 정조를 지키는 여인은 두 지아비를 섬기지 않고, 충신은 두 임금을 섬기지 않는 법, 만약 나의 임금을 버리고 역자逆子를 섬긴다면 무슨 면목으로 천하의 의사들을 대하겠소? 하물며 고려의 왕공은 그 사람됨이 인후하고 근검하여 민심을 얻고 있다고 들려오니, 아마 이것은 하늘이 길을 열어 주심일 겁니다. 반드시 삼한 땅의 주인이 될 것이오. 어찌 글월을 보내어 우리 임금을 위안해 드리지 않겠으며, 아울러 왕공에게 은근한 정을 보여 두어 장차 올 복록을 꾀하지 않을까 보오?"

영규의 아내는 말했다.

"그대의 말씀이 곧 나의 뜻입니다."

후진의 고조 원년, 즉 태조 19년 병신(936) 2월에 영규는 은밀히 사람을 보내어 태조에게 내심을 통해 왔다.

"그대가 의기義旗를 들면 내응하여 그대의 군대를 맞아들일까 하오."

영규의 이 통첩을 받고 태조는 기뻐했다. 그의 사자를 후히 대접해 보내면서 태조는 영규에게 사례하여 말했다.

"만약 장군의 은혜를 입어 하나로 합쳐지고 길의 가로막힘이 없게 되면, 그 즉시 먼저 장군께 뵈옵고, 그런 다음 당에 올라 부인께 인사드리리다. 그리하여 형으로 섬기고 누이로 받들어 반드시 끝까지 두 터이 보답하리다. 천지신명이 다 나의 이 말을 듣고 있습니다."

그해 6월이다. 견훤은 태조에게 고했다.

"노신老臣이 전하에게 몸을 던져 온 것은 전하의 그 위령威靈에 의지하여 역자를 목 베고 싶어서였소. 바라건대 대왕은 그 신병神兵을 부려 저 적자賊子와 난신亂臣들을 섬멸해 주시면 노신은 비록 죽어도 여한이 없겠소이다."

태조는 말했다.

"토벌하지 않으려는 것이 아니라 그 시기를 기다리고 있소."

그런 뒤 태조는 먼저 태자 무武와 장군 술희述希를 시켜 보병과 기병 10만을 거느리고 천안부天安府로 나아가게 하고, 가을 9월에는 태조가 몸소 3군을 거느리고 천안에 이르러 합세하여 일선一善95) 땅에 진군하여 머물렀다. 신검이 군사를 이끌고 대적해 왔다. 갑오일에 일리천一利川을 사이에 두고 서로 마주 대했다. 태조의 군대는 동북방을 등지고 서남방을 향해 진을 쳤다.

태조가 견훤과 함께 병사들을 둘러보고 있을 때, 홀연 창·칼의 모양을 한 흰 구름이 우리 군진96)에서 일어나 적의 군진을 향해 나갔다. 이에 북을 울리며 전진해 가니 후백제의 장군 효봉孝奉·덕술德述·애술哀述·명길明吉 등이 우리 군세의 그 크고 정연함을 바라보고는, 갑옷을 벗어 던지고 군진 앞에 와서 항복했다. 태조는 그들을 위로하고 장수의 소재를 물었다. 그들은 원수元帥 신검이 군중軍中에 있다고 알려 주었다. 태조는 장군 공훤公萱 등에게 명령하여 3군이 일제히 나아가 협격하도록 했다.

후백제군은 무너져 달아났다. 황산 탄현炭峴에 이르러 신검은 두 아우와, 그리고 장군 부달富達·능환能奐 등 40여 인과 함께 항복해 왔다. 태조는 그들의 항복을 받아들이고, 다른 사람들도 모두 위로하고 처자를 데리고 서울로 올라가도록 하였으나, 특히 능환에게만은 문책했다.

---

95) 일선 : 지금의 경상북도 구미시.
96) 우리 군진 : 고려의 군진을 지칭함. 찬자가 고려조의 사람이기 때문에 '우리'란 말을 썼다.

"처음 양검 등과 밀모密謀하여 대왕을 가두고 그 아들을 세운 것은 너의 계략이었겠다! 신하 된 의리가 이 같단 말인가?"

능환은 머리를 숙이고 아무 말을 못 했다. 태조는 마침내 명령하여 그를 목 베었다.

신검이 그 아비의 자리를 외람되게 범한 것은 남에게 위협당한 것이지, 그 본심은 그렇지 않았다. 또 신명을 맡겨 와 죄를 빌므로 태조는 그의 목숨만은 특히 용서해 주었다. 아들 신검의 죽음을 보지 못 한 견훤은 울화가 치받쳐 등창이 났다. 그런지 수일 만에 견훤은 황산黃山의 절간에서 최후를 마쳤다. 그것은 태조 19년(936) 9월 8일의 일이었다. 향년 70세였다.

태조의 군령이 엄정·공명하여 사졸들이 조금도 범하는 일이 없었다. 그래서 모든 고을이 안도하고, 늙은이고 어린이고 할 것 없이 모두 만세를 불렀다.

태조는 견훤의 사위인 영규에게 말했다.

"전왕前王97)이 나라를 잃은 뒤에 그 신하들 가운데 한 사람도 위로하는 자가 없는데, 오직 경의 부처만이 천 리 먼 길에 편지를 끊이지 않고 성의를 다하는 한편, 나에게도 미덕을 베풀어 주었으니 그 의리는 잊을 수가 없소."

그리고는 영규에게 좌승左承98)의 관직과 전토 1천 경을 주고, 역마 34필을 빌려주어 그의 가족들을 맞아 오게 했다.

그리고 그의 두 아들에게도 벼슬을 주었다.

---

97) 전왕 : 견훤을 가리킴.
98) 좌승 : 左承은 左丞이라고도 씀. 좌승은 고려 때 상서도성의 종3품 벼슬의 하나.

견훤은 당 소종 4년, 즉 신라 진성여왕 6년(892)에 일어나서 45년 만인 후진의 고조 원년, 즉 태조 19년 병신(936)에 망했다. 그 시대에 대한 사론99)은 이러하다.

"신라는 그 운명이 다하고 도가 쇠미하여, 하늘이 돕지 않고 백성들이 돕지 않아, 이에 뭇 도적들이 틈을 타고 마치 고슴도치의 털같이 일어났으나, 그들 중의 극렬한 자는 궁예와 견훤 두 사람뿐이었다.

궁예는 본래 신라의 왕자로서 도리어 제 나라를 원수로 여겨, 선조의 화상에 칼질하기에까지 이르렀으니, 그의 어질지 못함은 극심했다.

견훤은 신라의 백성 신분으로 몸을 일으켜, 신라의 녹을 먹으면서도 화란禍亂을 일으킬 마음을 품고, 나라의 위태함을 기화로 여겨 도성100)을 침범하여 군신을 마치 짐승 죽이듯 살육했으니, 실로 천하의 원흉이다.

그러기 때문에 궁예는 제 부하들에게 버림받았고, 견훤은 제 아들에게 화를 당했다. 모두 자초한 결과들인데 다시 누구를 허물할 것인가?

비록 항우項羽와 이밀李密101)같은 웅장한 재주로서도 한나라와 당唐나라의 일어남에 대적하지 못했는데, 하물며 궁예와 견훤 따위의 흉인凶人으로서야 어찌 우리 태조에게 대항할 수가 있었겠는가."

---

99) 사론 : 『삼국사기』에 있는 사론임.

100) 도성 : 경주를 가리킴.

101) 항우와 이밀 : 항우는 한 고조 유방과의 대결에서 패배했고, 이밀은 당나라 초기에 반기를 들고 일어섰으나 역시 죽임을 당했다.

가락국기[1]

— 수로신화와 그 뒤의 갖가지 사건들, 그리고 가락 왕력

개벽한 이래로 이곳에는 아직 나라의 이름도 없었고, 또한 군신의 호칭 따위도 없었다. 그저 아도간我刀干·여도간汝刀干·피도간彼刀干 ·오도간五刀干·유수간留水干·유천간留天干·신천간神天干·오천간五天干·신귀간神鬼干 등의 9간이 있을 뿐이었다. 이들은 곧 추장으로서 이들이 당시 백성들을 통솔했던 것이다. 그 백성들은 모두 1백 호[2], 7만 5천 명이었으며 산야에 제각기 집단을 이루어, 그저 우물을 파서 물을 마시고 밭 갈아 밥 먹을 정도의 생활을 영위하고 있었다.

후한 광무제光武帝 18년, 즉 신라 유리왕 19년 임인(42) 3월 ☀계욕일禊浴日[3]이다. 그곳 북쪽의 귀지龜旨[4]에서 뭔가 부르는 수상한 소리가 났다. 무리 2, 3백 명이 그곳 귀지봉에 모여들었다. 사람의 말소리 같은 것이 들렸다. 그러나 그 소리를 내는 자의 형상은 보이지 않고 소리만 나고 있을 뿐이었다.

소리는 이렇게 물었다.

"이곳에 사람이 있는가 없는가?"

---

1) 가락국기 : (원주) 문종조文宗朝의 대강大康 연간에 금관지주사金官知州事로 있던 문인이 찬술한 것이니 여기 초략하여 싣는다. — 문종조란 고려 제11대 문종을 말함. 대강은 요의 도종 연호(1075년~1084년)이다. 그리고 금관은 곧 가락국의 도읍이었던 오늘날의 경상남도 김해시. 금관지주사는 그 김해 지방의 장관이다.

2) 1백 호 : 이어 인구가 '7만 5천 명'이란 표현과 아귀가 맞지 않는다. 필시 착오가 있을 것이다. 혹자는 원문 '百'자를 '萬'자의 오자로 보기로 했다.

3) 계욕일 : 음력 3월 상사일上巳日·즉, 3월 상순의 '巳'가 일진인 날에 액을 떨구는 의미로 목욕을 하고 물가에서 회음하는 중국의 풍속. 우리나라에서는 음력 3월 3일을 '삼짇날'이라 하여 지역에 따라 갖가지 봄 행사가 있었음.

4) 귀지 : (원주) 이것은 산봉우리의 명칭이니, '십붕十朋(『역경』에 나오며, 거북을 지칭)'이 엎드린 형상과 같아서 '귀지'라 부른 것이다. — 흔히 '구지'라 부르나 착오다.

9간들은 응답했다.

"우리들이 있다."

소리는 또 물어 왔다.

"내가 있는 이곳이 어디인가?"

그들은 응답했다.

"귀지봉이다."

소리는 또 말했다.

"황천皇天께서 나에게 명하기를 이곳에 임하여 나라를 새롭게 열고 임금이 되라고 하셨다. 그래서 이곳에 내려왔다. 너희들은 모름지기 봉우리 위의 흙을 파 모으며 이렇게 노래하라.

거북이시여, 거북이시여!

머리를 쳐드시오,

만약 쳐들지 않으면,

구워서 먹으리라.

이 노래5)를 외치며 춤을 추어라. 그러면 이것이 대왕을 맞아 너희들이 기뻐 날뛰게 되는 것이다."

9간들은 그 말대로 모두 기쁘게 노래 부르고 춤추었다. 노래하고 춤춘 지 얼마 되지 않아 그들은 우러러 머리 위를 바라보았다. 자색 줄이 하늘에서 드리워져 땅에 닿고 있었다. 줄 끝을 찾아보았더니 붉은 보에 싸인 금합이 매달려 있었다.

---

5) 이 노래 : 현재 「귀지가」란 이름으로 통용되고 있다. "거북이시여"라고 존대 호격呼格을 사용한 것은 원문이 '亀何'라고 되어 있기 때문이다. '何'는 음차자로 존대 호격 '하'이다.

그 금합을 열어 보았다. 해같이 둥근 황금알 여섯 개가 들어 있었다. 사람들은 모두 놀라고 기뻐했다. 그리고 그 알들을 향해 수없이 절을 했다. 조금 있다 도로 보에 싸가지고 아도간의 집으로 가져갔다. 탑상榻上에다 놓아두고 무리들은 각기 흩어졌다.

꼭 하루를 지나 이튿날 아침에 무리들은 다시 모여들었다. 그리고 금합을 열어 보았다. 여섯 개의 황금알은 사내아이들로 화해 있었다. 용모들이 매우 준수했다. 상에 앉히고 무리들은 절을 드려 치하했다. 그리고 공경을 다해 모셨다.

사내아이들은 날마다 커 갔다. 10여 일이 지나갔다. 신장이 9척으로 은殷의 성탕成湯과 같았고, 얼굴이 용 같아서 한漢의 고조高祖[6]와 같았으며, 눈썹이 여덟 가지 색으로 되어 있어서 당唐의 요제堯帝와 같았다. 그리고 눈의 동자가 둘씩 있는 것은 우虞의 순제舜帝와 같았다.

그달 보름날에 왕위에 즉위했다.

처음으로 드러났다고 하여 이름을 수로首露[7]라 했다. 혹은 수릉首陵[8]이라고도 한다. 나라를 대가락大駕洛, 또는 가야국伽倻國[9]이라고 불렀다. 곧 6가야의 하나다. 나머지 다섯 사람도 각각 돌아가 다섯 가야의 임금이 되었다.

동쪽은 황산강黃山江, 서남쪽은 창해, 서북쪽은 지리산, 동북쪽은

---

6) 한의 고조 : 한漢나라를 세운 유방劉邦을 가리킨다.

7) 수로 : 首는 '첫머리', 露는 '드러나다'의 뜻이다. 여기서는 '首露'를 '처음 드러나다'로 해석했으나, 「귀지가」에서는 '首'는 '머리', '露'는 '드러내다(쳐들다)'의 뜻으로 쓰였음.

8) 수릉 : (원주) 붕어한 뒤의 시호諡號이다. — 수릉은 시호이기 보다는 능호陵號일 것이다.

9) 대가락 · 대가야 : 현재 학계에서는 김해에 본거지를 둔 여기 가락국을 '금관가야(본가야)', 후기에 고령에 본거지를 둔 가야국을 '대가야'로 구분하고 있다.

가야산을 경계로 하고 남쪽에 위치하여, 우리나라의 꼬리 부분이 된 곳이 가야의 영토다. 왕은 임시 왕궁을 짓게 하여 들어가 서서했다. 질박·검소하게 하려고 풀로 이은 지붕에 처마는 자르지 않고, 흙으로 된 계단은 석 자를 넘지 않았다.10)

즉위 2년 계묘(43) 봄 정월에 수로왕은 서울을 정하려고 궁의 남쪽 신답평新畓坪11)으로 나갔다. 사방으로 산악들을 바라보고 나서 왕은 신하들을 돌아보며 말했다.

"이곳은 여뀌 잎사귀처럼 협소하구나. 그러나 지세는 빼어나서 ★가히 16나한12)이 머무를 만한 땅이다. 하물며 하나에서 셋을 이루고 셋에서 일곱을 이루었던 7성七聖13)이 살았던 땅이 진실로 여기에 부합됨에랴. 토지를 개척하여 터전을 열어 놓고 보면 마침내 훌륭하게 되리라."

그러고는 둘레 1천 5백 보의 나성羅城14)과, 그리고 궁궐과 여러 관서의 청사와 무기고 및 창고를 건축할 터를 정한 뒤 환궁했다.

널리 국내의 장정·인부와 장인들을 징용하여, 그달 20일에 금성탕지金城湯池15)를 축조하기 시작하여, 3월 10일에 이르러 역사를 마쳤다. 궁궐이며 관서의 청사를 농한기를 이용하여 공사를 진행시켰는데 그해 10월에 시작하여 그 이듬해, 즉 왕 즉위 3년 갑진(44) 2월

---

10) 풀로 이은~넘지 못했다 : 중국 요제에 관한 기록을 차용한 것이므로, 문면 자체에 너무 구애되지 말아야 할 것이다.

11) 신답평 : (원주) 이곳은 예전부터의 한전閑田으로 새로 경작했기 때문에 그렇게 불린 것이다.

12) 16나한 : 석가의 16제자를 가리킴이니 이들은 부처의 가르침을 받아 이 세상에 영주하여 중생을 제도한다고 한다.

13) 7성 : 1승一乘에서 견도見道·수도修道·무학도無學道의 세 지위에 포섭되는 7종의 성자. 즉 수신행隨信行·수법행隨法行의 견도위, 신해信解·견지見至의 수도위, 신증身證·혜해탈慧解脫·구해탈俱解脫의 해탈위를 가리킴. 한편으로 7불七佛을 뜻하기도 한다. 7불은 비파시불·시기불·비사부불·구류손불·구나함모니불·가섭불·석가모니불이다.

14) 나성 : 외성(外城). 성 밖에 겹으로 둘러쌓은 성.

15) 금성탕지 : 견고한 성지城池.

에 이르러 낙성을 보았다.

길일을 택하여 새로 지은 궁에 나아갔다. 그리고 만반의 정사를 맡아 다스리며 부지런히 힘썼다.

★홀연히 완하국琓夏國 함달왕含達王의 왕비가 임신하여 낳은 알에서 깨어 나온 탈해라는 자가 문득 바닷가를 따라 가락국으로 왔다. 그의 신장은 3자, 머리통의 둘레는 1자16)였다. 탈해는 흔연히 수로왕의 궁궐로 들어갔다. 그리고 왕에게 말했다.

"나는 왕의 자리를 빼앗으려고 왔소이다."

수로왕은 답했다.

"하늘이 나를 명하여 왕위에 오르게 하여 나라 안을 태평케 하고 하민下民들을 안락하게 하도록 하였다. 그런데 감히 하늘의 명령을 어기고서 왕위를 줄 수 없으며, 또 감히 우리나라 우리 백성들을 함부로 너에게 맡길 수도 없는 일이다."

탈해는 제의했다.

"그렇다면 서로의 술법으로써 승부를 결정하자."

왕은 좋다고 응낙했다.

삽시간에 탈해는 한 마리의 매가 되었다. 그러자 수로왕은 독수리가 되었다. 탈해는 또 참새가 되었다. 왕은 그러자 새매가 되었다. 잠깐도 걸리지 않아, 탈해는 본신으로 되돌아왔다. 수로왕 역시 본신으로 돌아왔다. 탈해는 마침내 굴복하고 말았다.

---

16) 신장은 3자, 머리통의 둘레는 1자 : 이 책 「제4 탈해왕」편에는 기골의 길이가 9척 7촌, 두 골의 둘레가 3척 2촌이라 했다.

2. 기이紀異 II

"제가 술법을 다투는 마당에 독수리에 대해 매가, 새매에 대해 참새가 되었음에도 죽음을 면할 수 있었던 것은, 성인의 그 죽이기를 싫어하는 인덕의 소치로 그렇게 되었나 봅니다. 제가 왕을 상대로 하여 왕위를 다투는 것은 진실로 어려운 일입니다."

그리고는 곧 인사를 드리고 나갔다. 탈해는 그 부근 교외의 나루로 나가 중국의 선박들이 와서 닿은 물길을 취하여 가려고 했다. 왕은 탈해가 체류하고 있다가 난을 일으키지나 않을까 우려하여, 급히 수군 5백 척을 내어 탈해를 쫓았다. 탈해는 달아나 신라의 경계 안으로 들어가 버리고 수군은 모두 되돌아왔다.

이상 탈해의 기사는 신라의 것[17]과 많이 다르다.

후한 광무제 24년, 즉 수로왕 7년 무신(48) 7월 27일이다.

9간들이 조알朝謁 차 와서 왕에게 진언했다.

"대왕께서 강림하신 이래로 아직 좋은 배필을 만나지 못하고 있습니다. 신들에게 있는 처녀 가운데서 가장 예쁜 자를 뽑아 들여 배필로 삼도록 하십시오."

왕은 답했다.

"내가 이곳에 내려온 것은 천명이오. 나를 짝하여 왕후가 됨도 또한 하늘의 명일 것이오. 그대들은 염려 마오."

드디어 유천간에게 명하여 가볍고 편리한 배와, 그리고 준마를 끌고 망산도望山島에 가서 기다리게 하고, 다시 신귀간에게 명하여 승점

---

17) 신라의 것 : 『삼국유사』 소재 「제4대 탈해왕」편을 가리키는 듯. 이 부분은 찬자 일연의 (원주)로 돌려야 할 것이다.

乘岾에 나아가 있게 했다.[18]

　문득 가락국 앞 서남쪽에 해상에서 붉은 빛깔의 돛을 걸고, 붉은 빛깔의 깃발을 휘날리며 북쪽으로 향해 오는 배가 있었다. 망산도에서 기다리고 있던 유천간 등은 먼저 횃불을 올렸다.

　배는 마구 내달아 와 앞을 다투어 상륙하려 했다. 승점에 있던 신귀간은 이 광경을 바라보고 대궐로 달려가 왕에게 아뢰었다. 왕은 듣고서 흔흔히 기뻐했다. 그리고 9간들을 보내어 좋은 배를 내어 영접해 오게 했다. 9간들이 즉시 대궐로 모셔 들이려 하자 왕후는 입을 열었다.

　"나와 그대들은 평소 알아 온 터수가 아닌데, 어찌 경솔히 따라가겠소?"

　유천간 등은 돌아가 왕후의 말을 전달했다. 왕은 왕후의 말이 옳다고 여겨, 당해 관원들을 데리고 대궐에서 서남쪽으로 60보쯤 되는 산기슭으로 가서 만전幔殿[19]을 치고 기다렸다.

　바깥쪽 별포別浦 나루에서 왕후는 배를 매어 두고, 육지에 올라 우뚝이 솟은 산언덕에서 쉬고 있었다. 거기서 왕후는 입고 있던 비단 치마를 벗어 산신령에게 예물로 드렸다.

　그리고 왕후를 시종해 온 신하 두 사람이 있었다. 이름을 신보申輔와 조광趙匡이라 했고, 그들의 아내 모정慕貞과 모량慕良이 있었다. 노예들까지 아울러 20여 명의 사람이었다. 왕후가 가져온 화려한 비단

---

18) 망산도 · 승점 : (원주) '망산도'는 가락국 남방의 섬이고, '승점'은 '연하국輦下國'이다. — 연하국은 문자 그대로는 '제왕의 가마바퀴 아래에 있는 나라, 즉 수로왕의 수도首都에 있는 나라'가 된다. '國'자가 오자가 아니면 수로왕의 직할지가 따로 있었던 것이 된다. 아무래도 '岡'의 오자일 것 같다. '승점'은 고개 같은 높은 곳을 가리키는 지명일 것이다.

19) 만전 : 장막으로 친 임금의 임시 거처.

이며, 의상이며, 금은주옥이며, 옥돌 노리개들은 이루 셀 수 없을 만큼 많았다.

왕후는 점차 행재소行在所[20]로 접근해 왔다. 왕은 나가 맞았다. 그리고 함께 장막 안으로 들어왔다. 왕후를 시종해 온 신보, 조광 이하 모든 사람은 뜰 아래에 나아가 뵙고는 곧 물러 나왔다. 왕은 해당 관원에게 명령을 내려, 왕후를 시종해 온 두 신하 부처를 인도하여 각각 다른 방에 들게 하고, 그 이하 노예들은 한방에 각각 5, 6명씩 들게 하고는, 맛 좋은 음료를 주고 좋은 침구로 재우게 했다. 그리고 가져온 의복이며, 비단이며, 보화들은 많은 군졸들을 둘러 세워 지키게 했다.

비로소 왕과 왕후는 함께 침소에 들었다. 왕후는 조용히 왕에게 말했다.

✳"저는 아유타국阿踰陁國[21]의 공주입니다. 성은 허許, 이름은 황옥黃玉이라고 합니다. 그리고 나이는 열여섯 살입니다. 제가 본국에 있을 때의 일입니다. 올해 5월 중의 어느 날 저의 부왕과 왕후는 저를 보고 이런 말씀을 하셨어요. 네 아비와 어미가 어젯밤 꿈에 함께 황천상제皇天上帝를 뵈었단다. 상제의 말씀이, '가락국의 임금 수로는 하늘이 내려 보내어 왕위에 나아가게 한 사람이다. 이 사람이야말로 신령스럽고 성스러우니 단지 사람일 뿐이겠느냐! 이제 갓 나라의 통치에 임하여 아직 배필을 정하지 못하고 있으니, 그대들은 모름지기 공주를 보내어 짝을 짓도록 하라 하시고는 도로 하늘로 올라가셨단다. 꿈에서 깨어난 뒤에도 상제의 말씀이 사뭇 귀에 쟁쟁하니, 너는 이 자리에서 곧바로 부모를 하직하고 그곳으로 가거라' 하셨어요. 이리하여 저는 바다에 떠서 멀리 증조蒸棗를 찾아, 하늘을 옮아 아득히 반도蟠桃

---

20) 행재소 : 왕이 임시로 머물러 있는 곳.
21) 아유타국 : 그 소재지에 대해서는 인도, 태국 등 여러 학설이 있다.

를 쫓아22)이렇게 외람히 용안을 가까이하게 되었나이다."

왕은 응대했다.

"나는 나면서부터 자못 신성하여 공주가 멀리에서 올 것을 미리 알고 있었소. 그래서 신하들이 왕비를 들일 청을 했으나 함부로 따르지 않았소. 이제 현숙한 그대가 스스로 왔으니 이 몸은 행복하오."

왕과 왕후는 드디어 어울려 들었다. 그리고 이틀 밤 하루 낮이 지났다. 이제는 왕후가 타고 온 배를 본국에 돌려보내기로 했다. 뱃사공 등 배에 딸린 사람은 15명, 각각 쌀 10석과 베 30필을 주어 본국으로 돌아가게 했다.

8월 1일에 본궁으로 수레를 돌렸다. 왕은 왕후와 함께 타고, 왕후를 시종해 온 신하들도 수레를 나란히 하고, 그리고 가져온 중국 저자의 여러 가지 물건들도 모두 싣고서 서서히 대궐로 들어왔다. 그때 시간은 막 정오가 되려 했다.

왕후는 중궁中宮을 거처로 정했다. 시종해 온 신하들 부처夫妻와 사속私屬들에게는 널찍한 두 집을 주어 나누어 들게 하고, 나머지 종자들은 20여 간짜리 빈관賓館 한 채에다 사람 수를 배정, 구별 지어 들이어 놓고 날마다 풍부한 음식을 주었다. 싣고 온 진기한 물건들은 내고內庫에다 간수 해 두고, 왕후의 네 철 비용으로 충당하도록 했다.

어느 날, 왕이 신하들에게 말했다.

"9간들은 다 백관의 장들이나, 그 직위며 명칭이 도시 촌스러워 결

----

22) 증조를 찾아~반도를 쫓아 : 증조는 곧 찐 대추로, 신선들의 음식의 일종. 반도는 신선들이 먹는 복숭아. '증조를 찾아,' '반도를 쫓아왔다'는 것은 선계로 신선을 찾아왔다는 의미로, 곧 왕을 찾아왔다는 말이다. 왕은 종종 신선에 비유되었다.

코 벼슬자리에 있는 귀인의 칭호라곤 할 수 없다. 혹 어쩌다 문명된 외국인이 전해 들으면 반드시 웃음거리가 되는 수지를 낭할 것이나."

드디어 아도를 아궁我躬으로, 여도는 여해汝諧로, 피도는 피장彼藏으로, 오도는 오상五常으로 고치고, 유수와 유천의 이름은 윗 글자는 그냥 두고 아랫 글자만 고쳐 각각 유공留功과 유덕留德으로 했다. 신천은 신도神道로 고치고 오천은 오능五能으로 고치고, 신귀는 음은 본래대로 두고 그 훈만 고쳐서 신귀臣貴라고 했다.23) 그리고 신라의 직제를 취해다 각간角干·아질간阿叱干·급간級干의 품계를 두고, 그 아래 관료는 주나라의 규례와 한나라의 제도에 의거하여 배정했다. 이것이 곧 낡은 것을 버리고 새것을 취하며, 관서를 설치하고 직책을 배정하는 방도일 것이다.

이리하여 나라를 다스리고 집안을 가지런히 하여, 백성들을 자식과 같이 사랑하므로 그 가르침은 엄숙히 하지 않고서도 위엄이 서고, 그 정사는 엄격을 내세우지 않아도 곧잘 다스려져 갔다. 더욱이 왕이 왕후와 함께 있음을 비유하면 마치 하늘에게 땅이, 해에게 달이, 양陽에게 음陰이 있음과 같음에랴.

그리하여 그 공은 도산塗山의 딸24)이 하우夏禹를 도운 것과 같았고, 당요唐堯의 딸들25)이 우순虞舜을 일으킴과 같았다.

몇 년을 잇달아 곰을 얻은 몽조夢兆26)가 있더니 왕후는 태자 거등

---

23) 드디어 아도를~신귀라고 했다 : 이 부분 서술에 오류가 있는 것 같다. 신귀를 제외한 8간 모두 윗 글자는 그냥 두고 아랫 글자만 고쳤다.

24) 도산의 딸 : 도산은 하나라의 우왕이 제후를 만나 맹서하였다는 곳으로, 우왕은 이 도산녀에게 장가들었다고 한다.

25) 당요의 딸들 : 순의 아내가 된 요제의 두 딸 아황과 여영.

26) 곰을 얻은 몽조 : 곰 꿈을 꾸면 아들을 낳는다는 고사에서 나온 것.

공거등公居登을 낳았다.

후한 영제 22년, 즉 신라 벌휴 니사금 6년 기사(189) 3월 1일에 왕후
는 붕어했다. 향년이 157세, 나라 사람들은 마치 땅이 무너진 것과 같
이 통탄했다. 귀지봉 동북쪽에 있는 언덕에 장사 지냈다. 그리고 왕후
생전에 백성들을 사랑하던 그 은혜를 잊지 않기 위해, 왕후가 처음 가락
국으로 와서 상륙했던 그 나루의 마을을 주포촌主浦村이라 부르기로 하
고, 왕후가 비단치마를 벗어 산령山靈에게 예물로 바쳤던 그 산언덕은
능현綾峴, 붉은 빛깔의 깃발이 들어오던 그 바닷가는 기출변旗出邊이라
부르기로 했다.

왕후를 따라온 신하 천부경泉府卿인 신보와 종정감宗正監인 조광은 가락
국에 온 지 30년 만에 각각 딸 둘씩을 낳았다. 1, 2년을 더 지나 그들 부부
는 모두 세상을 떠났다. 그 나머지 노예들은 온 지 7, 8년이 지나도록 자
녀들을 낳지 못하였고, 오직 고향을 그리는 슬픔을 안고 지내다 모두 죽어
갔다. 그들이 살던 빈관은 텅 빈 채 아무도 없어졌다.

수로왕은 왕후가 간 뒤로, 매양 외로운 베개에 의지하여 비탄을 금
하지 못하더니, 왕후가 간 지 10년 지난 후한 헌제 10년, 즉 신라
나해 니사금 4년 기묘(199) 3월 23일에 붕어했다. 향년 158세였다.
온 나라 사람들이 부모를 여읜 듯, 왕후가 붕어할 때보다 더욱 비통
해했다. 대궐의 동북방 평지에 높이가 한 길, 둘레가 3백보 되는 빈
궁殯宮을 축조하여 장사 지내고 수릉왕묘首陵王廟라 하였다.

그 아들 거등왕居登王에서부터 9대손 구충仇衝27)에 이르기까지 이
묘에 제향을 드렸는데, 반드시 매년 정월 3일과 7일, 5월 5일, 8월

5일과 15일을 기해 풍성하고 청결한 제전이 끊이지 않았다. 신라 제 30대 왕 법민法敏이, 당 고종 12년 신유년(661) 3월에 다음과 같은 내용의 조칙을 내렸다.

"가야국 시조왕의 9대손 구형왕이 이 나라에 항복해 올 때 데리고 온 아들 세종世宗의 아들인 솔우공率友公의 아들 잡간 서운庶云[28]의 따님이신 문명왕후文明王后가 바로 나를 낳으신 분이다. 그러므로 가야국의 시조왕은 이 사람에게 곧 15대 시조가 되는 것이다. 그분이 통치하던 나라는 이미 망했으나, 그분을 장사 지낸 사당은 아직도 남아 있으니, 종묘에 합설合設하여 그 제사를 계속하게 할 것이다."

그리하여 가야국의 옛 궁궐터에 사자를 보내어 그 사당 가까이에 있는 상상전上上田 30경을 위토位土로 정하고 그것을 왕위전王位田이라 이름 지었다. 그 왕위전은 여전히 신라의 영토에 속하도록 했다. 수로왕의 17대손 급간 갱세賡世가 조정의 지시를 받아, 왕위전을 관장하여 매년 세시歲時에 술이랑 단술을 빚고, 떡·밥·차·과일 등속의 제물을 차려 한 해도 거르지 않았다. 그 제일은 거등왕이 정한 연중年中 5일[29]을 어김없이 지켰다. 아름다운 정성의 이 향사享祀는 지금은 나[30]의 소관 안에 있게 된 것이다.

----

27) 구충 : 뒤의 〈가락국 왕력〉에는 '구형仇衡'으로 되어있다. 한편 『삼국사기』 「김유신전」에는 '구해仇亥('充'자의 착오)', 또는 '구차휴仇次休('衡'의 반절)'로 되어있다. 이병도는 이런 논거로 수로왕 9대손 이름이 '구충仇衝'이 맞는 것으로 봤다.

28) 서운 : 문명왕후는 바로 김유신의 누이동생, 『삼국사기』 김유신전에 의하면 그 아버지의 이름을 서현(舒玄), 또는 소연(逍衍)이라 했는데 여기 '서운'도 역시 같은 음을 다르게 쓴 것으로 볼 것이다. 잡간은 관직명이니 또는 소판蘇判이라고도 한다. 신라 관등제 3위이다.

29) 5일 : 위에 말한 정월 3일과 7일, 5월 5일, 8월 5일과 15일이다.

30) 나 : 여기 '나'는 『가락국기駕洛國記』를 쓴 금관지주사 자신을 가리킴.

거등왕이 즉위했던 기묘(199)에 편방便房31)을 설치한 이래로, 마지막 임금 구형왕 말년까지 330년 동안에 사당에 대한 제향의 의식이 오래도록 어김이 없었으나, 구형왕이 왕위와 그리고 나라를 잃은 뒤로 당 고종 12년, 즉 문무왕 원년 신유(661)에 문무왕이 왕위전을 두어 제사를 다시 받들도록 하기까지 60년32) 동안엔 그 묘에의 제향이 혹은 걸러지기도 했던 것이다. 아름답다, 문무왕33)은, 먼저 조상을 받들었구나! 효성스럽고도 효성스러워라, 끊어졌던 제향을 다시 이어 행하나니.

신라 말기에 잡간 충지忠至라는 자가 있어 금관의 옛 성을 공략하여 성주장군城主將軍이 되었다. 그때 아간 영규英規라는 자가 성주장군의 위세를 빌어 수로왕묘의 제향을 뺏어 음사淫祀34)를 지내러, 단옷날을 맞아 사당에 고사하는데, 까닭 없이 대들보가 부러져 내려앉았다. 그 영규란 자는 압사하고 말았다.

그러자 성주장군 충지는 그 스스로에게 말했다.

"전세의 인연으로 외람히 성왕이 계시던 이 도성의 제전을 맡게 되었으니, 마땅히 그 영정을 만들어 모시고 향香과 등燈을 바쳐 신령의 은혜에 보답해야지."

성주장군은 드디어 진귀한 비단 석 자에다 수로왕의 모습을 그려

31) 편방 : 고대 제왕들이 묘지에 생전 평상시에 거처하던 곳을 상징해서 만든 건축물. 관을 그 안에 두었다.

32) 60년 : 가락국의 기년에는 문제가 많아 그대로 믿을 것이 못 되지만, 여기 이 기록에 입각해 보아 '60년'은 착오인 것 같다. 『삼국유사』「가락국기」에 의하면 구충왕이 신라에 패해 멸망한 것이 북주 명제 5년, 즉 신라 진흥왕 23년(562)으로 99년이 되어야 한다.

33) 문무왕 : (원주) 법민왕의 시호다.

34) 음사 : 본래 뜻은 부정한 귀신에게 함부로 지내는 제사이나, 여기서는 부정한 사람이 신성한 제사를 점탈해 지내는 것을 이름.

냈다. 그리고는 그 영정을 벽 위에 봉안해 놓고, 아침저녁으로 기름 불을 켜 두고는 아주 경건히게 우러러보곤 했다.

겨우 3일 만에 그 화상의 두 눈에선 피눈물이 흘러내려 땅바닥에 거의 한 말가량이나 괴었다. 장군은 겁이 더럭 났다. 그래서 그 영정을 받들고 묘에 나아가 불살라 버렸다. 그리고는 즉시 수로왕의 진손眞孫 규림圭林을 불러 말했다.

"어제 불상사가 있었소. 어찌 이런 불상사가 중첩될까? 이건 반드시 묘의 위령이 내가 화상을 그려 불손히 공양한 데 노하신 것일 겁니다. 영규가 죽기에 내가 무척 두려워했었는데, 영정을 불태웠으니 반드시 신령의 죽임을 당하게 될 것이오. 그대는 왕의 진손이니 그대가 종전대로 제사를 받들도록 하오."

그리하여 규림이 대를 이어 제사를 받들다 88세에 죽고, 그 아들 간원경間元卿이 이어 제사를 받들게 되었다. 단옷날의 알묘제謁廟祭[35]에 영규의 아들 준필俊必이 또 발광을 하여, 사당에 와서 간원이 차린 제물을 걷어치우게 하고, 자기가 가져온 제물을 차려 놓고 제사를 지내기 시작했다. 그런데 초헌初獻・아헌亞獻・종헌終獻, 이 세 차례의 헌작이 끝나기도 전에 별안간 병을 얻더니 집으로 돌아가 죽고 말았다. 옛사람의 말에 '음사엔 복이 없고, 도리어 그 앙화를 받는다.'고 했는데, 앞서의 영규와 뒤의 준필, 이들 부자를 두고 한 말인가 보다.

또 사당 안에 많은 금옥이 있다고 하여, 이것을 훔치러 온 도적 떼들이 있었다. 도적 떼들이 사당에 첫 번째로 왔을 때는, 갑주를 꿰입고

---

35) 알묘제 : 사당에 참배하는 제전.

활시위에 살을 얹어 든 용사한 사람이 사당 안에서 나타나 사면으로 비 오듯 쏘아댔다. 용사는 7, 8명의 도적을 맞혀 죽였다. 도적 들은 달아 났다가 수일 만에 다시 왔다. 이번엔 길이가 30여 자나 되는, 그리고 안광이 번개처럼 번득이는 커다란 구렁이 한 마리가 사당 곁에서 나타 나더니 도적 8, 9명을 물어 죽였다. 겨우 죽음을 면한 자들은 모두 엎 어지며 자빠지며 흩어져 달아났다. 이런 일들로 보아 수로왕 능원陵 園36)의 안팎엔 필시 신물神物이 있어 보호하고 있음을 알 수 있었다.

수로왕이 붕어한 후한 헌제 10년, 즉 신라 나해 나사금 4년 기묘 (199)에 처음 축조된 때로부터 금상今上37)께서 치세하신 지 31년째, 즉 요의 도종 22년, 즉 고려 문종 30년 병진(1076)에 이르도록 878년 동안을 수로왕의 능원은 그 봉토가 헐어지지도 무너지지도 않고 있으 며, 그 심어진 좋은 나무들은 말라 죽지도 썩지도 않고 있다. 더욱이 진열된 갖가지 보물들도 또한 부서지지 않았다. 이로써 보면 신체부辛 替否38)가 말한, "예로부터 이제에 이르도록 어찌 망하지 않는 나라, 허 물어지지 않는 무덤이 있었을까 보냐"라는 말은, 다만 가락국이 망했 다는 사실에선 그 말이 맞지만, 수로묘首露廟의 허물어지지 않은 사실 에서 보면 체부의 말은 전적으로는 긍정되지 않는다.

게다가 이 지방39)에는 또 수로왕을 사모해서 하는 놀이가 있다.

---

36) 능원 : 왕과 왕족의 무덤 및 그 부속 시설
37) 금상 : 현재 재위 중의 임금이란 뜻. 여기선 고려 11대 문종을 가리킴.
38) 신체부 : 당나라 예종 때의 사람.
39) 이 지방 : 김해를 가리킴.

2. 기이紀異 II

매년 7월 29일이면 이곳 지방민과 이속吏屬[40]들은 승점[41]에 올라가 상박을 쳐 놓고, 먹고 마시며 환호하는데, 동쪽 서쪽으로 눈길을 던져 바라보는 곳엔, 건장한 청장년들이 두 편으로 갈라져, 망산도[42]에서부터 세차게 말을 몰아 뭍으로 달리고, 물에선 미끄러지듯 배를 밀어 북쪽으로 옛 포구[古浦]를 향하여 다투어 내닫는다. 이것은 옛적에 유천간·신귀간들이 왕후의 도래를 바라보고, 급히 임금에게 알리던 그 일의 남은 자취이다.

나라가 망한 뒤, 대대로 이곳에 대한 칭호가 한결같지 않았다. 신라 제31대 신문왕이 즉위한, 당 고종 32년 신사(681)에는 이름을 금관경 金官京이라고 하고 태수를 두었다. 259년이 지나 우리 태조께서 통합한 뒤로는 대대로 임해현臨海縣이라 하고, 배안사排岸使[43]를 두어 48년간을 지내 왔다. 다음은 임해군, 또는 김해부金海府라고도 했는데, 도호부를 두어 온 것이 27년간, 또 방어사를 두어 온 것이 64년간이었다.

송나라 태종 16년, 즉 성종 10년(991)에, 김해부의 양전사量田使[44]이었던 중대부中大夫[45] 조문선趙文善의 조사 보고에 수로왕 묘에 속한 전답의 결수結數[46]가 너무 많으니 15결로 하여 옛 관례에 따르도록

---

40) 이속 : 중앙과 지방의 관청에 속해 있던 하급 관리

41) 승점 : 신귀간이 허 왕후가 오는 것을 바라보던 곳.

42) 망산도 : 유천간이 허 황후의 도해를 기다리던 곳.

43) 배안사 : 고려시대의 관직으로 더 이상 알 수가 없으나, 해안 경비 경계를 맡은 관원일 듯.

44) 양전사 : 전답 측량의 사명을 띤 관리.

45) 중대부 : 고려 문종 때 설치한 관직으로 종4품 벼슬.

46) 결수 : '결'은 토지의 면적을 표시하는 하나치. 그런데 이 글의 앞에서는 30경頃이라고 하고, 여기서는 15결結이라 하여 단위를 달리하고 있다. '경'은 중국의 단위로 '결'은 우리나라 단위다.

하고, 그 나머지는 김해부의 역정役丁들에게 나누어 주는 것이 좋겠다고 했다. 그 일을 관할하고 있는 관서가 그 장계狀啓를 전하여 아뢰었더니, 당시 조정에서는 다음과 같이 왕의 뜻을 밝혔다.

"하늘이 내린 알이 화하여 되신 성군, 왕위에 계시면서 향수享壽가 158년이었다. 저 3황三皇⁴⁷⁾ 이래로 능히 이에 견주어질 자 드물 것이다. 붕어한 후 선대로부터 사당에 귀속시킨 전토를 이제 와서 삭감한다는 것은 실로 두려운 일이다."

이런 교지로 허락하지 않았다.

그 양전사가 앞서의 그 건의를 거듭해 왔다. 그러자 조정에서도 받아들이고서 전답의 반은 능묘에 종전대로 소속케 하고, 그 나머지 반은 그 지방 역정들에게 나누어 주라고 지시했다. 그 양전사는 조정의 지시를 받아 전토의 반을 수로왕의 능묘에 그대로 소속시켜 두고, 절반은 떼어서 그 김해부의 부역하는 호정戶丁들에게 지급했다. 일이 거의 끝날 무렵에 그 양전사는 몹시 피곤해졌다. 문득 하룻밤 꿈에 7, 8명의 귀신이 밧줄과 칼을 들고 나타나 이렇게 대갈했다.

"너는 큰 원한을 샀다. 그래서 널 죽이러 온 거다."

양전사는 그 귀신들에게 형벌을 받고 아프다고 비명을 지르다 놀라 꿈을 깨었다. 이로 해서 병이 들어 남에게 알리지도 않고 밤중에 도망해 갔다. 병은 낮지 않고 계속되었는데, 관문關門을 지나다가 죽고 말았다. 이 때문에 그 양전사가 처리한 양전도장量田都帳⁴⁸⁾에는 도장이 찍히지 않았다. 그 뒤에 양전의 사명을 받들고 온 사람이 그 전토를 검사해 보았더니, 겨우 11결 12부⁴⁹⁾ 9속⁵⁰⁾뿐이었다. 3결 87부

47) 3황 : 중국 상고의 천황·지황·인황 상고시대를 뜻함.
48) 양전도장 : 토지 측량 대장.

1속이 부족했다. 이에 그 전토가 횡령된 곳을 캐내어 중앙 관서 및 지방 관서에 보고하고, 칙명에 의해 다시 넉넉히 지급했다.

또 한 가지 고금을 두고 탄식할 일이 있다.

수로왕의 8대손 김질金銍왕은 정사에 근면하는 한편 불도를 받들기에도 지성스러웠다. 세조모世祖母51)인 허 황후의 명복을 위해 유송劉宋 문제 29년, 왕 즉위 2년, 즉 신라 눌지마립간 36년 임진(452)에 수로왕과 황후가 합혼했던 그곳에다 절을 세우고, 이름을 왕후사王后寺라 했다. 그리고 사자를 보내 그 근처의 평전坪田 10결을 측량하여 삼보三寶52)에 이바지하는 경비로 삼게 한 적이 있다.

이 절이 세워진 지 500년 뒤에 장유사長遊寺를 세웠는데, 그 절에 납부된 전토며 임야가 모두 합해서 300결이나 되었다. 그러자 이 장유사의 삼강三綱53)이 왕후사가 자기네 절 임야의 동남쪽 푯말 안에 위치되었다고 해서, 그 절을 철폐시켜 전장으로 만들고는 추수와 저장의 장소로, 마소를 기르는 외양간으로 썼다. 실로 슬픈 일이다.

(수로왕에 대한) 명銘54)을 짓는다.

---

49) 부 : 1결의 100분의 1.
50) 속 : 1부의 100분의 1.
51) 세조모 : 맨 윗대의 할머니.
52) 삼보 :불佛·법法·승僧. 곧 불교의 총체적인 신앙 대상이다.
53) 삼강 : 절에서 대중을 통솔하여 규칙을 유지하는 세 가지 직책으로서 상좌上座·사주寺主· 도유나都維那가 그것이다.
54) 명 : 한문 문체의 하나. 운문으로 짓는다. 원래는 비석이나 다른 기물에 새기는 것이나, 여기 서는 문체만 사용했다.

혼돈이 처음 열리어 해와 달이 밝게 빛났네.

인륜이 비로소 생겼으나, 임금의 지위는 이뤄지지 않았지.

중국에서는 왕조가 벌써 여러 대를 지냈는데도,

동국에서는 아직 서울이 갈려 있었다.

신라는 먼저 정해지고, 가락은 후에 경영되었다.

세상을 다스릴 사람이 없으면 누가 인민을 보살피랴.

드디어 상제께서 저 창생들을 돌보시어,

부명符命을 주어 정령精靈을 아래로 내려 보내셨네.

알은 산으로 내려오니 안개 속에 그 형체를 감추었네.

알의 안은 아득하고, 밖도 또한 캄캄해,

바라보면 현상은 없으나, 들으면 곧 소리가 있었네.

무리는 노래하고 춤추기를,

7일간이나 지난 뒤 일시 조용하게 되었지.

바람이 불어 구름이 걷히고, 활짝 열린 푸른 하늘에

여섯 개의 둥근 알이 한 가닥 자줏빛 끈에 매여 내려왔지.55)

알들은 낯선 땅에 집들이 빼곡히 차 있고,

구경꾼들이 담장처럼 늘어서서 웅성거리는 걸 보았네.

다섯 알은 각 읍으로 나뉘고 한 알만 이 성城에 남아있었지.

같은 때 같은 자취는, 아우와 형과 같았네.

실로 하늘이 덕이 있는 이를 낳아, 세상의 법식이 되게 했네.

----

55) 7일간이나 지난~매여 내려왔지 : 앞의 신화에서는 계욕일 하룻만에, 노래하고 춤추자 여섯 개의 알이 든 금합을 싼 붉은 보자기가 하늘에서 내려왔다고 했다. 여기서는 7일이 지난 뒤에 알이 내려왔다고 했다. 수로신화에 혹시 다른 버전이 있었는지 의심된다.

왕위에 오르자 세상은 곧 맑고 밝아져 갔네.

궁정은 화려함을 경계하며, 흙 계단은 펑펑하였네.

만기萬機를 힘쓰며, 온갖 정사를 시행함에

치우치지 않고 공정하며, 순일純—하고 정밀하였네.

길손은 길을 서로 양보하고, 농부는 농토를 서로 사양했네.

사방은 모두 편안히 잠자고, 만민이 태평해졌네.

어느새 수로왕은 부추잎에 이슬지듯, 천년만년 살지 못하셨네.

천지의 기운이 변해지고, 조야朝野가 모두 슬퍼했다.

종소리로 시작한 그 자취, 옥소리로 마무리했네.56)

후손이 끊어지지 않으니, 사당의 제사가 향기로왔다.

세월은 비록 흘렀으나 그 규범만은 기울지 않았네.

세조世祖 이하 9대손의 왕력王歷을 아래에 기록한다.57)

거등왕居登王 : 아버지는 수로왕이고, 어머니는 허 황후, 후한 헌제 10년, 즉 신라 나해니사금 4년 기묘(199) 3월 13일에 왕위에 올라, 나라를 다스리기 39년 위 제왕 14년 계유(253) 9월 17일에 붕어했다. 왕비는 천 부경泉府卿 신보申輔의 딸 모정慕貞이며, 태자 마품麻品을 낳았다. 『개황력 開皇曆』58)에서는 "성은 김씨니 대개 시조가 금알에서 난 까닭에 금을 성으로 삼았다"고 했다.

---

56) 종소리로~했네 : 8음으로 음악을 연주할 때 종소리로 시작해서 옥[경쇠]소리로 끝맺음함에 빗대어 성인의 일생 사업을 찬양한 것.

57) 세조~기록했다 : 이 귀절은 원전에는 명 앞에 있었으나, 상황에 맞추어 여기로 옮겼다.

58) 개황력: 가락국 왕실의 역사를 기록한 책으로 보는 견해와 수 문제 때의 왕력으로 보는 견해가 있다.

마품왕麻品王 : 혹은 '마품馬品'이라고도 한다. 성은 김씨, 위 제왕 14년, 즉 신라 점해니사금 7년 계유(253)에 왕위에 올라 나라를 다스리기 39년, 진 혜제 2년, 즉 신라 유례니사금 8년 신해(291) 1월 29일에 붕어했다. 왕비는 종정감宗正監 조광趙匡의 손녀 호구好仇며 태자 거질미居叱彌를 낳았다.

거질미왕 : 혹은 금물今勿이라고도 한다. 성은 김씨, 진 혜제 2년, 즉 신라 유례 니사금 8년(291) 원년에 왕위에 올라 나라를 다스리기 56년, 동진 목제 2년, 즉 신라 흘해니사금 16년 병오(346) 7월 8일에 붕어했다. 왕비는 아궁 아간阿躬阿干의 손녀 아지阿志이며, 왕자 이시품伊尸品을 낳았다.

이시품왕 : 성은 김씨다. 동진 목제 2년, 즉 신라 흘해니사금 16년 (346)에 왕위에 올라 나라를 다스리기 62년, 동진 안제 12년, 즉 신라 실성니사금 6년 정미(407) 4월 10일에 붕어했다. 왕비는 사농경司農卿 극충克忠의 딸 정신貞信이며, 왕자 좌지坐知를 낳았다.

좌지왕 : 혹은 김질金叱이라고도 한다. 동진 안제 12, 즉 신라 실성 니사금 6년(407)에 왕위에 올랐다. 고용살이하는 여인에게 장가들어, 그 여자측의 무리를 벼슬아치로 삼았으므로 국내가 요란해졌다. 계림국鷄林國59)은 꾀로써 가락국을 치려고 했다. 이때 가락국에 박원도朴元道라는 신하가 있었다. 그는 좌지왕에게 간해서 말했다.

---

59) 계림국 : 신라.

"유초열열역함우遺草咽咽亦含羽60)하거늘, 하물며 사람에 있어서랴! 하늘이 무너지고 땅이 꺼지면61) 보전되겠습니까. 또 술사가 섬을 쳐서 해괘(解卦)를 얻었는데, 그 괘의 말에 '소인을 제거하면 군자인 벗이 와서 합심할 것이다'고62) 했으니, 임금께서는 주역의 괘를 살피시기 바랍니다."

왕은 사과했다.

"그 말이 옳다."

용녀를 물리쳐 하산도로 귀양 보내고, 그 정치를 고쳐 행하여 길이 나라를 다스려 백성을 편안하게 했다.

나라를 다스리기 15년, 남조 송 무제 2년, 즉 신라 눌지마립간 5년 신유(421) 5월 12일에 그는 붕어했다. 왕비는 도녕 대아간道寧大阿干의 딸 복수福壽이며, 아들 취희吹希를 낳았다.

취희왕 : 혹은 질가叱嘉, 남조 송 무제 2년, 즉 신라 눌지마립간 5년 (421)에 왕위에 올라 나라를 다스리기 31년, 남조 송 문제 28년, 즉 신라 눌지마립간 35년 신묘(451) 2월 3일에 붕어했다. 왕비는 각간 진사進思의 딸 인덕仁德이며, 왕자 질지鉒知를 낳았다.

---

60) 유초열열역함우 : 구체적인 뜻새김은 미상이다. 그러나 '羽'자는 '雨'자의 잘못임으로 보고 '시들은 물이라도 빽빽하면 빗물을 머금게 된다'는 뜻이 아닐까. 즉 여당 측 무리의 벼슬아치들의 공작을 비유한 듯.

61) 하늘이 무너지고 땅이 꺼지면 : 나라가 복멸된다는 뜻.

62) 소인을 제거~합심할 것이다 : 『주역』 「해괘」 '九四효의'의 효사爻辭.

질지왕 : 혹은 김질왕金銍王, 남조 송 문제 28년, 즉 신라 눌지마립 간 35년(451)에 왕위에 올랐다. 이듬해 세조[63]의 비 허황옥 왕후의 명복을 빌기 위해 왕후가 처음 세조와 결혼했던 곳에 절을 세워 왕후 사王后寺라 하고, 밭 10결을 바쳐 비용에 충당하게 했다. 나라를 다스리기 42년, 남조 제 무제 10년, 즉 신라 소지마립간 14년 임신(492) 10월 4일에 붕어했다. 왕비는 사간 김상金相의 딸 방원邦媛이며, 왕자 겸지鉗知를 낳았다.

겸지왕 : 혹은 김겸왕金鉗王, 남조 제 무제 10년, 신라 소지마립간 14년 임신(492)에 왕위에 올라 나라를 다스리기 30년, 북위 효명제 6년 신라 법흥왕 신축(521) 4월 7일에 붕어했다. 왕비는 각간 출충出 忠의 딸 숙淑이며, 왕자 구형仇衡[衝]을 낳았다.

★구형[충]왕 : 성은 김씨. 북위 효명제 6년, 신라 법흥왕 8년 (521)에 왕위에 올라 나라를 다스리기 42년, 북주 명제 5년 임오 (562) 9월에 신라 제24대 진흥왕이 군사를 일으켜 가락국을 쳐 오니, 왕은 친히 군졸을 지휘했으나, 저편은 군사가 많고 이편은 적어서 대전할 수 없었다. 이에 왕은 형제인 탈지 이질금脫知爾叱今을 보내어 본국에 머물러 있게 하고, 왕자와 장손 졸지공卒支公 등과 항복해서 신라로 들어갔다. 왕비는 분질수 이질(금)分叱水爾叱(今)의 딸 계화桂和이며, 세 아들을 낳았는데, 첫째는 각간 세종世宗이요, 둘째는 무도茂刀요, 셋째는 무득茂得이었다. 『개황록開皇錄』에서는

---

63) 세조 : 가락국의 시조 김수로왕을 말한다.

"양 무제 31년, 즉 신라 법흥왕 19년 임자 (532)에 구형(충)왕이 신라에 항복했다"고 했다.

논의해서 말한다.

『삼국사』[64]를 상고하여 보건대, 구형(충)왕은 양 무제 31년 임자, 즉 신라 법흥왕 19년(532)에 국토를 바치고 신라에 항복했다고 하니, 그렇다면 수로왕이 처음 왕위에 오른 동한 광무제 18년, 즉 신라 유리니사금 19년 임인(42)으로부터 구형왕의 말년 임자(532)까지이다. 그러나 이 기록[65]으로써 살펴본다면, 국토를 바침이 (원문에는 '원위元魏 보정保定 2년'이라 했으나, '保定'연호는 북주北周 명제의 연호다.) 북주 명제 5년 임오(562년)에 해당되므로, 30년이 더하게 되니 도합 520년이다. 이제 이 두설을 다 적어 둔다.

---

64) 『삼국사』: 고려 현종 때 편찬된 것으로 알려진 『구삼국사』를 가리킴.
65) 이 기록 : 『가락국기』를 가리킨다.

「가락국기」는 수로왕 탄강신화와 허황후 도래설화, 그리고 수로왕묘에의 봉사 및 제전祭田 관계 등 왕력王曆에 이르기까지 여러 가지 기록이 잡다하게 모여 있다. 여기서는 몇 가지만 선택적으로 다루겠다.

가야국의 건국신화는 두 가지가 전해온다. 그 한 가지는 여기 『삼국유사』 「가락국기」이고, 다른 한 가지는 최치원의 「석이정전錫利貞傳」으로부터 인용한 『동국여지승람』 「고령」편에 전하고 있는 것이다. 전자는 김해를 중심으로 한 전기 가야연맹의 주도 세력인 가락국(금관가야, 본가야)의 건국신화이고, 후자는 고령을 주심으로 한 후기 가야연맹의 주도세력인 대가야의 건국신화다. 가락국의 건국신화는 「가락국기」에 나오듯이 황금알 6개가 금합에 담겨 붉은 보자기에 싸여 하늘로부터 자색 줄에 매어 달린 채 내려왔고, 대가야의 건국신화는 가야산신 정견모주正見母主가 천신 이비가夷毗訶에 감응하여 대가야왕 뇌질주일과 가락국왕 뇌질청예 형제를 낳았다고 했다. 그리고 전자는 대가야 이진아시왕伊珍阿豉王의 별칭이고, 후자는 가락국 수로왕의 별칭이라 했다. 전기에는 가락국이 군소가야들을 주도했으므로 김해의 가락국만의 건국신화가 성립되었고, 후기에는 대가야가 가야연맹의 주도 세력이고, 가락국은 세력이 약화되긴 하였으나 대가야 다음으로 세력을 유지하고 있었으므로 두 가야의 건국신화가 성립되었다.

두 가야의 건국 주체는 다 천신족이다. 천신족은 일반적으로 단독자로 출현한다. 단군·주몽·혁거세·알지가 다 그러하다. 그런데 가야의 경우는 복수의 건국주가 출현한다. 가락국 신하에 6개의 황금알이 그러하고, 대가야 건국신화의 두 건국주 출현이 그러하다. 특히 6개 황금알의 동시 출현은 신화의 일반적인 유형과는 너무 다르다. 그런 의미에서 『고려사』「지리지」〈김해〉조에 나오는, '황금알에서 한 동자가 껍질을 깨고 태어났다'는 버전이 가락국의 원형 신화일 것이다. 황금알 6개의 버전은 후세 6가야연맹의 성립 이후가 소급되어 반영된 것이라고 보아야 할 것이다. 그리고 김태식의 조사에 의하면, 대가야의 본거지인 고령의 양전동良田洞 암각화岩刻畫 소재지의 지명이 '알터'이고, 정견모주가 두 개의 알을 낳아 하나는 머물러 두고 하나는 낙동강 하류로 흘려보냈다는 민간전승이 있다는 것으로 보아, 대가야 신화도 당초 난생신화였는데, 최치원이 석釋 이정의 선계先系를 소개하면서 난생을 결락시킨 것 같다.

어쨌든 가락국과 대가야는 중앙집권적 통일국가를 세우지 못했거나 아니함으로, '6난六卵'이라든가, '형제 군후君侯'라든가 하는 구조로 건국신화가 이루어지게 되었다. 수로왕의 경우 철기문화를 먼저 습득한 이주 집단의 후손이겠는데, 철기문화의 이점을 가진 데다가 국제무역의 요충지에 있으면서 강력한 중앙집권적 왕권의 통일국가가 성립되지 않았다는 것은, 역사학계에는 지리적 원인 등을 들고 있으나 아무래도 하나의 수수께끼다.

수로왕신화는 역사적 사실과 신화적 허구, 두 가지가 한 구도 속에 결합되어 있다. 거북을 용의 사자로 보거나, 용과 거북을 일체시하여 토템을 가진 9간을 비롯한 토착민이 상고에서부터 해마다 3월 삼짇날 귀지봉에서 봄의 제의를 행해 온 것은 역사적 사실이고, 6개의 황금알이 하늘에서 내려온 것을 말한 것도 없이 신화적 허구다. 거북토템을 표현한 주술은「귀지가」가 귀지봉에서의 제의에서 청배무가請拜巫歌로 불려진 것이 유독 수로왕이 탄강하던 해 3월 삼짇날에만 불려지고 말았을 리가 없기 때문에 이 제의가 오랜 유서를 가졌음을 안 것이다. 용·거북 토템에 관련되는 주요呪謠는 김해에서 가까운 남쪽 해안 지방에 민요로 남아왔다. "거미야 거미야 왕거미야/진주 덕산 왕거미야// 네 천룡내 활량/청용산에 청바우//미리국 미리국/두덩실두덩실 왕거미야"(박지홍,「귀지가 연구」에서 전재)가 그것이다. 여기서 '거미'는 '검'의 변형, '신성한 존재'의 뜻으로 용·거북 등을 가리킨다. 다만 "네 천룡 내 활량/청용산에 청바우"는 무슨 뜻을 함축하고 있는지 모르지만 아마 토템 주체의 요구를 함축하고 있을 것이다. 그래서 '미리국[龍湯]'을 강조하여 끓여 먹겠다는 것이다.「귀지가」와 같은 의취다.

봄의 제의는 새로운 생명이 되돌아왔음을 환희하며, 새로운 풍요를 기원하는 제의로서, 고대국가들이 다 행하고 있었던 것이다. 고구려는,『삼국사기』에 의하면 "3월 삼짇날이면 낙랑 구릉에서 모여 사냥을 하고, 돼지·사슴을 잡아서 하늘에 제사한다" 하였고, 신라는 3월 초하룻날이면 경주 동천에서 봄 제의祭儀가 열린 것 같고, 백제는 기록은 없으나 봄 제의가 있었던 것은 확실하다. 나라마다 제의의 형태에 특징이 있었겠거니와, 수로왕 신화의 귀지봉 제의의 특징은 목을 움츠려 엎드려 있는 거북에게 '머리를 쳐들어라'고 위협하면서 귀지봉 봉우리 위에 구덩이를 만드는 행위다. 여기에는 음경 숭배와 성적 동기가 개재해 있다. 거북에게 머리를 쳐들어라고 하면서 한편으로 구덩이를 파서 여성 음부의 상징을 만들고 있는 것이다. 새 생명과 풍요 생산의 근저에는 성적 동기가 작용하고 있다. 바로 이런 특징의 제의가 해마다 열려 지속되는 가운데 수로왕의 탄강의 허구가 결합한 것이다. 신화는 사제자(무당)의 공수에 의해 이루어졌다. 수로왕의 '首露'라는 이름도 필경 '머리를 쳐들어라首其現也'는 「귀지가」의 어사와 관계가 있을 것이다.

✽3월 삼짇날은 중국식 표현으로는 계욕일禊浴日이다. 한대漢代 이전은 3월 상순의 일진日辰이 사일巳日인 날이었으나, 위 이후로는 3월 3일로 고정되었다. 이날은 몸의 묵은 때를 씻고 액을 떨쳐내는 의미로 물가에서 회음會飮을 했었다. 우리나라의 삼짇날이 중국의 계욕일에 해당한다. 삼짇날의 어원은 알 수 없으나, 음력 3월 초의 절일節日은 중국의 영향이 아니더라도 얼마든지 있을 수 있겠거니와, 신라는 당초 3월 초하룻날이었으나 나중에 3일, 즉 삼짇날로 된 것 같다.

그런데 3월 절일의 집단적 제의는, 후세에는 신도의 약화로 없어지고, 민간에서 답청踏靑ㆍ회음ㆍ화전花煎 같은 풍속 있어 왔다. 그런데 『동국세시기』에 나오는 충청도 진천 풍속이 수로왕 신화의 삼짇날 제의와 일말의 연관이 닿을 것 같아 흥미를 끈다. 즉 3월 삼짇날에서부터 4월 초파일까지의 기간에 여인들이 무당을 데리고 우담牛潭 소 언저리의 용왕당龍王堂 및 삼신당三神堂

에 가서 아들 낳기를 기원했는데, 그런 여인들이 줄을 이었다는 것이다. 그래서 사방의 여인들도 기도하러 오고 하여 구경꾼들이 저자를 이루었다는 것이다. 그리고 해마다 그랬다고 했다. 김해와 진천이 지역적으로 멀어 직접적인 연관은 따질 수 없지만, 새 생명 생산에의 기원이라는 공통된 동기의 작용을 볼 수 있다.

✻가락국은 입국立國 초부터 불교 관련 사실이 많이 개입함을 본다. 여기 신답평을 두고 16나한은 물론이요 7성이 살았던 땅에 비정한다든가, 허황옥이 아유타국에서 올 때 그 공덕으로 항해의 안전을 위해 파사석탑을 싣고 왔다든가(번역에서 제외된 「금관성 파사석탑」편), 수로왕 입국 당시 영토 안의 옥지玉池에는 독룡이 살고, 만어산萬漁山에는 다섯 나찰녀羅刹女(여자 악귀)가 있어 서로 왕래하여 사귀며 흉년이 들게 하기에 왕이 주술로도 금할 수 없어 부처님을 초청하여 설법을 했다든가(번역에서 제외된 「어산불영」편)하는 것 등이다. 가락국의 성읍국가로서의 성립 연대를 현재 알려진 서기 42년으로 본다면 위에 열거된 불교 관계 사실들을 수긍하기 어렵다. 김철준은 신라·가야의 성읍국가로서의 대두 기년을 3세기 전반기로 보는 학설을 내놓았다. 수로왕의 대두 기년을 이 학설에 따르면 가락국 초의 불교 관계 사실도 수긍할 수가 있을 것 같다.

✻사록史錄에 나타난 바로는 수로와 탈해는 거의 동시대 인물이었다. 『삼국사기』에 의하면 신라 5대왕 파사니사금 23년에 음즙벌국과 실직곡국이 경계를 두고 서로 다투었는데, 신라에서

가락국 수로왕이 연로하고 지혜가 많다고 하여 불러서 판결을 하도록 했다는 것이다. 파사니사금 23년이면 탈해가 죽은 지 23년이다. 사록에 믿기지 않는 곳이 있기는 하나 기록대로라면 거의 동시대의 인물이다. 수로와 탈해의 충돌이 탈해가 왕위에 오르기 전의 일인 것이다. 그런데 그즈음 국세가 신라보다 가락국이 우위에 있었던 것으로 보인다. 경계 시비를 판결하고 수로왕을 위한 연회에 신라 6부 중 5부가 이찬伊湌으로 대표를 삼은 데 비하여, 한기부는 지위가 낮은 자로 하여금 대표로 삼았다고 해서 수로왕이 한기부의 대표를 죽이고서 돌아갔다는 것에서 가락국의 우위를 볼 수 있다.

당시 국세의 우열을 판가름하는 것은 아마 제철 기술의 발달이었던 것이다. 그런 점에서 가락국은 신라에 조금도 뒤지지 않는데다. 김해라는 해안 도회를 근거지로 하여 마한·낙랑·왜와의 교역이 이루어져 국세가 한 때 신라보다 우위에 있을 수가 있다. 그래서 탈해가 왕위에 오르기 전 국세의 우위를 과시하는 가락국을 시험하기 위해 먼저 도전해 본 모종 사건이 수로왕의 궁궐로 들어가, "왕의 자리를 빼앗으려고 왔다"고 표현되었을 것이다. 동해안 해양 세력인 탈해족이 남해안의 해안 세력인 수로족과의 충돌은 얼마든지 있을 수 있는 일이다. 탈해는 한기부 출신이다. 수로를 위한 연회에 한기부에서 이찬보다 관등이 낮은 자를 대표로 내보내고, 수로왕이 그를 처형한 것은 바로 이와 같은 가락국과 한기부 사이의 비우호적인 관계가 주원인이었을 것이다. 그리고 이러한 우위를 가진 가락국이 중앙집권적 통일 국가를 지향하지 않고 연맹으로 일관한 것을 알 수 없는 일이다.

변신의 술법으로 승부를 결정하는 방식은 주몽신화에서 해모수와 하백 사이 다툼에서도 나타난 것으로, 당시 개인 간의 우열 경쟁의 설화적 표현이다.

＊수로왕비 허황옥이 아유타국의 공주라는 이편의 기록은 우리 역사의 또 하나의 수수께끼다. 따라서 그동안 많은 견해들이 피력되어 왔다. 그동안의 연구 성과를 기반으로 나는 대략 이렇게 판단한다. 기원전 3세기경 번성한 인도 갠지스강 유역의 아유티아 왕국이 기원후 20년경에 붕괴되면서 허황옥 일족은 태국을 거쳐 중국 사천성 보주로 이주했다. 허황옥의 시호가 보주태후普州太后인 것은 보주로부터 수로왕에게 왔기 때문이다. 당시 김해는 국제무역의 요충지였던 만큼, 중국으로부터의 이주는 충분히 가능하다. 수로가 탈해와의 충돌 뒤에 탈해가 "중국의 선박들이 와서 닿는 물길을 취하여 가려고 하는 것을 수로를 동원하여 신라의 경계 안으로 쫓았다"는 이편의 내용으로 보아 중국과의 교역이 잦았음을 알 수 있다. 이 경우 중국은 중국 본토가 아니라 반도 북부에 있는 한족 군현인 낙랑을 가리킨다는 견해가 타당하기는 하나, 낙랑 군현만이 아닌 본토까지 포함한다고 보는 것이 옳지 않을까 생각한다. 그리고 왕후를 따라온 신하의 직명이 '천부경泉府卿'이니, '종정감宗正監'이니 하여, 중국 취향이 강한 점도 허황옥이 보주에서 왔음을 뒷받침해주고 있다.

그런데 중국 본토에 있던 허황옥과 수로왕의 결혼이 어떻게 가능했는가? 나는 내왕하는 중국 상인 중에 중매자가 있었다고 생각한다. 그것은 수로왕에게 9간들이 '처녀절호자處女絕好者'가 있으니 왕비로 삼도록 하라는 건의에, 수로왕은 "나를 짝하여 왕후가 되는 것도 또한 하늘의 명이니, 경들은 염려 말라"고 하고, 곧 유천간 등에게 배를 타고 당도하는 허황옥을 맞아 오도록 했다는 전승이 시사하는 바에 의한다. 그리고 많은 인원과 물품을 바다를 통해 싣고 왔다는 것은 사전 약속과 계획이 있고서야 가능한 일이다. 보주에서 왔지만 고국 아유타국을 잊지 못해 고국을 상징하는 쌍어雙魚 문양을 김해에서도 사용했다. 지금 김해의 수로왕릉(납릉) 앞문 상단 좌우에 있는 쌍어 문양은 바로 그 자취다. 김철준의 설대로 가야의 성읍국가로서의 대두 기년은 3세기 전반기로 본다면, 오히려 이 학설에 따를수록 허황옥과 수로왕의 국제적인 결혼은 더욱 가능한 것이다.

✱구형[충]왕은 본가야의 말왕으로, 여기서는 '북주 명제 5년, 즉 신라 진흥왕 23년 임오(532) 9월에 진흥왕 군사를 일으켜 가락국을 침노하매 구형[충]왕이 친히 군졸을 지휘했으나 신라와의 군사의 중과衆寡로 결국 항복하고 신라로 갔다'고 했으나, 『삼국사기』에는 이와 다르다. 즉 '법흥왕 19년 임자에 금관국주 김구해[충]金仇亥[充]가 그의 비妃 및 세 아들 — 종로宗奴·무덕武德·무력武力과 함께 국고의 보물을 가지고 신라에 항복했다'고 했다. 이렇게 구형[충]왕의 신라에의 투항 연도와 과정이 대가야의 멸망으로 묘사된 것은 두 가야의 기록이 혼재되었기 때문일 것이다.

아무튼 구형[충]왕의 후손은 김유신으로 대표되는 새로운 문벌귀족이 되었다. 즉 이 「가락국기」 신라 문무왕의 제서制書에 자신은 '구충왕의 아들 세종世宗의 아들 솔우공率友公의 아들 서운庶云[舒玄]의 딸 문명황후가 곧 나를 낳은 분'이라고 하였다. 문명황후는 곧 김유신의 누이동생이었던 문희文姬다. 한편 『삼국사기』「김유신전」에는 '김구해[충] – 무력武力 – 서현舒玄[逍衍] – 김유신'으로 가계가 잡혀있다. 『삼국사기』의 '무력武力'은 의기 구충왕의 둘째 아들 무도茂刀일 것이다. 그런데 『삼국유사』와 『삼국사기』의 김유신 가계에는 조금 차이가 있다. 전자에서는 유신이 세종의 종손임에 대하여 후자에서는 김구해[충]의 종손으로 되어 있다. 금관가야가 532년에 망했다면 문무왕 원년(661)까지 129년이 지난 것이 되는데, 『삼국유사』가 더 맞을 가능성이 크다. 세종은 신라로 와서 상대등까지 오르기도 하였다. 어쨌든 가야사伽倻史는 문헌의 부족과 착종으로 연구해 풀어야 할 과제가 참으로 많다.

3. 흥법興法

- 불법을 일으킨 사람들

순도, 고구려에 불교를 전하다[1]

『고구려본기』에 의하면 소수림왕小獸林王[2] 2년 임신(372), 즉 동진 東晉의 간문제 2년이자 효무제 즉위년에 전진前秦의 왕 부견이 사자와 그리고 중 순도順道를 시켜 불상과 경문을 보내왔다.[3]

또 동왕 즉위 4년 갑술甲戌(374)에 아도阿道가 동진에서 왔다. 그 이 듬해 2월에 초문사肖門寺를 창건하여 순도를, 이불란사伊弗蘭寺를 창건 하여 아도를 머물러 있게 했다. 이것이 고구려에서의 불교의 시작이다.

『승전僧傳』에 순도와 아도가 위나라에서 왔다고 한 것은 잘못이다. 확실히 그들은 전진에서 온 것이다. 또 초문사는 지금의 흥국사興國寺, 이불란사는 지금의 흥복사興福寺라고 한 것도 역시 잘못된 것이다.

상고해 보면 고구려 시대의 도읍은 안시성安市城, 일명 안정홀安丁忽 로서 요수遼水의 북쪽에 위치해 있었고, 요수는 일명 압록으로 지금 은 안민강安民江이라 한다. 송경松京[4]의 흥국사가 어찌 그곳에 있을 수 있었겠는가.

---

1) 순도, 고구려에 불교를 전하다 : (원주) 순도의 다음에 법심法深·의연義淵·담엄曇嚴들이 잇 달아 불도를 일으켰으나, 고전에는 그 기록이 없으므로 지금 여기서는 함부로 편록編錄하지 않 는다. 『승전』에 자세하게 나타나 있다.─『승전』은 각훈의 『해동고승전』을 가리킨다.

2) 소수림왕 : 고구려 제17대 왕(재위 371년~384년). 고국원왕故國原王의 장남이다. 율령律令 을 반포하고, 태학太學을 설립하였으며, 전진에서 불교를 도입하는 등 국가 체제를 갖추는 데 기여했다.

3) 경문을 보내왔다 : (원주) 당시 부견은 관중關中에 도읍하고 있었다.

4) 송경 : 즉 송도. 지금의 개성.

찬한다.

압록에 봄 깊어 풀빛 고운데,

모래벌판에 갈매기 한가로이 조으누나.

문득 노 젓는 소리에 놀라 한 소리 길게 우네.

어느 곳 고깃배인가, 안개 낀 속에 오신 손님.

　　고구려 불교는 소수림왕 2년(372) 이전에 민간에 먼저 전파되었다는 것이 사학계의 공통된 의견이다. 각훈의 『해동고승전』에 동진의 유명한 승려 지둔支遁(314~366)과 편지를 주고받은 이름 모를 승려가 있었다고 했으니, 공인 이전에 고구려 민간의 불교 신앙이 이미 상당한 수준에 도달되었음을 알 수 있다. 한편 고구려에의 불교 초전자初傳者를 순도가 아닌 동진의 승려 담시라는 기록이 최치원의 「봉암사지증대사적조탑비鳳巖寺智證大師寂照塔碑」 등의 문헌에 보인다.

마라난타, 백제의 불교를 열다

『백제본기』에 의하면 제15대 침류왕 즉위 갑신[1](384)에 호승胡僧 마라난타摩羅難陀가 진晉에서 건너왔다. 그를 궁중으로 맞아들이고 예우했다. 그 이듬해에 새 도읍지인 한산주漢山州에다 절을 창건하고 승려 열 사람을 입문시켰다. 이것이 백제에서의 불교의 시초다.

그리고 아신왕阿莘王 즉위년, 즉 동진의 효무제 17년(392) 2월에는 교령을 내려 불법을 신봉하여 복을 빌도록 하라고 했다. 마라난타라는 이름은 번역하면 '동학童學'이라고 한다.[2]

찬한다.
사업이 처음으로 시작될 때에는
대체로 재주부리기 어렵기 마련인 것을.
차근차근 자득自得해 알아서[3] 노래와 춤 절로 나와,
옆엣 사람 끌어들여 보게 했네.

---

1) 침류왕 즉위년 : (원주) 동진의 효무제 대원 9년임.
2) 동학이라고 한다 : (원주) 마라난타의 신이한 행적에 관해선 『승전』에 자세히 보인다.
3) 차근차근 자득해 알아서 : 불교의 교리를 자득해 안다는 말이다.

　백제도 침류왕 즉위년(384) 이전에 불교가 이미 기초적 전파
는 이룩된 것 같다. 불교가 초전初傳이라면 천축天竺 출신 승려가
왔을까 하는 생각에서다. 더구나 마라난타가 백제에 온 이듬해
에 한산주에 절을 짓고 10명의 승려를 출가시킨 사실은 초전 단
계로서는 가능하지 않다. 교세教勢가 어느 정도 이루어진 뒤에
마라난타가 왔다고 보아야 한다.

아도1), 신라 불교의 기초를 놓다

『신라본기』제4권에 있는 기록이다.

"제16대 눌지왕 때에 사문沙門2) 묵호자墨胡子가 고구려에서 일선군3)에 들어왔다. 그 고을에 사는 사람 모례毛禮4)가 그를 맞아 자기 집에다 굴을 파고 안치시켰다.

그때 양梁나라에서 사자를 보내어 의류와 향을 전해 왔다.5) 그러나 신라의 군신들은 향의 이름도 그 용도도 몰랐다. 사람을 시켜 향을 가지고 나라 안을 두루 돌아다니며 물어보게 했다. 묵호자가 보고서 그것은 향이라는 물건이고 그것을 불사르면 향기가 진하게 풍긴다는 것, 따라서 어떤 신성한 존재에게 정성을 통하게 하는 데 쓰인다는 것, 그리고 그 신성한 존재란 3보三寶6)에 해당하는 것이고 그 향을 피워 발원하기만 하면 반드시 영험이 있다는 것 등을 말해 주었다.7)

그즈음 왕녀가 병이 들어 몹시 위독했다. 묵호자를 불러들여 향을 사르며 기도를 드리게 하자 왕녀의 병은 곧 나았다. 왕은 기뻐하고

---

1) 아도(阿道) : (원주)'我道' 또는 '阿頭(아두)'라고도 쓴다.
2) 사문 : 즉 Sramana. '식심息心'·'공로功勞'라 번역되며 부지런히 모든 좋은 일을 닦고 나쁜 일을 일으키지 않는다는 뜻이다. 불도나 다른 도를 불문하고 처자 권속을 버리고 수도 생활하는 이를 총칭. 그러나 후세에는 오로지 불교에서의 출가·수도하는 이를 가리키게 됐다. '비구比丘'와 같은 뜻으로 쓰임.
3) 일선군 : 지금의 경상북도 구미시.
4) 모례 : (원주) '毛祿(모록)'이라 쓰기도 함.
5) 그때 양나라~전해 왔다 : (원주) 고득상高得相의 영사시詠史詩에는 "양나라는 원표元表란 중을 보내, 명단溟檀·불경·불상 들을 보냈네"라고 했다.
6) 3보 : 불보佛寶·법보法寶·승보僧寶임.
7) 그때 양나라~말해 주었다 : (원주) 신라의 눌지왕 때는 중국의 진·송 시대와 같으니, 양나라에서 사자를 보냈다는 것은 잘못된 듯하다.

후히 예물을 주었다. 그런지 얼마 안 되어 묵호자는 신라에서 자취를 감추어 버렸다.

그 뒤, 제21대 비처왕 때다. 아도화상我道和尚[8]이란 이가 종자 세 사람을 데리고 역시 일선군 모례의 집에 왔다. 그 생김새가 왕년의 묵호자와 흡사했다. 수년을 머물러 있다가 그는 병을 앓는 일도 없이 운명해 갔다. 그의 종자 세 사람은 계속 머물러 있으면서 불교의 경문과 율법을 강독했다. 가끔 신봉하는 사람이 있었다.[9]"

「아도본비我道本碑」[10]에는 다음과 같이 되어 있다.

"아도는 고구려 사람이다. 그의 어머니는 고도녕高道寧, 위 제왕 연간(240년~248년)에 위나라 사람 아굴마我堀摩가 고구려에 사신으로 왔던 길에 고도녕과 사통하고 돌아갔다. 이러하여 밴 아들이 아도다. 아도가 다섯 살 났을 때 그 어머니는 아도로 하여금 출가하게 했다.

나이 열여섯 살, 아도는 위나라로 가서 그의 아버지 굴마를 찾아뵙고, 그리고 현창화상玄彰和尚의 문하에 들어가 수도했다.

열아홉 살에 다시 어머니에게 돌아왔다. 어머니 고도녕은 아도에게 이렇게 일러 주었다.

'이 나라는 아직 불법을 모르고 있으나 이후 삼천여 개월이 지나면

---

8) 아도화상 : '화상和尚'이란 본래는 아사리Acârya와 함께 수계사授戒師인 승려를 말하던 것이나, 후세에는 덕이 높은 승려를 가리키는 말로 쓰임. 일반적으로 승려에 대한 존칭으로 쓰인다.
9) 제16대 눌지왕~사람이 있었다 : (원주) 주注에서 말하기를 「아도본비」와 이상의 두 기록과는 다르다 했다. 또 『고승전(해동고승전)』에는 아도가 서천축인이라 했고, 혹은 오나라에서 왔다고 했다.
10) 아도본비 : 신라 김용행金用行이 지은 「아도화상비我道和尚碑」를 말한다.

아도, 신라 불교의 기초를 놓다

신라에 한 거룩한 임금이 출현하여 크게 불교를 일으킬 것이다. 그 서울 안에 일곱 군데의 옛 절터가 있다. 그 첫째가 금교 동쪽의 천경림天鏡林[11], 둘째가 삼천기三川岐[12], 셋째가 용궁남龍宮南[13], 넷째가 용궁북龍宮北[14], 다섯째가 사천미沙川尾[15], 여섯째가 신유림神遊林[16], 그리고 일곱째가 서청전壻請田[17]이다. 이곳들은 다 전세 부처 때의 절터로서 불법佛法이 길이 흐르던 곳이다. 네가 그곳으로 가서 대교大教를 전파 선양하면 석가 부처의 제사[釋祀][18]가 응당 동방으로 석사釋祀에 향하리라.'

아도는 어머니의 지시를 받고 신라로 왔다. 왕성의 서쪽 마을에 몸을 붙이고 있었으니 곧 지금의 엄장사嚴莊寺이고, 때는 미추왕 즉위 2년(263)이었다. 아도는 대궐에 들어가 불법의 전파를 청했다. 그러나 당시 세상에서는 일찍이 보지 못하던 것이라 하여 꺼려하고 심지어 아도를 죽이려고 하는 사람까지 있었다. 아도는 속림續林[19] 땅 모록毛祿[20]의 집으로 도망가서 숨어 있었다.

---

11) 천경림 : (원주) 지금의 흥륜사. 금교는 서천교를 말하는 것이니, 세속에서는 잘못 '송교'라고 부르고 있다. 이 절은 아도가 처음 터를 잡은 것으로 중간에 폐지되었다. 법흥왕 정미년에 시작하여 을묘년에 크게 역사를 벌여 진흥왕 때에 낙성되었다. ― 정미년은 법흥왕 즉위 14년(527), 을묘년은 법흥왕 즉위 22년(535)이다.

12) 삼천기 : (원주) 지금의 영흥사. 흥륜사의 개창과 같은 시대다.

13) 용궁남 : (원주) 지금의 황룡사. 진흥왕 계유에 개창. ― 계유년은 진흥왕 14년(553).

14) 용궁북 : (원주) 지금의 분황사. 선덕왕 갑오에 개창. ― 갑오년은 선덕왕 3년(634).

15) 사천미 : (원주) 지금의 영묘사. 선덕왕 을미에 개창. ― 을미년은 선덕왕 4년(635).

16) 신유림 : (원주) 지금의 사천왕사. 문무왕 기묘에 개창. ― 기묘년은 문무왕 19년(679).

17) 서청전 : (원주) 지금의 담엄사.

18) 석가 부처의 제사[提祀] : 문자적 해석으로는 '석가의 사전祀典'이니, 예불禮佛 따위를 가리키는 듯하나 미상임. 아마 글자의 오탈誤脫이 있는 것 같다.

19) 속림 : (원주) 지금의 일선현. ― 지금의 경상북도 구미시.

20) 모록 : (원주) '祿(록)' 자는 '禮(예)' 자와 자형이 비슷한 데서 생긴 와전일 것이다. 『고기』에 의하면 법사가 처음 모록의 집으로 오매 그때엔 천지가 진동했고, 사람들은 그 중의 이름을

왕 즉위 3년, 그때 성국공주成國公主가 병이 들었다 무의巫醫21)는 누구도 그 병을 고치지 못했다. 왕은 사방으로 사자를 보내어 의사를 찾아오게 했다. 이때 아도가 문득 대궐로 들어가 그 병을 치유시켰다. 미추왕은 크게 기뻐하고 아도에게 소원을 물었다. 아도는 이렇게 대답했다.

'저에게 아무런 소망이 없습니다. 다만 천경림에다 절을 세우고 크게 불교를 일으켜, 이 나라를 복되도록 빌고 싶은 것뿐입니다.'

왕은 허락하고서 공사를 일으키도록 명했다. 당시 풍속이 질박 검소하여 띠풀을 엮어 집을 덮었다. 아도가 여기에 머물러 불법을 강설할 때에 때때로 천화天花22)가 떨어지곤 했다. 절 이름은 흥륜사興輪寺라 했다.

모록의 누이동생 사史씨가 아도에게 투신하여 여승이 되어 삼천기에다 절을 세우고 거주했다. 그 절은 영흥사永興寺23)라 이름했다.

그 뒤 오래지 않아 미추왕은 세상을 떠났다. 그러자 나라 사람들이 아도를 해치려고 했다. 아도는 모록의 집으로 되돌아갔다. 손수 무덤을 만들고, 그러고는 그 속에 들어가 문을 닫고 스스로 목숨을 끊어서, 다시는 세상에 나타나지 않았다. 이에 따라 불교 역시 폐지되었다.

알지 못하여 '아두삼마阿頭彡麼'라고 불렀다는 것이다. '삼마'란 곧 중을 일컫는 우리말이니 '사미沙彌'라고 말하는 것과 같다.
21) 무의 : 고대 무당의 직능 가운데 주요한 한 가지가 의약을 맡아 인간의 질병을 퇴치하는 일이었다. 때문에 무당이 곧 의사였다.
22) 천화 : '天華'라고도 함. 하늘 위의 묘화妙華, 또는 하늘의 꽃과 같이 묘한 꽃.
23) 영흥사 : 지금의 경주시 황남리에 있었다.

아도, 신라 불교의 기초를 놓다

제23대 법흥왕이 양나라 무제 13년 갑오(541)에 즉위하고 나서 부터는 불교가 흥왕하기 시작했다. 그것은 미추왕 2년 계미(263), 즉 아도화상이 어머니 고도녕의 지시를 받아 신라로 온 그해에서 252년째 나는 해의 일이다. 그래서 고도녕이 예언한 바 3천여 개월은 맞았던 것이다."

이상의 기록을 놓고 보면 『신라본기』의 기록과 「아도본비」의 두 설은 이처럼 서로 부합되지 않는다. 이 문제에 대해서 한번 논해 볼까 한다.

양과 당, 두 나라의 『승전』과 그리고 『삼국본사』에는 고구려·백제 두 나라에서의 불교의 시작이 동진 말기 효무제 연간이라 했으니, 순도와 아도 두 법사가 소수림왕 즉위 4년(374)에 고구려에 온 것은 명백하다. 따라서 이 기록은 잘못되지 않았다.

그런데 『신라본기』의 기록대로 만일 아도화상이 비처왕 때에 비로소 신라에 왔다면, 이것은 아도가 고구려에서 백 년이나 있다가 신라로 온 셈이 된다. 아무리 대성大聖의 출몰이 보통 사람과는 다르기로서니 반드시 다 그런 것은 아니다. 뿐만 아니라 신라에서의 불교 신봉이 이토록 늦지는 않을 것이다.

한편 「아도본비」의 전하는 바대로 아도가 신라로 온 것이 만일 미추왕 때의 일이라면, 이것은 아도가 고구려에 온 소수림왕 4년보다 백여 년을 앞선 셈이 된다. 그 시대에는 신라에 아직 문물·예교도 없었고, 국호도 정해지지 않고 있었는데, 어떻게 아도가 와서 불교의 신봉을 청할 만한 계제가 되겠는가. 뿐만 아니라 고구려에도 오지 않은 채로 신라로 건너뛰었다는 것은 불합리하다. 설령 미추왕 연대에 불교가 잠깐 흥기했다가 도로 폐멸되었다고 하더라도, 어떻게 그 사이 교계教界의 소식이 그토록 적막할 수 있었겠으며, 눌지왕 때에 보

3. 흥법興法

내온 그 향의 이름조차도 몰랐겠는가.

아도가 신라에 온 연대가 한 가지는 어찌 그리 뒤지고, 한 가지는 어찌 그리 앞설까?

생각하건대 불교가 동쪽으로 점점 번지던 형세는 필시 고구려·백제에 먼저 전파되고 신라엔 나중 들어왔을 것이다. 그렇다면 신라 눌지 연대는 고구려의 소수림 연대에 근접하느니만큼, 아도가 고구려에서 신라로 온 것은 틀림없이 눌지왕 때의 일일 것이다. 또 왕녀의 병을 치료했다는 것도 다 아도가 행한 일로 전하는 것을 보면, 이른바 '묵호자'란 것도 본명이 아니고 하나의 별명일 것이다. 그것은 양나라 사람들이 달마達摩[24]를 가리켜 '벽안호碧眼胡'라고 한 것이나, 진나라에서 석도안釋道安[25]을 조롱하여 '칠도인漆道人'이라 한 것과 같은 종류의 것이다.

즉 아도가 하나의 모험을 행하면서 타인들의 꺼려함을 피하느라 그 성명을 바로 대지 않았던 것 같다. 대개 당시 사람들이 그 들은 바에 따라 '묵호', '아도'의 두 가지 이름을 두고서 별개의 두 사람으로 간주하여 전한 것이리라. 더욱이 아도의 생김새가 묵호자와 흡사하다고 한 것으로 보아도 묵호자와 아도는 동일인임을 알 수 있다.

아도의 어머니 고도녕이 신라 서울 안 일곱 군데의 절터를 차례로 든 것은 곧 그 개창의 선후를 예언한 것이지만, 전승이 잘못되어 사

---

24) 달마 : 남인도 향지국 왕의 셋째 왕자로서 본국에서 교화를 펴다 양 무제 19년(520)에 중국으로 건너와 중국 선종의 시조가 된 이다. 숭산 소림사에서 9년 동안 매일 벽을 향해 좌선하여 득도한 일은 유명하다.
25) 석도안 : 진나라의 중으로 중국 불교의 개척자다. '석'은 불승들에 공통되는 성이니 그것은 교조 석가의 성을 따른 데서 온 것으로, 바로 도안의 주장에 의해 성립된 것이다.

천미의 절터를 다섯째에 다 놓은 것이다.26) 그리고 그 '3천여 개월'이란 것도 꼭 그대로 믿을 것은 못 된다. 눌지왕 대에서 법흥왕 정미년丁未年27)(527년)까지는 1백여 년이 되는데, 만일 1천여 개월이라면 거의 닿는다. 성을 '아我'라 하고, 이름을 외글자인 '도'로 한 것은 거짓인 듯하나 자세히 알 수 없다.

다음, 북위의 중 담시曇始28)의 전기를 보면 다음과 같은 기록이 있다.

"담시는 관중關中29) 사람으로 출가한 뒤로 신이한 행적이 많았다. 동진 효무제 12년(384) 말에 경經·율律 수십 부를 가지고 요동에 가서 교화를 펴 3승三乘30)을 교수하며, 그 즉석에서 불계佛戒에 귀의시켰다. 대체로 이것이 고구려가 불교에 접한 시초이다.

동진 안제 9년(405)경에 담시는 다시 관중으로 돌아와서 그 부근 일대를 깨우쳐 인도했다.

담시는 그 발이 얼굴보다 더 희고, 아무리 진흙탕 속을 다녀도 발이 젖는 일이 없어 세상 사람들이 모두 그를 백족화상白足和尙이라 불렀다고 한다.

---

26) 전승이 잘못되어~놓은 것이다 : 『해동고승전』에 인용한 박인량의 『수이전』에는 사천미가 여섯째로, 그리고 다섯째는 신유림으로 되어 있는 것을 표준한 것이다.

27) 법흥왕 정미년 : 법흥왕 14년(527)은 신라에서의 불교 공인 연대임. 『삼국사기』에는 법흥왕 15년(528)으로 되어 있음.

28) 담시 : (원주) 일명 '혜시惠始'다. ― 담시는 초년은 동진 사람으로 살았는데, 동진이 멸망하고는 북위 사람으로 살았다. 그래서 소속 왕조가 두 가지로 나온다.

29) 관중 : 중국 섬서성의 위수渭水 분지 일대를 관중關中이라 했다..

30) 3승 : 성문聲聞·연각緣覺·보살菩薩에 대한 세 가지 교법. '승'은 물건을 실어 옮긴다는 뜻인데, 부처님의 교법도 중생을 실어 열반의 언덕에 이르게 하는 것이므로 이에 비유됨.

진나라 말기에 북방의 흉노인 혁련발발赫連勃勃[31]이 관중을 격파하고 무수히 사람을 죽었다. 그때 담시도 역시 화를 만났으나 칼을 맞아도 도무지 죽지 않았다. 발발은 감탄하고는 널리 승려들을 사면하고 모두 죽이지 않았다. 이에 담시는 산수 간에 숨어 두타행頭陀行[32]을 닦았다.

탁발도拓拔燾[33]가 다시 장안을 점령하고 위세를 떨쳤다. 그때 *박릉博陵에 최호崔皓란 자가 있어, 이단의 도[34]를 조금 습득하여 불교를 질시했다. 최호가 탁발도의 재상이 되어 그의 신임을 받자, 천사天師[35]인 구겸지寇謙之와 함께 탁발도에게 '불교는 무익하고 민생을 해치는 것'이라 하여 불교를 폐멸시키도록 권유했다.

대평大平[36] 말년 경, 담시는 바야흐로 탁발도를 감화시킬 때가 온 것을 알고 원회일元會日[37]에 문득 석장錫杖[38]을 짚고 궁궐 문 앞에 이르렀다. 탁발도는 담시가 나타났다는 말을 듣고 그를 죽이라고 명령했다.

여러 번 칼로 쳤으나 담시는 몸 한 군데도 다치지 않았다. 탁발도가 손수 칼질을 해 보았으나 역시 조금도 다치지 않았다. 그래서 북

---

31) 혁련발발 : 5호 16국의 하나인 하의 세조 무열제.
32) 두타행 : 두타(Dhuta)는 '수치修治'·'세완洗浣'·'기제棄除' 등으로 번역됨. 곧 번뇌의 티끌을 떨어 없애고, 의식주에 탐착하지 않으며, 청정하게 불도를 수행하는 것으로, 이 두타의 행하는 법에 12종이 있으나 '두타행'이라면 그 가운데서 흔히 걸식하는 행만을 의미하는 수가 많다.
33) 탁발도 : 북위의 태무제.
34) 이단의 도 : 곧 도교道敎를 가리킨다.
35) 천사 : 도교 교주의 호칭.
36) 대평 : 바로 탁발도의 연호 대평진군大平眞君의 약칭이다. 그 말년은 450년경이다.
37) 원회일 : 원단 조회의 날. 즉 1월 1일.
38) 석장 : 승려가 짚는 지팡이. 지팡이의 윗부분이 주석[錫]으로 만들어졌고, 한 개의 큰 고리에 여섯 개의 작은 고리가 꿰어져 있어 움직이면 소리가 나게 되어 있다. 우리나라에선 보통 육환장六環杖이라 부른다.

아도, 신라 불교의 기초를 놓다

쪽 뜰에 기르고 있는 호랑이에게 주었더니, 호랑이 역시 담시에게 감히 접근하지 못했다.

마침내 탁발도는 부끄러움과 두려움에 떨었다. 그러더니 그는 지독한 병에 걸렸다. 최호와 구겸지 역시 차례로 악질에 걸렸다. 탁발도는 그 죄과가 그들 최호와 구겸지 때문이라 하여, 두 사람의 집안을 멸족시키고 국내에 선포하여 불교를 크게 신장했다. 담시의 그 뒤 생사 행방은 알 수 없었다."

이상 담시의 전기를 두고 언급해 보면, 담시가 동진 효무제 말년 (396) 경 해동에 와서 안제 9년(405)경에 관중으로 되돌아갔다면 담시가 10여 년을 이 땅에 머문 셈이 되는데, 이곳 해동의 역사에는 그 기록이 없는 것은 무슨 까닭인가?

담시는 본래 괴이하기 한량없는 사람으로서 아도, 묵호, 마라나탄 들과 그 연대며 사적이 서로 공통되고 있으니, 세 사람 가운데 어느 한 사람이 필시 그 이름을 바꾼 게 아닌가 생각된다.

찬한다.
금교에 눈이 덮여 풀리지 않으니,
계림 땅엔 봄빛이 돌아오지 않았네.
어여쁜 봄의 신은 재치도 많아,
앞질러 모랑毛郞39)의 집 매화나무에 먼저 꽃을 피웠네.

---

39) 모랑 : 모례(禮)을 가리킴.

3. 흥법興法

이 편은 신라에 불교가 전래되는 과정에 관계되는 김대문의 『계림잡전鷄林雜傳』(『삼국사기』에 전재된 것), 「아도본비」, 북위 「담시전」의 세 가지 문헌에 있는 기록을 인용하고, 찬자의 견해를 밝혀 놓았다.

신라는 그 지리적인 여건이 크게 작용했지만 고구려와 백제에 비해 상당히 폐쇄적인 사회였다. 따라서 자체의 토착신앙 전통에 대한 집념이 무척 강했다. 이 집념의 벽을 무너뜨리고 이국 종교인 불교가 침투하기까지 오랜 시일과, 정방正方·멸구자滅垢疵 같은 순교자를 내는 등 여러 선교자의 노력이 필요했다. 그래서 위에서 본 바와 같이 불교 전래 과정에 관계되는 기록도 다기하다. 기록 가운데 「아도본비」는 특히 묵호자와 아도에 관한 김대문의 기록과는 내용이 판이하게 다르다. 신라 서울에 전 세상 부처 때의 일곱 가람 터가 제시되어 있고, 아도 당년, 그러니까 미추왕 때에 첫째 옛 가람 터인 금교 동쪽의 천경림에는 흥륜사가 세워졌고, 둘째 옛 가람터인 삼천기에는 영흥사가 세워지고 난 뒤 미추왕도 하세하고 아도도 죽어서 마침내 불교는 폐지되었다고 했다. 셋째 옛터인 용궁남 이하는 후세에 모두 절이 세워진 사실에 협주(원주)로 밝혀져 있다.

위와 같은 내용을 가진 「아도본비」는 도무지 정체를 알 수 없는 금석문이다. 어떻든 이 비문은 일곱 곳의 옛터에 절이 다 세워지고 난 뒤에 지어진 것이 확실한 만큼 성덕왕대의 이름 있는 학사 김대문의 『계림잡전』의 기록을 무시하고 불교의 신라 전래

경위를 다시 밝히는 비문을 지은 의도가 무엇인지 궁금하다. 물론 김용행이 일차 사료를 김대문과 현격하게 다른 것을 채택한 결과이겠지만, 그렇더라도 그런 채택의 의도는 여전히 문제로 남는다. 나는 이렇게 생각한다. 이 비문은 신라가 불교 공인 이후에도 토착신앙, 곧 신도를 국가적으로 온존溫存시키는 데 대한 하나의 저항이 아닐까 한다.

신라의 신도 보존정책은 진흥왕의 「마운령순수비」에 잘 드러나 있다. 비문에 "순풍順風이 불지 않으면 세상의 도덕이 참에서 어그러지고, 현화玄化가 펼쳐지지 않으면 사특한 행위가 서로 앞을 다툰다"고 했다. 불교공인으로 인해 신라가 새로 점령할 지역 백성들의 신앙·사상적 반발을 염려하여 민심을 위로하고자 세운 비의 첫머리에 신도의 바람을 불게 하고, 불교의 교화를 펼쳐야 함을 말하고 있다. 대립과 갈등을 겪은 신도와 불교를 다 같이 포용하겠다는 것이다. 비문의 '순풍'은 재래의 신도를, '현화'는 공인된 지 40여 년밖에 안 되는 불교를 말한다.

통치자로선 국가에 위해가 되지 않는 한 인민의 생활과 일체가 된 신도를 굳이 없애야 할 이유가 없다. 그래서 신라는 불교가 공인된 뒤에도 남산 밑에 남산 산신을 제사하기 위한 포석사鮑石祠를 나라가 마칠 때까지 운영했고, 문무왕과 김유신의 통일대업을 기리기 위한 감은사 낙성회의 일환으로 이견대利見臺에서 신도 제의를 벌리고 그 제의에서 사용한 강신대로써 만파식적 국보를 만들기도 했고, 그리고 헌강왕의 영매적 거조擧措가 있기까지 했었다. 이러한 신도 온존정책은 대체로 신불神佛의 습합·융화를 가져왔지만, 개인 또는 집단에 따라 신라 불국토 사상의

3. 흥법興法

완결주의자가 얼마든지 있을 수 있다. 그 불국토 완결주의자의 신도 온존에 대한 저항의 한 양상이 「아도비문」으로 표출된 것이 아닐까 한다. 왜냐하면 전 세상 부처 때의 일곱 군데 절터는 대체로 그곳이 신도의 신앙 행위가 이루어지던, 말하자면 '골맥이당' 같은 시설이 있었던 곳일 것이기 때문이다. 이들 신도의 성소聖所를 전 세상 부처 때의 절터로 인식하고, 그 터에 일곱 절을 다 세웠음을 선포하는 것은 불국토 완결주의자들에게 성공의 경하이지만, 신도에 대해서는 위압적이고 모욕적이기 때문이다. 『삼국유사』의 찬자 일연은 신라 불국토설을 신봉한 승려다. 그래서 신도에 관한 기록은 가급적 배제했기 때문에 7처 가람설에 대한 신도의 외형 내지 동태는 철저히 무시했던 것이다.

　＊최호는 북위 태무제 척발도 시대의 신임받은 유명한 학자이자 군략가며 정치가다. 동시대의 도교도인 구겸지가 도교를 개혁하여 신천사도新天師道를 수립할 때 척발도와 함께 적극 지지했다. 나중에 국사의 편찬을 총괄했는데, 척발도의 선대의 부정적인 일까지 모두 직서함으로써 9족을 멸하는 형벌을 당했다. 그런데 여기서 불교 폐멸을 탁발도에게 도교를 권유 사실 하나로 악질에 걸리고, 집안이 멸족 당했다고 하는 것은 인과응보의 잘못된 적용이다.

원종은 불법을 일으키고[1], 염촉은 순교하다

『신라본기』[2]에 의하면, '법흥대왕 즉위 14년(527)에 소신小臣 이차 돈異次頓이 불법 흥왕을 위해 제 몸을 없앴다고 했으니, 그것은 바로 양 무제 26년 정미(527)으로서 서축西竺[3]의 달마 대사가 금릉金陵[4] 으로 온 그해의 일이다. 그해에 낭지 법사朗智法師[5] 역시 영취산靈鷲 山[6]에서 처음으로 도량道場을 연 것으로 보면 대교大敎[7]의 흥쇠가 반 드시 원근遠近이 동시에 서로 감응하는 바에 있음을 알 수 있다.'

당나라 헌종 연간(806~820)에 남간사南澗寺[8]의 사문沙門 일념一念이 『촉향분예불결사문觸香墳禮佛結社文』을 찬술했는데, 이차돈의 순교에 관한 일을 퍽 자세히 실었다. 그 대략을 이끌어 오면 다음과 같다.

"옛날 법흥대왕이 대궐에 계시어 이 동방의 땅을 굽어 다스리셨다. 그때 왕은 이렇게 말씀하셨다.

'옛적 한漢나라 명제가 꿈에 감응을 받고 나서 불교가 동쪽으로 흘 러들었다. 나는 즉위하면서부터 창생을 위하여 복을 닦고 죄를 없게 할 처소를 만들려고 염원해 왔다.'

---

1) 원종은 불법을 일으키고 : (원주) 눌지왕대와의 시대 차가 1백여 년이다. — 원종原宗은 법흥왕 의 이름.
2) 『신라본기』 : 김부식의 『삼국사기』에는 이 기사가 없다. 『구삼국사』를 지칭한 것일 것이다.
3) 서축 : 서천축국西天竺國의 약칭으로 인도를 가리킴.
4) 금릉 : 중국 남경의 옛 이름. 강소성의 성도이다.
5) 낭지법사 : 신라 승려로 생몰년 미상이다. 다만 진흥왕대와 진평왕대 전후 시기에 활동한 것으 로 알려져 있다. 『삼국유사』 권8 「피은避隱」편에 그에 대한 설화가 있지만 번역에서 배제했음.
6) 영취산 : 경상남도 양산시에 있음. 바로 통도사의 소재지.
7) 대교 : 불교를 가리킴.
8) 남간사 : 경상북도 경주시 내남면에 있던 절임.

그러나 조정의 신하들9)은 왕의 그 깊으신 뜻은 헤아리지 못하고서 단지 치국의 대외만을 준봉할 뿐, 시인 창건의 신성한 생각을 좇지 않았다.

　법흥대왕은 탄식했다.

　'아아, 내가 부덕한 몸으로 대업大業을 계승하여 위로 음양의 조화가 부족하고, 아래로 백성들의 즐거움이 없으므로 정무의 여가에 마음을 불도에 두고 있으나, 누구와 함께 동반할 것인가!'

　그즈음 안으로 수양에 힘쓰는 이가 있어서 성을 박朴, 이름을 염촉厭觸10), 즉 이차돈異次頓이라 했다. 그 아버지는 누군지 알 수 없고, 할아버지는 아진阿珍이란 이로, 바로 갈문왕葛文王 습보習寶의 아들이다.11) 염촉은 대쪽과 같이 곧은 자질을 드러내고 거울같이 맑은 뜻을 품었으며, 선행을 많이 한 이의 증손이며 손자로서 조정의 측근으로 촉망되었고, 거룩한 왕조의 충신으로 태평성대의 시신侍臣이 되길 바

---

9) 조정의 신하들 : (원주) 공목工目 · 알공調恭 등이라고 『향전』에 밝혀져 있다.－이병도는 '工目'을 '上臣'의 잘못으로 보았다.

10) 염촉 : (원주) 혹은 '이차異次'라기도 하고, 혹은 '이처伊處'라고도 하니, 우리말 음의 다른 표기로써 이것을 한역하면 '厭염'이 된다. '촉'과 그리고 '頓 · 道 · 覩 · 獨' 등은 모두 글 쓰는 사람의 편의에 따라 쓴 것이다. 곧 조사다. 이제 윗말 '이차 · 이처'는 한역하고 아랫자 '촉 · 돈 · 도' 등은 조사로 번역하지 않기 때문에 '염촉' · '염도' 등이라 한 것이다. — '이차 · 이처'는 우리말('싫어함')의 음사로서, 양주동에 의하면 그것은 '이차 · 잋희'로 읽히고, 여기 원주에서도 알 수 있듯이 '염'의 뜻이다. 염촉이란 이름은 결국 훈차 자 '염'과 음차자 '촉'—촉 자 외에 돈 · 도 · 도 · 독 등의 글자도 씌었다고 원주에서 말하고 있다—으로 이루어진 것인데, 이것은 우리가 지금 항용 쓰고 있는 '이차돈'과 동의의 것이다. '염촉'이 일부 훈차, 일부 음차로 된 이름임에 대하여 '이차돈'은 전음차한 것이다.

11) 할아버지는~아들이다 : (원주) 신라 관등 17등급 중에 그 네 번째가 파진찬이다. 그것은 또 아진찬이라고도 한다. '종'과 '습보'는 이름이고, 신라인은 추봉한 왕을 모두 '갈문왕'이라 일컬었다. '갈문'이란 말의 뜻은 사신史臣도 미상이라고 말했다. 또 김용행이 찬한 「아도비」를 보면 사인(즉 염촉)의 순교 당시의 나이는 26세이고, 그 아버지는 길승吉升, 할아버지는 공한功漢, 증조부는 걸해대왕乞解大王이라 했다.

원종은 불법을 일으키고, 염촉은 순교하다

랐다. 그때 나이 22세, 사인舍人[12)의 직책에 있으면서 용안을 우러러 보아, 눈만 마주쳐도 뜻이 무엇인지 알았다.

그는 아뢰었다.

'신은 들으니 옛사람은 초부樵夫 목동 같은 미천한 자에게도 슬기를 물었다 하옵니다. 원컨대 소신이 중죄를 무릅쓰고라도 여쭙기를 바라옵니다.'

'네 알 바가 아니다.'

사인 염촉은 또 아뢰었다.

'나라를 위하여 몸을 없애는 것은 신하된 자의 큰 절개이요, 임금을 위하여 목숨을 바치는 것은 백성 된 자의 의리입니다. 폐하께서는 소신이 폐하의 뜻하시는 바를 그릇 전했다는 죄로 소신에게 형을 내려 목을 베십시오. 그러면 만민이 다 굴복하여 폐하의 교명敎命을 감히 어기지 못할 것입니다.'

왕은 응대했다.

'불법은 살을 베고 몸을 덜어서라도 한 마리 새를 살려 주려 하고, 피를 뿌리고 목숨을 끊어서라도 가축까지 불쌍히 여긴다. 나의 뜻은 사람을 이롭게 하려는 것인데 어찌 무죄한 사람을 죽일까 보냐. 네가 비록 공덕을 짓고자 하나 죄를 피하는 것이 좋으리라.'

사인은 또 말했다.

'모든 버리기 어려운 것들 가운데 목숨보다 더한 것은 없습니다. 그러나 소신은 저녁에 죽더라도 아침에 불법이 행해지면 불일佛日[13)이

---

12) 사인 : (원주) 신라 관직에 대사·소사 등이 있다. 대개 하사下士의 등급이다. – 궁중에서 국왕 또는 동궁을 받드는 근시직으로 추정된다.
13) 불일 : 부처를 해에 비유하며 일컫는 말. 해가 어두움을 없애는 것처럼 부처는 중생의 번뇌를

다시 중천에 오르고 거룩한 군주가 길이 편안하시게 될 것입니다.'

왕은 찬탄했다.

'난鸞과 봉鳳의 새끼는 어려서도 하늘에 솟구칠 마음을 지니고, 기러기와 고니의 새끼는 나면서부터 파도를 끊을 기세를 품는다더니, 네가 이와 같구나. 보살행菩薩行14)이라 할 만하구나.'

이에 대왕은 짐짓 위의를 정제하고 사방에 두루 형구刑具를 벌여 놓고 신하들을 불러들였다. 그리고는 문책하였다.

'그대들은 내가 절을 지으려 하는데 고의로 지체하며 어렵게 한다며15)?'

그러자 뭇 신하들은 전전긍긍, 황황히 그런 일이 없노라는 맹세를 지으며 손으로 동서를 가리킨다.

왕은 사인 염촉을 불러 힐책했다. 염촉은 자못 실색하여, 아무 대꾸가 없었다. 대왕은 분노했다. 그리고 염촉의 목을 베도록 명했다. 일을 맡은 관원은 염촉을 관아로 묶어 왔다.

염촉은 죽음에 임해 하늘이 성서로움을 나타내기를 발원했다. 그리고 형리刑吏는 그의 목을 베었다. 붉은 피가 아닌 흰 빛깔의 젖이 한 길이나 솟아올랐다.16) 하늘이 컴컴해지며 저녁 햇살이 광명을 감

없애므로 불일이라 함.

14) 보살행 : 보살이 부처가 되려고 수행하는, 자기와 남을 이롭게 하는 원만한 행동.

15) 고의로 지체하며 어렵게 한다며 : (원주) 『향전』에는 이차돈이 왕명이라고 하며 절을 창건하라는 뜻을 신하들에게 전달하였다. 이 사실을 군신들이 왕에게 아뢰매, 왕이 대노하여 왕명을 거짓으로 꾸며 전달했다는 이유로 이차돈을 형벌한 것이라 했다.

16) 염촉은 죽음에~길이나 솟아올랐다 : (원주) 『향전』에는 염촉이 서원하기를, "대성법왕이 불교를 일으키고자 하기에 내가 신명을 돌아보지 않고 얽힌 인연들을 버리오니, 하늘은 상서로움을 나타내어 두루 백성들에게 보이소서."라고 하자, 그 머리가 날아가 금강산(경주 북산) 꼭대기에 떨어졌다고 했다.

원종은 불법을 일으키고, 염촉은 순교하다

추고, 땅이 진동하며 빗방울이 꽃잎처럼 나부끼며 떨어져 내렸다.

왕은 슬퍼하여 용포 자락을 눈물에 적시고, 재상은 걱정하여 조관朝冠에 땀이 배었다. 샘물은 말라 고기며 자라들은 다투어 뛰어오르고, 나무는 부러져 원숭이가 몰려가며 울었다. 춘궁春宮[17]에서 말고삐를 나란히 했던 친구들은 피눈물 흘리며 서로 돌아보고, 달빛 비치는 궁정에서 소매를 맞잡던 벗들은 창자가 끊어질 듯 이별을 아쉬워했다. 관을 바라보고 곡소리를 들으니 부모를 여읜 듯했다. 모두들 말하기를 '개자추介子推[18]가 다리 살을 베어내던 것도 염촉의 충절에 견줄 수가 없고, 홍연弘演[19]이 배를 갈랐던 일도 그 어찌 염촉의 장렬함에 견줄 수 있겠는가.'라고 했다. 이것은 곧 임금님의 신앙심을 북돋우고, 아도의 본의를 성취시킨 것이니 바로 성자聖者다.

드디어 북산[20]의 서쪽 고개에 장사 지냈다. 내인內人[21]이 그를 애도하여 좋은 터를 잡아 난야蘭若[22]를 지어 자추사刺楸寺라 이름했다."

이로부터 집집마다 불공을 드려 대대로 영화를 얻고, 사람마다 불도를 행하며 불교의 이익을 깨닫게 되었다.

17) 춘궁 : '태자궁(太子宮)·세자궁'의 별칭. 동궁.
18) 개자추 : 춘추 시대 진나라 문공文公이 망명할 때 함께 따라가 고난을 겪었다. 문공이 몹시 굶주리자 자추는 제 다리 살을 베어 문공에게 먹였는데, 뒤에 귀국하여 문공의 푸대접을 받자 면산緜山에 숨어 나오지 않았다. 문공은 잘못을 뉘우치고 그 산에 불을 질러 자추가 나오길 바랐으나, 자추는 끝내 나오지 않고 그대로 타 죽었다 한다. 한식寒食이라는 절후는 자추가 타 죽은 날에 해당하며 그날은 일절 불을 때지 않고 찬밥을 먹었다 함.
19) 홍연 : 춘추 시대 위나라 패공이 오랑캐에게 죽임을 당하여, 간만 남은 것을 보고 사신 갔다가 돌아온 홍연이 그 앞에서 복명하고는, 자기 배를 가르고 그 패공의 간을 넣고는 죽었음.
20) 북산 : (원주) 곧 금강산이다. 『향전』에는 머리가 날아가 떨어진 곳에다 장사 지냈다는데, 이 글에서는 그런 말이 없으니 무슨 까닭인가.
21) 나인內人 : '아낙네'와 '나인'의 두 가지 뜻이 있는데, '나인'은 고려·조선시대에 임금과 왕비를 가까이서 모시던 내명부內命婦, 즉 궁녀다. 신라시대에도 궁녀는 반드시 있었을 터이니 여기 '내인'을 '나인'으로 읽었다.
22) 난야 : '아란야'의 약칭으로 비구의 수행에 알맞은 곳이란 뜻. 곧 절을 가리킴.

진흥대왕 즉위 5년 갑자(544)엔 대흥륜사大興輪寺를 지었고,23) 양梁 무제 46년(547)엔 그 나라의 사자 심호沈湖가 사리를 가져왔으며, 진陳 문제 6년(565)엔 그 나라 사자 유사劉思가 승려 명관明觀과 함께 불경을 받들어 왔다. 이리하여 절들은 별처럼 벌여 있고, 탑들은 기러기의 행렬처럼 늘어서게 되었다. 법당法幢24)을 세우고 범종을 매어 다니 훌륭한 스님들은 세상의 복전福田이 되고, 대승·소승의 교법은 나라의 자운慈雲이 되었다. 다른 나라의 보살이 세상에 출현하고25), 서역의 명승이 이 강토에 강림했다. 이로 하여 삼한을 아울러 한 나라로 했고, 사해를 휩싸 한 집안을 삼았다. 그래서 불법이 높은 분의 이름은 계수나무26)에 씌어졌으며, 신이한 자취는 은하수에 비쳐졌다. 이 어찌 3성三聖27)의 위덕으로 이룬 것이 아니겠는가.

뒤에 국통國統28) 혜륭惠隆과, 법주法主29)효원孝圓 및 김상랑金相郎과 대통大統30) 녹풍鹿風과 대서성大書省31) 진노眞怒와 파진찬波珍飡32) 김

---

23) 진흥대왕~지었고 : (원주)『국사』와『향전』에 의하면 법흥왕 정미(527)에 개시하고, 21년 을묘(544)에 천경림을 벌채하여 공사를 일으켰는데, 대들보와 써까래의 재목들은 모두 그 숲에서 충분히 취해 쓸 수 있었으며, 주춧돌과 석감石龕도 모두 그곳에서 취해 써서 진흥왕 갑자(544)에 이르러 절이 낙성되었으므로 '갑자'라고 한 것이니,『승전』에 진흥왕 7년(병인)이라 한 것은 잘못이다. ― 여기『승진』은『해동고승전』이다.

24) 법당 : 장대 끝에 용머리 모양을 만들고 깃발을 달아 드리운 시설. 불·보살의 위신과 공덕을 표징한 장엄구莊嚴具로서 불전이나 불당 앞에 세운다.

25) 다른~출현하고 : (원주) 분황사芬皇寺의 진나陳那보살, 부석사浮石寺의 보개寶蓋보살, 낙산洛山·오대五臺 등에 이르기까지를 말한다.

26) 계수나무 : 원문 '天銀之樹'는 미상이다. 잠정적으로 '계수나무'라 해둔다.

27) 삼성 : (원주) 곧 아도·법흥·염촉을 말한다.

28) 국통 : 승려의 관직.

29) 법주 : 승려의 관직.

30) 대통 : 승려의 관직.

31) 대서성 : 승려의 관직.

32) 파진찬 : 신라 17관등의 제 4위.

원종은 불법을 일으키고, 염촉은 순교하다

억金嶷 등이 염촉의 무덤을 고치고 큰 비석을 세웠다. 그것은 당 헌종 12년, 즉 41대 헌덕왕 9년 정유(817) 8월 5일의 일이었다.

흥륜사의 영수 선사永秀禪師[33]가 무덤에 예불할 향도香徒들을 모아 결사結社하고, 매월 5일에 그 영혼의 묘원妙願을 위해 단을 베풀고 범회梵會를 하였다."

또 『향전』에는 동향의 노인들이 매양 그가 돌아간 날 아침을 맞이하면 흥륜사에서 모임을 갖는다 했으니, 이달 초닷샛날은 바로 염촉이 목숨을 버려 순교하던 날이다.

감개롭다. 그 임금이 없었던들 그 신하가 없었고, 그 신하가 없었던들 그 공덕은 없었으리! 유현덕과 제갈량의 고기와 물과 같은 그 관계, 구름과 용의 감응과도 같은 일이라 하겠다.

법흥왕은 한때 폐해졌던 것을 들추어 일으켜 절을 세우고, 절이 완성되자 면류관을 벗고 방포方袍[34]를 입었으며 궁중에 있는 친척들을 절 노비[35]로 삼았다. 그리고 그 절을 주지하며 몸소 널리 대중을 교화시키는 일에 임했다.

진흥왕은 이에 법흥왕의 덕을 이어받은 성인으로서, 왕위에 나아가 위엄으로 백관들을 잘 통솔하여 왕명이 다 갖춰졌으므로 법흥왕이 세운 그 절에 대왕흥륜사大王興輪寺란 이름을 내렸다.

---

33) 영수 선사 : (원주) 당시 유가瑜伽의 승려들을 '선사'라고 일컬었다.
34) 방포 : 비구니가 입는 세 종류의 가사. 모두 네모진 옷이므로 '방포'라 함.
35) 절 노비 : (원주) 지금도 왕손'王孫'이라 일컫는다. 뒤에 태종무열왕 때 제상 김양도金良圖가 불법을 믿어 화보花寶와 연보蓮寶라는 두 딸을 내놓아 흥륜사의 종으로 삼았고, 또 역적 모척毛尺의 가족을 적몰하여 종으로 삼았으니, 후예가 지금까지 끊어지지 않고 있다.

전왕前王 법흥의 성은 김씨, 출가한 법명은 법운法雲, 자는 법공法空이라 했다.36)『책부원귀冊府元龜』37)에는 성은 모募, 이름은 진秦이라 했다. 처음 절 창건 공사를 시작하던 을묘(535)에 왕비 역시 영흥사永興寺를 개창하고, 모록의 누이동생 사씨의 유풍을 흠모하여 왕과 함께 머리를 깎고 중이 되었다. 법명을 묘법妙法이라 하고, 영흥사에 머물다 몇 해 뒤에 하세하셨다.

『국사』에 의하면 진평왕 즉위 36년(614)에 영흥사의 소상塑像이 저절로 무너지며, 진흥왕비 비구니38)가 돌아가셨다고 했다. 그런데 진흥왕은 법흥왕의 조카이고, 그 왕비 사도부인思刀夫人 박씨는 모량리 각간 영실英失의 따님으로서 역시 출가하여 중이 되긴 했으나 영흥사를 세운 주인은 아니다. 그러므로 『국사』의 '진흥왕의 비妃인 비구니'란 구절에서, 진眞 자는 마땅히 법法 자로 고쳐 '법흥왕비 비구니'로 보아야 한다고 생각된다. 즉 『국사』의 그 기록은 법흥왕비 파조부인巴刁夫人이 중이 되었다가 돌아가신 사실을 말한 듯한데, 이분이 바로 그 영흥사를 짓고 소상을 세운 주인이기 때문이다.

법흥왕과 진흥왕이 왕위를 버리고 승려가 된 사실을 사록에 기록하지 않았던 것은, 세상을 통치하는 훈계가 아니기 때문이다.

또 양나라 무제 대통大通 원년, 즉 법흥왕 즉위 14년 정미(527)에

---

36) 전왕~했다 : (원주)『승전』의 제설에도 법흥왕의 왕비가 출가하여 법명을 '법운'이라 했다고 하고, 또 진흥왕도 '법운'이라 하는가 하면, 진흥왕비도 '법운'이라 이름했다고 하니 의심스럽고 혼동된 것이 자못 많다.

37)『책부원귀』: 북송 진종 때 편찬된 유서類書.

38) 비구니(Bhiksuni) : '걸사녀乞士女'·'근사녀勤事女'로 번역됨. 여자로서 출가하여 348계를 받아 지니는 이를 가리킨다. 여자는 업장이 두터우므로 비구[남승]가 지키는 계율보다 더 많은 계율을 지켜야 한다고 했다.

원종은 불법을 일으키고, 염촉은 순교하다

양나라 임금을 위하여 웅천주에다 절을 세우고, 이름을 대통사大通寺라 했다.39)

　찬한다.
　원종 [법흥왕]
　거룩한 지혜는 만세를 꾀하나니
　구구한 세론 따윌 조금도 따질 것 없네.
　✿법륜法輪이 풀려 금륜金輪을 쫓아 구르고,
　순일舜日40)은 바야흐로 불일佛日을 떠올리네.

　염촉 [이차돈]
　놀랍다 의를 쫓아 삶을 가벼이 했구나!
　천화와 젖빛 피는 더욱 느꺼워라.
　문득 한 칼 아래 목숨 없어진 뒤
　절마다 쇠북 소리 서울을 울렸어라.

---

39) 또~했다 : (원주) 웅천주는 곧 공주이니 그때 신라에 속해 있었기 때문이다. 그러나 절을 세운 연대는 대통 원년 정미는 아닐 터이고, 중대통中大通 원년 기유년에 창건했을 것이다. 흥륜사를 창건하기 시작했던 정미년에는 미처 다른 군에 절을 세울 겨를이 없었다. — 중대통은 양무제의 연호로, 그 원년은 법흥왕 즉위 16년(529년)에 해당한다. 그러나 그즈음 웅천주가 신라에 속해 있었다는 것은 확실하지 않다.
40) 순일 : 태평성세를 '순일요년舜日堯年'이라 한다.

3. 흥법興法

이 편의 핵심은 왕실의 신불과 이차돈의 순교다. 눌지왕대에 전래된 불교는 왕실의 솔선적 신앙을 받아 왔다. 그러나 귀족들은 거부감을 가지고 있었다. 법흥왕은 율령을 반포하는 등 왕권을 강화하여 중앙집권적 체제를 추진하는 중이고, 그 일환으로 왕실이 믿어온 불교를 공인하는 의미로 국가적 사찰의 건립을 필요로 했다. 이 과정에 귀족들의 강한 저항에 부딪히게 되자 왕의 근시직에 있던 이차돈이 사찰 건립의 성사를 위해 솔선하여 희생양이 된 것이다. 이기백은, 법흥왕과 화백회의의 의견 대립으로 왕이 자기의 뜻과는 어긋나게 뭇 신하의 압력을 받아 사찰, 즉 흥륜사 창건을 담당하고 있던 이차돈을 처형했다고 했다고 했다. 그리고 신종원은 불교가 정착해 가는 과정에 전통적인 가치관과 대립하면서 발생한 갈등의 결과로 이해했다.

✽찬에서 보인 '법륜'은 불교의 교법을 상징한 말이다. 부처님의 교법이 중생의 번뇌나 망상을 없애는 것이 마치 전륜성왕轉輪聖王[41)의 윤보輪寶가 산과 바위를 부수는 것 같다고 해서 '법륜'이라 한다. 한편 교법은 한 사람에게나 한곳에 머물러 있지 않고 늘 굴러서 여러 사람에게 이르는 것이므로, 그것이 수레바퀴 같다고 해서 그렇게 부른 것이다.

다음 '금륜'은 '금륜보' 또는 '윤보'라고 하니 전륜성왕이 즉위

---

41) 전륜성왕 : 수미사주의 세계를 통치한다는 대왕.

할 때에 동방에 나타나 광명을 내뿜으며 왕에게 와서 그 다스림을 돕는다는 하늘의 금강륜보金剛輪寶를 말한다. '금륜'은 여기서 왕권을 상징한다. '법륜이 풀려 금륜을 쫓아 굴렀다.'는 말은 곧 불교가 법흥왕의 왕권에 힘입어 널리 퍼졌다는 의미이다. 그리고 '순일'은 곧 태평성세를 의미하고, '불일'은 부처님을 태양에 비유하여 일컫는 말이다.

3. 흥법興法

법왕, 살생을 금하다

　백제 제29대 법왕法王, 이름은 선宣 또는 효순孝順이라고 한다. 수隋 나라 문제 19년 기미(599)에 즉위했다.

　즉위하던 해 겨울에 왕은 조칙을 내려 살생을 금했다. 민가에서 기르고 있던 매 종류들을 놓아 보내게 하고, 고기잡이며 사냥 도구는 불태워 버리게 하는 등 일체 살생을 금지했다.

　그 이듬해에는 승려 30명을 입도시키고, 그리고 당시 서울 사비성에다 왕흥사王興寺를 창건하기로 했다. 법왕은 겨우 그 기초를 세우다가 승하했다. 무왕武王이 즉위하여 아버지가 기초한 사업을 계승하여 수십여 년을 지나 낙성하였다. 그 절은 또 미륵사彌勒寺라고도 이름한다.[1] 산을 등지고 물을 앞한 데다, 꽃이며 나무들이 또한 빼어나게 고와서, 네 철의 아름다움이 갖추어져 있었다. 왕은 매양 배를 타고 강물을 따라 절에 와서는, 그 경치의 장려함을 감상하곤 했다.[2]

　찬한다
　짐승들에게도 너그러움 베풀매 은혜로움은 천산에 미치고,
　돼지와 고기들에게까지 혜택이 넉넉하매 인자로움은 사해에

---

1) 그~이룩한다 : 왕흥사와 미륵사는 다른데, 여기서 같은 절로 안 것은 착각이다.
2) 그~했다 : (원주) 이 기록은 『고기』에 실려 있는 것과 조금 다르다. 무왕은 그의 어머니가 용과 교통하여 낳은 이로, 아명兒名은 '서동薯童', 시호는 '무왕武王'이라 했다. 그리고 절은 처음에 그 왕비와 함께 창건한 것이라 했다.

넘쳤어라.

갑작스레 별세한다고 성군을 나무라지 말라,

상계의 도솔천엔 바야흐로 꽃다운 봄이 한창이리니.

3. 흥법興法

보장왕이 도교를 받들매, 보덕이 암자를 날려 옮기다

「고려본기高麗本記」[1])에 이런 기록이 있다.

"고구려 말기, 당나라의 고조·태종 연간에 고구려 사람들이 다투어 오두미교五斗米教[2])를 신봉했다. 당 고조가 이 소식을 듣고서 도사道士를 파견하여 천존상天尊像[3])을 보내어 오고, 그리고 도덕경道德經[4])을 강설하게 했다. 왕과 백성들은 그 강설을 들었다. 이것은 바로 27대 영류왕榮留王 즉위 7년, 즉 당 고조 7년 갑신(624)의 일이었다.

그 이듬해에 고구려에서 당나라로 사신을 보내어 불교와 도교를 연구해 오게 했다. 당 고조는 허락했다.

보장왕이 즉위(642)하자 역시 유儒·불佛·도道의 3교를 동시에 흥성하도록 하려고 했다. 당시 총애받는 재상 개소문蓋蘇文[5])은 왕을 설유하여 고구려에 유교와 불교는 성하나 도교만이 성하지 못하다고 하여, 당나라로 사신을 특파하여 도교를 탐구해 오게 했다. 그때 보덕화상普德和尙은 반룡사[6])에 있으면서, 사도邪道가 정도正道에 맞서면 국가의 장래가 위태해질 것을 걱정하여, 누차 왕에게 진언했으나 들

---

1) 『고려본기』: 『구삼국사』의 「고려본기」인 듯.
2) 오두미교 : 즉 도교를 가리킴. 처음에 신도들에게 알곡 5두씩을 받았기 때문에 한 이름이다. 도교는 후한의 장도릉이 부적·주술 따위를 사용하는 민간신앙으로 시작하여 당나라 때 성했다.
3) 천존상 : 도교에서는 천신을 일컬어 '천존'이라고 한다. 원시천존元始天尊·영보천존靈寶天尊 따위가 있다.
4) 도덕경 : 노자老子가 지었다는, 도가사상의 종지가 담긴 책으로 일명 『노자』이니, '경'자가 붙은 것은 후세 도교에서 이용한 데서 유래한 것이다.
5) 개소문 : 곧 연개소문이다. 고구려 말기의 정치가로, 642년 영류왕을 시해하고 보장왕을 세워 독재정치를 펼쳤던 인물이다.
6) 반룡사 : 평안남도 용강군에 있었던 절.

어 주지 않았다.

그러자 보덕화상은 신통력을 써서 반룡사의 방장方丈[7]을 날려 남쪽으로 완산주[8]의 고대산孤大山에 옮겨가 거처했다. 당 고종 원년, 즉 보장왕 즉위 9년 경술(650) 6월[9]의 일이었다.[10] 그 뒤 오래지 않아 고구려는 망했다. 지금의 경복사景福寺에 있는 비래방장飛來方丈이 바로 그 보덕화상이 날려온 방장이다."

비래방장에 대해 읊은 이자현李資玄의 시가 아직 절에 남아있고, 김부식이 쓴 전기가 세상에 나돌고 있다.

『당서唐書』를 보면 위의 사건에 앞서 수 양제가 고구려의 요동遼東 땅을 정벌하러 왔을 때, 그 휘하에 양명羊皿이란 비장裨將이 있었다. 전쟁이 불리하여 양명이 전사하면서 이러한 맹서를 하고 죽었다.

"내 반드시 저 나라[11]에 다시 태어나 총신寵臣이 되어 나라를 망하게 하고 말리라."

개소문이 정권을 독점함에 이르러 성씨를 '개盖'씨라 했다. 바로 '양명羊皿'이란 두 글자와 맞아떨어진다.

『고구려고기高句麗古記』에는 다음과 같은 얘기가 있다.

"수 양제 8년, 즉 고구려 영양왕 23년 임신(612)에 30만 군사를 거

---

7) 방장 : 절의 주지가 거처하는 방. 사방이 1장 되는 방.
8) 완산주 : 지금의 전라북도 전주시.
9) 보장왕 즉위 9년 6월 : (원주) 보덕의 『본전』에는 건봉 2년 정묘(667) 3월 3일이라고 했다.
10) 고구려는 망했다. : (원주) 총장 원년 무진(668)에 나라가 멸망했으니 보덕이 방장을 옮겨간 경술년에서 떨어지기 19년이다. ― 총장은 당 고종의 연호다.
11) 저 나라 : '고구려'를 가리킨다.

334

느리고 바다를 건너 쳐들어왔다. 양제 10년, 즉 영양왕 25년 갑술 (614) 10월에 고구려 왕[12]은 양제에게 글을 보내어 항복을 빌었다. 그때 어떤 사람이 품속에다 조그만 강궁強弓을 몰래 간직하고서, 국 서國書를 가지고 가는 사자를 따라가 양제가 머물고 있는 배 안으로 들어갔다. 양제가 고구려의 국서를 받아 읽는 사이에, 그 사람은 품 속의 강궁으로 양제의 가슴팍을 맞혔다.

양제는 군사를 돌이키며 그 측근들에게 말했다.

'내가 천하의 주인으로서 몸소 일개 소국을 정벌하다가 이로움을 보지 못하고 돌아가니, 실로 만대의 웃음거리다.'

우상右相 양명羊皿이 있다가 이렇게 아뢰는 것이었다.

'제가 죽어서 고구려의 대신으로 태어나겠습니다. 그래서 꼭 멸국 滅國시키어 제왕의 원수를 갚겠습니다.'

양제가 죽고 난 뒤, 양명은 고구려에 태어났다. 나이 열다섯 살, 총 명·영걸스러웠다. 당시 무양왕武楊王[13]이 그의 뛰어남을 듣고 불러 들여 신하로 삼았다. 그는 자칭하여 성을 개蓋, 이름은 금金이라 했 다. 지위가 소문蘇文에까지 이르렀으니, 소문은 곧 시중侍中에 해당되 는 직책이다.[14]

개금은 왕에게 진언했다.

---

12) 고구려 왕 : (원주) 이때가 제26대 영양왕 재위 25년(614)이었다.
13) 무양왕 : (원주)『국사』에 영류왕의 이름은 건무建武, 또는 건성建成이라 했는데 여기서 '무양' 이라고 함은 미상이다.
14) 소문 : (원주)『당서』에는 개소문이 자칭 '막리지莫離支'라 하니 중서령과 같은 것이라 했고, 또 『신지비사神誌祕詞』(책이 전하지 않으므로 언제 누가 지었는지는 모르나, 아마 지리도참 에 관한 책인 듯)의 서문을 보면, "소문 대영홍大英弘이 서序하고 아울러 주注하다"고 했으 니, '소문'이 직명인 것이 분명하다. 그런데 전傳에는 "문인文人 소영홍이 서하다"라고 했으 니, 어느 것이 옳은지 자세하지 않다.

보장왕이 도교를 받들매, 보덕이 암자를 날려 옮기다

'솥에는 세 개의 발이 있고, 나라에는 3교三敎가 있는 법입니다. 신臣이 살펴보니, 나라 안에 단지 유교·불교만 있고 도교가 없습니다. 그러므로 나라가 위태롭습니다.'

왕은 개금의 말을 그럴싸하게 여기고 당나라에 요청했더니, 당 태종은 서달敍達[15] 등의 도사 8명을 보내 주었다.[16] 왕은 기뻐하며 불교의 사찰을 도관道館[17]으로 바꾸고 도사道士를 높여 유사儒士의 위에 처하게 했다.

도사들은 국내를 돌아다니며 유명한 산천을 진압했다. 옛 평양성의 형세가 초승달 모양으로 되어 있는 것이 못마땅하여, 그들은 주문으로 남하南河의 용을 시켜 만월형滿月形의 성으로 덧쌓도록 했다. 그리고 이름을 용언성龍堰城이라 하고, 참讖[18]을 지어 용언도龍堰堵라기도 하고, 또 천년보장도千年寶藏堵라고도 했다. 그들은 그곳에 있는 신령한 바위[19]를 깨트려 버리기도 했다.[20]

개금은 또 진언하여 나라의 동북에서 서남으로 장성을 쌓도록 했

---

15) 서달 : (원주)『삼국사기』에는 '叔達'로 되어 있음.
16) 8명을 보내 주었다 : (원주)『국사』에는 무덕 8년 을유에 사자를 당나라에 보내어 불교와 도교를 구하니 당제가 이를 허락했다고 했다. 이에 의거해 본다면 양명이 갑술년에 죽어 이 땅에 환생했다면 그 나이가 겨우 10여 세인데, 재상의 직위로 왕을 설득하여 사자를 당나라에 보내어 도교를 요청했다 하니, 그 연월에 반드시 어느 한 곳의 잘못이 있을 것이다. 그러므로 둘 다 기록해 둔다. — 무덕 8년은 당 고조 8년(625), 갑술년은 수 양제 10년, 즉 고구려 영양왕 즉위 25년(614)이다.
17) 도관 : 불교의 사찰과 같은 성격의 도교의 종교적 집회장.
18) 참 : 후일 어떤 징험으로 나타날 의미를 품은 어휘·문구 따위.
19) 신령한 바위 : (원주) 속설에 '도제암都帝巖'이라고도 하고, 또한 '조천석朝天石'이라고도 한다. 옛날에 성제聖帝(동명왕)가 이 바위를 타고 상제에게 조현朝見했기 때문에 한 이름들이다.
20) 도사들은~했다 : 당나라의 서달 등 8명의 조사들은 고구려에 와서 풍수도참적으로 고구려에 해가 되는 짓을 갖가지로 해, 내심으로 고구려 빨리 망하게 하려 했다.

3. 흥법興法

다.21) 그때 남자는 모두 그 축성의 부역에 징용되고, 여자가 대신 농경을 했다. 공사는 16년 만에 끝났다.

보장왕대에 이르러 당 태종이 몸소 6군을 거느리고 쳐들어왔다. 그러나 불리하여 되돌아갔다.

당 고종 19년, 즉 보장왕 27년(668)에 우상右相 유인궤와 대장군 이적과, 그리고 신라의 김인문 등이 함께 공격해 와서, 나라를 멸하고 왕을 사로잡아 당나라로 데리고 갔다. 그러자 보장왕의 서자22)가 4천여 호를 데리고 신라로 투항했다.23)

요나라 도종道宗 즉위 37년, 즉 선종宣宗24) 8년 신미(1091)에 승통僧統 우세祐世25)가 고대산 경복사의 비래방장에 와서 보덕 스님의 진영에 예를 드리고, 시를 지은 것이 있다.

　　열반涅槃 · 방등교方等教26)는,

　　우리 스님께서 전수하셨던 것.

　　(운운 云云)

---

21) 장성을 쌓도록 했다 : 『삼국사기』에는 영류왕 14년 2월에 왕이 민중을 동원하여 장성을 쌓기 시작했는데, 동북의 부여성에서 동남쪽으로 바다에 이르기까지 천여리千餘里, 그리고 16년 만에 공사가 끝났다고 했다.

22) 보장왕의 서자 : 안승安勝을 말하는 듯함.

23) 『고구려고기』～투항했다. : (원주) (『고기』의 기록이)『국사』의 기록과는 조금 다르기에 함께 기록해 둔다.

24) 선종 : 고구려 13대 왕.

25) 승통 우세 : 즉 대각국사大覺國師 의천義天임. 의천은 고구려 11대 문종文宗의 넷째 아들로 속명俗名은 后煦임.

26) 열반 · 방등교 : 즉 『열반경』의 교리와 『방등경』의 교리를 말함. 『방등경』이란 곧 대승경전의 총칭이다.

애석도 하구나, 방장을 날려 온 뒤,

동명왕의 옛나라 위태로워졌네.

그런데 이 시의 발문으로 다음과 같은 것이 있다.

"고구려의 보장왕은 도교에 미혹되어 불교를 믿지 않았다. 그러자 보덕 스님은 방을 날려 남쪽으로 이 산27)에 왔다. 그 뒤 고구려의 마령麻嶺에는 한 신인이 나타나 사람들에게 고하기를, '너희 나라의 망할 날이 곧 닥쳤느니라.'고 했다는 것이다."

이것은 『국사』의 기록과 부합되고, 나머지는 『본전本傳』과 그리고 『승전』에 다 실려 있다.

"보덕에겐 11인의 고제高弟가 있었다.

그 가운데 무상無上 화상和尙은 제자 금취金趣 등과 함께 금동사28)를 개창했고, 적멸寂滅과 의융義融 두 법사는 진구사29)를 창건하였으며, 지수智藪는 대승사30)를, 일승一乘은 심정心正·대원大原 등과 함께 대원사31)를, 수정水淨은 유마사32)를, 사대四大는 계육契育 등과 함께 중대사33)를, 개원화상開原和尙은 개원사34)를, 명덕明德은 연구사35)를 각각 개창했다. 그리고 개심開心과 보명普明도 전기가 있는데 다 본전과 같다."

---

27) 이 산 : 고대산.
28) 금동사 : 전라북도 진안군 마이산 부근에 있었다는 견해가 있음.
29) 진구사 : 전라북도 임실군 신평면에 있던 절.
30) 대승사 : 전라북도 전주시 완산구 동서학동에 있었다 하나 확실하지 않음.
31) 대원사 : 전라북도 전주시 모악산에 있던 절.
32) 유마사 : 전라북도 정읍군 칠보산에 있던 절.
33) 중대사 : 전라북도 진안군 성수산에 있던 절.
34) 개원사 : 충청북도 단양군 금수산에 있던 절.
35) 연구사 : 정확한 위치는 미상. 전라도 지방으로 추정.

찬한다.

서가의 도 깊고 넓어 바다련듯 다함 없어,

백천이 모여들 듯 유교·도교 복속해 오네.

우습다, 고구려 왕은 음습한 땅 봉封하느라,36)

와룡臥龍이 남쪽 바다37)로 옮겨감을 살피지 못하였네.

---

36) 음습한 땅 봉하느라 : 고구려 왕이 도교를 신봉함을 비하하는 표현.
37) 와룡이 남쪽 바다 : '와룡'은 보덕화상을 암유한 것. 보덕화상이 고구려에서 남쪽 완산주의
    고대산으로 방장을 옮겨 왔음을 말함. 『장자』에서 붕세가 남쪽 바다로 옮아감을 비유했음.

보장왕이 도교를 받들매, 보덕이 암자를 날려 옮기다

　고구려 말기 명승 보덕이 도교 수입에 반대하여 백제 땅 완산주(전주)로 옮겨 간 사실을 주제로 하고, 도교의 수입을 왕에게 건의한 연개소문을 고구려 멸망의 장본으로 부각한 기록이다. 결국 도교를 높이고 불교를 하대한 것이 망국의 원인이라는, 불교 입장을 본위로 한 아전인수적 논리다. 그러나 『고구려고기』의 기록에는 민족주의적인 기미가 농후하다. 고구려를 침공한 수 양제에 대한 적개심과, 특히 중국 도사들의 고구려에 대한 도참적인 작태의 고발이 그러하다. 초승달 모양의 옛 평양성을 남하南河의 용으로 하여금 만월형滿月形으로 덧쌓게 하는 등이 그것이다. 초승달은 앞으로 더 성할 여지가 충분하지만, 만월은 절정을 넘어 쇠잔해가는 것만이 남았기 때문이다. 『삼국유사』의 「태종 춘추공」에 나오는, 백제 멸망 당시 의자왕의 궁중 땅 속에 있는 거북의 등에 백제는 만월이, 신라는 초승달이 그려져 있었다는 설화와 같은 유형이다.

4. 탑상塔像

- 탑과 불상에 얽힌 이야기들

황룡사의 장륙

신라 제24대 진흥왕 즉위 14년 계유(553) 2월이다. 용궁 남쪽에 새로 대궐을 지으려는데 그곳에서 황룡이 나타났다. 그래서 대궐을 지으려던 계획을 바꾸어 절을 짓고 황룡사라 이름했다. 왕 즉위 기축(569)에 이르러 담장을 두르고 17년 만에야 겨우 공사를 끝냈다.

황룡사를 세운 지 오래되지 않아서다. 신라의 남쪽 바다에 큰 배한 척이 나타나 하곡현의 사포絲浦[1]에 와 닿았다. 그 배 안을 검색해보았더니 한 통의 통첩문이 나왔고, 그 내용은 이러한 것이었다.

"서축西竺의 아육왕阿育王은 황철 5만 7천 근, 황금 3만 푼[2]을 모아석가 3존[3]상을 주조하려다 이룩하지 못하고, 배에 실어 바다에 띄워보내면서 축원한다. '부디 인연 있는 국토에 이르러 장륙존상丈六尊像[4]으로 이루어지기를.' 아울러 모형으로써 한 부처와 두 보살[5]의 상을 실어 보낸다."

하곡현의 관리가 그 사실에 대한 보고서를 작성해 올렸다. 왕은 사자를 시켜 그 고을의 성 동쪽에 높고 습하지 않을 땅을 골라서 동축사[6]를 세우고, 그 모형 3존을 맞아 안치했다. 그리고 그 황금과 쇠는

---

1) 사포 : (원주) 지금 울주의 곡포다.
2) 황철 5만 7천 근, 황금 3만 푼 : (원주) 별전에는 쇠40만 7천 근과 금 1천 냥이라 하나, 잘못인 것 같다. 혹은 3만 7천 근이라고도 한다.
3) 석가 3존 : 석가여래와 좌우의 문수보살 · 보현보살의 상.
4) 장륙존상 : 1장 6척의 대불상. 석가의 실물대의 전신상임. 부처의 신장이 1장 6척이었다 함.
5) 한 부처와 두 보살 : 즉 석가불과 문수 · 보현의 두 보살.
6) 동축사 : 지금의 울산광역시 동구 동부동 마골산에 있다.

서울로 실어왔다. 진 선제 즉위 6년, 즉 왕 즉위 35년(574) 2월[7]에 그것으로 장륙존상을 주조했는데, 상은 실패 없이 단번에 이루어졌다. 불상의 무게가 3만 5천 7근, 황금 1만 1백 9십 8푼이 들었다. 이 3존상을 황룡사에 안치했다.

그 이듬해 불상에서 눈물이 흘러내려 발꿈치까지 이르러, 그 서 있는 바닥을 한 자가량이나 적셨다. 그것은 진흥대왕이 승하할 징조였다.

일설에는 황룡사의 장륙존상이 이루어진 것은 진평왕대라고 하나 잘못이다.

본 별본別本의 기록은 다음과 같다.

"아육왕은 서축西竺 대향화국大香華國에서 부처님이 세상을 떠난 후 1백 년 만에 태어났다. 왕은 진신眞身[8]께 공양하지 못하게 된 것을 한하여, 금과 쇠 약간을 거두어 불상을 주조하려고 했다. 그러나 3번을 거듭했으나 주조는 성공하지 못했다.

그때 아육왕의 태자가 유독 그 일에 참여하지 않았다. 왕이 나무라니 태자는 아뢰기를 '인연이 없이 단지 노력만으로는 공이 이루어지는 것이 아니기에, 그것이 이루어지지 않을 줄을 이미 알고 있었기 때문입니다'라고 했다. 왕은 태자의 말이 옳은 것 같아, 그 금과 쇠를 배에 실어 바다에 띄어 보냈다.

아육왕이 띄워 보낸 그 불상을 주조할 금과 쇠는 남염부제南閻浮

---

7) 왕 즉위 35년 3월 : 『사중기寺中記』에는 계사년 10월 17일이라 했다. — 계사년은 진흥왕 즉위 34년(573)을 가리킨다.
8) 진신 : 부처를 가리킴.

4. 탑상塔像

提[9])의 16개 대국과, 5백 중국과 1만의 소국, 그리고 8만 취락을 두루 거치지 않는 곳이 없었으나, 그 어느 곳에서도 불상 주조는 성공하지 못했다. 그리하여 그 금과 쇠가 최후로 신라국에 이르자, 진흥왕이 문잉림文仍林[10])에서 주조하여 불상은 드디어 이루어져, 불신佛身의 그 완전하게 생긴 크고 작은 모든 부분[11])을 빠짐없이 갖추었던 것이다.

'아육'이란 말은 훈역하여 '무우無憂'가 된다. 나중에 대덕大德[12])자장이 구도求道 차 당나라로 건너가서, 그 나라의 오대산[13])에 이르러 문수보살의 현신現身에 감응하여 비결을 받았다. 그리고 잇달아 다음과 같은 얘기를 들려주었다.

'너희 나라에 있는 황룡사는 바로 석가불과 가섭불[14])께서 설법하시던 곳으로, 그 좌선하시던 반석이 그대로 남아있다. 그러므로 천축의 무우왕이 황철 약간 근을 모아 바다로 띄워 보냈던 것이다. 그것이 1천 3백여 년이 지난 지금 너희 나라에 이르러 불상으로 이루어져 그 절에 안치되게 되었으니, 모두 거룩한 인연이 그렇게 되도록 시킨 것이다.[15])

----

9) 남염부제 : 수미산 4대주大州의 하나로, 수미산 남쪽에 있음. '남섬부주'라고도 함. 즉 우리가 사는 세계임.
10) 문잉림 : 신라 시대 경주에 있었던 숲. 천경림·신유림처럼 신도의 성소로 생각됨.
11) 불신이~부분 : 부처님에겐 32상호가 있다 한다.
12) 대덕 : 지혜와 덕망이 높은 승려에 대한 존칭. 또는 승직의 하나.
13) 오대산 : 중국 산서성山西省 오대현 동북에 소재.
14) 가섭불 : 석가 이전 과거 7불 중 제6불.
15) 본~것이다 : (원주)『별기』에 실려 있는 것과는 일치하지 않는다.

장륙존상이 이루어진 뒤 동축사에 안치했던 그 3존도 황룡사로 옮겨와 안치했다.

황룡사의 『사기寺記』에 의하면 진평왕 5년 갑진(554)에 금당金堂[16]이 조성되었고, 선덕왕 대에 그 절의 첫 주지로는 진골眞骨[17]인 환희사歡喜師였으며, 제2대 주지는 국통國統[18] 자장慈藏이고, 그다음은 국통 혜훈惠訓, 그 다음은 상률사廂律師였다.

전쟁[19]을 겪고 난 지금에는, 본존 대상大像과 두 보살상이 모두 녹아 없어지고, 작은 석가상만 남아 있다.

찬한다.
이 세상 어느 곳이 부처의 땅 아니랴만,
향화香火의 인연은 우리나라가 으뜸이리.
아육왕이 만들기 어려워서가 아니라,
월성의 옛 부처님 자취 찾아온 걸세.

---

16) 금당 : 보존불이나 혹은 고승의 영정을 모시는 불당. 절의 중심이 되는 불당.
17) 진골 : 신라 귀족의 칭호로 성골聖骨 다음이다.
18) 국통 : 국통은 승직임. 전 교계를 통솔하는 직책이다.
19) 전쟁 : 고려 고종 때의 몽골의 침략을 가리킴.

4. 탑상塔像

신라가 전세상 부처 때부터 불교와의 인연이 독실한 불국토임을 알리는 기록이다. 역대 최고의 호법왕인 아쇼카왕阿育王조차도 실패한 석가 장육상의 주조를 오직 신라만이 성공했다는 것이다. 아쇼카왕이 모은, 장육 3존상을 주조할 5만 7천 근의 황철과 3만 푼의 황금이 인연 있는 국토를 찾아 1천3백 년 동안 남염부제 16대국, 5백 중국, 1만 소국, 8만 취락을 돌았으나 모두 다 주조에 실패하고, 오직 신라에 이르러 드디어 성공했다는, 실로 유아독존적인 불국토 의식을 본다. 이렇듯 불국토로서의 국토의 신성화는 그 국토를 다스리는 국왕을 전륜성왕화轉輪聖王化하여 신성 존재로 올려놓게 된다. 장륙상의 주조는 법흥왕의 흥륜사 창건과 함께 궁극적으로는 왕권 강화를 위한 불교적 구축이다. 후에, 황룡사 장육과 9층탑, 그리고 진평왕의 천제가 내린 옥대는 중대中代의 성골 왕권을 상징하는 신성 부호가 되었다. 그리고 『삼국유사』의 찬자 일연이 신라 불국토 사상의 신봉자임은 그의 찬讚에 잘 드러나 있다.

황룡사의 9층탑

신라 제27대 선덕여왕 즉위 5년, 즉 당 태종 10년 병신년(636)에 자장 법사慈藏法師는 구도차 당나라로 건너갔다. 그곳 오대산에서 법사는 문수보살文殊菩薩의 계시에 접하고 법을 받았다.[1] 그때 문수보살은 자장에게 이런 말을 들려주었다.

"너희 나라 왕족은 천축의 찰제리종왕刹帝利種王[2]으로서 미리 불기佛記[3]를 받았었다. 따라서 인연이 특별하여 다른 야만스런 동방 오랑캐의 종족들과는 다르다. 그러나 산천이 험준한 까닭에 사람들의 마음됨이 추하고 사나워서 많이들 사도邪道를 믿는다. 그래서 간혹 천신이 재앙을 내린다. 그렇지만 경전 교설을 많이 듣는 비구比丘가 나라 안에 있어, 이로 하여 임금과 신하가 편안하고 뭇 백성들이 화평한 것이다."

말을 마치자 문수보살은 사라졌다. 자장은 비로소 그것이 대성大聖의 현신임을 깨닫고 감격하여 울면서 물러났다.

또 어느 날은 자장이 중국의 태화지太和池 가를 지나가고 있는데 홀연히 한 신인神人이 출현하여 물어 왔다.

"무엇 때문에 이곳엘 왔는가?"

---

1) 신라~받았다 : (원주) 자장의 본전에 자세히 보인다.
2) 찰제리종왕 : 고대 인도의 무사계급이며 왕족. 석가의 종족이 찰제리종이었다.
3) 불기 : 불기에는 '현기懸記'와 '기별記莂'이 있으니, 부처가 장차 올 일을 예언한 것은 현기, 그 제자들의 신상에 관해서 미래에 그들이 얻을 과보를 분별해 주는 것이 기별이다. 즉 불제자들에게 다음 세상에 성불하리란 것을 낱낱이 예언해 주는 교설을 주로 의미한다.

자장은 대답했다.

"보리[4]를 구하려고 해시입니다."

그 신인은 자장에게 합장했다. 그리고 또 물었다.

"그대의 나라엔 어떤 난관이 있는가?"

자장의 답변은 이러했다.

"우리나라는 북쪽으론 말갈과 잇닿았고, 남쪽으로는 왜인과 접한데다 고구려·백제 두 나라가 번갈아 가며 강토를 침범합니다. 이러한 이웃 나라들의 침입이 백성들의 환난이 되고 있습니다."

신인은 말했다.

"지금 그대 나라는 여왕을 모시고 있다. 덕은 있으나 위엄은 없는 것이다. 그렇기 때문에 이웃 나라들이 넘겨본다. 그대는 속히 본국으로 돌아가도록 하라."

자장은 고국에 돌아가 무엇을 어떻게 하면 도움이 되겠느냐고 신인에게 물었다.

신인은 이렇게 일러 주었다.

"황룡사의 호법룡護法龍은 나의 맏아들이다. 범왕梵王[5])의 명령을 받아 그 절을 보호하고 있다. 본국에 돌아가 그 절 안에 9층탑을 건립하면 이웃 나라가 항복하고, 구한九韓[6])이 조공해 올 것이며, 사직이 길이 편안하게 될 것이다. 탑을 건립한 뒤에 ＊8관회八關會[7])를 베풀고

---

4) 보리 : 불교 최고의 이상인 불타 정각의 지혜와 그리고 그 정각의 지혜를 얻기 위하여 닦는 도.
5) 범왕 : '범천왕'이라고도 함. 색계色界 초선천初禪天의 주인으로, 부처가 세상에 나올 때마다 반드시 제일 먼저 설법을 청한다고 한다.
6) 구한 : '구이九夷'의 의미로 씌었다. '구이'는 구종의 미개족.
7) 팔관회 : 팔관은 본래 재가신자들이 1주야 동안 받아 가지는 8가지 계를 지키는 것(해설 참조).

죄수들을 사면하면 외적들이 해치지 못할 것이다. 그리고 나를 위하여 그대 나라 경기 지방의 남쪽 언덕에 절을 짓고, 함께 나의 복을 빌어 주면 나 또한 그 은덕을 갚으리라."

말을 마치고 그 신인은 자장에게 옥을 받들어 올렸다. 그리고 이내 사라져버렸다.8)

당 태종 17년, 즉 선덕왕 즉위 12년 계모(643) (3월) 16일에 자장은 당나라 황제가 준 불경 및 불상과 가사와 그리고 폐백 등속을 가지고 본국으로 돌아왔다. 돌아와서 그는 9층탑 건립 문제를 왕에게 사뢰었다.

선덕왕은 군신들에게 문의했다. 군신들은 "탑을 세울 장인은 백제에서 청해 와야만 된다"고들 했다.

이리하여 보화를 주고 백제에 장인을 청했다. 그 장인의 이름은 아비지阿非知, 그는 명을 받고 신라로 왔다. 그리고 나무와 돌들을 재고 마르고 했다. 한편 이간伊干 용춘龍春9)은 보조 장인 2백 명을 데리고 일을 주관했다.

처음 찰주刹柱10)를 세우려던 날, 아비지는 자기의 고국인 백제가 멸망하는 꿈을 꾸었다. 아비지는 마침내 마음속에 깊은 의혹이 생겨 일손을 멈추었다.

그러자 대지가 진동하고 날이 어둑해지더니 한 노승과 한 장사가

---

8) 신인이~이내 사라져버렸다 : (원주) 「사중기」에는 자장이 중국 종남산(장안 남쪽에 있는 산)의 원향 圓香 선사에게서 건탑해야 할 이유를 청취했다고 한다.
9) 이간 용춘 : (원주) 또는 '용수'라고도 한다. ─ '이간'은 신라 17관등의 제2위인 '이찬'의 또 하나 다른 표기임. 용춘은 태종무열왕의 아버지다.
10) 찰주 : 탑의 중심에 있는 장대를 말함.

4. 탑상塔像

황룡사 금당의 문에서 나와 그 찰주를 세웠다. 그리고는 그 중과 장사는 어디론가 사라져 버렸다. 이런 일이 있자 아비지는 마음을 고쳐먹고 그 탑을 완성시켰다.

「찰주기刹柱記」에 적힌 바에 의하면 탑은 철반鐵盤 위의 높이는 42자, 철반 아래는 183자라 했다.

자장은 오대산에서 받아 온 사리 백 개를 나누어, 9층탑의 찰주 속과 그리고 통도사의 계단戒壇 및 태화사의 탑에다 봉안하여, 태화지용의 소청에 부응했다.11)

그 탑을 세운 뒤에 천지가 태평하게 되었고, 3한이 하나로 되었으니 이것이 탑의 영험이 아니고 무엇이랴.

탑을 세운 뒤의 일로서 고구려왕이 신라를 공벌하려다 이렇게 말했다. "신라에는 세 가지 보물이 있어서 범할 수가 없겠다. 그 세 가지 보물이란 무엇인가 하면 황룡사의 장륙존상丈六尊像과 9층탑, 그리고 하늘이 하사한 진평왕의 옥대가 그것들이다."

이렇게 신라의 3보를 말하고 나서 신라 침공 계획을 취소했던 것이다. 옛날 주나라에 아홉 솥[九鼎]12)이 있으므로 하여 초나라가 감히 주나라를 엿보지 못했던 것도 이런 유의 일이다.

찬한다.

신령이 받쳐 주는 탑, 서울에 우뚝이 서 있어,

날 듯한 용마루에 휘황히 금빛 어른거리네.

---

11) 태화사 : (원주) 아곡현 남쪽에 있다. 지금의 울주 땅이며, 역시 자장의 창건이다. ― 울주는 지금의 울산광역시.
12) 아홉 솥 : 상고 중국에서 나라를 세우는 것을 상징하던 솥. 아홉이란 수는 중국의 9주를 상징.

올라 보니 어찌 9한만이 굴복해 올 뿐이랴,

천지가 유달리 태평함을 이제야 알겠구나.

해동의 명현인 안홍安弘13)이 찬술한 「동도성립기東都成立記」에는 이런 대목이 있다.

"신라 제27대 여왕이 등극함으로써 비록 도道는 있으나 위엄이 없어 9한九韓이 침노해 왔다. 만일 용궁14) 남쪽 황룡사에 9층탑을 세운다면 이웃 나라들의 침노를 진압할 수 있다고 했다. 9층의 제1층은 일본日本, 제2층은 중화中華, 제3층은 오월吳越, 제4층은 탁라托羅, 제5층은 응유鷹遊, 제6층은 말갈靺鞨, 제7층은 단국丹國, 제8층은 여적女狄, 제9층은 예맥穢貊을 가리켰던 것이다."

다음 『국사』와 황룡사의 옛 기록을 살펴보면, 진흥왕 즉위 14년 절을 창건한 뒤 선덕왕대, 즉 당 태종 19년(645)에 9층탑이 비로소 건립되었다. 32대 효소왕 즉위 7년(698) 6월에 벼락이 떨어졌고,15) 33대 성덕왕 즉위 19년(720)에 탑을 중수했다. 다음 48대 경문왕 즉위 8년(868) 6월에 탑은 두 번째로 벼락을 맞아 같은 왕 때에 세 번째의 중수를 했다. 본조本朝16)에 이르러 광종 즉위 5년(953) 10월에 세 번째로 벼락이 떨어졌고, 현종 13년(1021)에 네 번째로 중수했다. 다

---

13) 안홍: 신라 승려. 진평왕 37년(615년) 수나라에 가서 법을 구함.
14) 용궁: 여기서는 대궐을 말함.
15) 32대~떨어졌고 : (원주) 절 내의 『고기』에는 성덕왕대라고 하나 잘못이다. 선덕왕 대에는 무술년이 없다 ― 효소왕 즉위 7년이 바로 무술년이다.
16) 본조 : 여기서는 '고려'를 뜻한다.

4. 탑상塔像

음은 정종 2년(1035)에 네 번째로 벼락이 떨어졌으며, 문종 18년
(1064)에 나싯 번째로 중수했다. 그 다음은 흰종 말년(1095)에 디섯
번째로 벼락이 떨어져 숙종 원년(1096)에 여섯 번째로 중수했다.

고종 25년(1238) 겨울, 서산병화西山兵火[17]로 탑과 장륙존상과 건
물 등 모두가 소실되고 말았다.

---

17) 서산병화 : 즉 몽골의 내침으로 인한 전쟁의 화.

「황룡사 장육」편에서는 신라가 전 세상 부처가 불법을 강설한 바 있는 불국토임을 천명했다면, 이 편에서는 불교로써 외적을 막고 나라를 안락하게 하는 호국불교를 내세웠다. 불국토관과 호국불교설, 호국불교설은 불교를 수용한 대부분의 나라들이 다 가져서 꼭 신라만에 한하는 사안은 아니나, 이 두 가지는 신라 불교를 제약하는 주요한 조건의 두 가지다. 이 두 가지를 황룡사가 중심에서 구현했다. 장륙존상과 9층탑이 그 구현물이다. 이 두 가지는 상고대 성골 왕권 시대 세 가지 국보 중의 두 가지다. 이 두 국보를 소지하고 여기에 관련되는 행사를 벌려온 황룡사는 명실 공히 신라 국찰國刹인 셈이다. 특히 9층탑은 선덕대왕이 여왕이기 때문에 받게 되는 왕권의 허약시虛弱視를 감쇄해 주는 권위의 상징으로서의 기능까지 가졌다.

＊8관회는 본래 재가 신자들이 1주야 동안 집을 떠나 승려들 거주지로 가서 출가자의 생활을 학습하는 것을 이른다. '8'은 여덟 가지 재계, '관關'은 '닫다閉'의 뜻인데, 계戒에는 악을 닫는 작용이 있기 때문에 '8관'이라 했다.

능히 8계를 집지執持하여 신身·구口·의意 3업의 악행을 방지할 수 있기 때문에 악의 문을 닫게 된다는 의미다. 8계란 '산 것을 죽이지 말 것', '도둑질을 하지 말 것', '음란하지 말 것', '거짓말을 하지 말 것', '술을 마시지 말 것' 등이다. 그런데 신라 8관회는 중국 남조南朝의 영향을 받아 '망자亡者를 위하여 재계하는 것'을 중시한다는 견해가 있다. 즉 진흥왕 때 전몰 장병을 위하여 7일 동안 8관회를 연 것은 바로 이 남조 불교의 영향이라는 것이다.

8관회에는 화랑의 구실이 컸으며, 호국적 성격도 강하게 띄었다. 그리고 신라의 토착 신앙 천령天靈 · 5악 · 명산 · 대천 · 용신 신앙, 즉 신도를 행하는 계기로 발전되었다. 팔관회는 신라에서만 뿌리 깊은 행사로 그치지 않고, 궁예의 태봉국에서도 행했으며, 고려 왕건은 그의 「훈요 10조」에서 자기 이후 왕들이 8관회를 행하는 것이 '지원至願'이라 했다. 고려의 경우 중동仲冬은 개경, 맹동孟冬은 서경에서 행했는데, 이미 불교적 수행법회와는 거리가 멀게 음주가무도 동반되는 축제적 제의로 변화되어, 추수 감사의 성격을 띤 옛 제천의 행사를 대신하게 됐다. 팔관회의 이런 변화는 삼국통일 이후 점진적으로 진행되어, 마침내 조대朝代를 초월한 민족의 대제전이 되었다. 팔관회는 성종의 모화주의로 하여 잠시 중단되었으나 고려 말까지 지속되었다.

세 가지 경우의 관음, 중생사1)

신라 『고전』에 전하는 바다.

중국의 어느 황제에겐 총애하는 한 여자가 있었는데 아름답기 짝이 없었다. 황제는 고금의 인물화를 두루 보았어도 그토록 아름다운 모습은 드물다고 해서, 한 우수한 화가에게 명하여 모습을 그리게 했다.2)

그 화가는 황제의 명을 받들어 그림을 완성했다 그런데 그 완성된 그림에 잘못 붓을 떨어뜨려 화상의 배꼽 아래에 붉은 점이 찍혀지고 말았다. 수정하려고 했으나 되지 않았다. 화가는 마음속으로 붉은 점은 필시 천생의 것이라고 생각되어, 그대로 일을 마쳐 황제에게 바쳤다.

황제는 그림을 보고 나서 말했다.

"형상만은 실물과 거의 똑같이 되었다. 그러나 이 배꼽 아래 점은 은밀히 감추어진 것인데, 어떻게 알고서 이것까지도 그려 넣었단 말이냐?"

황제는 크게 노하여 그 화가를 감옥에 가두고 형벌을 가하려 했다. 승상이 나서서 그 화가는 마음이 충직한 사람이니 사면해 주라고 간하자, 황제는 이렇게 말했다.

---

1) 중생사 : 경주시 배반동에 있었던 절.
2) 중국의 어느~그리게 했다 : (원주) 화공畫工의 이름은 전하지 않고 있는데, 혹은 장승요張僧繇라 한다. 장 승요라면 그는 오吳나라 사람이었고, 양 무제의 천감 연간(502~519)에 무릉왕국의 시랑 직비 각지화사直祕閣知畵事가 되었으며, 우장군과 오흥태수를 역임했다. 그런즉 여기 나오는 황제는 양나라와 진나라 사이의 황제일 것이다. 그런데 『고전』에서 황제를 '당제唐帝'라고 한 것은 아 마도 동방 사람들이 흔히 중국을 통틀어 '당唐'이라고 하는 데서 연유된 것일게다. 여기 나오 는 황제가 기실 어느 대의 황제인지 확실치 않으므로 두 가지 설을 다 적어 둔다.

4. 탑상塔像

"그가 참으로 어질고 정직하다면 내가 어젯밤 꿈에 누구를 보았는지, 그 사람의 상을 알아맞혀 그려 올리게 하여 틀림이 없으면 놓아 주리라."

그 화가는 11면 관음상을 그려 바쳤다. 그것은 황제가 꿈에 보았던 것과 일치했다. 황제는 그제야 화가에 대한 오해를 풀고 그를 사면해 주었다.

그 화가는 감옥에서 방면되어 나오자 박사 분절芬節에게 제의했다.

"내 들으니 신라국은 불교를 숭상한다고 한다. 그대와 바다를 건너 그 나라에 가서 함께 불사를 닦고 싶다. 그리하여 그 인방仁邦[3]을 널리 이익되게 함도 좋지 않은가."

둘은 드디어 신라국으로 왔다. 하여 그 중생사衆生寺의 대비상大悲像[4]을 이룩했던 것이다. 나라 사람들이 그 대비상을 우러르고, 기도하여 복을 받은 일은 이루 다 적을 수 없을 만큼이었다.

신라 말기, 정보正甫[5] 최은함崔殷諴이란 사람은 오래도록 자식을 두지 못했다. 그러다가 이 중생사의 부처님 앞에 나아가 기도하고는 아들을 낳았다. 아들을 낳은 지 석 달이 채 못되어 후백제의 견훤이 서울을 습격해 와 성안이 크게 혼란했다. 은함은 아기를 안고 이 절에 와서 고했다.

"이웃 군사들이 갑자기 쳐들어와 사세가 다급하게 되었습니다. 어린

---

3) 인방 : 5행설에 의하면 방위로는 동쪽과 5상五常으로는 인仁이 한 범주에 속하고, 우리나라가 중국 동쪽에 있으므로 '인방'이라 한다. 그리고 실제로 우리나라 사람들이 인심이 순후하다고 생각하여 '동방 군자국'이라고 하였다.
4) 대비상 : 관음보살상.
5) 정보 : 고려 초기 문무의 관등.

것이 짐이 되었다간 둘다 무사할 수 없을 듯합니다. 진실로 대성大聖께
서 점지해 주신 것이라면 그 큰 자비의 힘으로 엄호하여 거두어 주십시
오. 그리하여 저희 부자로 하여금 살아남아 다시 만나게 해주십시오."

눈물을 흘리며 비탄해 했다. 세 번을 울고, 세 번을 그렇게 고하고
는 아기를 강보에 싸서 사자좌獅子座 밑에 다 감추었다. 그리고 못내
돌아보며 떠나갔다.

반 달쯤 지나 적병들은 퇴각했다. 은함은 중생사로 아기를 찾으러 왔
다. 아기는 살결이 갓 목욕한 듯 정결했고, 얼굴이며 몸의 피부가 복슬
복슬해져 있었다. 입 언저리엔 젖 냄새가 남아있었다. 안고 돌아왔다.

아기는 자라자 총명이 남다랐다. 이가 바로 최승로崔丞魯6)로서 직
위가 정광正匡7)에 이르렀다.

승로는 낭중 최 숙崔肅을 낳았고, 숙은 낭중 제안齊顔을 낳았다. 이
로부터 세대가 끊이지 않았다. 최은함은 경순왕을 따라 본조에 들어
와 대성大姓이 되었던 것이다.

다음, 거란 성종 10년, 즉 고려 성종 11년(992) 3월이다. 중생사의
주지승 성태性泰는 보살 앞에 꿇어앉아 독백했다.

"제자는 오래도록 이 절에 머물러 예불에 정근하여 밤낮으로 게으
르지 않았습니다. 그러나 이 절엔 소출이 날 만한 전토가 없어 향사享
祀를 이어 갈 길이 없습니다. 그래서 마지못해 다른 곳으로 옮겨 가려
고 하여 하직을 드리러 왔나이다."

---

6) 최승로 : 『고려사』에는 '承老'로 되어 있음.
7) 정광 : 고려 초기 문무의 관등으로 2품관임.

그날 성태는 얼핏 졸다가 꿈에 보살의 이런 말을 들었다.

"사師는 이곳에 그대로 머물고, 멀리 떠나지 말도록 하라. 내가 연화緣化8)로 공양의 비용을 충당해 주리라."

성태는 느껴워 흔연히 깨닫고, 마침내 그대로 머물고 떠나지 않았다.

그 뒤 열사흘이 지나서다. 뜻밖에 낯모를 두 사람이 마소에 잔뜩 쌀을 싣고서 절 문 앞에 이르렀다. 성태는 나가서 어디서 왔느냐고 물었다. 그들의 대답은 이러했다.

"우리는 금주金州9) 지방 사람입니다. 일전에 한 비구가 우리에게 왔습니다. 그는 말하기를 나는 동경東京10)의 중생사에 있은 지 오래 인데, 공양 거리 4사四事11)가 궁색하여 연화차로 이곳에 왔노라기에 이웃들에게서 시주를 거두어 쌀 여섯 섬과 소금 네 섬을 마련해 싣고 왔소이다."

성태는 이 절에선 연화차로 나간 사람이 없으니, 그대들이 아마 잘못들은 모양이라고 일러 주었다. 그러자 그들은 또 이렇게 말했다.

"전일의 그 비구가 우리를 인도해 왔소. 이곳 신현정神見井가에 이르러 그 비구는 절이 멀지 않으니, 내 먼저 가서 기다리겠노라고 하기에, 우리는 앞서가는 그를 뒤미처 따라왔소이다."

성태는 그들을 법당 안으로 인도해 들이었다. 그들은 대성을 우러러 예를 드리고 나선, 문득 마주 보고 "이것이 연화차로 왔던 그 비구의 상이다"고 하며 경탄을 금하지 못하였다.

이리하여 중생사에는 쌀과 소금의 헌납이 해마다 끊이지 않게 되었다.

---

8) 연화 : 남에게 권하여 불·법·승 3보를 위해 제물을 바치게 함.
9) 금주 : 지금의 경상남도 김해시.
10) 동경 : 지금의 경상북도 경주시.
11) 4사 : 네 가지 공양 거리. 곧 의복·음식·와구·탕약, 또는 의복·음식·산화·소향이 그것이다.

어느 날 밤 중생사의 문에 불이 났다. 마을 사람들이 달려와 불을 끄는데, 법당에 올라 불상을 돌보려 했으나 간 곳이 없었다. 살펴보니 이미 절 뜰 가운데 나가 서 있었다. 그것을 꺼낸 사람이 누구냐고 물어보았으나 모두들 모른다는 대답이었다. 그제야 대성大聖[12]의 신령한 위력임을 알았다.

다음은 금金나라 세종 즉위 13년, 즉 고려 명종 3년 계사(1173)의 일이다.

그때 중생사엔 점숭占崇이란 중이 주지로 있었다. 그는 문자는 해독할 줄 몰라도 그 본성은 순수하여 예불에 정근했다. 한 중이 있어 점숭의 자리를 빼앗으려고 츤의천사襯衣天使[13]에게 호소했다.

"이 절은 나라에서 은혜를 빌고 복을 받기 위한 곳이라, 마땅히 글줄이나 읽을 줄 아는 사람을 뽑아서 맡겨야 합니다."

천사는 그 말이 옳은 듯이 여겨져, 점숭이 과연 글을 읽는 줄 아는지 모르는지를 시험해 보려고, 경전의 해석한 글을 거꾸로 내밀어주어 보았다. 점숭은 받아서 물 흐르듯 읽어 내려갔다. 천사는 탄복했다.

법당에서 방으로 물러 나와 앉아 점숭으로 하여금 다시 읽어 보게 했다. 점숭은 입을 다물고 한 구절도 못 읽었다. 천사는, "그대는 실로 관음대성의 가호를 받고 있다"고 말하고, 끝내 그 자리를 빼앗지 못했다.

---

12) 대성 : 관음보살.
13) 츤의천사 : '츤의'는 속옷, 승려의 계율에 속옷을 입도록 하는 것이 있음. 여기서는 사적으로 최측근을 뜻하는 말일 듯. '천사'는 황제의 사자라 뜻이 있으나 '츤의천사'는 미상임. 혹시 인사 관련 사명을 띤 황제의 사자(원나라에 복속되기 전 고려왕은 황제에 준하는 자리였다)가 아닐지.

4. 탑상塔像

관세음보살은 대자대비를 가지고 중생을 구제하는 것을 본원本願으로 삼는 보살이다. 불교 신앙 가운데 관세음 신앙만큼 대중적인 신앙도 없을 것이다. 세상의 중생들이 어려운 일을 만났을 때, 가장 단순한 의례로는 '관세음보살'이라는 명호를 염송念誦하면 보살이 즉시 그 음성을 판독하고 나아와 구제해 준다는 것이다. 이렇게 단순한 의례에 신앙이 다분히 자리적自利的이어서 대중적일 수밖에 없었다. 그래서 구세보살救世菩薩이라고도 한다. 세상의 모든 어려움을 구제하고, 그리고 섭화攝化하기 위해선 이사무애理事無碍의 경지에서 융통자재해야 한다. 그래서 관음보살은 불신佛身, 제석신帝釋身, 비구신比丘身, 야차신夜叉身 등 33신을 가진다. 또 관음의 형상도 가지가지다. '용두龍頭관음', '양류楊柳관음', '백의白衣관음', '수월水月관음' 등 33종의 형상에, 정상적인 형상(사람 모양) 외에 머리가 3개에서 무수히 많은 관음, 팔이 4개에서 무수히 많은 관음, 눈이 3개에서 무수히 많은 관음까지 있게 되고, 게다가 얼굴·팔·눈 등이 복수로 뒤섞여 있는 관음의 형상도 있게 된다. 그리고 관세음보살은 남성도, 여성도 아닌 중성이다.

관음신앙은 인도에서 발원하여 서역을 거쳐, 서진西晉 이래로 중국을 위시하여 한국·일본 등 불교 전파지에 성행해 오늘에 이르고 있다. 그리고 그 영이靈異로움을 나타낸 '관음세보살 영험기' 같은 기록이 역대로 쌓여왔다. 『삼국유사』에는 모두 11곳에 관세음보살의 융통자재한 영이로움에 관계되는 설화가 나오는데, 여기 「세 가지 경우의 관음상, 중생사」도 그 중의 한 편이다. (실은 4가지 경우다) 중생사는 그 이름으로 보아, 관음의 구세신앙을 목표로 한 이름난 관음 도량인 것 같다. 관세음보살은 대세지大勢至보살과 함께 아미타불의 협시보살脇侍菩薩이다. 관세음신앙이 단순한 의례와 자리적인 신앙으로 대중적이듯이, 아미타불 신앙 또한 '나무아미타불'의 염송만으로 극락왕생을 기구祈求하므로 대중적이다.

4. 탑상塔像

백률사

    계림[1]의 북악은 금강령金剛嶺인데, 그 남쪽 비탈에 백률사柏栗寺가 있다. 그 절엔 한 대비상大悲像이 있어 언제 누가 만든 것인지는 알 수 없으나, 그 영험과 이적異跡은 자못 현저했다. 일설에는 중국에서 건너 온 신장神匠이 중생사衆生寺에 대비상을 소조塑造할 때 함께 만든 것이라고 한다.

    속설에 의하면 이 대성大聖은 일찍이 도리천忉利天에 올라갔다 온 적이 있는데, 그때 돌아와 법당으로 들어가면서 디딘 돌 위엔 그 발자취가 남아 지금도 마멸되지 않고 있다는 것이다. 일설에 그 발자취는 대비가 화랑 부례랑夫禮郎을 구하여 돌아올 때 남긴 자취라고도 한다.

    당나라 측천무후 9년, 즉 신라 효소왕 즉위 1년(692) 9월 7일 효소왕은 대현大玄 살찬薩湌[2]의 아들 부례랑을 국선으로 삼았다. 낭도로 모인 귀공자들이 천 명, 그 가운데서도 부례랑은 특히 안상安常과 절친했다.

    측천무후 10년, 즉 신라 효소왕 즉위 2년 3월, 부례랑은 낭도들을 거느리고 금란金蘭[3]으로 출유하여 북명北溟[4] 방면에 이르렀다가 적적狄賊[5]에게 잡혀갔다. 낭도들이 모두 경황없이 돌아왔으나, 오직 안상

---

1) 계림 : 지금의 경상북도 경주시.
2) 살찬 : 신라 17관등제 8위 사찬.
3) 금란 : 지금의 강원도 통천 지방.
4) 북명 : 지금의 원산만元山灣.
5) 적적 : 말갈靺鞨. 중국 수나라·당나라 때, 동북東北 지방에 있었던 퉁구스계의 일족.

安常만이 잡혀간 부례랑의 뒤를 추적해 갔다. 이 사건은 3월 11일에 일어났다.

효소대왕은 이 보고를 듣고 놀라움을 이기지 못하며 말했다.

"선왕께서 신령한 피리[神笛]를 얻으셔서, 나에게 전하여 지금 거문고6)와 함께 내고內庫에 간수해 두었는데, 국선이 갑자기 적도의 포로가 된 건 웬일이냐? 이 일을 어떻게 하나?"

때마침 천존고天尊庫7)에는 상서로운 구름이 덮였다. 왕은 더욱 놀라 사람을 시켜 곳간을 검사해 보게 했다. 그 안에 비장해 두었던 거문고와 그 신령한 피리가 없어졌다.

"내 무슨 불복으로 어제는 국선國仙을 잃고, 겹쳐 또 거문고와 피리를 잃는단 말이냐?"

왕은 곳간을 맡은 관원 김정고金貞高 등 5명을 가두었다. 그리고 4월에는 전국에 현상했다.

"거문고와 피리를 찾아오는 자는 1년분의 조세를 상으로 주리라."

5월 15일이다. 부례랑의 양친은 백률사의 대비상 앞에 나아가 여러 날 저녁 기도를 드렸는데, 그날 문득 향탁香卓 위에 그 거문고와 피리의 두 국보가 놓여 있음을 발견했다. 뿐만 아니라 부례랑과 안상 두 사람이 대비상의 뒤에 와 있었다. 부례랑의 양친은 사뭇 기절할 듯 기뻐했다. 일의 전말을 물어보았다. 부례랑의 대답은 이러했다.

"저는 잡혀가서 그 나라 대도구라大都仇羅의 집 목동이 되었습니다.

---

6) 신령한~거문고 : (원주) 거문고와 피리에 관해선 다른 기록에 그 시말이 실려 있다. ─ 피리는 이 책의 「만파식적」편이 그 시말이겠으나, 거문고의 시말에 관해선 이 책에는 없다. 다만 「고갑을 쏘아라」에서 고[거문고]에 대해 한 번 비칠 뿐이다.

7) 천존고 : 신라 왕실의 부고府庫.

364

4. 탑상塔像

대오라니大烏羅尼 들에서 방목을 하고 있는데8) 홀연히 얼굴이며 거동이 단정한 한 승려가 손에는 거문고와 피리를 들고 나디나더니, 저를 보고 '고향이 그립느냐?'고 위로해 주더군요. 저는 그만 저도 모르게 그 승려 앞에 무릎을 꿇고 말했지요. '임금님과 어버이 생각, 어떻게 다 말할 수 있겠습니까?'라고요. 그랬더니 승려는 '그렇다면 나를 따라오라'고 하고는 저를 데리고 해변에 이르렀어요. 거기서 안상도 만났지요. 승려는 그러자 가졌던 피리를 두 쪽으로 쪼개어, 우리 두 사람에게 주어 각각 한쪽에 타게 하고는, 자신은 그 거문고를 타고서 둥둥 바다를 떠 와선 잠깐 사이에 여기에 이르게 되었지요."

이에 일의 전말을 달려가 보고했다. 왕은 크게 놀라며 사람을 보내어 맞아오게 했다.

부례랑은 거문고와 피리를 가지고 대궐로 들어갔다.

왕은 다섯 개가 한 벌인, 한 벌에 무게가 50냥씩 되는 금은 그릇 두 벌과 마납가사磨衲袈裟9) 다섯 벌과 대초大綃10) 3천 필, 그리고 전토 1만 경頃을 백률사에 시주하여 대비의 은덕에 보답했다.

한편 국내에 대사령을 내리고, 조정 사람들에겐 벼슬 3급을 주고, 백성들에겐 3년간의 조세를 면제해 주었다. 그리고 백률사의 주지승을 봉성사鳳聖寺로 옮기게 하고, 부례랑을 봉하여 대각간11)으로, 그 아버지 아찬 대현은 태대각간太大角干으로, 어머니 용보부인龍寶夫人은 사도

---

8) 대도구라의~있는데 : (원주) 다른 한 책에는 도구都仇의 집의 종이 되어 대마大磨 들에서 방목했다고 되어 있다.
9) 마납가사 : 자마紫磨라는 황금 비단으로 된 가사.
10) 대초 : 올이 굵은 비단.
11) 대각간 : (원주) 신라의 총재冢宰 직명이다. — 부례랑을 대각간으로 봉한 것은 하나의 명예직으로서일 것이나 너무나 현실성이 없어 보인다.

부 경정궁주沙梁部 鏡井宮主로, 안상은 대통大統12)으로 각각 삼았다. 부고를 맡은 관원 5명은 모두 방면시키고, 각각 벼슬 5급을 주었다.

6월 12일, 혜성이 동방에 나타났다. 17일엔 또 서방에 나타났다. 이렇게 혜성이 거듭 나타나는 것은 그 거문고와 피리에게도 작위를 봉하지 않았기 때문이라고 일관이 아뢰어 왔다. 그래서 그 신령한 피리에게 '만만파파식적萬萬波波息笛'의 칭호를 내리었다. 혜성은 곧 사라졌다.

이 피리에는 나중에도 영이靈異한 일이 많았으나, 글이 번다하여 기재하지 않는다. 세상에선 안상을 준영랑俊永郎의 낭도라고 하나 확실하지 않다. 영랑의 낭도에선 오직 진재眞才, 번완繁完만 이름이 알려져 있으나, 그 역시 내력을 알 수 없는 사람들이다.13)

---

12) 대통 : 승직의 일종.
13) 준영랑 : (원주)「별전」에 자세히 보인다.

4. 탑상塔像

관세음보살 영험기의 한 편이다. 백률사의 관세음보살이 비구신比丘身으로 응현應現해, 천존고에 비장되어 있는 신라 국보 거문고와 만파식적을 가지고 적적荻賊의 땅에 잡혀있는 부례랑을 구해 왔다는 것이다. 그 결과로 부례랑의 가족을 위시하여 부례랑 구출에 관계가 있는 백률사를 위시하여 아무런 관계도 없는 백성들에 이르기까지 놀랍도록 상을 내렸다는 것이다. 이는 물론 실재한 일이 아니라 하나의 설화적 발상의 전개로 보아야 할 것은 말할 것도 없다.

그런데 아무리 설화적 발상의 전개라 하더라도 부례랑을 구출한 데 대한 상훈을, 구출에 상관없는 사람들에게도 극히 풍후豊厚하게 내리는 등 사실 자체로서 성립할 수 없는 사실의 전개를 본다. 설화가 현실을 굴절시키거나 상징함으로써 성립하는 것이라면 현실의 일을 우스꽝스럽게 과장해 놓은 「백률사」의 이 부분은 설화도 아니요 현실도 아닌, 한갓 사실의 과장일 뿐이다. 문제는 찬자 일연이 이 사실의 과장을 실재 사실로서 믿고 채록했을지도 모른다는 것이다. 물론 일연은 백률사 관음보살의 영험의 한 가지에 주안을 두고 채록했겠만 말이다. 『삼국유사』에는 이처럼 일연의 지적知的 인식능력에 회의가 일어나는 대목이 한두 군데가 아니다.

미륵선화 미시랑과 진자사

제24대 진흥왕의 성은 김씨, 이름은 삼맥종彡麥宗, 또는 심맥종深麥宗이라고도 했다. 법흥왕을 뒤이어 양나라 무제 39년 경신(540)에 즉위했다. 왕은 백부인 법흥왕의 뜻을 흠모하여, 일념으로 불교를 받들어 널리 절을 일으키고 사람들을 제도濟度하여 승려가 되게 했다.

그리고 왕은 그 천성이 무척 풍류적이어서 신선[1]을 숭상했다. 하여 왕은 민간의 낭자들 가운데서 아름다운 자를 가려서 *원화原花로 올려세우고, 그 원화 아래 무리를 모아들여 인재를 선발하는 동시에, 그들을 효제충신孝悌忠信의 도리로 함양시키려고 했으니, 이 역시 나라를 다스림에 있어서의 하나의 대요大要. 비로소 남모랑南毛娘과 교정랑姣貞娘[2]의 두 원화를 뽑아 세우자, 모인 무리가 3~4백 명이나 되었다.

교정랑이 남모랑을 질투했다. 그래서 술자리를 베풀어 남모랑에게 취하도록 술을 먹인 뒤에, 아무도 모르게 북천으로 메고 나가 돌로 쳐 죽여 묻어 버렸다. 남모랑의 무리들은 남모랑이 간 곳을 몰라 슬피 울며 헤어졌다. 어떤 사람이 교정랑의 음모를 알고 있었다. 그는 동요를 지어 길거리의 어린이들을 꾀어 부르고 다니게 했다. 원화의 무리들이 그 동요를 듣고는 북천에서 남모랑의 시체를 찾아내고, 그리고 교정랑을 죽여 버렸다. 이에 진흥대왕은 명을 내려 원화 제도를

---

1) 신선 : 여기 신선은 도교의 신선을 말하는 것이 아니라, 불교에도 신선이라는 개념이 있어, 여러 불보살들을 신선이라 호칭했다. 그러나 여기서는 신선에 비유된 원화·화랑 자체를 가리킴.
2) 교정랑 : 『삼국사기』에는 '준정俊貞'이라 했음.

폐지해 버렸다. 폐지된 채로 여러 해가 지났다.

왕은 또 한번 생각하기를 국가를 진흥시키려면 모름시기 먼저 ＊풍월도風月道3)를 진작시켜야만 된다고 하여, 다시 명을 내려 양갓집의 자제들 가운데서 덕행이 있는 자를 뽑아 ＊화랑花郎으로 고쳐 세웠다. 최초로 설원랑薛原郎을 맞아 국선國仙4)으로 삼았다. 이것이 화랑 국선의 시초이다. 그래서 명주溟州에다가 이를 기념할 비석을 세웠던 것이다. 이로부터 사람들로 하여금 악을 회개하여 선으로 옮겨가게 하고, 윗사람들에겐 공경히 하고 아랫사람들에겐 온화하게 하도록 하니, 5상常과 6예藝, 3사師와 6정正5)이 대대로 널리 행해지게 되었다.6)

진지왕대眞智王代에 이르러서다. 흥륜사에 진자眞慈7)란 중이 있었다. 그는 매양 당주堂主8) 미륵상 앞에 나아가 서원했다.

"우리 대성이시여! 부디 화랑이 되시어 세상에 출현하옵소서. 제가 항상 그 온화하신 모습을 몸소 가까이하여 받들어 시종하고 싶나이다."

그의 지극한 정성과 간절한 기도의 마음은 날이 갈수록 더욱 독실

---

3) 풍월도 : 즉 '화랑도花郎道'를 가리킴.(해설 참조)

4) 국선 : 나라에 대표적인 화랑.

5) 5상과 6예, 3사와 6정 : '5상'은 인仁 · 의義 · 예禮 · 지智 · 신信, '6예'는 예禮 · 악 樂 · 사射 · 어御 · 서書 · 수數, '3사'는 태사太師 · 태부太傅 · 태보太保, '6정'은 성신 聖臣 · 양신良臣 · 충신忠臣 · 지신智臣 · 정신貞臣 · 직신直臣 등을 말한다. 이것은 화랑도에 대한 유교적 인식의 왜곡으로, 아마 고려 때의 기록일 것이다.

6) 왕은 또~행해지게 되었다 : (원주)『국사』에는 진지왕 대건 8년 경신에 처음으로 화랑을 받들었다고 했으나 아마 잘못인가 한다. — 대건大建은 진陳 선제宣帝의 연호(569∼582)로, 그 8년이면 진지왕 원년이고, 병신(576)이다. 그리고 현존『삼국사기』는 진지왕대에 처음으로 화랑을 받들었다라는 기사는 없으므로, 여기서 말하는『국사』는 어느 책인지 미상이다. 혹『구삼국사』를 말함인가 한다.

7) 진자 : (원주) '정자貞慈'라 쓰기도 함.

8) 당주 : 절의 본존本尊을 의미한다. 흥륜사의 본존인 미륵불을 가리킴.

미륵선화 미시랑과 진자사

해졌다. 어느 날 밤, 꿈에 한 중이 나타나 그에게 알려 주었다.

"그대는 웅천熊川9)의 수원사水源寺10)로 가라. 거기서 미륵선화彌勒仙花를 뵈올 수 있으리라."

진자는 꿈을 깨어 기뻐 어쩔 줄을 몰랐다. 드디어 그 절을 찾아 열흘 동안 길을 갔다. 그는 한 걸음마다 한 번씩 합장 배례를 하면서 갔다.

수원사에 이르자 절문 밖에 미려하게 생긴 한 도령이 서 있었다. 도령은 그 고운 눈매며 입언저리에 반가운 웃음을 머금으며 진자를 맞아선 절의 작은 문으로 인도해 들어가 객실로 영접했다. 진자는 얼떨결에 한편으로 댓돌로 오르며, 한편으론 읍을 하며 그 도령에게 말을 걸었다.

"도령은 나와는 평소에 서로 알지 못하는 사인데, 어찌 나를 대우함이 이토록 정성스러우시오?"

그 도령은 대답했다.

"저도 또한 서울11) 사람입니다. 스님께서 멀리서 오심을 보고 그저 위로를 드릴 뿐입니다."

조금 있다 문밖에 나가 보았더니 그 도령은 어디론가 사라져 버리고 없었다. 진자는 하나의 우연이리라 생각하고, 그다지 이상히 여기지 않았다. 그리고는 다만 그 절의 중들에게 자기의 전날의 꿈이며, 수원사로 온 의도를 얘기하고, 그리고 청탁해 보았다.

"잠시 말석에라도 몸을 붙여 미륵선화를 기다렸으면 하는데, 어떻소?"

---

9) 웅천 : 지금의 충청남도 공주시.
10) 수원사 : 『동국여지승람』에 "수원사水原寺는 월성산月城山에 있다"라고 기록되어 있다.
11) 서울 : 여기서는 신라의 서울인 '경주'를 가리킨다.

4. 탑상塔像

그 절의 중들은 진자의 생각이 허황된 것이라 여기면서도 그의 간절한 정성을 보아 그저 이렇게 알려 주었다.

"여기서 남쪽으로 가면 천산千山이 있소. 예로부터 현철賢哲들이 머물러 있어 은밀한 감응들이 꽤 있나 본데, 어찌 거기로 가지 않았소?"

이 말대도 좇아 진자는 그 천산으로 갔다. 진자가 산 아래에 이르자 그 산의 신령은 노인으로 변해 그를 맞이했다.

"무슨 일로 여기에 왔소?"

진자는 답했다.

"미륵선화를 뵈옵고 싶어서입니다."

그 노인은 말했다.

"앞서 수원사 문밖에서 이미 미륵선화를 뵈었는데, 다시 무엇을 찾겠다고 여기에 왔소?"

노인의 이 말을 듣고 진자는 깜짝 놀랐다. 그리고 즉시 본사인 흥륜사로 돌아왔다.

진자가 본사로 돌아와 달포 가량 지나서다. 진지왕이 소문을 듣고서 진자를 불렀다. 왕은 그 일의 전말을 묻고 나서 말했다.

"그 도령이 자칭하여 서울 사람이라고 했다면, 성인은 거짓말을 하지는 않을 텐데, 어째서 도성 안을 찾아보지 않았는가?"

진자는 왕의 뜻을 받들어 무리를 모아 서울의 여러 마을을 두루 찾아다녔다. 영묘사의 동북쪽 길 가 나무 아래에 용모가 아름다운[12] 작

---

12) 용모가 아름다운 : 원전은 斷紅齊具(貝), 眉彩秀麗(단홍제구(패), 미채수려)라고 되어 있는데, '아래위 붉은 입술, 가지런한 흰 조개 같은 이빨에 눈섶 부위에 서린 기품이 수려한'이란 뜻으로 용모의 아름다움을 형용한 말임.

은 소년이 노닐고 있었다. 그 소년을 마주 대하자 진자는 깜짝 놀라며 감탄했다.

"이분이 미륵선화다!"

소년에게 다가가 물었다.

"도령의 집은 어디 있는가요? 성을 알고 싶은데……."

그 소년은 대답했다.

"저의 이름은 미시未尸라고 합니다. 어릴 때 부모님이 다 돌아가셔서 저는 성도 모르고 있습니다."

이에 진자는 그 소년을 가마에 태워 대궐로 들어가 왕에게 접견시켰다. 왕은 그 소년을 경애해 마지않으며 국선으로 삼았다.

그 미시 화랑은 낭도들에게 화목함이며, 예의며 교화가 보통 화랑과는 사뭇 달랐다. 그의 풍류風流가 세상을 비춘 지 거의 7년, 그는 홀연히 어디론지 사라져 버리고 없었다.

진자는 무척 슬퍼하고 그리워했다. 그러나 진자는 화현化現했던 그 미륵의 자애로운 은택을 입고, 가까이 모셔 그의 맑은 교화를 받았다. 그리하여 그는 능히 스스로 뉘우쳐 정진해 도를 닦았다. 만년에 그 역시 어디론가 사라져 버렸다.

이 '미륵선화 미시랑'의 일을 두고 설자說者는 이렇게 말하기도 했다.

"'未(미)'는 '彌(미)'와 그 음이 서로 가깝고, '尸(시)'는 '力(력)'과 그 모양이 서로서로 비슷하므로, 그 둘 사이의 가까운 점에 가탁假託하여 어희語戲를 한 것이다. 대성大聖(미륵보살)이 유독 진자의 정성에만 감동된 것이 아니라, 또 이 땅과는 인연이 있으므로 종종 나타내 보였던 것이다"라고. 지금도 나라 사람들이 신선(화랑)을 가리켜 미륵선화라 부르고, 무릇 사람들에게 중개하는 이를 '미시(력)未尸'라고 하는 것 등은 모두 미륵불로 말미암은 유풍이디. 그리고 진지기 미시랑을 만났던 영묘사의 동북쪽 길가의 그 나무를 지금은 견랑수見郎樹라고 이름하고 있다. 또 속언으로는 그 나무를 사여수似如樹[13]라고 하기도 한다.

찬한다.
선화 찾아 걸음걸음 그 모습 우러르며,
이르는 곳마다 가꾸었던 한결같은 공이여!
홀연히 봄이 가 버리매 찾을 곳 없더니,
뉘라서 알았으랴, 잠깐만에 상림上林[14]이 붉을 줄을.

---

13) 사여수 : (원주) 혹은 '인여수印如樹'라고 한다. — '似如', '印如'는 '닮았다', '똑같다'의 뜻.
14) 상림 : '상림'은 제왕의 정원을 말하나, 여기서는 서울(경주) 길가의 견랑수를 가리킴.

　대체로 15~18세의 용모가 수려하고 품위와, 용기·신의를 갖춘 한 사람의 귀족 청소년 밑에 수백, 때로는 수천의 낭도 청소년들이 추종하며 하나의 화랑도를 이루고, 이러한 화랑도가 동시대에 복수로 있었으며(진평왕대는 7개 이상의 화랑도가 있었다) 화랑의 임기는 3년이었으니, 이것이 연령급단年齡給團으로서의 화랑제도의 골격이다. 여기에 조정에서 복수의 화랑도를 통괄하는 화주花主를 두었으며, 화랑과 낭도 사이에 승려를 낭도의 상수上首(우두머리)를 두었다. 나는 이 화랑제도는 진흥왕이 왕태후의 섭정에서 벗어나서 자신의 연호를 '개국開國'이라고 세우던 진흥왕 12년(551)에 성립되었다고 본다. 개국이란 연호가 여러 가지 의미가 있겠지만, 그 가운데 화랑제의 창시도 중요한 의미로 포함되었다고 보기 때문이다.

　예비전사단으로서, 신앙집단으로서, 그리고 수양단체로서의 화랑도는 그것이 제도권에 오른 것은 진흥왕 때이지만, 그 뿌리는 신도의 전통에 있었다. 주지하는 바와 같이 화랑제도는 원화原花제도에서 시작되었다. 원화는 모계중심사회의 유습을 제도화한 것으로, 남해왕의 누이 아노가 혁거세의 제사를 주재한 데에서 신도시대 여성 사제의 존재를 보겠거니와, 한가위의 유래가 된 유리왕대에서 두 왕녀가 각각 한 무리의 여성을 거느리고 한 달 동안 길쌈 시합을 하고, 뒤 끝에 가무를 즐긴 것에서 신도시대 여성 통솔의 군집을 본다.

　원화제가 폐지된 것은 이 편의 기록에 있거니와, 뒤이어 대두

된 화랑제도는 재래의 신도와 새로 수용한 불교와의 조제調劑에 의해서였다. 진흥왕은 자신은 독실한 불교신자이면서 신두와 불교의 어긋남을 조제하며 왕권의 안정을 도모하려 하였고, 그 결과물의 하나가 화랑제도였다. 화랑도를 설명한 『삼국사기』 진흥왕 37년조에 나오는 화랑도의 3가지 수행 준칙, 즉 화랑의 도道의 실현 방식은 상당 부분이 신도의 그것이었다고 본다. '함께 도의를 연마함'이란 천신의 은위恩威 아래에 공동체 윤리를 자기화하고 실현하는 것을 말하고, '함께 가악을 즐김'이란 상당 부분이 신도 제의에 관련된 가무를 연행演行, 또는 창작하는 것을 말하고, '산수를 노닐며 즐기어 먼 곳이라도 이르지 않는 곳이 없음'이란 명산대천을 순례하면서 심신수련의 내공을 쌓아가며, 천신에 연결된 산신을 접하는 것을 말한다. 사실은 위의 두 가지 수행도 주로는 산천순례를 하는 가운데 이루어졌을 것이다. 아무튼 이 세 가지 수행과 맞물려 화랑이 그 중요한 구실을 한 팔관회八關會에서의 천령天靈 · 5악 · 명산 · 대천 · 용신 등 신도의 신을 섬겼을 것이다.

이렇듯 신도에 기반한 화랑제도는 불교, 즉 미륵신앙을 깊이 수용하고 있다. 『미륵하생경彌勒下生經』에서는 당래當來한 상거전륜성왕僿佉轉輪聖王 때에 미륵보살이 도솔천에서 이 세상으로 하생下生하여 용화보리수 아래에서 성도하여 중생을 제도한다고 되어있다. 진흥왕 자신이 전륜성왕이 되기를 염원하면서 대표적인 화랑國仙을 미륵보살로 본 것이다.

이 「미륵선화 미시랑과 진자사」는 앞부분은 화랑제도의 내력

에 관한 사실의 기록이고, 뒷부분은 미시랑에 관한 설화다. 전자
는 고려 전기의 어느 때쯤의 기록이고, 후자 설화는 나말여초의
어느 때쯤에 기록한 것으로 보인다. 일연은 두 기록을 가져와서
화랑도에 대한 나름의 총체적인 기록으로 작성하려 하였다.

후자 기록을 설화화 했지만 단순한 설화가 아니다. 한 편의
잘 짜여진 단편 전기傳奇다. 간결한 문체에 '풍류요세風流耀世' 구
등 고급한 수사가 창작 전기임을 말해준다. 나말에 당나라에서
돌아온 유한 지식인이 나말 화랑제가 허물어진 현실을 배경으로
과거 화랑제가 성한 때의 화랑들이 '낭도들과 화목하고 예의풍
교가 뛰어났던, 즉 '풍류요세風流耀世'했던 그때를 그리워하며 회
고적으로 쓴 작품이다. 성시盛時의 화랑은 용모가 아름답고 대체
로 부모가 구존俱存한 왕경王京출신의 귀족 자제였음에 대하여,
여기 미시는 부모도 없는 웅천이라는 변두리 지역 출신의 고아
라는 점 등은 나말 화랑제의 허물어짐을 반영한 것이다. 이 허물
어진 현실에서 옛적 성시 미륵 선화(화랑)의 '풍류요세'를 그리워
한 것이다.

★'원화'·'화랑'이란 말의 '화花'의 의미는 흔히 '꽃처럼 아름
다운' 청소년으로 이해하고 있다. 신라를 다녀간 당나라 사람 고
암顧愔이 그의 『신라국기』에서 "귀족 자제 중의 아름다운 자를
골라 분을 바르고 장식을 해서 이들을 '화랑'이라 했다"는 기록
은 더욱 그런 인식을 굳혀 주었다. 그래서 일본인 학자는 화랑도
를 남색 집단으로 설명하기도 했다. 화랑이 화장을 한 것은 사실
이다. 그러나 그것은 미륵의 상호장엄相好莊嚴을 본뜬 것이다. 한

4. 탑상塔像

국학중앙연구원에서 발행한 『민족문화대백과사전』에는 어느 국어학자의, '花'를 '수髓·순純·미羊'의 뜻을 가진 고유어 '골'로 보아, 화랑을 신라 계급제도에서 중추적 기능을 수행하는 정수분자로 보기까지 했다. 한 마디로 크게 헛짚었다.

'원화'·'화랑'의 '화'는 '깃대의 장식'이다. 『삼국사기』「직관지」에 "대장군화大將軍花는 세 개로서 길이 9촌 너비 3촌 3분이며, …제감화弟監花는 곰의 뺨가죽으로 길이가 8촌 5골이며, 방울은 백은白銀인데 둘레가 9촌이며,… '화花'라는 것은 맹수의 가죽이나, 수리의 깃털로 받들어 깃대 위[강상杠上]에 다는 것"이라고 했다. 김종준은 " '화花'는 요컨대 장군과 사관들의 계급을 구별하기 위하여 형형색색의 맹수의 가죽·꼬리와 맹금猛禽의 깃을 장대에 치장한 군장軍章으로서 신라의 군사 조직과 관계가 있다"고 했다. 요컨대 원화나 화랑은 군사적 조직에 준하는 예비전사단, 즉 군사 조직의 원점에 해당한다. 그래서 원점, 즉 근원이 되는 군사 조직이므로 '원화原花('源花'라고 쓰기도 하나 엄격히는 틀리는 말이다)라 했고, 이 원화를 이어받아 '화랑'이라고 했다. '화'가 '깃대의 장식'임을 증명하는 명백한 증거가 있다. 울산광역시 울주군 두동면 천전리의 서석書石에 '沖陽郞'이란 제명 바로 옆 머리에 장식을 단 깃대가 생겨져 있다.

★'풍월風月'과 '풍류風流'는 사전적으로는 거의 같은 개념이다. 그러나 '풍류'에는 우리나라만의 개념이 한 가지 더 있다. 그것은 '음악'이다. 지금도 국악계에서는 '줄풍류'니, '사관풍류'니 하는 용어를 쓴다. 다 아는 바와 같이 풍월도와 풍류도는 곧 화

랑의 도道를 가리킨다. 그 주된 성격이 예비 전사단인 화랑의 도가 풍월과 풍류의 개념으로 표출된 것은, 말할 것도 없이 그들의 수행에 함께 가악歌樂을 즐기고, 산수를 순유하기 때문이다. 다분히 수행의 외면 형태에 착안한 이름이다. 그러나 "풍류가 세상을 비추다"는 이 편의 말을 음미해 보면 결코 단순히 수행의 외면 형태를 두고 한 말이 아니다. 화랑의 신의와 용기, 그리고 품위를 갖춘 인격과 그 인격이 풍기는 멋의 실현을 아우른 개념임을 깨닫게 된다.

그런 점에서 최치원의 「난랑비서鸞郎碑序」에서 '풍류'를 '현묘지도玄妙之道'라고 한 규정은 맞지만, 유·도·불의 일상윤리를 가져와 풍류를 설명하려고 하는 것은 잘못이다. 3교의 일상윤리만으로는 현묘지도로서의 풍류의 개념 내용이 절반도 해명되지 않는다. 풍류가 '현묘지도'인 것은 가악과의 관련 때문이다. 가악의 멋과 일상윤리(민족의 일상윤리를 당시의 보편적 준거인 유·불·도에서 찾는 것은 국제인 최치원의 한계다. 신도의 일상윤리도 최치원이 거론한 3교의 일상 윤리와 다를 바 없을 것이다)가 유연하게 결합한, 다시 말하면 미학적 요소와 윤리적 요소의 융합으로서 그 무엇이기에 현묘지도인 것이다.

최남선은 '풍월'·'풍류'를 '부루(광명세계의 뜻)'라는 우리말의 음차 표기로 알고 있으나, 화랑도 성립 시기의 앞 위·진 시대에 도·불에 기반한 풍류문화가 성히 유행한 적이 있었다. '풍월'·'풍류'는 여기에서 온 한자어임이 틀림없다.

4. 탑상塔像

분황사의 천수관음에게서 눈먼 아이 눈을 얻다

경덕왕대다.

한기리에 사는 여인 희명希明의 아이가 출생한 지 5년이 되자 갑자기 눈이 멀었다. 어느 날 그 어머니 희명은 아이를 안고 분황사의 좌전 북쪽 벽에 그린 천수대비千手大悲[1] 화상 앞에 나아가, 아이를 시켜 노래를 지어 빌게 했더니 마침내 아이의 눈엔 밝음이 되돌아왔다.

그 노래를 이러한 것이었다.

무릎을 곧추며 두 손바닥 모으와
千手觀音前(천수관음전)에 비옴을 두노이다!
千 손에 千 눈을 하나를 놓고 하나를 더 옵기,
둘 없는 내라, 하나야 그으기 고치올러라.
아으으, 내게 끼쳐주시면, 놓되 쓰올 慈悲(자비) 얼마나 큰고!

찬한다.
대나무 말[馬] 타고 파 피리[2] 불며 거리에 놀더니,
뜻밖에 두 눈의 총기 잃어버린 아이.
관음이 자비로운 눈길을 돌리지 않았던들,
그 몇 봄이나 버들꽃 피는 봄날을 헛되이 보냈을까.

---

1) 천수대비 : 천수천안관세음보살千手千眼觀世音菩薩을 말함.
2) 대나무 말 타고 파 피리 : 옛날 어린이들은 대나무를 양 다리 사이에 끼워 말타기 놀이를 했으며, 파로써 피리를 만들어 놀았다.

관세음보살觀世音菩薩 영험 기록의 하나다. 여기 관세음보살은 6관음의 제2로서 27면面에 1천 개의 손, 1천 개의 눈이 있는 관음보살이다. 이렇게 천수千手·천안千眼이 있는 것은 일체 중생을 제도하는 위대한 작용이 있음을 상징한 것이다. '희명希明'이란 아이의 어머니 이름은, 아이의 '눈의 밝음을 희구하여' 아이로 하여금 관음보살 앞에 나아가 사뇌가를 지어 부르게 했다는 이 관세음 응험應驗에 즉해서 지어진 것이다.

낙산의 두 보살 관음·정취, 그리고 조신

옛날, 의상 법사가 처음 당나라에서 돌아와서다. 법사는 관음보살 진신眞身이 해변[1]의 굴 안에 머물러 있고, 그래서 이름을 낙산落山[2] 이라고 한 것을 들었다. 그것은 서역의 보타락가산寶陀洛迦山, 이곳 말로는 소백화小白華가 바로 백의白衣 대사大士[3]의 진신이 머물러 있는 곳이기 때문에 그 이름을 따와서 지은 것이다.

의상 법사는 재계한 지 7일 만에 새벽 바닷물[晨水] 위에 포단을 띄우고 올라탔다. 용천8부龍天八部[4]들이 시중을 들며 굴 안으로 법사를 인도해 들어갔다. 법사는 굴 안의 허공을 향해 배례했다. 그러자 허공에서 수정 염주 한 꿰미가 나와 의상 법사에게 주어졌다. 의상 법사가 그 염주를 받아 물러 나오자 동해의 용이 또한 여의보주如意寶珠 한 알을 바쳐 왔다. 의상 법사는 그 염주며 여의주를 받들고 나와 다시 7일간을 재계했다. 하여 굴 안으로 들어가 마침내 관음 진신을 보았다. 관음 진신은 의상 법사에게 일렀다.

"바로 앉은 자리 위의 이 산꼭대기에 한 쌍의 대나무가 솟아나리라. 거기에 불전을 짓는 것이 좋으리라."

---

1) 해변 : 낙산이 있는 해변을 말함.
2) 낙산 : '보타락가산'의 줄임말. 강원도 양양군에 있음.
3) 백의 대사 : 곧 관음보살을 가리킨다. 항상 흰 옷을 입고, 흰 연꽃에 앉아 있기 때문이다.
4) 용천8부 : 불법을 수호하는 여러 신장. 천·용·야차·아수라·가루라·건달바·긴나라·마후라가 그들이다.

의상 법사는 관음 진신의 이 계시를 받고 굴을 나왔다. 과연 대나무가 땅에서 솟아나왔다.

그 자리에다 금당金堂을 짓고, 관음상을 만들어 모셨다. 상은 그 원만한 모습이며 아리따움이 흐르는 몸매가 틀림없는 천생天生의 모습 같았다. 이렇게 금당을 짓고 소상을 모시노라니, 그 대나무는 도로 없어지는 것이었다. 비로소 그곳이 바로 관음 진신眞身이 머무는 곳임을 알고는, 그 절을 이름하며 낙산사라고 했다. 의상 법사는 관음에게서 받은 수정염주와 동해의 용에게서 받은 여의보주를 불전에 안치해 두고 그곳을 떠났다.

그 뒤를 이어 *원효 법사가 그곳에서 첨례瞻禮하기 위해 왔다. 처음 그 남쪽 들녘에 이르렀을 때, 흰옷을 입은 한 여인이 논에서 벼를 베고 있었다. 원효 법사가 희롱으로 그 벼를 좀 달라고 청하자, 여인은 벼가 흉년이 들었노라고 역시 희롱조의 대답을 했다.

원효 법사가 길을 걸어 다리 아래에 이르러서다. 한 여인이 월수月水[5]가 묻은 빨래를 하고 있었다. 원효 법사가 그 여인에게 마실 물을 청하자, 여인은 월수를 빨아낸 더러운 물을 떠서 바쳤다. 원효 법사는 그 물을 내쏟아 버리고 다시 냇물을 떠서 마셨다.

그때에 들에 서 있는 소나무 위에서 한 마리 파랑새가 "제호醍醐[6]를 마다한 스님"이라고 말하고는 홀연 간곳없이 사라지고, 그 나무 아래에 신 한 짝이 벗겨져 있음을 보았다.

원효 법사는 드디어 낙산사에 이르렀다. 관음좌 아래에 앞서 보

---

5) 월수 : 월경수月經水. 몸엣것.
6) 제호 : 우유를 정제하여 만든 음식물로서 불성의 비유임.

4. 탑상塔像

앉던 그 벗겨진 신의 다른 한 짝이 놓여 있었다. 원효 법사는 비로소 잎시 오던 길에서 만났던 그 성스러운 여인들이 바로 관음의 진신임을 알았다. 그래서 당시 사람들은 들에 선 그 소나무를 관음솔이라고 불렀다. 원효 법사는 그 굴에 들어가 다시 관음의 참모습을 보려고 했으나 풍랑이 크게 일어나 들어가 보지 못하고 떠났다.

그 후대에 굴산崛山 조사祖師 범일梵日[7]이 당 문종 연간(827~835)에 당나라로 들어갔다. 명주에 있는 개국사에 갔더니, 왼쪽 귀가 떨어져 나간 한 중이 뭇 승려들 가운데 한 말석을 점하고 있었다. 그 중은 범일에게 말했다.

"나 역시 신라 사람입니다. 집이 명주계溟州界 익령현翼嶺縣[8] 덕기 방德耆房에 있습니다. 스님이 후일 본국에 돌아가시거든 꼭 나의 절을 지어 주십시오."

그 뒤 범일은 두루 대중이 모이는 법석들을 돌아, 염관鹽官[9]에게서 법을 얻어[10] 당 선종 원년, 즉 신라 문성왕 즉위 9년 정묘(847)에 본국으로 돌아왔다. 그는 먼저 굴산사를 창건하여 교를 전했다.

당 선종 12년, 즉 헌안왕 즉위 2년 무인(858) 2월 15일 밤, 꿈에 전날 당나라 개국사에서 만났던 그 중이 창 아래에 와서 말했다.

---

7) 범일 : 신라 하대의 승려로 생몰년은 810년~889년이다. 신라 구산선문九山禪門 중 사굴산문 사굴산문闍崛山門을 개창한 승려..
8) 익령현 : 지금의 강원로 양양군.
9) 염관 : 9세기 당나라 선승. 마조도일馬祖道一의 제자.
10) 그~얻어 : (원주) 사적의 시말은 범일사梵日師의 본전에 실려 있다.

낙산의 두 보살 관음 · 정취, 그리고 조신

"지난달 명주 개국사에서 법사와 한 가지 약속한 바가 있어, 법사가 이미 승낙까지 했거늘 그리 늦으오?"

범일은 놀라 깨었다. 종자 수십 인을 데리고 익령현으로 가서 그 중의 거처를 찾았다. 낙산 아랫마을에 한 여인이 살고 있어, 이름을 물어보았더니 바로 덕기라고 했다. 그 여인에게는 나이 이제 여덟 살 난 한 아들이 있었다.

그 아이는 항상 마을 남쪽에 있는 돌다리 곁에 나가 놀곤 했다. 그리고 그 아이는 어머니 덕기에게 자기와 같이 노는 동무 중에 금색동자가 있노라고 말하는 것이었다. 그 어머니는 이 사실을 범일에게 알려 주었다. 범일은 놀랍고 반가워하며 그 아이를 데리고 아이가 항상 나가 논다는 그 돌다리 아래를 가서 찾아보았다. 물속에 한 석불이 있었다. 꺼내 보니 석불은 왼쪽 귀가 떨어져 나가고 없었으며, 지난 날 명주의 개국사에서 보았던 그 사미와 같았다. 바로 정취正趣보살[11]의 상이었다. 범일은 곧 간자簡子[12]를 놀려 불전을 지을 자리를 점쳤더니, 낙산 위가 길하다 하였다. 이에 불전 세 칸을 그곳에 지어 그 석상을 안치했다.[13]

그 백여 년 뒤 들불이 일어나 낙산까지 번져 왔다. 오직 관음보살상과 정취보살상이 안치되어 있는 두 불전만이 그 화재를 면했을 뿐

11) 정취보살 : 『화엄경』에서 선재동자가 법을 물으러 다닌 53 선지식의 한 보살.
12) 간자 : 점치는데 쓰는 대쪽.
13) 당 선종~석상을 안치했다 : (원주)『고본』에는 의상·원효 두 법사의 사적 앞에다 범일을 적어 놓았다. 상고해 보면 의상·원효 두 법사의 행적은 당 고종 때에 있었고, 범일의 행적은 당 무종 이후에 있었으니 그 시간 차가 170여 년이다. 그래서 여기선 앞서의 것을 기각하고 편차했다. 혹은 말하기를 범일은 의상의 문인이라 하나 그릇된 것이다.

4. 탑상塔像

나머지 다른 것들은 모두 타 버렸다.

시신西山의 대군14)이 침입한 이후 계축·갑인 연간15)에 관음과 정취 두 보살의 상과 의상 법사가 받아 봉안했던 그 두 가지 보주寶珠를 양주성16)으로 옮겨 놓았다. 서산병의 공격이 매우 급격하여 성이 함락 직전에 놓여 있을 즈음, 주지인 선사 아행阿行17)이 은합에다 두 보주를 담아 가지고 도망치려고 하자, 걸승乞카이란 이름의 절 종이 그것을 빼앗아 땅속 깊이 묻었다.

그리고 그는 결의했다.

"만일 내가 이 병란에 죽음을 면하지 못한다면, 두 보주는 영원히 인간 세상에 나타나지 못하여 아무도 아는 사람이 없게 될 것이다. 내가 만일 죽지 않고 살아남는다면, 두 보주를 받들어 나라에 바치리라."

갑인년甲寅年 10월 22일 양주성은 함락되었다. 아행은 죽었으나 걸승은 살아남았다. 군사들의 퇴각한 뒤에 그 두 보주를 파내어 명주성 감창사18)에게 바쳤다. 당시 낭중郎中 이녹수李祿綬가 감창사로 있었는데, 그 보주들을 받아 감창고에 간수했다. 그리고 감창사가 교대 때마다 전수해 왔다.

고종 45년 무오(1259) 10월에 우리 불교계의 원로인 기림사 주지 대선사 각유覺猷가 임금께 아뢰었다.

---

14) 대군 : 몽골군을 지칭.
15) 계축·갑인 연간 : 고려 고종 40년과 41년(1253~1254).
16) 양주성 : 지금의 강원도 양양군.
17) 아행 : (원주) 옛 이름은 희현希玄이다.
18) 감창사 :창고를 맡은 관원.

낙산의 두 보살 관음·정취, 그리고 조신

"낙산사의 두 보주는 국가의 신보神寶입니다. 양주성이 함락될 때 걸승이 성 안에 묻어 두었다가, 군사들이 물러가자 도로 파내어 감창사에게 바쳤습니다. 그래서 지금 그 보주는 명주 관아의 곳간에 간직되어 있습니다. 명주성이 그것을 보존해 나갈 수 없을 듯하오니, 어부御府[19]로 옮겨 와 안치해야 합니다."

상감께서 허락하셨다. 야별초군夜別抄軍[20] 10명을 출동시켜 걸승을 데리고 명주성에서 가져다 궐내의 부고에 안치했다. 그때 사자로 갔던 야별초군 10명에겐 각각 은 한 근과 쌀 다섯 섬씩을 주었다.

✽옛날 신라 시대였다.

세규사世逵寺[21]란 절이 있어 그 절의 장원이 명주·날리군捺李郡[22]에 있었다.

본사에서는 중 조신調信[23]을 그 절의 관리인으로 파견했다. 조신은 날리군의 그 장원에 와 있으면서 태수 김흔金昕[24]의 딸을 좋아하여 깊이 매혹되어 버렸다. 그는 누차 낙산사의 관음보살 앞에 나아가 그

---

19) 어부 : 궁중의 곳간.
20) 야별초군 : 고려 중기 개경과 지방 주요 고을의 야간 경비를 위해 설치한 특수한 군대였으나, 나중에 좌우별초로 나누어지고, 대몽항쟁에서 몽골군에 포로로 잡혔다가 탈출한 군사들로 신의군神義軍을 편성함으로써 삼별초三別抄가 성립되어 대몽항쟁에 크게 기여했다.
21) 세규사 : (원주) 지금의 흥교사. ― '규逵' 자는 '달達' 자의 잘못으로 사실은 '세달사'다. 원주의 지적과 같이 이 절은 나중의 흥교사로, 지금 경기도 개풍군 흥교면 백룡산 아래에 있다.
22) 날리군 : (원주) 『지리지』에 의하면 명주에 날리군은 없고, 단지 날성군이 있는데, 이곳은 본래는 날생군이요 지금은 영월이다. 또 우수주牛首州 영내의 고을에 날령군이라고 있는데, 이곳은 본래는 날이군이요, 지금의 강주剛州다. 우수주는 지금의 춘천인데, 여기서 말하는 날이군은 어느 것을 두고서인지 모르겠다.
23) 조신 : 신라 46대 문성왕文聖王을 전후한 시기에 재세한 승려.
24) 김흔 : 신라 하대의 진골귀족 출신. 태종무열왕의 9세손이다. 강주(진주)도독을 거쳐 이찬에 임용됨.

4. 탑상塔像

녀와의 결합을 남몰래 빌었다. 이러기를 수년간, 그사이 김흔의 딸은 이미 시집을 가 버리고 말았다.

조신은 관음보살 앞으로 갔다. 관음보살이 자기의 그 비원을 성취시켜 주지 않음을 원망하며 그는 슬피 울었다. 날이 저물 무렵 그의 사념은 지칠 대로 지쳐 있었다. 그는 깜박 풋잠이 들었다.

꿈이다.

그 김씨 처녀가 반가운 얼굴로 문득 들어섰다.

함빡 웃으면서 그녀는 조신에게 말했다.

"저는 대사님의 모습을 어렴풋이 알고부터는 마음속 깊이 사모해 왔었지요. 잠시도 대사님을 잊은 적이 없었어요. 부모님의 명령에 뒤몰려 마지못해 시집을 갔었지만, 대사님과 죽어서도 한 무덤에 묻힐 반려가 되고 싶어 지금 이렇게 왔어요."

조신은 기뻐 어쩔 줄을 몰랐다. 함께 고향으로 돌아갔다.

40여 년의 세월을 살았다. 자식만이 다섯이나 남아 처졌을 뿐 집안은 휑뎅그렁, 남은 것이라곤 없었다. 나물죽마저도 넉넉하지 못했다. 드디어 실의에 찬 몰골들로 잡고 끌고 하여, 먹고 살기 위해 사방을 헤매 다녔다. 이렇게 10년간 초야를 두루 유랑했다. 너덜너덜해진 옷은 몸을 가리지 못했다. 명주 해현고개를 지나다가 열다섯 살 난 큰아이가 굶어 죽었다. 통곡을 하며 시체를 거두어 길에다 묻었다.

남은 네 자녀들을 데리고 우곡현羽谷縣[25]으로 왔다. 길 곁에다 띠풀로 집을 얽어 살았다. 부부는 이미 늙고 병들었다. 거기에다 굶주

---

25) 우곡현 : (원주) 지금의 우현羽顯이다. – 지금의 강원도 강릉시에 있었음.

림에 지쳐 일어나 다니지를 못했다. 열 살 난 딸아이가 돌아다니며 걸식을 했다. 그러나 그 딸아이마저 마을의 개에게 물려 아파서 울부짖으며 누워 있었다. 부부는 탄식을 하며 두 줄기 눈물을 하염없이 흘렸다. 아내가 눈물을 훔치고 나더니, 돌연 얘기를 꺼내는 것이었다.

"내가 당신과 처음 만났을 땐 얼굴도 아름다웠고, 나이도 젊었습니다. 그리고 의복도 깨끗하고 고운 것이었습니다. 한 가지라도 맛 좋은 음식이 있으면 당신과 나누어 먹었고, 두어 자 옷감이 생겨도 당신과 함께 지어 입었습니다. 이러구러 살아온 지 50년, 정은 더할 수 없이 쌓였고, 사랑은 얽히고 얽혀 정말 두터운 연분이라 할 만했습니다. 그러나 근년 이래로 노쇠와 병고는 날로 더욱 깊어 가고, 춥고 배고픔은 날로 더욱 핍박하게 되었습니다. 남의 집 곁방살이, 간장 한 병의 구걸도 사람들은 용납해 주지 않았고, 수많은 집 문전에서의 그 수치는 무겁기 산더미 같았습니다. 아이들이 추위에 떨고 굶주림에 지쳐 있어도 그걸 면하게 해 주지 못하고 있습니다. 판국이 이러한데 어느 겨를에 부부간의 애정을 즐기겠소? 젊은 얼굴 예쁜 웃음은 풀잎 위의 이슬 같고, 굳고도 향기롭던 그 가약도 한갓 바람에 날리는 버들개비 같구려! 당신에겐 내가 있어 짐이 되고, 나는 당신 때문에 괴로워하고 있습니다. 곰곰이 지난날의 환락을 생각해 보면, 그것이 바로 번뇌로 오르는 계단이었습니다. 당신이나 나나 어찌하여 이 지경에 이르렀소? 뭇 새가 모여있다 함께 굶어 죽기보다는, 차라리 짝없는 난새가 거울을 향하여 짝을 부르는 것이 낫지 않겠소? 순경順境일 때는 친하고 역경逆境일 때는 버리는 것이 인정상 차마 못할 짓이긴 합니다만, 그러나 가고 머무는 것이 사람의 뜻대로만 되는

4. 탑상塔像

것이 아니요, 헤어지고 만남에는 운명이 있습니다. 바라건대 여기서 서로 헤어지도록 하십시다."

조신은 아내의 제의를 듣고 무척 반가워했다. 네 아이를 각각 둘씩 나누어 갈라서려 할 때 아내가 말했다.

"나는 고향으로 갈 테니 당신은 남쪽으로 가시오."

서로 잡았던 손을 마악 놓고 돌아서서 길을 나서려 할 때, 조신은 꿈에서 깨어났다.

쇠잔한 등불은 으스름한 불그림자를 너울거리고 밤은 이윽히 깊어 가고 있는 참이었다.

이튿날 아침에 보니 머리털이 하얗게 세어 있었다. 조신은 멍청히 넋이 나간 듯, 인간 세상에의 뜻이라곤 전혀 없었다.

이미 인간의 그 고된 생애에 염증이 느껴짐이, 마치 실제 백 년의 고생을 모조리 겪기라도 한 듯했다. 탐욕의 마음은 얼음이 녹아 버리듯 말끔히 가시었다. 조신은 관음의 그 성스러운 모습을 부끄러이 우러르며 참회를 금하지 못했다. 해현으로 가서 꿈속에서 굶어 죽은 큰아이를 묻었던 자리를 파 보았더니 돌미륵이 나왔다. 깨끗이 씻어서 그 부근의 절에다 봉안하고, 조신은 서울로 돌아가 절 관리의 임무를 벗었다. 그리고 사재를 기울여서 정토사를 세우고 부지런히 선행을 쌓더니 나중 그 종적을 알 수 없었다.

논평컨대 이 조신의 전기를 읽고 나서 책을 덮고 차근히 상기해 보노라면 어찌 꼭 조신 스님의 꿈만 그러하겠는가. 모두들 속세가 즐거운 줄 알고 바둥거리며 애쓰지만, 이것은 단지 깨닫지 못했을 뿐이다.

이에 사詞를 지어 경계한다.

잠시 즐거울 땐 마음이 여유롭더니,
어느덧 몰래 근심 속으로 늙음이 오누나.
한 끼 조밥이 익기를26) 다시 기다릴 새 없이,
괴로운 일생이 한바탕 꿈임을 깨달았도다.

몸 닦음의 잘됨과 잘못됨은 먼저 뜻을 참되게 함에 있는 것,
홀아비는 미녀를 꿈꾸고 도적은 보물 창고를 꿈꾸는구나.
어찌하면 가을 맑은 밤 꿈으로,
때때로 눈을 감아 청량경淸凉境에 이를거나.

---

26) 한 끼 조밥이 익기를 : 당唐 덕종 때 심기제枕旣濟가 지은 『침중기枕中記』에서 나온 말로서, 인생의 부귀영화는 허무하다는 뜻. 주인공 노생이 한단 땅의 객사에서 도사 여옹呂翁을 만나 그가 내준 베개를 베고 꿈을 꾸기 시작하는데, 그때 그 객사의 주인은 조를 찌고 있었다. 노생 盧生이 꿈속에서 미모의 최씨녀에게 장가들어 많은 자손들을 두고 높은 벼슬을 지내면서, 인생의 부귀와 영화를 누리며 여든이 넘도록 살다가 꿈을 깨었더니, 객사 주인이 찌던 조가 아직 익기도 전이더란 것이다.

4. 탑상塔像

관음도량으로서의 낙산사의 연기 설화, 의상·원효 두 법사의 관음보살 진신 참례에 얽힌 설화, 범일 법사의 정취보살 신앙 설화, 낙산사 두 보주寶珠의 몽골 병란중의 관리, 그리고 낙산사 관음보살에 관련된 승려 조신을 주인공으로 한 전기傳奇 작품으로 엮어진 것이다.

낙산洛山은 보타락가산의 축약어로, 강원도 양양 해안에 있는 우리 나나 관음신앙의 성지다. 보타락가신은 인도 남해안에 있는 관세음보살이 머무는 곳으로, 관세음 신앙의 전파에 따라 각지에 관세음보살 진신眞身의 주처住處가 있게 되었으니, 중국 절강성의 보타산, 일본의 나지산 보타락사 등이 그곳이다. 관음의 주처는 주로 해안에 있는 것이 특징이다. 일설에는 그리스 신화의 비너스는 조개껍질에서 탄생했고, 그것이 인도로 전파되어 관세음보살로 변했다는 것이다.

＊관음의 진신에게 첨례하려는 원효의 시도는, 논에서 벼를 베는 여인, 월수가 묻은 빨래를 하는 여인, 소나무 위의 파랑새로 화현한 관음 진신의 시험에 들더니 마지막에 관음의 주처인 굴에 풍랑이 일어 결국 실패로 끝나고 만다. 이것은 의상법사가 용천 8부 신장들의 인도까지 받으며 들어가 수정 염주와 여의보주를 얻고, 7일간의 재계 뒤에 관음 전신을 친견親見한 것과는 극명하게 대조된다. 한마디로 친親의상, 반反원효적이다. 이러한 전승은

어느 때부터 이루어졌는지 모르지만, 그 이유는 아마 원효의 서민 불교, 민중 불교의 교풍에 반발하는 일부 불교 세력이 존재했기 때문이었을 것이다. 의상의 화엄 불교는 다분히 신라의 귀족과 연결돼 있었다.

＊조신을 주인공으로 한 이 전기는 불교적 인생관을 형상화한 것이다. 나말여초에 당나라에 유학하고 돌아와 관직을 얻지 못한 유한有閒 지식인이 많았다. 이들은 그들이 가진 시문의 역량으로 당나라에서 이미 문견한 전기류의 소설이나 익사 잡문을 짓는 것으로 소일하는 부류가 많았다. 이들이 저작한 기록물들이 박인량의 『신라수이전』에 채록되었고, 그 중의 상당 부분이 『삼국유사』에 편입되었다. 여기 조신은 주인공으로 한 전기도 그중의 하나다.

이 전기는 선행한 당나라 전기, 즉 심기제의 『침중기枕中記』나, 이공좌의 『남가태수전南柯太守傳』 등의 영향하에서 지어졌거니와, 한편 불경 『잡보장경雜寶藏經』의 이야기, 즉 사라나 비구 설화로부터 자극과 힌트도 있었을 것 같다. 주인공 사라나 비구가 악생왕惡生王이 거느린 예쁜 여인들에게 설법을 했다고 하여, 악생왕에게 모진 구타를 당했다. 사라나는 환속하여 그에게 복수할 것을 결심, 잠을 자던 중 꿈속에서 사라나는 그의 소원대로 환속하여 악생왕과 복수의 싸움을 벌렸으나, 도리어 악생왕의 포로가 되어 처형당하기 직전에 꿈을 깨어 환속의 결심을 버리고 불도에 힘써 아라한이 되었다는 줄거리다.

4. 탑상塔像

5. 의해義解

- 불법의 정수에 통달한 승려들

원광, 중국에 유학하다

당 『속고승전續高僧傳』[1] 제13권의 기록이다.

신라 황룡사[2]의 중 원광圓光은 속성이 박씨로 본래 삼한―변한·진한·마한―에 살았으니 원광은 바로 진한辰韓 사람이다. 대대로 해동에 살아 가문의 유서가 연면하고, 그 사람됨은 도량이 크며 문장을 좋아했다. 도가와 유학을 섭렵했고 제자서와 역사서를 연구했다. 문장의 재화才華가 삼한을 올렸으나, 학식의 풍부함에 있어서는 오히려 중국에 부끄러웠으므로, 마침내 그는 친척과 벗들을 작별하고 뜻을 해외로 분발했다.

25세에 배를 타고 금릉金陵[3]으로 갔다. 때는 바로 진陳 시대, 진나라는 문교의 나라로 일컬어졌으므로 원광은 전날에 쌓여 온 의문들을 질문, 구명할 수 있었으며, 도를 물어 해득할 수 있었다.

처음에 원광은 장엄사의 승려인 민공旻公[4]의 제자에게서 강론을 들었다. 원광은 본래 세간이 경전에 익숙하여 경전 이치가 신묘함을 극했다고 여겼으나, 불도를 듣고 보니 그 자신 도리어 한갓 썩은 지푸라기와 같이 여겨졌다. 그는 헛되이 명분의 교[名敎][5]를 탐구하다간 실로 생애가 우려스럽겠다고 생각하고, 진나라 임금에게 글을 올려 불도에 귀의할 것을 청했더니 허락이 내렸다. 비로소 그는 삭발을 하고, 그리

---

1) 당 『속고승전』 : 당나라 초기 승려 도선道宣이 저술한 것으로 모두 30권으로 되어있다. 양나라 혜교慧皎의 『고승전』을 계승하여 양나라 때부터 645년까지의 고승의 열전이다.
2) 황룡사 : 황룡사의 와전.
3) 금릉 : 지금의 중국 남경南京이다. 초·동진·송·양·진 등의 수도가 되었다.
4) 민공 : 양나라의 법운法雲·지장智藏과 함께 3대 법사의 한 사람인 승민僧旻을 이른다.
5) 명분의 교[名敎] : 유교.

고 곧장 구족계具足戒6)를 받았다. 두루 강석講席을 찾아다니며, 좋은 도리를 체득하고 미묘한 말을 해득해 가기에 잠시도 게으르지 않았다. 그리하여 그는 『성실론成實論』7)과 『열반경涅槃經』8)을 득통하여 마음에 쌓아 간직해 넣었고, 경·율·논 3장과 불경을 해석한 논서論書를 두루 헤쳐 탐구했다.

끝으로 또 오나라의 호구산에 들어가서 염정念定9)을 끊지 않고 각관覺觀10)을 잊지 않으매, 마음의 안식을 찾는 무리들이 임천林泉으로 구름처럼 모여들었다. 아울러 그는 『4함四含』11)을 섭렵하고 8정八定12)에 공역을 기울임으로써 지혜롭고 선함이 용이하게 판명되었으며, 간명 정직한 마음은 이지러지기 어렵게 되어 지난날 먹었던 마음에 깊이 도달되었다. 드디어 일생을 이곳에서 마칠 생각으로, 인간사를 일체 끊고 성인의 자취를 두루 유람하며, 상념을 푸른 하늘로 모으고 일상사日常事를 멀리 사절하려 했었다.

그때 한 신사信士가 그 호구산 아래에 살고 있어 원광에게 출강을 요청했다. 원광은 굳이 사양하고 허락하지 않았으나, 그 신사 또한 굳

---

6) 구족계 : 일명 대계大戒·비구계比丘戒·비구니계比丘尼戒라고도 한다. 이것은 비구·비구니가 받아 지킬 계법으로 비구는 250계, 비구니는 348계다. 이 계를 받으려는 이는 젊은이로서 일을 감당할 만하고, 몸이 튼튼하여 병이 없으며, 죄과가 없고 이미 사미계沙彌戒를 받은 이에 한한다.
7) 『성실론』 : 인도 하리발마 지음. 우주의 모든 현상은 가假로 존재하므로 결국 공空에 돌아가는 것이라고 논정.
8) 『열반경』 : 『대반열반경』이라고도 함. 석가모니 부처의 열반, 즉 입멸入滅에 대해서 말한 경전.
9) 염정 : '염'은 정념正念, '정'은 정정正定. 정념이란 참된 지혜로 정도를 생각하여 사념이 없는 것. 정정이란 참된 지혜로써 산란하고 흔들리는 생각을 버리고 몸과 마음을 고요하게 하고, 진공의 이치를 보며 가만히 있고 마음을 이동치 아니함이다.
10) 각관 : 총체적으로 사고함을 '각', 분석적으로 상세히 관찰함을 '관'이라 한다.
11) 4함 : 『4부아함경四部阿含經』을 말함. 아함부에 속하는 소승경의 총칭.
12) 8정 : 색계色界의 4선정四禪定과 무색계의 4공정四空定을 말함. 이것들은 선정의 진경도進境度를 가늠한다.

5. 의해義解

이 맞아들이려 하기에 드디어 그의 간청을 받아들였다. 처음엔 『성실론』을, 그리고 끝으로 『반야경般若經』13)을 강했다. 어느 것에 대해서나 그 사유와 해석이 뛰어나고 철저했으며, 좋은 물음들은 거침없이 해답해 주었다. 게다가 또 아름다운 수사로 말의 깊은 뜻을 엮어 내리매, 듣는 이들은 모두 흔흔히 마음에 흡족해했다.

이로부터 원광은 교계敎界에 익숙해진 강경 법식을 따라 중생을 교화하는 것을 소임으로 삼았다. 그는 법륜法輪을 한 번 움직일14) 때마다, 문득 강이며 호수를 기울여 붓듯 장광설長廣舌이었다. 비록 이역에서의 전교이나, 그는 흠뻑 도道에 멱감아 꺼려하거나 피차의 간극을 두는 일이라곤 전혀 없었다. 그리하여 그의 명망은 넘쳐나 온 영남15)에 퍼졌고, 수풀을 헤치고 바랑을 차고 그에게로 찾아오는 구도자들이 고기비늘처럼 잇달았다.

마침 수나라가 천하를 통어하기 이르러 그 위세가 남국16)에까지 미쳐 왔다. 진나라의 국운이 다하여 수나라 군사들이 진나라의 서울에 들어가자, 원광은 난병亂兵을 만나 살해를 당하게 되었다. 수군隋軍의 대장이 사탑이 불타오르는 광경을 바라보고는 불을 끄려고 달려갔으나 불길이라곤 전혀 없고, 탑 앞에는 단지 원광이 포박당해 곧 죽임을 당하게 되어 있을 뿐이었다. 수군의 대장은 그 이적異跡이 신기하여 즉시 원광을 풀어 방면해 주었다. 그의 위기에 임해서의 영이한 감통이 이와 같았다.

---

13) 『반야경』 : 반야바라밀般若波羅蜜(지혜로써 피안에 이름)의 깊은 이치를 천명한 경전의 총칭.
14) 법륜 : '법륜'은 교법을 말함. '법륜을 움직인다'는 것은 곧 설법함을 의미한다.
15) 영남 : 중국 5령 이남의 지방을 말함.
16) 남국 : 원광 법사가 유학하고 있었던 그 진나라를 가리킴.

원광은 그의 불학佛學이 오월吳越[17])에 통하였기에 문득 주진周秦[18])의 교풍을 보고자 수나라 문제 9년, 즉 진평왕 11년(589년)에 수나라 도읍으로 와서 노닐었다. 마침 불법이 처음 모이고 섭론종攝論宗[19])이 비로소 흥기하는 때를 만나, 원광은 경전을 받들어 미묘한 실마리들을 천발闡發하여, 또 경전을 밝게 잘 해독한다는 소문이 달리듯 빨리 퍼져 나가니 명성이 장안에 드날렸다.

공업功業이 이미 이루어지매 도를 동방으로 전해야 했다. 본국에선 멀리서 듣고 글을 올려 원광의 귀환을 빈번히 청해 왔다. 수제는 칙명을 내려 원광을 두터이 위로하고 고국으로 돌려보냈다. 원광이 여러 해 만에 고국에 돌아가자 늙은이도 젊은이도 모두 환영했다. 신라왕 김씨[20])는 그를 면대해서 존경을 표하며 성인을 우러르듯 하였다.

원광은 그 성품이 겸허하고 조용하며, 인정이 많아 두루 사랑을 베풀었다. 그리고 말할 땐 언제나 웃음을 머금었으며, 성냄을 얼굴에 나타내는 일이 없었다. 그러면서 갖가지 국서國書들이 그의 흉금에서 나오매, 온 나라가 극진히 받들었다. 모두들 그에게 치국의 방도를 위촉하고 교화하는 일을 자문했다. 하여 그는 실제로 조정의 비단옷 입은 관리와는 다르면서, 그에게의 나라를 돌보는 일에의 요청은 그들과 같았다. 그는 이러한 좋은 기회를 타고 널리 교훈을 펼쳐 지금

---

17) 오월 : 남중국.
18) 주진 : 북중국.
19) 섭론종 : 중국 13종의 하나로 인도의 무착보살無着菩薩이 지은 『섭대승론攝大乘論』을 근본으로 한 종파. 『섭대승론』의 내용은 만유는 유심唯心에 돌아간다는 이론과 이에 의한 종교적 실천을 발현함을 말하며, 대승의 교리가 소승보다 우월하다고 주장한다.
20) 신라 왕 김씨 : 진평왕을 말함.

5. 의해義解

까지 전범이 되고 있다.

나이가 많아지자 수레를 탄 채로 대궐에 들어가노라면, 외복이며 약이며 음식들을 왕이 손수 주선하여 좌우에서 돕는 것을 허락하지 않고서, 오롯한 복 받기를 희원했으니 그 느껴워하고 존경함이 이와 같았다. 원광이 죽기 전에 왕이 친히 손을 잡고 위안하며, 불법을 남기는 일과 백성을 구제하는 일을 물었더니, 그는 상서로운 징조를 설하여 온 신라에 미치게 했다.

건복建福21) 58년에 원광은 조금 몸이 불편함을 느끼더니, 7일이 지나 그는 맑고 절실한 계誡를 남기고, 그가 머물던 황룡사에서 단좌한 채로 입적했다. 나이 99세, 바로 당 태종 4년22)이었다.

그의 임종 때에 그 절의 동북방 허공에는 음악 소리가 가득했고, 절 안에는 이상한 향기가 가득 차 있어 불도에 종사하는 사람이건 속세에 있는 사람이건 모두 슬퍼하는 한편, 경사로이 여기며 그 영이한 감응을 알았다. 교외에 장사 지내매 나라에서는 우의羽儀23)며 장구葬具를 내리어 왕자의 예와 동등하게 했다.

뒤에 태중에 죽은 아이를 낳은 한 속인이 있었다. 그 나라24)의 속언에 태사한 아이는 유복한 사람의 무덤에 묻어야 자손이 끊이지 않는다는 것이 있어, 그 속인은 원광의 무덤 곁에다 살그머니 태사한

---

21) 건복 : 신라 진평왕의 연호. 건복은 기실 50년으로 끝나고, 그다음은 선덕왕의 연호 인평仁平으로 시작된다. 여기 건복 58년은 굳이 인정한다면 선덕왕 인평 10년(641)이 된다. 그러나 원광이 입적한 것은 선덕왕 인평 9년(640)의 일이다.
22) 당 태종 4년 : (원주) 마땅히 태종 14년이라 해야 한다. — 이 원주대로 당 태종 14년(640)이라야 옳다.
23) 우의 : 왕의 행차 때는 쓰는 깃발 등속의 의장.
24) 그 나라 : '신라'를 가리킴.

아이를 갖다 묻었다. 그랬더니 묻은 당일로 태사한 아이의 시체가 벼락을 맞아 묘역 밖으로 내던져졌다. 이로 말미암아 그전에 원광에게 존경심을 품지 않았던 사람들도 모두 그를 숭앙하게 되었다.

원광의 제자로는 원안圓安[25]이란 이가 있어 천품이 영민했다. 그는 유람을 좋아하고 심오한 것의 탐구를 동경했다. 그는 북쪽으로는 환도丸都[26]엘 갔으며, 동쪽으로는 불내不耐[27]를 보았고, 그리고 서쪽으로는 연燕 · 위魏[28]의 땅을 찾았다. 나중에 원안은 제경帝京[29]으로 왔다. 각 지방의 풍속에 능통했고 여러 경론을 탐구했으니, 그 큰 줄거리를 파악하고 자세한 의미들에까지 통달했다. 늦게 그는 심학心學[30]으로 돌아와 원광의 뒤를 이었다. 처음엔 서울[31]의 한 절에 머물러 있었다. 평소 도로써 이름이 났으므로 특진特進[32] 소우蕭瑀가 주청하여 남전藍田에 지은 진량사津梁寺에 가 머무르게 하고는, 4사四事의 공급에 6시[33]를 어김이 없었다.

원안이 일찍이 원광의 사적을 서술한 것에 다음과 같은 일이 있다.
본국의 왕이 병환에 들어 의원의 치료에도 차도가 없었다. 이에 원광을 궁중으로 초청하여 따로 잘 모셨는데, 밤중에 두 번씩 심오한

----

25) 원안 : 원광의 제자. 주로 중국에서 활약함.
26) 환도 : 원문의 '九都'는 '환도丸都'의 잘못.
27) 불내 : 지금의 함경남도 안변. 동예東濊의 옛터다.
28) 연위 : 북중국.
29) 제경 : 황제가 있는 서울.
30) 심학 : 불학佛學.
31) 서울 : 장안長安.
32) 특진 : 중국의 관직.
33) 6시 : 하루를 낮 세 때, 밤 세 때로 구분한 것. 즉 아침[晨朝] · 낮[日中] · 해질녘[日沒] · 초저녁[初夜] · 밤중[中夜] · 새벽[後夜]이 그것임.

법을 왕에게 설했다. 그리고 왕이 계를 받아 참회하고 나서 크게 신임했다. 어느 날 초저녁에 왕이 원광의 머리를 보았더니 금빛이 찬연하고 일륜日輪의 모양을 한 것이 원광의 몸을 따라왔다. 왕후며 궁녀들도 다 같이 이 광경을 보았다. 그리고 이로 말미암아 왕이 좋은 마음을 거듭 일으켜 원광을 병실에 머물러 있게 했더니, 오래지 않아 왕의 병환은 차도가 있었다는 것이었다.

원광은 진한 · 마한의 사이[34]에 정법正法을 널리 폈다. 그는 매년 두 번 강석講席을 열어 후학들을 육성했다. 그리고 그는 시주로 들어온 재물들은 모두 사찰 경영에 충당하고, 그에게서 남은 것은 오직 옷과 바리때기뿐이었다.

★다음, 동경東京 안일호장安逸戶長[35] 정효貞孝의 집에 소장되어 있는 고본 『수이전殊異傳』[36]에는 아래와 같은 내용의 원광법사의 전기가 실려 있다.

원광 법사의 속성은 설薛씨, 서울[37] 사람이다. 당초 중이 되어 불법을 공부하던 중 30세 때에 조용히 수도할 생각으로, 홀로 삼기산三岐山[38]에 들어가 거처하고 있었다. 그 뒤 4년이 되어 한 비구가 역시 그 산으로 들어와, 원광 법사의 거처에서 멀지 않은 곳에다 따로 난야蘭

---

34) 진한 · 마한의 사이 : 신라 지역.
35) 안일호장 : '안일'은 퇴직의 뜻, '호장'은 고려시대 향리鄕吏의 수장首長.
36) 『수이전』 : 주로 신라 시대를 배경으로 한 기이한 일들에 대한 기록이다. 즉 신라 시대를 배경으로 한 설화 · 전기류傳奇類 등을 모아 편찬한 책으로, 편찬자는 문헌에 따라 박인량 · 최치원 · 김척명이 다르게 나오나, 박인량이 확실하다. 『삼국유사』도 실은 이 『수이전』에서 많이 자료를 가져다 썼다.
37) 서울 : 경주.
38) 심기산 : 지금의 경상북도 경주시 안강읍 서남에 위치.

若[39]를 짓고 지낸 지 2년, 그 사람됨이 사납고 주술 닦기를 좋아했다.

어느 밤이다. 원광 법사가 홀로 앉아 송경誦經을 하고 있는데, 홀연히 귀신의 소리가 있어 법사의 이름을 부르며 말했다.

"잘한다! 잘한다! 그대의 수행이여. 무릇 수행한다는 자들이 많기도 하더라만 법대로 하는 자는 드물더라. 이제 이웃에 있는 비구를 보매 곧장 주술을 닦지만, 소득은 없고 공연히 지껄여 대는 소리가 다른 사람의 조용한 생각만 방해할 뿐이지. 또 그 거처가 나의 다니는 길에 장애가 되고 있어, 매양 오갈 때마다 몇 번이나 미운 마음이 일어났으니, 법사는 나를 위해 그로 하여금 다른 데로 옮겨가도록 알려 주게나. 만약 그가 오래 그곳에 머물러 있겠다면 아마 내가 문득 죄업罪業을 짓게 될 것 같다."

이튿날 원광 법사는 그 비구에게로 가서 알렸다.

"내가 지난밤에 신령의 말을 들었는데, 비구는 거처를 다른 곳으로 옮기는 게 좋겠소. 그렇지 않으면 재앙이 있으리다."

그 비구는 대답했다.

"수행이 지극한 이도 마귀에 홀리는군. 법사는 여우 귀신의 말을 무얼 그리 걱정하오?"

그날 밤에 귀신은 원광 법사에게 또 왔다.

"앞서 내가 알린 그 일에 대해 비구는 뭐라고 답하던가?"

원광 법사는 귀신의 성냄을 두려워하여 이렇게 대답했다.

"아직껏 말하지 못하고 있으나 만약 굳이 권고한다면 어찌 감히 듣지 않을까 보오."

---

39) 난야 : 암자.

귀신은 말했다.

"내가 이미 다 들었는데 법사는 무언 그렇게 보태서 말하는가. 법사는 다만 잠자코 내가 하는 것이나 볼 일이다."

귀신은 작별하고 갔다. 밤중에 우뢰 같은 소리가 들려왔다. 이튿날 보았더니 산이 무너져 내려 그 비구가 거처하고 있던 난야를 묻어 버렸다.

귀신은 또 왔다.

"법사는 보니 어떠한가?"

원광 법사는 대답했다.

"보고서 매우 놀랍고 두려워했소."

귀신은 말했다.

"내 나이는 3천 년에 가깝고 신술神術은 으뜸이지. 그까짓 것은 단지 조그만 일인데, 무어 놀랄거리가 될라구? 사실 나는 앞으로 다가올 일은 모르는 게 없고, 온 천하의 일은 통달하지 않는 것이 없지. 이제 생각해 보니 법사가 단지 이곳에 있기만 해서는 비록 자리自利의 행行은 있으나 이타利他의 공40)은 없게 되지. 현재에 이름을 높이 선양해 두지 않으면, 미래에 좋은 과보를 거두지 못하는 법이다. 법사는 왜 중국으로 가서 불법을 배워 와, 이 나라의 혼미한 무리들을 인도하지 않는가?"

원광 법사는 답했다.

"중국에 가서 도를 공부함은 저의 본래의 소원이나 바다가 육지를 아득히 가로막아 놓았으므로 통할 길이 없기 때문일 뿐입니다."

---

40) 자리·이타 : '자리'와 '이타'는 불교 수행의 두 방면이다. 자신을 위한 수행을 주로 하는 것이 자리, 이것은 '소승'이다. 타인의 이익을 목적하여 행동하는 것이 이타, 이것은 '대승'이다. 이 자리·이타 양자를 완전하고 원만하게 수행하는 것에 불교인의 이상이 있다.

귀신은 중국으로 가는 데 필요한 계책들을 자상히 일러 주었다.

원광 법사는 그 귀신의 말대로 행하여 중국으로 갔다. 11년간을 머물러 있으면서 널리 삼장三藏[41]에 통효하고, 겸하여 유학까지 공부하였다. 진평왕 22년 경신(600)[42]에 법사가 고국으로 돌아올 계책을 세우자, 마침 본국의 중국 조빙사朝聘使가 왔기에 그를 따라 환국했다.

원광 법사는 그 귀신에게 감사를 드리고자 지난날 머물렀던 그 삼기 산의 절로 갔다. 밤중에 귀신은 역시 원광에게로 와서 그의 이름을 부르며 말했다.

"해륙 먼 길을 어떻게 다녀왔는가?"

법사는 말했다.

"신령님의 크신 은혜를 입어 무사히 갔다 왔나이다."

귀신은 말했다.

"나도 또한 법사에게 계戒를 주노라."

그리고 세세생생世世生生 윤회전생에서 서로 구제하자는 약속을 맺었다.

"신령님의 진용眞容을 볼 수 있겠나이까?"

원광 법사가 청하자, 귀신은 이렇게 일러 주었다.

"법사가 나의 형상을 보려거든 이른 아침에 동쪽 하늘가를 바라보라."

원광 법사가 이튿날 아침에 동쪽 하늘가를 바라보니, 커다란 팔뚝

---

41) 삼장 : 경장, 율장, 논장을 이름.
42) 진평왕 22년 경신 : (원주)『삼국사기』에는 이듬해인 신유년(601년)에 왔다고 했다.

이 구름을 뚫고 하늘가에 닿아 있었다. 그날 밤 귀신이 또 왔다.

"법사는 나이 팔을 보았는가?"

원광은, "보았으며, 무척 신기하더이다"라고 답했다. 이 신령의 긴 팔뚝을 본 일로 하여 그 산을 속칭 비장산臂長山이라고 했다.

귀신은 또 말하는 것이었다.

"비록 귀신 몸이 있다 해도 죽음을 면하지 못할 것이므로, 내가 아무 달, 아무 날에 이 몸을 그 고개에 버릴 터이니, 법사는 와서 나의 영영 떠나가는 혼을 보내다오."

원광 법사는 기약한 날짜를 기다려 가서 보았다. 옷 빛깔처럼 검은 한 마리 늙은 여우가 씨근거리다 말고 곧 죽어갔다.

원광 법사가 처음 중국에서 돌아오자, 본국 조정의 군신들은 그를 존경하여 스승을 삼았고, 법사는 항상 대승경전大乘經典을 강했다. 그즈음 고구려와 백제가 노상 신라의 변경을 침범해 오곤 하여, 왕은 매우 걱정하여 수43)나라에 군사지원을 청하려고 원광 법사에게 군사지원을 청하는 글[걸병표乞兵表]을 를 짓게 했다. 수나라 황제는 원광 법사가 지은 그 걸병표를 보고 나서, 30만 군사를 이끌고 친히 고구려 정벌에 나섰다. 이로부터 세인들이 원광 법사가 한편으로 유학에도 또한 능통함을 알게 되었다.

법사는 향년 84세로 입적, 명활성 서쪽에 장사를 지냈다.

---

43) 수 : (원주) 마땅히 '당'이라 해야 할 것이다. ─『삼국사기』「신라본기」의 진평왕 30년 조에도 '왕은 고구려가 번번이 강토를 침범함을 근심하여 수나라 군사를 청하여 고구려를 정벌하고자 원광에게 명하여 걸병표를 짓게 했다.'고 하여 '당'이 아니라 '수'로 되어 있으니 본문의 '수' 그대로가 옳은 것 같다.

『삼국사기』「열전」에는 다음과 같은 기록이 있다.

현량한 선비 귀산貴山은 모량부 사람이다. 같은 마을의 추항箒項과는 친우 사이였는데, 두 사람은 이렇게 의논했다.

"우리들이 사군자士君子들과 교유하려고 마음먹으면서, 먼저 마음을 바르게 하고 몸을 단정하게 가지지 않는다면 욕을 자초하게 되지 않을까 한다. 어찌 현자에게 도를 묻지 않을까 보냐."

그때 원광 법사가 수나라에서 돌아와 가슬갑嘉瑟岬[44]에 몸을 부치고 있다는 소식을 들었다. 귀산과 추항 두 사람은 원광 법사에게 찾아갔다.

"이 속사俗士는 우매하여 아는 것이라곤 없습니다. 바라옵건대 한 말씀 주시어 일생의 계명을 삼게 하소서."

원광 법사는 그들에게 말해주었다.

"불교에 보살계[45]가 있어 그 조항들이 열 가지가 있지만, 그대들은 남의 신자臣子가 된 몸이라 아마 감당해 내지 못할 것이다. 이제 ✦세속의 다섯 가지 계[세속5계]가 있으니 그것들은 이렇다. 첫째는 '임금을 섬기되 충성으로써 할 것', 둘째는 '어버이를 섬기되 효도로써 할 것', 셋째는 '벗을 사귐에 믿음이 있을 것', 넷째는 '싸움에 임하여 물러서지 말 것', 그리고 다섯째는 '산 것을 죽임에 가림[擇]이 있을 것'이다. 그대들은 이를 실천하여 소홀히 하지 말라."

---

44) 가슬갑 : (원주) 혹은 '加西(가서)', 또는 '嘉栖'라고도 쓴다. 모두 우리말이다. '갑岬'은 세속에 '곶[古尸]'이라 이른다. 그래서 가슬갑을 혹은 '고시사古尸寺'라고도 하니, 그것은 곧 '곶사'라고 말하는 것과 같다. 지금 운문사雲門寺에서 동쪽으로 9천 보쯤에 '가서고개', 혹은 '가슬고개'가 있고, 그 고개의 북쪽 골짜기에 절터가 있으니 바로 이것이다. ― 가슬갑은 지금 경상북도 청도 부근에 있다.

45) 보살계 : 대승 보살들이 받아 지니는 계율. 10중금계重禁戒와 48경계輕戒가 있다. 원광이 말한 '열 가지 조항'이란 10중금계를 말한다.

귀산의 무리들은 말했다.

"다른 것들은 알겠습니다만, 이른바 '산 것을 죽임에 가림이 있을 것'이라는 것만은 깨치지 못하겠습니다."

원광 법사는 설명해 주었다.

"육제일六齋日[46]과 봄·여름철에는 죽이지 말 것이니 이것은 때를 가림이다. 가축, 즉 말, 소, 닭, 개를 죽이지 말 것이요, 미세한 생물, 즉 그 고기가 한 점도 채 못 되는 것들을 죽이지 말 것이니, 이것들은 물物을 가림이다. 이것도 오직 그 소용에 한해서만이고, 결코 많이 죽여서는 안 된다. 이상 말한 것들이 세속의 선계善戒다."

귀산의 무리는 말했다.

"이제부터는 받들어 실천하여 감히 어김이 없도록 하겠나이다."

후일 귀산과 추항 두 사람은 종군하여 모두 국가에 훌륭한 공을 세웠다.

건복建福 30년[47](613) 가을에 수나라 사신 왕 세의王世儀가 오자, 황룡사에서 백좌도량百座道場을 개설하여 여러 고승들을 청해다 경을 강설하게 한 적이 있는데, 그때 원광이 제일 윗자리에 앉았었다.

이상, 원광 법사를 두고 논의해 본다.

원종原宗[법흥왕]이 불법을 일으킨 이래, 중생을 제도하는 부처님

---

46) 육재일 : 음력으로 매월 8 · 14 · 15 · 23 · 29 · 30의 6일이 '육재일'이다. 이 6일은 사천왕이 천하를 순행하며 사람의 선악을 살피는 날이란 것. 또는 악귀가 사람의 틈을 보는 날이라는 것이다. 그래서 이날은 사람마다 몸조심하고 마음을 깨끗이 하며 계를 지켜야 한다고 함.
47) 건복 30년 : (원주) 즉 진평왕 즉위 35년이다. ― '건복'은 진평왕 연호다.

의 설법으로의 나루와 다리는 비로소 놓였으나, 집의 깊숙한 곳[48]
엔 미처 이르지 못했다. 하여 불·법·승 3보의 계법에 귀의하여,
번뇌를 없애고 참회하는 법으로 어리석고 깨치지 못한 무리들을 깨
우쳐야 했었다. 그래서 원광 법사는 그가 주지主持하고 있던 가서갑
嘉栖岬에 점찰보占察寶[49]를 설치하여 항규恒規로 삼았던 것이다. 그때
단월니檀越尼[50]가 있어 그 점찰보에 밭을 헌납했으니, 지금 동평군
東平郡[51]의 전지 1백 결이 바로 그것이다. 이에 관한 옛 문서가 아직
도 남아있다.

원광은 그 성품이 겸허하고 조용함을 좋아하고, 말할 땐 언제나 웃
음을 머금었으며 얼굴에 노기를 띠는 일이 없었다. 나이 이미 많아선
수레를 탄 채로 대궐에 들어가기도 했는데, 당시 조정의 여러 현사賢
士들의 덕과 의에 있어 촉망받는 바가 그를 능가할 사람이 없었다.
게다가 그의 문장의 풍부함은 일국이 경도하는 바이었다. 향년 80여
세로 당 태종 연간, 즉 신라 진평왕 49년 진덕여왕 3년(627~649)에
죽었으니, 그 부도浮圖[52]는 삼기산 금곡사金谷寺[53]에 있다.
　　앞의 당 『속고승전』에서 원광이 황룡사皇隆寺에서 입적했다고 했는데,

---

48) 집의 깊숙한 곳 : 도道의 심오한 경지.
49) 점찰보 : 신라 때 점찰법화를 개최할 비용을 충당하기 위해 사찰에 설치한 보寶이니, '보'는
　　우리나라 고유 형태의 일종의 재단. 『점찰경』은 『점찰선악업보경』의 약칭. 나무쪽을 던져 길
　　흉·선악을 점쳐 참회하는 법 등을 말한 경이다.
50) 단월니 : 여성 시주.
51) 동평군 : 동래 근처에 있었음.
52) 부도 : 불타 또는 솔도파(탑)의 전음轉音이나, 우리나라에선 항용 고승의 사리나 유골을 봉안
　　한 석종石鐘을 가리킨다.
53) 금곡사 : (원주) 지금 안강의 서남쪽 골짜기이니, 역시 명활성의 서쪽이다.

그 황룡사란 곳이 어딘지 미상이다. 아마 황룡사 와전인 듯하니, 그것은 마치 분황사芬皇寺를 왕분사王芬寺라고 쓴 경우와 같다고 하겠다.

위의 당 『속고승전』과 우리나라 『향전』의 두 기록에 의거, 비교해 보면 원광이 속성이 전자에서는 박씨, 후자에서는 설씨로, 그리고 원광이 당초 불문에 들어선 곳이 후자에서는 우리나라, 전자에서는 중국으로 되어있어 마치 별개의 두 사람인 것처럼 돼 있다. 어느 것이 옳은지 그 시비를 함부로 단정할 수 없기 때문에 두 기록을 다 실어 둔 것이다.

그러나 위의 전기들에선 어느 곳에도 작갑鵲岬·이목璃目과 운문雲門의 사실[54]이 적혀 있지 않다. 그런데도 우리나라 사람 김척명金陟明이 항간에 떠돌아다니는 이야기를 잘못 알고 이끌어 와서 글을 윤색하여 「원광 법사전」을 지을 적에, 운문선사雲門禪寺의 창건자인 보양사寶壤師의 사적을 뒤섞어 함부로 기록하여 한 가지 전기로 만들었다. 뒤에 『해동고승전』의 저자가 김척명이 저지른 그 잘못을 그대로 답습하여 기록했기 때문에, 사람들이 많이들 잘못 알고 있다. 이 점을 여기서 확실히 분별하고자, 글자 한 자도 가감하지 않고 원광 법사의 두 전기의 글을 그대로 실은 것이다.

진陳·수隋의 시대에는 해동 사람으로서 바다를 건너가 구도한 이는 드물었고, 설령 있었다고 해도 그땐 아직 크게 떨치지는 못했었다. 그러다가 원광 이후로는 뒤를 이어 중국으로 유학하는 이가 줄곧 끊이지 않았다. 원광이 바로 길을 열어 준 것이다.

---

54) 작갑·이목·운문의 사실 : 번역에서 제외된 「보양과 이목[寶壤梨木]」편에 자세히 보인다.

찬한다.

바다 건너 처음으로 한지漢地의 구름을 뚫으매,

몇 사람이나 그 길을 오가며 맑은 향기 길었던고.

옛날의 그 자취 청산에 남아있으니,

금곡과 가서의 일은 지금도 전해지도다.

　원광은 신라의 유수한 학승이다. 그는 불교 외 유교에도 조예가 깊고 문장이 뛰어났다. 진흥왕 초기에서 진평왕 말기에 걸쳐 신라의 국세가 3국 통일을 향해 성장, 팽창하던 시기에 사상·지성 분야를 담보하던 걸출한 학승이다. 그는 중국 유학에도 선구자로, 11년을 중국에서 여러 강석講席을 돌며 불교 연구를 마친 뒤 중국 남북방의 여러 강석에서 뛰어난 해석과 해박한 불교 지식으로 중국의 대중들에게 크게 명성을 얻었다. 그래서 진평왕은 그의 귀환을 수제隋帝에게 요청하여 귀국하게 되었다.

　원광은 대승불교를 깊이 연구하고 신라에서 강론한 최초의 승려로 알려져 있다. 그에게는 『여래장경사기如來藏經私記』 3권과 『여래장소如來藏疏』 1권이 있었다고 한다. 이로 보아 그는 아마 여래장 사상에 대한 조예가 깊었던 것 같다. 여래장이란 일체중생의 번뇌 속에 은장隱藏되어 있는 본래 청정의 여래 법신法身을 가리키는 것으로, 후세 성리학의 핵심이론인 청정한 본성本姓과 혼탁한 정情의 관계는 여기에서 왔다. 그는 불교의 토착화에 힘써 주술을 참회·수계受戒로 물리치려 하고 가서사에 점찰보를 두고 점찰법회를 정기적으로 열었다. 그는 또 두 젊은이의 요청에 「세속5계」를 교훈으로 줌으로써 당시 신라의 청년정신을 다잡아 후일 3국 통일에 이바지했다. 뿐만 아니라 그는 유교에의 교양과 문장력으로 수나라와의 외교에도 기여했다. 진평왕이 그로 하여금 고구려 침범을 막기 위해 수나라에 원병을 요청하는 국서를 쓰게 하자, "자신이 살려고 남을 멸하는 것은 승려의 할

짓이 아니나, 빈도貧道(승려의 자칭)가 대왕의 나라에 살아 대왕의
물과 풀(곡식·채소)을 먹으면서 어찌 감히 명령대로 쫓지 않으리
까!"라고 하고서 이에 써 바치기도 했다. 그는 진평왕의 극진한
예우를 받았다.

　＊본편에 나온 불경들의 대의를 간략히 적어 둔다.
　『성실론』 : 인도의 하리발마가 짓고, 구마라습이 번역하였으
니 이것이 성실종의 근본 성전이 되었다. 우주의 모든 현상은
'가假'로 존재하는 것이므로 결국 '공空'에 돌아가는 것이라 논정
한다. 이 관觀으로 해서 사체四諦 ― 고苦·집集·멸滅·도道 ―
의 본뜻을 깨닫는다 하며, 팔성도八聖道 ― 정견正見·정사유正思
惟·정어正語·정업正業·정명正命·정정진正精進·정념正念·정정
正定 ― 에 의하여 온갖 번뇌를 없애고 무여열반無餘涅槃(생사의 괴
로움을 여읜 진여)의 경지에 이른다고 말한 것이다.
　『열반경』 : 석존의 입멸에 대해 말한 경전이다. 소승·대승의
두 가지 열반경이 있다. 소승의 열반경은 석존의 입멸에 대해 주
로 사적史的으로 기록한 것으로서 입멸 전후의 여행, 발병, 순타
의 공양, 최후의 유훈, 입멸후의 비탄, 사리 8분分 등을 그 주요
한 것으로 했다. 대승의 열반경은 교리를 주로 하고 불타론의 종
극終極, 불교의 이상을 묘사했다. 곧 법신法身이 상주한다는 근
거에서 불성佛性의 본구本具와 보편을 역설했다. 적극적인 열반
을 '상락아정常樂我淨'이라 하여 소승의 소극적 열반론에 반대하
는 태도를 보인다.
　『4부 아함경』 : 아함경은 소승경의 총칭이다. 그것은 4부로

분류되어 있다. 증일增一아함·장長아함·중重아함·잡雜아함이
그것들이다.

『반야경』: 일체의 실상을 남김없이 비쳐 보는 보살의 절대한
지혜를 말함이며, 보살은 이 지혜를 가지고 생사의 바다를 건너
열반의 피안에 이르는 배나 뗏목과 같으므로 '반야바라밀다'라
한다. 대개 반야parajna로 관조하는 만유萬有는 우리가 실물처럼
보는 것과 같은 존재가 아니고 다 공空하여 모양이 없는 것임을
말했다.

✽동경 안 일호강 정효의 집에 소장되어있는 고본 『수이전』에
실린 이야기는 원광 법사의 생애에 관한 민담 수준의 이야기다.
원광이 불교를 성취해서 한 시대의 스승으로 신라 사회에 거대
한 공헌을 하자, 평소 생활 속에 익숙한 여우를 가져다가 요괴하
고 변덕스러운 이미지를 3천 년이나 묵은 천지간의 지대한 신물
神物로 탈바꿈시켜 원광의 불교 성취를 도왔다는 이야기를 꾸민
것 같다. 여기에는 '비장산臂長山(팔이 긴 산)'이라는 지명이 매개
가 된 것 같다. 그래서 이 이야기는 비장산의 지명전설로서도 기
능한다.

원광의 불교의 정상적인 수행에 주술을 닦느라 시끄러운 소리
로 방해하다 신물에 의해 제거된 '비구'의 존재는 어떤 부류의
승려인지는 모르겠다. '비구'·'난야'라는 말을 사용한 것으로
보아 불교 승려임이 틀림없겠는데, 어느 종파의 승려인지가 미
상이다. 원광이 수행에 정진하던 진형왕 초기 무렵에는 주술을
닦는 밀교密敎 계통이 신라에 아직 수용되지 않는 것으로 알려

져 있어 타락한 밀교계의 승려로 볼 수도 없다. 혹시 원광의 너무나도 뚜렷한 현교적顯教的 입장에 후세의 타락한 잡밀雜密을 원광의 수행 초기로 대립시켜, 마침내 잡밀을 타멸시킴으로써 타락한 잡밀에 대한 혐오감을 나타낸 것인지도 모르겠다.

＊원광의 「세속5계」는 불교에 귀의하는 재가 신자가 지킬 5가지 계율에 대하여 세속인이 지켜야 할 5가지 계율을 뜻한다. '1) 임금을 충성으로 섬길 것, 2) 어버이를 효도로 섬길 것, 3) 벗을 신의로 사귈 것, 4) 전장에 임하여 물러서지 말 것, 5) 산 것은 죽이되 가림이 있을 것'이 그것이다. 5)를 제외하고는 어느 나라 어느 민족에게나 있을 덕목이거니와, 우리의 사상의 문제로선 꽤 중요하다. 이 5계의 사상적 근원이 어디냐 하는 문제 때문이다. 이제까지는 대체로 유교에 근거를 둔 가르침으로 알아왔다. 그중에서도 이병도·김충렬 같은 이는 거의 전조목을 유교에서 근원을 찾는 견해다. 5계의 덕목은 충忠·효孝·신信·용勇·인仁으로 정리될 수 있다. 이런 덕목이면 무조건 유교의 것으로 간주하는 비주체적 사고 때문일 터다. 우리 민족의 재래 신도 윤리 속에도 이런 덕목이 당연히 있어 왔으나 개념을 표기할 문자를 가지지 못했다. 표음적 표현으로 소통해 오다 한자라는 표의적 표기 수단을 만나게 되어, 모두 한자·한문으로 바뀌었다. 후세 사람들은 그 거죽의 번역만 보고 유교시한다. 이런 현상의 극치가 기자 동래 교화설이다. 우리 민족의 좋은 윤리 문화를 모두 기자에 의한 유교의 교화로 보아 스스로를 부정해 왔다. 원광이 유교에 조예가 있었다고는 하지만, 결코 유교에의 근거를 의식하고 「5계」를 말한 것은 아니다. 인간

사회에 보편적으로 있는 덕목이라, 이름에도 '세속'이라 붙인 것이다. 그는 세속5계를 불교도가 지킬 보살계에 대비해서 말했다. 그러니까 그의 사고에는 불교도와 세속인의 구분이 있을 뿐이지, 불교도와 유교적 세속인의 구분이 있었던 것은 아니다.

다만 5계 중 4)의 경우, 『예기』「제의」편에 "전쟁터에서 용기가 없음은 효가 아니다[戰陳無勇,非孝也]"라는 말이 있지만, 원광의 의식에는 당시 신라의 백제·고구려와의 전투에서 강조되고 앙양仰揚되어 오던, '물러서지 말라'는 실제 현장의 전진훈戰陣訓이 더 강하게 다가왔을 것이다. 그리고 「5계」 중의 5)는 『예기』, 『논어』 같은 유교 경전에도 있으나, 6재일과 춘하월에는 죽이지 않는다는 택시, 그리고 가축과 고기가 한 점도 안 되는 생물은 죽이지 않는다는 택물의 단서를 보면 역시 불교에 입각되어 있음을 알 수 있다. 다만 택시는 유교에도 있었다. 「5계」의 총 4개는 인류 보편의 윤리 의식에 뿌리를 두고 있고, 1개만이 특히 불교적인 「세속5계」를 굳이 유교를 끌어 설명할 이유가 없다.

양지, 석장을 부리다

석양지釋良志는 그 조상과 고향이 미상이다. 단지 선덕왕대에 그 자취를 세상에 나타냈음을 알 뿐이다.

그가 석장錫杖[1]의 머리에 포대를 걸어 두면, 석장은 저절로 시주施主의 집으로 날아가 흔들리며 소리를 낸다. 그러면 그 시주의 집에서는 이를 알아채고 재에 올리는 비용으로 곡식 등속을 포대에 넣는다.

그래서 포대가 차면 양지의 석장은 절로 날아 돌아오곤 했다는 것이다. 그래서 양지가 머물고 있는 절을 이름하여 석장사錫杖寺[2]라고 했다. 그의 참으로 헤아릴 수 없는 신이함이 모두 이와 같은 것들이었다.

그는 한편 잡예雜藝에도 능통하여 신묘하기 비길 데 없었으며, 더욱이 서예에 능했다. 영묘사零妙寺[3]의 장륙 3존·천왕상天王像[4]·전탑들의 기와와, 그리고 천왕사[5] 탑 아래의 8부신장八部神將[6]과 법림사法林寺[7]의 주불 3존 및 좌우의 금강신金剛神[8] 등은 모두 그가 만든 것들이다. 그는 또 영묘사와 법림사 두 절의 현판을 썼고, 일찍이 벽돌을 다듬어 한 작은 탑을 만들고, 아울러 3천 불상을 만들어 그 탑

1) 석장 : 승려들의 지팡이. 머리에 6개의 주석 고리가 달려있어 6환장六環杖이라고도 함.
2) 석장사 : 신라 때 경주에 있었던 절. 지금 경상북도 경주시의 석장동에 위치했다.
3) 영묘사 : 선덕여왕 때에 지금의 경주시에 세워졌던 절.
4) 천왕상 : 천왕은 수미산 4주를 수호하는 신. 동주의 지국천왕持國天王, 남주의 증장천왕增長天王, 서주의 광목천왕廣目天王, 북주의 다문천왕多聞天王의 상. 흔히 절 출입문에 안치.
5) 천왕사 : 문무왕 19년(679)에 세운, 경주시 배반동에 있던 절. 곧 사천왕사.
6) 8부신장 : 불법을 수호하는 8신장. '용천8부'와 같은 말. 「낙산의 두 보살 관음 · 정취, 그리고 조신」편 주석 참조
7) 법림사 : 소재지 미상.
8) 좌우의 금강신 : 금강역사. 또는 인왕仁王이라기도 함. 절의 수호신으로 절 문의 좌우에 안치.

5. 의해義解

안에다 봉안하고 절에 안치해 두고 항상 공경하였다.

그가 영묘사의 장륙존상을 조소造塑할 때, 정신을 모아 대상에 몰입하는 것으로부터 질료를 주무르는 법식으로 삼았기에 온 성 안의 남녀들이 다투어 진흙을 날랐다. 그때 부른 풍요風謠[9]는 이러하다.

오다, 오다, 오다, 오다, 서럽더라!
서럽다, 우리들이여! 功德(공덕) 닦으러 오다.

이 민요는 지금도 그 지방[10] 사람들이 방아를 찧을 때나, 역사役事를 할 때에 부르고 있는데, 대개 이로부터 시작되었을 것이다.

이 장륙존상을 완성하기까지 든 많은 비용이 곡식으로는 2만 3천 7백 석이었다.[11].

논평하면, 양지사는 재주를 온전히 갖추고 덕이 충만하여서, 큰 불성을 가지고 말단의 기예技藝에 숨은 자라고 하겠다.

찬한다.
재 끝난 불당 앞엔 석장이 한가한데,
고요히 놓인 향로엔 저절로 향이 타오르네.
남은 경문 다 읽고 나면 할일이 없어,
불상을 만들어서 합장하고 보노라.

---

9) 풍요 : 한 지역의 풍토와 민정을 반영한 노래. 민요와 같음.
10) 그 지방 : 경주 지방을 가리킴.
11) 이 장륙존상 ~7백 석이었다 : (원주) 혹은 그 불상에 개금改金할 때에 비용으로 든 곡식이라고 한다.

선덕왕대의 양지는 신라 고승들 중에도 특이한 존재였다. 그는 법력이 고차원에 이른 승려다. 석장의 머리에 포대를 걸어두면 석장이 스스로 알아 시주를 받아 온다든가, 장육존상을 조소할 때 성안의 남녀들이 공덕을 닦고자 다투어 진흙을 날랐다는 것은 그의 법력의 대단함을 상징하거나 나타낸다. 그러나 그는 고승들의 일반적인 중생 제도의 방식과, 그리고 자기에게 주어지는 승직僧職을 등지고, 조소・조각・서예 등의 기예에 몰입했다. 이런 정황으로 보아서 그의 신분은 6두품 이하의 계층 출신인 것 같다. 혹은 따로 생각이 있어 고승들의 일반적인 중생 제도의 형태를 사절하고, 독자적인 중생제도의 길을 택해 갔다고도 할 수 있다. 그는 신라 중대 불교계의 한 아웃사이더이다. 그는 영묘사와 법림사의 주불主佛3존을 위시하여 천왕상 등 8부신장, 그리고 현판 등 여러 신앙 대상을 만들었다. 그의 대부분의 작품은 없어졌지만 잔존한 작품의 기풍에는 서역적 요소가 짙게 나타나 있다고 한다. 그래서 그를 서역인이라고 하는 설까지 있다.

가사의 내용이나 율조가 단순한 민요풍의 노래인 「풍요」는 뭇사람이 공동으로 하는 노동의 현장에서 곧 발생할 수가 있다. 여기 「풍요」도 그런 경우다. 장육3존을 조소하는 데 드는 진흙이래야 온 성 안의 남녀들이 나를 것도 없는 양이라서 노동이라고 할 것도 없다. 그러나 공덕 닦기의 염원으로 일치된 군중의 마음이라 저절로 노동요 같은 「풍요」가 불려진 것이다. '오다'를 연속한 것은 성 안의 남녀들이 공덕 닦기의 현장으로 잇달아 오는 것을 묘사하고, '서러운 마음'을 짧은 가사에 두 번이나 염탁한 것은 인생무상이라는 근원적인 허무를 모두 안고 있음을 표현한 것이다. 그래서 도력이 센 고승의 불상 제작에 진흙이라도 나르는 공덕 닦기의 행위로 그 허무를 초극하려 한 것이다.

혜숙·혜공, 진속에 묻혀 살다

승려 혜숙惠宿은 화랑 호세랑好世郎의 낭도 중에서 법력을 숨기고 있다가,[1] 호세랑이 화랑의 자리를 사임하자, 그 역시 물러나와 적선 촌赤善村[2]에서 20여 년을 은거하고 있었다.

당시 국선國仙 구담공瞿曇公이 하루는 혜숙이 있는 교외로 나가 맘 껏 사냥을 하고 다녔다. 그때 혜숙이 길가에 나가 구담공의 말고삐를 잡고, 이 못난 중도 따라다니고 싶은데 좋겠습니까라고 청했다. 구담 공은 허락했다. 이리하여 그들은 종횡으로 내달리며, 옷을 벗어젖히 고 서로 앞을 다투기도 하여, 구담공은 무척 즐거웠다.

앉아 피로를 풀면서 그들은 사냥한 고기를 굽고 지지고 하여 분주 히 먹어 댔다. 혜숙 역시 어울려 그 고기들을 먹으며 조금도 꺼리는 기색이 없었다. 이렇게 한바탕 먹고 나자, 혜숙은 구담공 앞으로 다 가가며 말했다.

"이것보다 더 맛 좋은 고기가 있어서 더 드릴까 하는데, 어떻습니까?"

구담공은 좋다고 답했다.

혜숙은 구담공의 종자들을 물리치고, 자기의 넓적다리 살을 베어 내서 소반에다 받쳐 올렸다. 혜숙의 바지에는 선혈이 낭자했다. 구담 공은 깜짝 놀라서 물었다.

"어쩐 일인가?"

---

1) 승려 혜숙은~숨기고 있다가 : 혜숙은 화랑 호세랑의 낭도郎徒들의 상수上首로 있었다는 말이다.
2) 적선촌 : (원주) 지금 안강현에 적곡촌赤谷村이 있다.

혜숙사는 답변했다.

"처음 저는 생각하기를 공은 인인仁人인지라, 능히 자기 자신을 미루어 일반 유생有生에게까지 미치게 할 것이라 믿었습니다. 때문에 공을 따라나섰던 것입니다. 그러나 이제 공의 즐겨하는 바를 살펴보매, 오직 살육을 탐하고, 남을 해쳐 자기 일신이나 기르는 것뿐입니다. 그것이 어찌 인인군자仁人君子의 소행이라 하겠습니까. 그러니 공은 우리들의 무리가 아닙니다."

드디어 혜숙은 옷을 떨치며 가 버렸다. 구담공은 크게 부끄러웠다. 혜숙이 먹던 소반을 살펴보니, 그의 몫으로 주어졌던 고깃덩이가 하나 다치지 않고 그대로 남아있었다. 구담공은 매우 신기하게 여겼다. 돌아가 이 사실을 조정에 알렸다.

진평왕이 듣고는 사자를 보내어 혜숙을 맞아 오게 했다. 혜숙은 이 사자에게 자기가 여인의 침대 위에 누워 자는 꼴을 짐짓 보여주었다. 사자는 혜숙을 더럽게 여기고 되돌아가다가 7, 8마장쯤에서 혜숙을 만났다. 사자는 혜숙에게 어디서 오는 길인가고 물어보았다. 혜숙은 서울 성안의 시줏집에 7일간의 재를 하러 갔다가 끝마치고 오는 길이라고 답했다. 사자는 돌아가 임금님에게 아뢰니, 왕은 또 사람을 보내어 그 시줏집을 조사해 보았다. 혜숙이 그 집에 가서 7일간의 재를 지낸 것이 모두 사실이었다.

얼마 있지 않아 혜숙은 갑자기 죽었다. 마을 사람들이 이현耳峴[3] 동편에 메어다 장사 지냈다. 그때 이현 고개 서편에서 오던 그 마을의 어느 사람이 도중에서 혜숙을 만났다. 그 사람이 어디를 가는 길

---

3) 이현 : (원주) '형현硎峴'이라고도 한다.

이냐고 묻자 혜숙은 이렇게 대답했다.

"이곳에서 오래 살았으므로 이제 다른 곳에서 노닐려고 하오."

서로 인사를 나누고 그들은 헤어졌다. 반 마장쯤 가더니 혜숙은 구름을 올라타고 가 버렸다.

그 사람이 이현 고개의 동편에 이르러, 혜숙의 장례를 치르던 사람들이 아직 흩어지지 않았음을 보고, 그가 본 사실들을 낱낱이 들려주었다. 갓 모았던 무덤을 다시 헤쳐 보니, 단지 짚신 한 짝만이 남아있을 뿐이었다.

지금 안강현安康縣의 북쪽에 혜숙사惠宿寺란 이름의 절이 있으니, 바로 그가 살던 곳이라 한다. 거기엔 사리를 모신 부도浮圖도 또한 있다.

승려 혜공惠空은 천진공天眞公의 집에 고용살이하던 여인의 아들로 태어났다. 그의 아이적 이름은 우조憂助[4]였다.

천진공이 일찍이 종기가 나서 거의 죽게 되었다. 문병하러 오는 사람들이 길을 메웠다. 우조의 나이 그때 일곱 살, 그 어머니에게 집안에 무슨 일이 있길래 손님들이 이토록 많이 모여들었느냐고 물었다. 그 어머니는 주인이 몹쓸 병이 나서 지금 위독한데, 넌 어찌 모르고 있었느냐며 알려 주었다. 그러자 우조는 내가 그 병을 고칠 수 있노라고 말했다. 어머니는 아이의 그 말이 하도 신기해서 천진공에게 알렸다. 천진공이 우조를 불러들였다. 우조가 천진공의 병상의 아래에 와 앉아서 한마디 말도 없었는데, 조금 뒤 천진공의 종창이 터졌다. 천진공은 하나의 우연이리라 여기고, 그다지 이상하게 생각하지 않았다.

----

4) 우조 : (원주) '우조'는 우리말이다.

우조가 장성해서다. 그는 천진공의 매를 길렀는데, 그것이 공의 마음에 꼭 들었다. 천진공의 아우로서 지방관을 임명받은 이가 있었다. 그가 임지로 떠나면서 천진공의 매 가운데에서도 좋은 놈을 청하여 그곳 관아로 가져갔다. 어느 날 저녁 천진공은 아우가 가져간 그 매가 생각났다. 그는 날이 새면 우조를 보내어 그 매를 가져오게 하리라 생각하고 있었다. 그런데 우조가 이미 그것을 먼저 알고, 잠깐 사이에 그 매를 가져다 새벽에 바치는 것이 아닌가. 천진공은 크게 놀랐다. 그리고 깨달았다. 그제사 전날 자기의 종창을 고친 일이며, 우조의 하는 일이 모두 불가사의한 것임을 알았다. 천진공은 우조에게 말하였다.

"내가 지성至聖께서 우리 집에 의탁해 있음을 알지 못하고, 경망스런 말과 무례한 것으로 욕을 주었으니, 그 죄를 어떻게 씻으리까! 바로 지금 이후로는 도사導師5)가 되시어 나를 인도해 주십시오."

그리고는 내려서서 우조에게 절을 했다.

영이함이 이미 드러났으므로, 우조는 드디어 출가하여 중이 되어, 이름을 '혜공惠空'이라 고쳤다.

그는 한 작은 절에 상주했는데, 매양 미친 듯 대취해서는 삼태기를 지고 거리에서 노래하고 춤추며 다니곤 했다. 그래서 그를 '부궤화상負簣和尙'이라고 불렀다. 때문에 그가 머물고 있는 절도 '부개사夫蓋寺'라고 이름했으니, '부개'란 곧 궤簣에 해당하는 우리말이다.

그는 또 매양 그 절의 우물 속에 들어가 두어 달씩 나오지 않기도 했다. 그래 우물의 이름을 법사의 이름을 따서 '혜공정惠空井'이라고

5) 도사 : 정도正道로 중생을 인도하는 스승이란 뜻.

혜숙·혜공, 진속에 묻혀 살다

지었다. 그가 우물 속에서 나올 때면 언제나 푸른 옷을 입은 신동神童이 먼저 솟아나왔다. 때문에 그 절 중들은 그 푸른 옷의 신동이 솟아나오는 것으로써 혜공이 나올 징후를 알고 있었다. 우물에서 나와도 혜공의 옷은 젖어 있는 일이 없었다.

만년에 그는 항사사恒沙寺[6]로 옮겨가 있었다. 그때 원효는 여러 불경의 소疏[7]를 찬술하고 있었는데, 그는 매양 혜공에게 나아가 질의했고, 혹은 서로 익살과 장난을 피우기도 했다. ★하루는 두 법사가 시냇물을 따라 고기를 잡아먹고, 바위 위에다 방변放便을 했다. 혜공이 원효의 변을 가리키며 익살을 부렸다.

"너는 똥을 누고, 나는 고기를 누었다."[8]

그래서 절 이름을 한편으로 오어사吾魚寺라고도 한다. 어떤 이는 이 말을 원효사가 한 말이라고 하나 잘못이다. 세속에는 와전되어 그 시내를 모의천芼矣川이라 부르고 있다.

구담공이 일찍이 산놀이를 나갔다가, 혜공이 죽어 산길에 넘어져 있는 걸 보았다. 시체는 이미 살이 썩어 퉁퉁 부어올라 구더기마저 생겨 있었다. 구담공은 혜공의 그 모양을 보고 한참 비탄해 마지않았다. 말고삐를 돌려 서울 성안에 들어와 보니, 혜공은 또한 잔뜩 취해서 거리에서 노래하고 춤추고 있었다.

---

6) 항사사 : (원주) 지금 영일현의 오어사吾魚寺. 속전에 항사인恒沙人이 나왔다고 해서 세상에선 항사동이라 이름하고 있다. — 항사恒沙는 인도 갠지스강의 모래란 뜻이니, 갠지스강의 모래만큼 무수한 도인道人을 이름.

7) 소 : '소疏'는 경의 의미를 풀어 소통시킨다는 뜻이다. 즉 석의釋義의 뜻.

8) 너는 똥을~고기를 누었다 : 불살생不殺生을 종지로 하는 불교에서 보면 원효의 도력道力 보라 혜공 자신의 도력이 고차원이라는 희람. 한편 원문 '汝屎吾魚'는 "네가 눈 똥은 내가 잡은 고기다"로 해석하기도 한다.

5. 의해義解

어느 날 혜공은 풀을 가지고 꼰 새끼줄을 가지고 영묘사靈廟寺로 들어와 금당金堂[9]과 좌우의 경루經樓 및 남문의 행랑채를 둘러치고는, 그 소임에게 고했다.

"이 새끼줄은 사흘 뒤에 끌러라."

소임은 이상히 여겼으나 그대로 따랐다. 과연 사흘 만에 선덕여왕이 절에 행차하자, ＊지귀심화志鬼心火[10]가 나와 그 절의 탑을 불태웠다. 오직 새끼줄 쳐 둔 곳만은 화재를 면했다.

다음, 신인종의 조사祖師[11] 명랑明朗이 금강사金剛寺[12]를 창건하고 낙성회를 열었다.

당대의 고승들이 빠짐없이 모여들었으나, 오직 혜공법사만이 오지 않았다. 명랑은 즉시 향을 사르며 경건히 기도했다. 조금 뒤 혜공이 왔다. 때마침 한창 큰 비가 쏟아졌는데 그의 옷은 하나도 젖지 않았고, 발에는 진흙이라곤 묻은 데가 없었다. 혜공 법사는 명랑 법사에게 말했다.

"영광스럽게도 간곡히 불러주기에 왔지."

어쨌든 그에겐 이적이 자못 많았다. 죽을 때엔 공중에 떠서 입적했다. 그리고 사리가 무수하게 나왔다.

혜공은 일찍이 승조僧肇[13]가 지은 논을 보고 나서 "이것은 내가 옛적

---

9) 금당 : 본존이 안치되어 있는 건물. 절의 본당本堂을 이르는 말. 대웅전.
10) 지귀심화 : 선덕여왕을 사모하다 죽은 원귀冤鬼. '심화心火'는 마음의 정욕 또는 울화를 의인화시킨 것이다.
11) 조사 : 1종宗·1파派를 세운 승려를 이르는 말.
12) 금강사 : 신라시대 경주에 있던 절.
13) 승조 : 중국의 승려로 구마라습鳩摩羅什 문하 4철四哲의 한 사람. 교리를 잘 알기로는 구마라습 문하에서 으뜸이었다. 『조론肇論』을 지었음. 『조론』은 대승불교의 공空 사상에 대한 깊은 이해를 담고 있다.

혜숙·혜공, 진속에 묻혀 살다

에 찬술한 것이다."고 말한 적이 있다. 이것으로 그가 승조의 후신임을 알겠다.

찬한다.
초원草原에서 사냥하고, 여인의 침상에 눕고,
술집에서 노래하고, 우물 속에서 잠자더니,
외짝 신 남긴 이, 허공에 떠 입적한 이,
그분들은 이제 어디 갔는고.
한 쌍 진중한 불 속의 연꽃14)이었을 것을.

---

14) 불 속의 연꽃 : 지극히 희귀한 일을 뜻함. 『유마경維摩經』「불도품佛道品」에 "불 속에 연꽃이 피니, / 이야말로 희귀한 일일세"라고 있다.

혜숙과 혜공은 '동경 흥륜사 금당 10성東京興輪寺金堂十聖' 중의 승려들이다. 그것은 두 사람 다 승려로서 도력이 뛰어났음을 의미한다. 혜숙이 자신의 넓적다리 살을 베어 구담공에게 바친 것을 위시한 일련의 행위들, 혜공이 우물 속에 두어 달씩 들어앉아 있다가 그가 나올 때는 푸른 옷을 입은 신동이 먼저 나와서 혜공이 우물에서 나올 징후로 된 것을 위시한 일련의 사건들은 그들의 도력이 비범함을 나타내는 설화들이다.

그런데, 혜공의 경우 천진공의 집에 고용살이하던 여인의 아들이라 했거니와, 혜숙도 또한 신분이 그리 높은 계층 출신인 것 같지는 않다. 신분이 낮은 사람도 불교 10성 중에 들어 흥륜사라는 국찰國刹에 소상으로 봉안되는 데서 신라 중대의 불교의 전성을 보겠거니와, 더구나 이들은 정통에서 벗어난 아웃사이더들이다. 여기에서 우리는 신라의 귀족사회의 성격이 골품제가 상징하듯 전반적으로는 그리 긴박하지 않았음을 알 수 있다. 중대까지도 다소 느슨한 체제였음을 알 수 있다.

＊혜공과 원효 두 법사가 시냇물을 따라 고기를 잡아먹고, 바위 위에다 방변을 하고서 혜공이 원효의 변을 가리키며 부린 익살, 즉 "너는 똥을 누고, 나는 고기를 누었다"고 한 희담戲談은, 같은 물고기를 먹고도 원효는 일반인들처럼 냄새나는 똥을 누었지만, 혜공 자신은 살아있는 물고기를 누었다는 것이다. 불상생을 일의적一義的 종지로 삼는 불교의 입장에서 자신의 도력이 원

효보다 높다는 의미다. 그런데 『신증국여지승람』은 「영일현」〈오어사〉 조에서 원효를 주체로, "원효가 혜공과 함께 고기를 잡아먹고, 시냇물에 변을 보니 고기가 문득 살아났다. 원효가 '내 고기다'라고 했다. 그래서 절을 지어 '오어사吾魚寺'라 이름 했다"고 했다. 원효를 신라 불교계의 일인자로 아는 후세의 의론이 반영된 것이다.

＊'지귀설화'는 16세기 학자 권문해가 『신라수이전』의 지귀 관련 설화를 『대동운부군옥』에 '심화요탑心火遶塔(심화 탑을 두르다)'란 조항으로 인용한 것이 있다. "지귀는 신라 활리活里의 역인驛人(신분이 아주 낮았음)으로 선덕여왕의 아름다움을 사모하여 우수에 빠져 몰골이 말이 아니었다. 이 소식을 듣고 여왕이 영묘사에 향을 피우러 가는 참에 지귀를 불렀다. 지귀는 먼저 영묘사의 탑 아래에 와서 여왕의 행차를 기다리는 중 그만 잠이 들어 버렸다. 여왕은 팔찌를 벗어 지귀의 가슴에 놓고 궁으로 돌아가 버렸다. 지귀가 잠을 깨서는 이 상황을 파악하고, 기절할 정도로 번민에 휩싸였다가 마침내 심화가 가슴에서 나와 그 탑을 휘돌아 곧 화귀火鬼로 변했다. 왕은 수사修士를 시켜 주사呪詞를 짓게 했는데, 시속에 이 주사를 문이나 벽에 붙여 두어 화재를 막았다"는 것이다.

이 설화는 2~3세기 인도 대승불교의 고승 용수龍樹의 『대지도론大智度論』에 실려 있는 술파가術婆迦 설화 모티프를 가져와 신라적으로 개작한 것이다. 술파가 설화의 내용 경개는 이러하다. '어부 술파가는 우연히 공주 구모두拘牟頭를 보고는 사모하여 상사병에 걸렸다. 그러자 술파가의 어머니는 주술을 써서 공주와 아들이 천사天祠에서 만날 수 있도록 약속을 성사시켜 주었다. 그런데 술파가는 약속 장소에서 공주를 기다리다 깊은 잠에 빠지고 말았다. 공주는 잠든 술파가에게 영락瓔珞을 남기고 돌아갔다. 잠에서 깬 술파가는 낙심으로 말미암아 속에서 음화淫火가 일어나 스스로 타 죽었다.' 이 술파가 설화의 모티프는 중국에서도 광범위하게 전파된 것으로 알려져 있다.

혜숙 · 혜공, 진속에 묻혀 살다

자장, 계율을 확정하다

대덕大德[1] 자장慈藏은 성이 김씨, 신라 진골인 소판蘇判[2] 무림茂林의 아들이다.

그의 아버지는 높은 지위의 관직을 지냈으나 당초 자식이라곤 없었다. 이에 그는 삼보三寶[3]에 귀의하여 천부관음千部觀音[4]께 나아가 자식을 낳게 해 주기를 축원했다.

"만약 아들을 낳는다면, 시주하여 법해法海의 나루와 다리가 되게 하겠나이다."

그 어머니는 문득 꿈을 꾸었다. 별이 떨어져 품 안으로 들어오는 꿈이다. 그 꿈을 꾸고 나서 임신을 하고, 그리고 자장을 낳았다. 그 것은 석가모니의 탄강일과 같은 날이었다. 이름을 선종랑善宗郎이라 했다. 선종랑, 즉 자장은 천품이 맑고 예지로웠으며, 글 짓는 구상이 날로 풍부해지고, 세속에 물들지 않았다.

일찍이 양친을 여의고는 세속의 소란스러움이 싫어서, 처자를 버리고 전원을 희사하여 원녕사元寧寺를 만들었다. 그리고 그는 홀로 깊고 험한 산곡을 찾아들어, 이리며 호랑이 같은 맹수들도 피하지 않고 고골관枯骨觀[5]을 닦았다.

---

1) 대덕 : 신라의 승직의 하나. 본래는 지혜와 덕망이 높은 승려.
2) 소판 : (원주) 3급 직명이다. ― 신라 17관등 제 3위임.
3) 삼보 : 불·법·승이니 즉 불교.
4) 천부관음 : 『법화경』「보문품」에 나오는 천좌千座의 관세음보살상.
5) 고골관 : '고골'은 죽은 사람의 뼈. '고골관'은 사람의 육신이 한무더기의 고골뿐이라고 관상함으로써 육신에 대한 집착을 떨쳐냄을 이름.

5. 의해義解

간혹 조금 권태롭고 피로할 때가 없지 않았다. 이에 그는 조그만 집을 지어 가시나무로 바람벽 삼아 둘러막고는, 옷을 벗고 그 안에 앉아 움직이기만 하면 곧 가시에 찔리게끔 하는 한편, 머리를 들보에 매달아 정신의 혼미함을 물리치곤 했다.

마침 나라에 재상 자리가 비었다. 문벌門閥로 보아 자장이 그 후임 자로 적당하여 나라에서 여러 번 불렀으나, 자장은 나아가지 않았다. 왕은 마침내 취임하지 않으면 곧 사형에 처하리라고 칙명을 내렸다. 자장은 칙명을 듣고 말했다.

"내 차라리 계를 지키고 하루를 살지언정, 계를 깨뜨리고 백 년을 살기를 원하지 않는다."

이 말이 상달되어 왕은 결국 그의 출가를 허락했다. 이에 자장은 깊이 암벽 사이에 숨어들어서 양식이 있고 없고를 개의치 않았다. 그 때 이상한 새가 과일을 물고 와서 자장에게 공양했다. 자장은 그것을 받아먹었다. 그리고는 깜박, 천인天人이 와서 그에게 5계[6]를 주는 꿈을 꾸었다. 그제야 자장은 비로소 산곡에서 나왔다. 각처의 남녀들이 그에게로 다투어 와서 계를 받았다.

자장은 변방에 태어났음을 스스로 탄식하고, 중원으로 가서 교화를 받기를 희망했다. 그리하여 그는 인평仁平[7] 3년 병신(636)에 조칙을 받아, 그의 문인 승실僧實 등 10여 인과 함께 당나라에 들어가, 그

<hr>

6) 5계 : 사미와 재가 신자가 모두 지켜야 하는 불교의 가장 기본이 되는 계율. ①살생하지 말 것(不殺生) ②도둑질하지 말 것(不偸盜) ③사특한 음행을 하지 말 것(不邪淫) ④거짓말을 하지 말 것(不妄語) ⑤술을 마시지 말 것(不飮酒) 5가지다.
7) 인평 : 선덕여왕의 연호. 신라 법흥왕때부터 선덕왕때까지 연호를 사용했다.

곳 청량산으로 갔다. 그 산에는 문수보살의 소상이 있는데 그 나라 사람들 사이에 전해 오는 말에 의하면 제석천帝釋天이 장인을 데리고 와서 만든 것이라 한다.

자장은 그 문수상 앞에서 은밀한 감응을 기도했다.

꿈에 문수상이 그의 머리를 어루만지며 범계梵偈[8])를 주었다. 꿈에서 깨어났으나 자장은 그 범계의 의미를 알 수가 없었다. 이튿날 아침이 되자 한 이상한 중이 와서 그 범계를 풀어 주었다.[9]) 그리고 그 중은, "비록 만 가지 가르침을 배운다 할지라도 이 게보다 더 나은 것이 없다"고 자장에게 말해주는 것이었다. 그 이상한 중은 또 가사와 사리 등을 자장에게 주었다. 그리고는 사라졌다.[10])

자장은 자기가 이미 대성大聖으로부터의 기별記莂[11])을 받았음을 알고, 그제야 북대北臺를 내려와 태화지太和池에 이르렀다가, 그리고 당나라 서울로 들어가니, 당나라 태종은 칙사를 보내어 그를 위무하고, 승광별원勝光別院에 있게 하여 은총이 자못 두터웠다. 자장은 그런 번거로움이 싫어서 태종께 글을 올려 사뢰고는, 종남산 운제사雲際寺의 동쪽 벼랑으로 들어가 바위 사이에 집을 얽는 거기서 3년을 있었다. 사람은 물론 신들도 그곳에서 계를 받아 갔으며, 영묘한 감응이 날로 많아져 갔다. 말이 번잡해지겠으므로, 그 사실들을 여기에 적지는 않겠다.

---

8) 범계 : 범어로 된 게송.
9) 꿈에 문수상이~어루만지며 주었다 : (원주)「황룡사 9층탑」편에 이미 나왔다.
10) 그 중은~그리고는 사라졌다 : (원주) 자장이 처음 이 사실을 숨겼기 때문에 당 『당승전』에는 실리지 않았다.
11) 기별 : 부처가 제자를 위해 장차 성불할 것이라고 기약하는 문서. 산문은 '梵'이라 하고, 운문은 '偈'라 한다. 여기서는 구별 없이 쓰였다.

5. 의해義解

그 뒤 자장은 재차 당나라 서울로 들어갔다. 그리고 당나라 황제에게서 위로를 받았다. 황제는 그에게 비단 2백 필을 하사하여 옷감으로 쓰게 했다.

당 태종 17년, 즉 선덕여왕 즉위 12년 계묘(643)에 왕은 태종에게 글을 보내 자장의 환향을 요청했다. 태종은 선덕왕의 요청을 들어주고, 자장을 궁중으로 불러들여 명주 1령一領과 잡채雜綵 5백 단端을 하사했다. 황태자 역시 2백 단을 선사했다. 그 밖에도 예물이 많았다. 자장은 본국의 불경이며 불상들이 아직 미비함을 생각하여, 대장경 1부와 번당幡幢·화개花蓋12) 등, 그것을 갖춤으로써 복리福利가 될 만한 것이면 가져갈 수 있게 해 달라고 청하여 모두 실어 왔다.

그가 본국에 돌아오자 온 나라가 환영하고, 왕은 그에게 분황사芬皇寺13)에 주석하고 있게 하고 대우를 두터이 하였다. 어느 여름에 자장은 궁중으로 초청되어 가 대승론大乘論14)을 강했다. 또 황룡사에서 이레 낮, 이레 밤 동안 『보살계본菩薩戒本』15)을 강의했는데, 그때 하늘은 단비를 내리고 운무가 자욱하게 자장이 강론하는 건물을 덮었다. 사부중四部衆16)들이 모두 탄복했다.

---

12) 번당·화개 : 불전을 장엄하는 데 쓰는 물건.

13) 분황사 : (원주) 『당승전』에는 '분황'을 '왕분王芬'이라 했음.

14) 대승론 : 보살의 큰 근기가 불과佛果로 대열반을 얻는다는 법문. 『섭대승론』, 『법화경』, 『화엄경』등이 여기에 속함. 소승론의 반대.

15) 보살계본 : 출가자들의 생활을 규제하는 계율을 모은 문헌. 이미 깨달음의 단계에 이른 보살이 지켜야 할 계율이므로 계율 중 가장 엄격한 것임. 『범망경梵網經』하권에 있는 10중계의 48경계를 따로 뽑은 책.

16) 사부중 : 비구·비구니·우바새[淸信士]·우바니[淸信女]를 가리킴. 또는 비구·비구니·사미·사미니라고도 함.

자장, 계율을 확정하다

당시 조정에서 '불교가 동방으로 전파되어 온 지가 비록 오래이나 불법을 보호 유지하고 닦고 받들어 감에 있어서 일정한 규범이 결여되어 있어, 기강을 세워 통괄해 가지 않으면 교계를 엄숙하고 밝게 할 길이 없다'는 의론이 일어났다. 그래서 신하들이 아뢰어 왕의 칙명으로 자장을 대국통大國統으로 삼아, 승니僧尼 일체의 법法을 모두 승통僧統에게 위임하여 관장해 나가게 했다.17)

자장은 그 좋은 기회를 만나 불교를 널리 퍼뜨리는 일을 용기 있게 밀고 나갔다. 하여 그는 승니僧尼 5부18)에 각기 구학舊學을 더하게 하고, 반달마다 계戒를 설법하며, 매년 겨울과 봄에는 시험을 시행하여 계를 잘 지켰는가, 아니면 계를 범했는가를 알게 하고, 그리고 임원을 두어 관리하고 유지해 나가게 했다. 그는 또 순검사를 파견하여 지방의 사찰을 일일이 살펴서, 승니의 과실을 징계하고 불경·불상 등속을 장엄히 보존하게 하는 것으로써 항규恒規를 삼았다.

이 한 시대의 불법을 보호하는 것이 이 자장의 활약으로 크게 진전되었으니, 그것은 마치 ★공자가 위衛나라에서 노魯나라로 돌아간 뒤

---

17) 당시 조정에서~나가게 했다 : (원주) (중국 역대 승직을 소개한 부분은 번역에서 제외) 신라에선 진흥왕 11년 경오(550) 안장安臧 법사로 대서성大書省 1인으로 삼았고, 또 소서성은 2인을 두었다. 그 이듬해 신미(551)에 고구려의 혜량惠亮 법사를 국통國統으로 삼았다. 국통은 또한 사주寺主라고도 불렸다. 그리고 보량 법사가 대도유나 1인으로 되었고, 주통 9인과 군통 18인을 두었다. 자장에 이르러 다시 대국통 1인을 두었으나 상직은 아니었다. 그것은 마치 부례랑이 대각간이 되었고, 김유신이 태대각간이 된 것과 같다. 나중 원성대왕 원년(785)에 이르러 또 승관僧官을 두어 명칭을 정법전政法典이라고 하고, 대사大舍 1인과 사史 2인으로 유사를 삼았다. 승려 가운데 재행才行있는 자를 가려서 삼되, 사고가 있을 때는 바뀌게 되어 있는데 정해진 연한은 없다. 그러므로 지금 자줏빛 가사의 무리는 역시 율종律宗의 별파이다. 『향전』에 말한 바 자장이 당나라에 들어가매, 당 태종이 그를 무건전으로 맞아 『화엄경』을 강하게 했더니 하늘이 단 이슬을 내리는지라, 비로소 국사를 삼았다는 것은 잘못이다. 『당고승전』이나 『국사』에는 둘 다 그런 기록이 없다.

18) 승니 5부 : 승니의 계율을 5부로 나눈 것.

에 음악이 바로잡혀 아雅·송頌이 각기 그 마땅함을 얻게 된 경우와 같았다. 그스음 신라 사람들로서 계를 받고 부처를 받드는 이가 10집 중에 8, 9집은 되었으며, 머리를 깎고 출가하는 자가 해마다 달마다 불어났다.

이에 자장은 통도사通度寺[19]를 창건하여 계단戒壇을 쌓고는, 사방에서 모여든 승려 지망자들을 입문시켰다. 그리고 그가 출생했던 집, 원녕사를 개축하고 낙성회를 열어 『잡화경雜花經』[20]이 만게萬偈를 강했다. 그때 52녀女[21]가 감응, 현신하여 그의 강설을 들었다. 자장은 제자들을 시켜 그 수효대로 나무를 심어 그 이적을 표하게 하고, 그 나무들을 지식수知識樹[22]라 불렀다.

일찍이 자장은 조정의 의관衣冠이 중국과 같지 않음을 보고, 중국의 것과 같게 하기를 조정에 건의하였더니, '좋다'는 허락이 났다. 그리하여 진덕여왕 즉위 3년 기유(650) 비로소 중국 조정의 의관을 착용하게 되었다. 그 이듬해 경술(651)에는 또 정삭正朔[23]을 받들고 처음으로 당나라의 연호 영휘永徽[24]를 썼다. 그 뒤부터는 사신을 보낼 때마다 그 서열이 번국藩國들 가운데서 상위에 있게

---

19) 통도사 : 경남 양산에 있으며, 순천 송장사가 승보종찰僧寶宗刹, 합천 해인사가 법보사찰法寶寺刹임에 대하여 불보종찰佛寶宗刹로 불린다.
20) 『잡화경』: 『화엄경』의 다른 이름. 아름다운 꽃으로 훌륭한 집을 장엄한 것 같이 만행萬行을 꿈에 비유, 이 만행의 불과佛果(수행하는 인因으로 말미암아 도달하는 부처의 지위)를 장험한 것이 화엄, 또는 잡화다.
21) 52녀 : 미상이나, 보살 수행의 52단계를 상징한 것이 아닐까.
22) 지식수 : '선지식의 나무'란 뜻. 선지식善知識은 정직하고 덕행이 있어 능히 정도正道의 사람을 가르칠 수 있는 사람을 이름. 선우善友·승우勝友라고 함.
23) 정삭 : '정삭'은 중국의 제왕이 새로 반포하는 달력. 옛날 중국에서 왕조가 바뀌면 정삭을 개정하는 일이 있었다. 이를 받든다는 것은 중국의 휘하에 들어간다는 뜻.
24) 영휘 : 당 고종의 연호.

435

자장, 계율을 확정하다

되었으니, 이는 자장의 공이다.

만년에 그는 서울을 하직하고 강릉군에 수다사水多寺를 세우고 거기에 거처하고 있었다. 다시 꿈에 당나라의 청량산 북대에서 만났던 그 이상한 중과 같은 모양을 한 중이 와서 고했다.

"내일 그대를 대송정大松汀에서 보리라."

자장은 놀라 깨어나 일찍 대송정으로 갔다. 과연 문수보살이 감응해 이르렀다. 자장은 보살께 법요法要를 물었다.

"태백산의 칡덩굴이 서리고 있는 곳[葛蟠地]에서 다시 만나리라."

이렇게 알려 주고 문수보살은 사라져 버렸다.25)

자장은 태백산으로 가서 그 칡덩굴이 서리고 있는 곳을 찾았다. 어느 나무 아래에 커다란 구렁이가 몸을 서리고 있는 것을 발견하고, 자장은 그의 시종에게 말했다.

"이곳이 이른바 칡덩굴이 서리고 있는 곳이니라."

그 자리에다 석남원石南院26)을 세우고, 문수보살의 강림을 기다리고 있었다.

한번은 남루한 가사를 입은 늙은 거사가 죽은 강아지를 담은 칡삼태기를 메고 와서, 자장의 시종자에게 말했다.

"자장을 보려고 왔다."

시종은 대꾸했다.

---

25) 대송정~버렸다 : (원주) 그 송정에는 지금까지 가시나무가 나지 않고, 또 매 종류의 새들은 깃들지 않는다고 한다. — 대송정은 현재의 강릉에서 오대산에 이르는 일대의 어느 곳으로 보임.
26) 석남원 : (원주) 지금의 정암사淨巖寺. — 강원도 정선군 고한읍 고한리에 있음.

"스승님을 받들어 온 이래로 우리 스승님의 이름을 함부로 불러 대는 사람을 아직 본 적이 없는데, 당신은 대체 어떤 사람이기에 그런 미치광이 말버릇을 하는가."

그 거사는 다시 말했다.

"다만 네 스승에게 고하기나 해라."

드디어 시종자는 들어가 자장에게 고했다. 자장은 깨닫지를 못하고 그의 시종자에게 말했다.

"아마 미치광이인가 보다."

자장의 제자는 밖으로 나가 그 남루한 가사를 입은 거사를 꾸짖어 내쫓았다. 그 거사는 말했다.

"돌아가리로다! 돌아가리로다! 아상我相²⁷⁾을 지닌 자가 어찌 나를 볼 수 있겠는가."

그리고는 그 칡삼태기를 거꾸로 하여 털었다. 죽은 강아지가 튀어나와 곧 사자보좌獅子寶座로 변했다. 거사는 그 사자보좌에 올라 광명을 내비치며 가 버렸다.

자장이 듣고는 그제야 위의를 갖추고, 광명을 쫓아 그 남쪽 산마루로 급히 달려 올라갔다. 그러나 이미 아득히 사라져 가고 있어 미칠 수가 없었다. 자장은 마침내 그 자리에서 쓰러져 죽었다.

다비하여 유골을 돌 굴속에다 안치했다.

자장이 세운 절과 탑이 모두 십여 군데인데, 그 절이며 탑을 세울 때마다 반드시 상서로운 일들이 일어나곤 했다. 그래서 시주해 오는

---

27) 아상 : 4가지 상(相)의 한 가지이니 5온五蘊(일체 유위법有爲法을 모은 것의 5가지 유별. 즉 색色·수受·상想·행行·식識의 모음[蘊])이 화합하여 생긴 몸과 마음에 실재의 나[我]가 있다고 하고, 또 자기의 형상과 소유에 집착하여 남을 업신여기는 소견.

자장, 계율을 확정하다

신자들이 저자를 이룰 지경이어서, 며칠 안 되어 절이며 탑들이 낙성되곤 했다.

자장이 쓰던 도구道具[28] · 버선은, 당나라 태화지의 용이 바친 오리 모양의 목침[木鴨枕]과, 그리고 석존께서 입으셨던 가사 등과 함께 통도사에 보존되어 있다.

헌양현獻陽縣[29]에 압유사鴨遊寺란 절이 있으니, 그것은 그 목침 오리가 일찍이 그곳에서 놀아 신이한 일을 나타냈던 것에서 유래된 이름이다.

원승圓勝이란 중이 있어, 자장보다 먼저 당나라로 유학했다가 자장과 함께 고국에 돌아와 자장이 율부律部를 펼치는 데 조력했다고 한다.

찬한다.

일찍이 청량산에서 꿈을 깨고 돌아오니,

7편 3취七篇三聚[30]가 일시에 열렸었네.

승속의 복색 부끄럽게 여겨,

동국의 의관을 중국에 본떠 만들게 했네.

---

28) 도구 : 불도를 수행하는데 반드시 갖추어야 할 자구資具. 3의衣 · 6물物, 또는 18물이 있다.
29) 헌양현 : (원주) 지금의 언양이다.
30) 7편 3취 : '7편'은 계율을 일곱 종류로 나눈 것이요, '3취'는 곧 3취정계三聚淨戒를 이름이니, 대승보살의 계율을 3종류로 나눈 것이다.

　자장은 불교의 계율을 신라에 정착시키는데 크게 공헌한 고승이다. 그는 진골 귀족으로서 재상 자리를 맡으라는 왕명, 만약 맡지 않으면 사형에 처하겠다는 왕명을 "내 차라리 계를 지키고 하루를 갈지언정, 계를 깨뜨리고 백 년을 살기를 원치 않는다"고 단호히 거부하여 수도修道 초기부터 계율 중시의 불교관을 확고히 드러내었다. 그리고 그는 중국에 유학하여 문수 신앙에의 경도를 보여주는 여러 가지 설화를 낳았으며, 당 태종으로부터 상당한 예우를 받기까지 했다. 귀국 후 황룡사에서 『보살계본』을 강하는 것을 계기로, 조정에서 계율에 대한 자각이 일어, 마침내 최초로 대국통 자리에 올라 전국 승니僧尼의 기강을 바로 세워 불교의 홍통弘通에 크게 기여했다. 자신이 태어난 집을 원녕사로 개축한 낙성회에서 잡화만게雜花萬偈를 강론해 크게 감화를 주었다는 것으로 보면, 그는 화엄 경전에도 의상에 앞서 상당한 조예에 이른 것 같다.

　말년에 그는 명주계溟州界의 태백산에 석남원(정암사)을 짓고 문수보살의 진신에 첨예瞻禮하기를 간절히 기원했다. 그러나 그는 아상我相 때문에 문수 진신에의 감응에 실패했다. 설화는 '죽은 강아지를 담은 삼태기를 메고 찾아온 남루한 가사를 입은 늙은 거사의 대면 요청을 거절하고 나니, 그 늙은 거사가 바로 문수보살의 진신이라, 진신을 쫓아 산마루로 급히 오른 자장은 그곳에 쓰러져 죽었다'고 했다. 남루한 가사를 입은 늙은 거사를 문수보살의 진신으로 설정한 것은, 진골 귀족으로서, 그리고 젊은 나이에 재상 자리까지 헌신짝 버리듯 하고 불도에의 정진에 매우 몰신했다는 것에 대한, 즉 자신의 사회적 신분의 높이와 불도 수행의 교과서적 탁월성에 대한 자장의 자의식/아상을 드러내기 위한 장치였다. 이 편은, 평생의 지원至願이었던 문수보살에의 감응에 실패로, 결국 계율을 정립하는 등 업적은 많으나, 자장의 불교 신앙은 영혼 없는 신앙이었다는 것을 경고하는 의의를 가지고 있다고 하겠다.

호국신앙을 위해 황룡사 9층탑을 세우게 한 자장은, 관리의 의관 제도 등의 문물을 당나라의 그것에 따르게 하고, 자국의 연호를 폐지하고 중국의 연호를 쓰도록 한 장본인이다. 말하자면 그는 최초의 모화주의자라 할 수 있다. 안홍安弘이 9층탑의 제2층으로 중화로부터의 침노를 상징한 것과 정면으로 충돌한다.

✱"공자가 위나라에서 노나라로 돌아오자 운운"한 것은 『논어』「자한」 편의 말이다. 공자가 철환천하轍環天下를 마치고 그 사이 문견聞見을 참고로 『시경』을 정리한 사실을 가리킨다. 『시경』은 풍風·아雅·송頌, 즉 민요·연향음악·제례음악을 종합한 문헌으로, 공자 당시에는 중복되고 혼란스러웠던 것을 중복을 제거하고 혼란을 바로잡아서 311편(이중 6편은 망실되었음)으로 산정刪定했다. 그리고 난 뒤에야 풍·아·송의 용도와 연주에 각기 특장한 위치를 찾았다는 것이다.

5. 의해義解

원효, 얽매이지 않다

　성사聖師 원효元曉의 속성은 설薛씨, 그 조부는 잉피공仍皮公 또는 적대공赤大公이라고도 한다. 지금 적대연赤大淵 곁에 잉피공의 사당이 있다. 아버지는 내말乃末[1] 담날談捺이다.

　원효는 압량군押梁郡[2] 남쪽 불지촌佛地村의 북쪽에 있는 율곡의 사라수沙羅樹 아래에서 태어났다[3]. 불지촌이란 마을 이름은 발지촌發智村[4]이라 쓰기도 한다.

　사라수의 유래에 대해선 세속에 전하는 바로선 이러하다. 즉 원효성사의 집이 본래 율곡의 서남쪽에 있었다. 그 어머니가 원효를 잉태, 만삭이 되어 마침 이 골짜기, 즉 율곡의 밤나무 아래를 지나다 홀연 해산을 했다. 너무 급해 집으로 돌아갈 수 없어, 그 남편의 옷을 나무에다 걸어 두고 거기서 지냈다. 그래서 그 밤나무를 사라수라고 부르게 된 것이다.

　그 나무의 열매가 또한 보통 나무와 달리 특이하여 지금도 그 밤은 사라율沙羅栗이라 불리고 있다. 예부터 전하기를, 옛적 어떤 주지가 그 사노들에게 하룻저녁의 밥거리로 한 사람 앞에 밤 두 알씩 나누어

---

1) 내말 : 내말은 즉 '奈麻'이니, 신라 관직의 11등급.
2) 압량군 : (원주) 지금 장산군獐山郡임. ─ 현재의 경상북도 경산시.
3) 사라수 아래에서 태어났다 : 석가는 중인도 구시나계라성 밖 발제하 언덕에 있는 사라수림 아래에서 입멸했다. 그런데 원효의 탄생처가 사라수 아래라고 했다. 원효의 탄생을 신비화하기 위해 석가의 입멸처 사라수를 이끌어 온 것 같다. 불교의 전생관轉生觀에 입각해, 석가의 입멸이 바로 원효의 탄생이라고 생각해서인 것 같다.
4) 발지촌 : (원주) 속언에는 불등을촌佛等乙村이라 한다.

주곤 했다. 사노들이 불만을 품고서 관가에 고소했다. 관리가 이 상스러워 그 밤을 가져다 검사를 해 보았더니, 밤 한 개가 바리데기 하나에 가득 찼다. 그러자 그 관리는 도리어 사노 한 사람에게 한 개씩만 주라고 판결을 내렸다. 그래서 그 밤나무가 있는 산골짜기를 율곡栗谷이라고 이름하게 된 것이다.

성사는 출가하고 나서 그의 집을 희사하여 절로 만들어 이름을 초개사初開寺라고 했다. 그리고 성사가 태어났던 그 밤나무의 곁에도 절을 지어 사라사娑羅寺라고 했다.

원효성사의 행장에는 성사가 서울 사람이라고 했는데, 이것은 그 조부를 따른 것이다. 『당승전唐僧傳』에는 성사는 본시 하상주下湘州의 사람이라고 했는데, 상고해 보면 당 고종 16년, 즉 문무왕 5년 을축년乙丑年(665) 중에 문무왕이 상주와 하주의 땅 일부를 떼어서 삽량주歃良州를 설치했으니, 하주는 바로 오늘날의 창녕군에 해당하고, 압량군은 본래 하주에 소속된 고을이고, 상주는 지금의 상주尙州이니, 또한 상주湘州라고도 쓴다. 원효가 태어난 불지촌은 지금은 자인현에 속해 있으니, 곧 압량군에서 나누어진 한 구역이었다.

성사의 아명은 서당誓幢, 제명第名[5]은 신당新幢[6]이었다. 당초 그 어머니는 별똥별이 품 안으로 들어오는 꿈을 꾸고 나서 성사를 잉태했는데, 해산하려고 할 때에는 오색구름이 땅을 뒤덮었다. 진평왕 즉위 39년, 수나라 양제 13년 정축(617)이었다.

---

5) 제명 : 관명과 같은 것인 듯.
6) 신당 : (원주) '당幢'은 세속에선 털[毛]이라고 한다. — '당幢'은 군대에서 쓰는 일종의 기旗. 깃대 머리에 새털을 모아 만들기 때문에 우리말로 '털'이라 불렀다. 그리고 '서당誓幢'이나 '신당新幢'은 결국 '새털'로서 같은 의미다.

원효는 나면서부터 총명하기가 남달라서 스승을 따라 배우지 않았다. 그가 수도를 위해 사방으로 다닌 행적의 시말과, 불교의 홍통에 남긴 성대한 업적은 『당승전』과 그의 행장에 모두 실려 있으므로 여기선 일일이 다 기록하지 않고, 단지 『향전』에 실린 한두 가지의 특이한 일만을 기록하겠다.

어느 날, 성사는 춘의春意가 발동하여 다음과 같은 시가를 지어 부르며 거리를 돌아다녔다.

누가 자루 없는 도끼7)를 주려나,
내 하늘 받칠 기둥을 찍어 내련다.

사람들은 모두 이 시가가 무엇을 의미하는지를 깨닫지 못했다. 다만 태종무열왕이 듣고서 말했다.

"이 법사가 귀부인을 얻어 훌륭한 아들을 낳고 싶어 하는구나. 나라에 훌륭한 인물이 있으면 이익이 그보다 더 클 수가 없지!"

그때 요석궁瑤石宮8)에 홀로 된 공주가 있었다. 무열왕은 궁리宮吏를 시켜 원효를 찾아 요석궁으로 인도해 들이게 했다. 궁리가 왕명을 받들고 원효를 찾아다니다가, 이미 남산에서 내려와 문천 다리9)를 지나는 원효를 만났다. 원효는 일부러 물에 빠져서 함빡 옷을 적셨다. 궁리는 원효를 요석궁으로 데리고 가, 거기서 옷을 끌러 말리도록 했

---

7) 자루 없는 도끼 : 여자의 생식기를 상징.
8) 요석궁 : (원주) 지금의 학원學院이 바로 그곳이다. — 지금의 경주 계림 서편에 있었음.
9) 문천 다리 : (원주) '사천沙川'이니 시속에는 '모천牟川' 또는 '문천蚊川'이라 하고, 다리 이름은 '유교楡橋'라 한다.

원효, 얽매이지 않다

다. 이리하여 원효사는 요석궁에 유숙했다.

요석 공주는 과연 임신을 하더니 설총薛聰을 낳았다. 설총은 천생의 자질이 영민했다. 널리 경서와 역사서에 통달했으니, 신라 10현 가운데의 한 사람이다. 그리고 ＊그는 방음方音10)으로 중국과 우리나라의 풍속과 사물 이름을 능숙하게 표현하고, 육경六經 문장을 훈해訓解하여 오늘에 이르도록 이 땅의 경서를 전문으로 하는 이들이 전수하여 끊어지지 않고 있다.

원효는 이미 파계하여 설총을 낳은 뒤로는, 세속의 복장으로 바꾸어 입고 스스로 소성 거사小姓居士11)라 일컬었다.

우연히 광대들이 가지고 노는 큰 박을 보았다. 그 형상이 기괴했다. 원효는 광대의 그 박의 형상을 따라 도구道具를 만들어, 『화엄경』의 '一切無碍人, 一道出生死(일체무애인 일도출생사)12)' 구절에 따라 무애無碍13)란 이름으로 그 도구를 명명하고, 거기에 해당하는 노래「무애가」를 지어 세상에 퍼뜨렸다.

일찍이 이 도구를 가지고 원효는 천촌만락千村萬落 돌아다니며 노래하고 춤추며 교화를 펼치고 돌아왔다. 하여 저 오두막집의 무지몽매한 무리까지도 모두 불타의 명호를 알게 하고, 다 '남무아미타불南無阿彌陀佛'을 부르게 했으니 원효의 교화는 참으로 크기도 하다.

---

10) 방음 : 우리나라 말. 여기선 향찰식鄕札式 표기 체제를 가리킴.
11) 소성거사 :『삼국사기』에는 '小性居士'로 되어 있음.
12) 일체~생사 : 일체의 걸림이 없는 사람은, 한 길로 생사를 벗어난다.
13) 무애 : 밖앝 경계에 걸림이 없이 자유로운 것.

그가 출생한 마을을 '불지촌佛地村'이라 이름하고, 그의 집을 희사하여 만든 절을 '초개사初開寺'라 이름하고, 그리고 또 자칭 '원효元曉'라고 한 것들은 모두 불일佛日을 처음으로 빛나게 했다는 뜻이다. 원효라는 말도 또한 우리나라 말에서 뜻이 취해진 것이니, 당시 사람들은 모두 우리나라 말로써 '새벽[始旦]'이라고 불렀다.

일찍이 원효는 분황사에 머물러 있으면서 『화엄경소華嚴經疏』14)를 저술했는데, 제4권 10회 향품十廻向品15)에 이르러 그만 붓을 그쳤다. 또 언젠가는 송사로16) 인해서 몸을 일백 그루의 소나무에 나누었으므로 모두들 위계位階의 초지初地17)라고 일렀다.

원효는 또한 바닷용의 권유에 의하여 노상에서 왕의 조서詔書를 받고 『삼매경소三昧經疏』18)를 저술했다. 그것을 저술할 때 붓과 벼루를 소의 두 뿔 위에 놓아두고 했다고 해서 그것을 각승角乘이라고 불렀다. 그렇지만 각승이란 또한 본각本覺과 시각始覺19)의 오묘한 뜻이 숨어 있는 것이

---

14) 『화엄경소』: 『화엄경』의 해석서.
15) 10 회향품 : 보살이 수행하는 계단인 52위位 중에서, 31위에서 40위까지. 이 10행위行位를 마치고 나서 지금까지 닦은 자리 · 이타의 여러 가지 행을 일체 중생을 위하여 돌려주는 동시에 이 공덕으로 불과를 향해 나아가 깨달음의 경지에 도달하려는 지위에 관해 기술한 편장.
16) 송사 : 무슨 송사인지는 미상.
17) 위계의 초지 : 환희지歡喜地를 가리킴. 보살의 수행하는 단계인 52위 중에 제41위로부터 제50위까지인 10지위의 첫 계단. 보살이 이 지위에 들어와 비로서 성성聖性을 획득하고도 능히 자리 · 이타해서 마음에 큰 기쁨이 생겨나기 때문에 '환희지'라 했음.
18) 『삼매경소』: 원효가 지은 『금강삼매경』에 대한 해석서. 중국의 삼장三藏 의해 『삼매경론』으로 개칭되었으니, '론'이 '소'보다 한 단계 더 높은 대우다. 원효를 인도의 무착無著 · 세친世親같은 보살과 동급으로 인정한 것이다.
19) 본각과 시각 : 본각本覺은 근본 각체覺體. 온갖 유정 · 무정한 것들에 통한 자성의 본체로서 갖추어 있는 여래장진여如來藏眞如, 즉 우주 법계의 근본 본체인 진여의 이체理體를 말함. '시각始覺'은 이 본각, 즉 그 자성 본체로서 갖추어 있는 여래장진여를 수행의 공력에 의빙하여 각증한 각覺이다. 예를 들면 동일한 금덩어리를 두고 땅속에 파묻혀 있을 때의 그것을 '본각'이라 한다면 노력을 하여 파냈을 때의 금덩어리가 '시각'이 된다.

원효, 얽매이지 않다

다. 대안大安 법사[20]가 와서 『삼매경소』를 쓴 원고를 순서대로 배열하여 붙였으니, 역시 의미를 알고 둘이서 주고받은 것이다.

원효사가 입적하자, 아들 총은 그 유해를 부수어서 진용眞容을 만들어 분황사에 봉안해 두고서, 돌아가신 아버지에 대한 영원한 존경과 흠모의 뜻을 표했다. 총이 그때 원효성사의 소상 곁에서 배례했더니 소상이 홀연 돌아다보았다. 지금도 소상은 여전히 돌아다보는 채로 있다. 원효가 일찍이 거처한 적이 있던 혈사穴寺 곁에 설총의 집터가 남아있다고 한다.

찬한다.

角乘각승으로[21] 삼매경의 중심 뜻을 열어 보이고,

호리병 들고 춤을 추며 거리마다 교화를 배풀었네.

달 밝은 요석궁에 봄잠은 가고,

문 닫힌 분황사엔 돌아보는 모습[22]만 적적하네.

---

20) 대안 법사 : 원효와 같은 류의 신라 중대 불교계의 아웃아이더적 승려다. 그는 예측할 수 없는 사람으로, 외형과 의복이 특이하고, 항상 저자에서 구리 바리때기를 치면서 "대안大安, 대안" 하며 소리치므로 '대안'이라는 이름을 가지게 되었다. 『송고승전』에서는 그는 '대안성자大安 聖者'라 호칭했다.

21) 각승 : 원효가 지은 『금강삼매경소』를 가리킨다. 본각과 시각의 오묘한 뜻이 숨어있어 각승覺 乘이라고도 하는데, 원효 고향에서 왕명으로 경을 받아 소를 타고 오면서, 소의 두 뿔 사이에 붓과 벼루를 놓고 집필했기 때문에 각승角乘이라고도 한다는 것이다. 요컨대 원효의 『금강삼 매경』에 대한 조예 깊음을 나타내기 위해 지은 어희語戲다.

22) 돌아다보는 모습 : 설총을 돌아다보는 원효사의 진용을 가리킴.

5. 의해義解

원효는 한 사람의 승려 이상의 거대한 사상가다. 우리나라 유
·불 사상을 막론하고 원효만큼 창의적이고 거대한 사상가는 없
었다. 원효는 80부 150여 권에 이르는 저술을 내었던 사람이다.
그의 저술은 중국에서도 높이 인정되었고, 일본에도 영향을 끼
쳤다. 이 많은 저술 중 온전히 전하는 것은 6부 17권이며, 부분
적으로 전하는 것은 12부 전후라고 한다.

원효의 출신 성분은, 이기백에 의하면 신라에 항복한 압독국押
督國의 후손으로서, 왕경王京으로 옮겨져 6두품에 편입된 집안
출신이라는 것이다. 온당한 견해라 생각한다. 『송고승천』에 "丱
彩之年(관채지년)에 불법으로 들어왔다" 했으나, '관채지년'은 유
소년 시기를 일컬으므로, 아마 불법 이전에 한문수학기를 포함해
서 말한 것 같다. 따라서 원효의 정확한 출가 시기는 알 수 없으
나, 여러 정황으로 봐서 성년의 나이를 넘지는 않은 것 같다. 그
의 사승師丞 관계를 이 편에서는 "學不從師"라 하여 '스승을 따라
배우지 않았다'고 했는데, 아마 사실일 것 같다. 다만 은자 승려
랑지郎知와 파격 승려 혜공과의 도교道交가 있었다는 것은 유의할
만하다. 34세 무렵에 의상義湘과 함께 당나라로 유학을 떠났으
나, 배를 타러 먼 길을 가다가 밤중에 어느 고총古塚에서 목이 말
라 달게 마신 물이 날이 새고 보니 해골에 담긴 물임을 알고는
갑자기 속이 역해진 데서, 홀연히 마음에 대해 크게 깨닫고는 당
나라에 유학 갈 것 없다고 생각하고 되돌아왔다는 것이다.

『송고승전』에 의하면 원효의 수행과 교화는 파격의 그것이다.

말하는 것이 광패狂悖스럽고 행동이 상식에 어그러지는 것이었다. 거사들과 함께 술집이나 기녀집에 드나들기도 하는가 하면, 소疏를 지어 『화엄경』을 강론하기도 하고, 때로는 사랑에서 거문고를 타며 풍악을 즐기기도 했다. 혹은 여염집에서 묵기도 하며, 때로는 산수간에서 좌선을 했다. 이렇게 그때그때의 기미를 따를 뿐, 정해진 아무것도 없었다는 것이다. 원효의 이러한 행적은 세속적 진리와 출세간적 진리가 따로 존재하지 않으며, 세속적인 것을 말할 것도 없거니와, 출세간적 진리란 것에도 집착하지 말아야 한다는 원효의 진속원융무애眞俗圓融無碍 사상에서 나온 것이다. 말하자면 천하의 자유인이다.

또 『송고승전』의 기록이다. (아마 태종무열왕으로 생각되는 왕이)백좌인왕경대회百座仁王經大會(여러 고승이 『인왕경』을 강하는 대회)를 설치하고자 두루 고승을 찾으니, 원효의 고향 고을에서 원효의 명망을 믿고 천거했으나, 여러 고승들이 원효의 사람됨을 싫어하여 왕에게 참소, 받아들이지 않았다. 그 뒤 왕비의 병을 계기로 『금강삼매경』을 원효가 강론하게 되어, 황룡사 법당에서 왕과 신하들, 그리고 불승과 속인들이 운집한 가운데 사자후를 토했다. 강론에 조리가 있고, 얼그러진 논리를 풀어나가는 것이 법받을 만하여 탄지성彈指聲(불교에서 손가락을 튕겨 경건함과 환희를 표하는 소리)이 들끓었다. 그러자 원효는 숨김없이 말하는 것이었다. "전날 백 개의 서까래를 고를 때는 참여하지 못했지만, 오늘 하나의 대들보를 올리는 곳에서는 오직 내가 홀로 할 수 있었구나!"라고. 당시 『금강삼매경』 법회에 왔던 여러 명승이 고개를 숙이고 부끄러워했다고 한다. 『금강삼매경』은 양은 1권에 불과

5. 의해義解

하지만 '제법공諸法空'·'진여眞如', '여래장如來藏' 등의 불교의 중요한 개념을 밝힌, 모든 대승사상을 총섭한 경전으로, 원효는 이 경에 대해서도 소疏(뒤에 논論으로 격상됨)를 저술한 바 있다. 원효 사상의 한 가지인 일심一心 사상의 주요한 전거의 하나다.

원효는 40세 전후 무렵에 과부인 요석 공주와 결혼하여 설총을 낳고는, 속복俗服을 입고 스스로 소성거사小姓居士(『삼국사기』에는 '小性'으로 되어 있음)라 일컬으며, '무애'라고 이름한 기괴한 형상의 도구道具를 들고, 노래하고 춤추며 광범한 민중사회에서 교화를 펼친 것은 이 편에 있는 대로다. 그의 진속원융무애사상의 민중을 향한 적극적인 발로다.

그의 진속원융무애사상은 화쟁사상和諍思想을 낳았다. 그는 『십문화쟁론十門和諍論』에서 여러 경전에서의 교리상의 상이, 불교사적인 여러 논쟁, 대소승의 우열, 신구불교의 대립 등을 10문으로 모아 조화, 회통시켜 일승원통불교一乘圓通佛教로 나아가기 위한 논리적인 근거를 제시하였다고 이종익은 말했다. 이 『십문화쟁론』은 우리나라 불교계의 현상을 대상으로 한 것이기보다는 중국 불교계의 현상을 주대상으로 한 저서 같다. 우리나라에선 원효의 시대에 불교 종파간의 대립, 논쟁이 그리 심각한 수준은 아니었던 것으로 알고 있다. 고려 숙종 6년에 '대성화정국사大聖和靜國師'로 추존되었다.

현재까지 연구에서 원효 사상은 대략 '일심 사상', '원융무애 사상', 그리고 '화쟁 사상' 세 가지 범주로 파악되고 있거니와, 그의 많은 저술이 일실되고 소량의 나머지 저술에서 파악된 범주라는 것이 인식되어야 할 것이다. 어쨌든 원효는 폭넓게 대승

경전을 수용, 연구하여 일승원통불교를 지향해 간, 위대한 불교인이자 거대한 실천적 사상가였다. 그리고 그는 무엇보다 원융무애를 구가한 초자유인超自由人이었다. 혜공·대안과 같은, 원효와 동시대에 원효와 함께 비진골非眞骨 출신의, 원효와 비슷한 유형의 아웃사이더적 승려가 많았다는 것은 여러 각도에서 주목할 만하다.

★흔히 향찰鄕札(한자의 음과 훈을 빌려 우리말을 기록하는 표기체계)을 설총이 창제한 것으로 잘못 알고 있다. 이 표기체계는 한자와 접촉하면서 우리나라의 지명·인명 등 주로 명사 계통의 표기에서 시작되어, 점차 동사·형용사·부사 등으로 확대되어, 우리나라 말의 전면을 표기하게 되어 사뇌가(향가) 등 시가가 지어지기까지 이르렀다. 비단 시가만이 아니라 산문 기록도 오히려 더 먼저 향찰에 의존하였으니, 가령 고구려 국초에 『유기留記』라는 역사 기록도 향찰 표기로 이루어졌다. 그것은 영양왕대 이문진李文眞이 『유기』 1백 권을 단 5권으로 줄여 『신집新集』이라 한 데에서 드러난다. 1백 권을 5권으로 줄일 수 있는 것은 『유기』가 향찰 표기였기 때문이다. 향찰은 고려 중기에 이르기까지 일부 산문·시가의 표기체계로 기능했다.

5. 의해義解

의상, 화엄종을 전하다

    법사法師 의상義湘의 아버지는 한신韓信, 그리고 성은 김씨였다. 29세에 서울[1] 황복사皇福寺에서 머리를 깎았다. 중이 되고서 얼마 되지 않아 그는 중국으로 유학할 뜻을 품고 드디어 원효와 함께 요동으로 길을 나섰다.[2] 거기서 국경을 지키던 군졸들에게 첩자의 혐의를 받아, 수십 일간을 갇혀 있다가 겨우 방면되어 돌아왔다[3].

    당 고종 초년, 즉 신라 28대 진덕왕 태화太和 4년(650)경에 마침 돌아가는 당나라 사신의 배가 있어 그 편에 실려 중국으로 들어갔다. 처음엔 양주에 머물러 있었는데, 주장州將 유지인劉志仁이 그를 청해 관아에서 머물러 있게 하고 대접을 융숭히 했다. 얼마 뒤 종남산의 지상사로 가서 지엄智儼[4]을 뵈었다.

    지엄은 지난밤에 꿈을 꾸었다. 즉 한 그루의 커다란 나무가 해동에서 생겨나더니, 성하게 지엽枝葉이 퍼져 나와 온 중국을 덮었다. 그리고 그 나무 위엔 봉새의 둥지가 있었다. 올라가 보니 한 개의 마니보주摩尼寶珠[5]가 멀리에까지 그 광명을 비추고 있었다. 지엄은 꿈을 깨어 놀랍고 이상하여 절을 말끔히 청소해 두고 기다리고 있었다. 그러

---

1) 서울 : 신라의 서울 경주를 가리킨다.
2) 중이~나섰다 : 의상과 원효의 당나라에의 유학 시도는 2차에 있었던 것으로 짐작된다. 1차 시도는 요동을 통과하는 육로였으나 실패하고 돌아왔고, 2차 시도는 당성을 통한 해로였는데, 원효는 깨달은 바 있어 되돌아오고 의상만 갔다.
3) 법사~돌아왔다 : (원주) 이 사실은 최치원공이 지은 『본전』 및 「원효사 행장」에 실려 있다.
4) 지엄 : 수·당대에 활동한 중국 화엄종의 제2조祖로 추앙되는 승려.
5) 마니보주 : '여의주'라고도 한다. 용의 뇌 속에서 나온다는 것으로 악을 제거하고 재난을 막는 공덕이 있다고 함.

자 과연 의상이 왔다. 지엄은 특별한 예로 의상을 맞아 조용히 말했다.

"어젯밤 꿈이 그대가 내게 올 징조였구나!"

그리고는 지엄이 제자가 될 것을 허락했다.

의상은 『화엄경』의 오묘한 뜻을 깊고 정밀하게 해부, 분석해 내니 지엄은 학문을 서로 질의할 만한 이를 만나 능히 새로운 이치를 밝혀내는 것을 기뻐했다. 의상이 깊고 숨겨진 이치를 탐구해내니 마침내 제자가 스승을 뛰어넘은 경지에까지 이르게 되었다.

그 전에 본국의 승상인 김흠순金欽純6)과 양도良圖 등이 당나라에 왔다가 옥에 갇히게 되고, 당 고종은 대군을 일으켜 신라를 정벌하려고 했다. 그러자 흠순 등이 몰래 의상을 당나라의 발병發兵에 앞질러 본국으로 돌아가게 했다. 의상은 당 고종 12년, 즉 문무왕 즉위 10년(670)에 본국으로 돌아왔다. 그리고 당나라의 발병 사실을 조정에 알렸다. 조정에선 신인대덕神印大德7) 명랑明朗에게 명하여 황급히 밀단법密壇法8)을 베풀어 기도드리게 하여, 나라는 마침내 전쟁의 화를 면했다.

당 고종 27년, 즉 문무왕 즉위 16년(676)에 의상은 태백산으로 가서 조정의 뜻을 받들어 부석사를 창건했다. 그리고 널리 대승교를 펼치매 영묘한 감응이 꽤 나타났다.

---

6) 김흠순 : (원주) 일설에 김인문金仁問이라 한다. - 김흠순은 김유신의 아우로, 백제·고구려와의 전쟁에서 활약한 무장.

7) 신인대덕 : 밀교 계통인 신인종의 큰 승려. 명랑은 뒤에 나옴.

8) 밀단법 : 밀법密法을 수행하는 단. 대단大壇의 상대어임. 불상 앞에 정방형 단을 설치하고, 단 위에 여러 가지 장엄한 물건을 늘어놓음.

종남산 지엄 문하에서의 동문인 현수賢首가『수현소搜玄疏』9)를 저술하여 그 부본副本을 의상에게 보내오면서 아울러 간곡한 사연의 글월까지 붙여 왔다.

"서경 숭복사의 중 법장法藏(현수)은 글월을 해동 신라의 화엄華嚴 법사님에게 드립니다. 한번 작별한 지 20여 년, 향해 바라옵는 정성이 어찌 마음에서 떠나리까. 더욱이 이내와 구름이 만 리요, 바다와 육지가 천 겹이오매 이 몸이 다시 뵙지 못함을 한하오니, 회포의 연연함을 어찌 다 말하리까. 지난 세상에선 인연을 같이하고 이 세상에선 업業을 같이한 연고로 이 과보를 얻어 함께 대경大經에 멱감으며 특별히 선사께서 이 오전奧典10)을 물려주심을 받은 것입니다.

우러러 듣건대 상인上人 귀향하신 뒤로 화엄을 펼치어 법계의 무애한 연기緣起를 선양하여, 제망帝網11)을 겹겹이 하고 불국을 새롭게 하여 중생을 이익되게 하심이 넓다 하오니, 기쁨이 더욱 깊어집니다. 이로써 여래 가신 뒤에 불일을 찬연히 빛내고 법륜을 다시 굴러서 법을 오래 머물게 한 것은 오직 법사의 힘임을 알겠습니다.

이 법장은 앞으로 나아감이 이루어진 게 없고 하는 일이 그리 신통하지 못해 우러러 이 경전을 생각하오면 오직 선사(지엄)께 부끄럽기만 합니다. 분수대로 받아 지녀서 버릴 수 없는 일이라 여기고 이 업(『화엄

---

9) 『수현소』: 『화엄경탐현기華嚴經探玄記』를 말함. 법장이 스승 지엄의 『화엄경수현기華嚴經搜玄記』를 발전시켜, 『화엄경탐현기』를 지었으니, 이 『탐현기』를 『수현소』라 일컬었다.

10) 오전 : 심오한 내용의 책. 여기전 지엄 화상이 지은 『화엄경수현기華嚴經搜玄記』를 가리킴.

11) 제망 : 즉 인타라망. 제석천궁의 보망으로 낱낱의 그물코마다 보주를 달았고, 그 보주의 한 개 한 개마다에 각각 다른 낱낱의 보주의 영상이 비쳐지고, 그 한 보주 안에 비쳐진 일체 보주의 영상마다에 또 다른 일체 보주의 영상이 비쳐져서 중중무진하게 되어 있다 함. 화엄에서는 이것을, 만유의 여러 법은 그 하나하나가 다른 일체의 상즉상입相卽相入한 것을 설명하는 한 방편으로 삼고 있다.

경』 탐구)에 의지하여 내세와 인연을 맺기로 바라고 있습니다. 다만 화상和尚[지엄]의 장소章疏가 뜻은 풍부한데 글이 간략하여 뒷사람들이 이해하기에 어려움이 많을 것이기에 화상의 미묘한 말, 오묘한 뜻을 억지로 '의기義記12)'를 이룩했습니다. 근간 승전勝詮 법사13)가 베껴 가지고 고향에 돌아가 그 땅에 전할 것이오니 상인上人은 그 잘되고 잘못됨을 상세히 검토하여 가르침을 주시오면 다행이겠습니다.

바라옵건대 내세를 당해 환생할 때는 둘이 노사나盧舍那14)의 세계에 함께하여 이와 같이 무진한 묘법을 받고, 이와 같이 무량한 보현원행普賢願行15)을 닦고 싶습니다. 그러나 혹 아직 악업惡業이 남아있어 하루아침에 미계迷界에 떨어지더라도 바라옵나니 상인上人께서는 옛날의 인연을 잊지 마시고, 어느 곳에 전생轉生하더라도 정도正道로써 교시해 주십시오. 인편과 서신이 있을 때마다 안부를 물어 주시옵기 바라오며, 이만 갖추지 못합니다.16)"

의상은 이에 열 사찰로 하여금 화엄교를 전하게 했다. 태백산의 부석사, 원주의 비마라사, 가야의 해인사, 비슬17)의 옥천사, 금정18)의

---

12) 의기 : 의리를 풀이한 기록, 곧 자신의 『탐현기』를 겸양해서 쓴 말.
13) 승전 법사 : 신라 승려로 현수의 제자. 현수가 의상에게 전하는 그의 저술과 편지를 가져와 의상에게 전했다.
14) 노사나 : 노사나불, 석가모니불과 함께 삼신불의 하나. 햇빛이 온 세계를 비추듯이 광명으로 이름을 얻은 부처. 광명불, 보신불.
15) 보현원행 : 보현보살이 발한 행원으로서 열 가지가 있다. 여러 부처님께 예경, 여래를 칭찬, 공양을 널리 닦음, 업장을 참회, 공덕을 기꺼이 따름, 교법 강하기를 청함, 부처님께서 항상 세상에 머물러 계시기를 청함, 항상 부처님을 따라 배울 것, 항상 중생을 따를 것, 모두 다 회향할 것이 그것이다.
16) 서경~못합니다 : (원주) 글은 『대문류大文類』에 실려 있다. ― 고려의 의천義天이 편찬한 『신집원종문류新集圓宗文類』를 가리킴.
17) 비슬 : 지금 경상남도 창녕군.

5. 의해義解

범어사, 남악[19]의 화엄사 등이 그것이다.

의상은 ✱「법계도서인法界圖書印」 및 그 「약소略疏」를 지었다. 그것은 일승一乘의 교법, 그 추요樞要를 통괄한 것으로 오랜 세월을 두고 귀감이 되어 왔으며 모두 다투어 진중하게 여기는 것이다. 이 외에는 달리 저술한 것은 없다. 하지만 한 솥의 국맛을 보는 데는 한 점 고기면 족한 법이다.

그 「법계도法界圖」는 당 고종 19년, 즉 문무왕 즉위 8년(668)에 이루어졌다. 이해에 의상의 스승 지엄이 또한 입적했으니 마치 공자가 『춘추』를 편찬하다가 '기린을 잡았다[獲麟][20]'라는 구절에서 붓을 놓은 사례[21]와 같다고 하겠다. 세상에 전해 오기는 의상은 곧 금산보개金山寶蓋[22]의 현신이라 한다.

의상의 제자들에는 오진悟眞 · 지통智通 · 표훈表訓 · 진정眞定 · 진장眞藏 · 도융道融 · 양원良圓 · 상원相源 · 능인能仁 · 의적義寂, 이 열 분의 고승들의 우두머리가 되었으니 모두 아성亞聖[23]들이다. 이분네들은 각기 전기가 있다.

오진은 일찍이 하가산下柯山[24]의 골암사에 있으면서 매일 저녁 거

---

18) 금정 : 지금 부산광역시 동래구.
19) 남악 : 지리산.
20) 기린을 잡았다 : 공자가 노나라 역사인 『춘추春秋』를 찬술하다가 노애공 14년에 애공의 사냥에서 기린이 잡혔다는 소식을 듣고는 『춘추』의 찬술을 중단했다는 고사. 기린은 어진 짐승으로 성군의 세상에만 나오는데, 공자 당시는 성군의 세상이 아닌데 나와서 잡은 것을 주나라의 도가 쇠퇴할 징조라고 공자는 탄식하고 찬술하던 책을 그만두었다고 전한다.
21) 붓을 놓은 사례 : 노나라 예공 14년 기린이 잡혔는데 여기서는 중도에서 그만 쓴다는 비유로 쓰였다.
22) 금산보개 : '금산'은 불신佛身을 말한 것. '보개'는 보옥으로 꾸민 천개이니 높은 좌석 위에 단다. '금산보개'는 곧 부처님 좌상 위에 덮인 보개다.
23) 아성 : 성인 다음가는 현인. 즉 오진 등 10인의 성인이 의상의 아래 단계라는 뜻.
24) 하가산 : 경북 영천 · 예천의 경계에 있는 학가산으로 추정.

기서 팔을 뻗치어 부석사의 석등에 등불을 켰다.

지통은 『추동기錐洞記』[25]를 저술했다. 그것은 의상사의 가르침을 직접 받은 듯, 그래서 오묘한 경지에 나아간 말들이 많다.

표훈은 일찍이 불국사에 머물러 있었고 항상 천궁天宮을 왕래했다.

의상법사가 황복사에 머물러 있을 때다. 제자들과 함께 탑돌이를 할 때 매양 허공을 딛고 올라가고 층계로 오르지 않았다. 그래서 그 탑에는 사닥다리를 설비하지 않았다. 그 제자들도 또한 계단에서 석 자나 떠서 허공을 밟고 돌았다. 의상은 제자들을 돌아다보며 말했다.

"세상 사람들이 이것은 보면 반드시 괴이하게 여길 테니 세상에는 가르치지 못할 것이다."

의상에 대한 여타의 것들은 최치원공이 지은 「의상 본전義湘本傳」과 같다.

찬한다.

수풀 헤치고 바다 건너 이내와 먼지 무릅쓰고 가니,

지상사의 문 열려 상서로운 보배를 맞았구나.

무성한 잡화(화엄)를 고국에서 옮겨 심으매,

종남산과 태백(소백)산이 꼭 같이 봄을 이루었구나.

---

25) 『추동기』 : 신라 승려 지통智通이 소백산 추동錐洞에서 의상의 『화엄경』 강의를 듣고 그 요지를 뽑아 찬술한 책.

5. 의해義解

　문헌(『송고승전』)에는 박씨, 학계의 추측으로는 김씨인 의상의 출신 성분은 정확히 알지 못한다. 학계는 대체로 진골귀족 가문 출신이라 하나 확실한 전거는 없다. 그는 신분이 무엇이든 간에 그의 화엄적 세계관에 의한 평등사상의 소유자요 실천가다. 그가 부석사를 창건하고, 문무왕이 전장田莊과 노비를 시여施與했더니, 의상은 "우리의 법은 평등해서 지위의 고하가 함께 균등하며, 신분의 귀천도 한 가지 법도로 합니다. 『열반경』에는 여덟 가지 깨끗지 못한 재물에 대해 말하고 있습니다. 내가 어찌 전장을 가질 것이며, 내가 어찌 노복을 부리겠습니까!" 라고 말했다고 『송고승전』을 전하고 있다. 뿐만 아니라 그는 졸오卒伍 출신인 진정眞定, 귀족 가노 출신인 지통智通을 제자로 받아들여 10대 제자로 키웠다.

　의상은 진평왕 47년(625)에 태어났다. 이 편에 29세에 출가했다 했다고 했으나, 여러 정황으로 출가가 훨씬 빨랐을 것으로 본다. 진덕여왕 2년경(651) 당나라로 유학을 가서 중국 화엄종 제2조인 지엄의 문하에서 화엄학을 연구하여, 『화엄경』과 『10지론十地論』에서 논한 원교圓敎의 요지를 7언시 30구로 「법계도서인法界圖書印」(「일승법계도一乘法界圖」)를 지었다. 같은 지엄의 문하에서 함께 화엄을 배운 현수賢首(法藏)가 논리적 표현력이 뛰어난 데 대하여, 의상은 경전의 의리에 탁월한 파악 능력을 가져서, 스승 지엄으로부터 현수는 '문지文持'란 호를, 의상은 '의지義持'란 호를 받기도 했다. 지엄 문하에서 10년 남짓 있다가 「법계도서인」을 지은 지 석 달만에 지엄이 입적하자 귀국했다. 문무왕 16년(676) 태백산에 부석사를 창건하여 화엄의 근본 도량을 이루어 제자들을 이끌었다. 이즈음 이 편에 인용되어 있는 동문 현수의 간곡한 편지와 함께 그의 화엄에 대한 저술을 현수의 제자로 당나라에 있던 승전勝詮의 귀국 편에 받기도 했다.

그리고 절 이름이 '浮石(부석)'으로 된 데에는 『송고승전』에 이런 설화가 전한다. 의상이 중국 유학을 오가는 사이에 접한 선묘善妙라는 묘령의 중국 처녀가 의상을 사모한 나머지 용으로 변해 항상 의상을 수행했다. 그런데 의상이 지은 절에 이단의 무리 수백이 모여들어, 설법을 못 하게 방해하는 것이었다. 선묘가 이 사태를 염念하고는 허공중에서 크게 신변神變하여 가로가 1리나 되는 큰 돌로 변해 절 지붕을 덮은 듯 말 듯 하자, 이단의 무리들이 놀라 사면으로 흩어지자 의상이 들어가 『화엄경』을 강했다는 것이다. 나는 이 이단의 무리가 당시 신라에서 도교도나 유교도일 리가 전혀 없고, 정황으로 봐서 같은 불교의 다른 종파의 무리일 수도 없다. 나는 이단의 무리가 인근 지역의 신도를 신앙하는 사람들이라 생각한다. 의상이 잡은 부석사 터가 '地靈山秀(『송고승전』 표현, 지세가 영기스럽고 산이 빼어나다)' 하여 본래 인근 지역 신도의 주요한 성소였다고 생각한다. 불교와 신도가 일정하게 화해 상태로 변하고 있었다고는 하지만, 문화의 변화가 상대적으로 빠른 중심 지역에서 먼 태백산·소백산 같은 지역에는 아직 신도 신앙이 성세여서 충돌이 더러 있었던 것 같다. '놀라 흩어진 이단의 무리'는 『송고승전』에서는 '군승群僧'이라고 하여, 불교의 어떤 이단 종파의 '뭇 승려' 쪽으로 알았으나, 이것은 중국인이 자기 나라 불교계의 정형으로 판단한 것이다.

5. 의해義解

부석사의 주불主佛이 아미타불이다. 화엄 도량의 주불이면 비로자나불이나 석가불이어야 할 것 같은데, 정토신앙의 주불을 봉안한 것이다. 낙산사 창건에서 보는 의상의 관음신앙과 함께 정토신앙이 통일기 신라 사회가 안정을 요구했기 때문이라는 학계의 견해가 있으나, 화엄 신앙과의 교의적 관계에 대해서는 더 많은 고구가 있어야 할 것이다. 없어진 그의 저술 『아미타경의기阿彌陀經義記』에는 화엄 사찰에 아미타불을 봉안한 데 대한 견해가 있을지도 모른다. 이 밖에 『십문간법관十門看法觀』·『입법계품초기入法界品抄記』 등의 저술이 있었으나 지금은 전하지 않는다. 고려 숙종 6년에 '대성원교국사大聖圓敎國師'로 추봉되었다.

★「법계도서인」은 화엄의 요지를 7언 30구 210자의 게偈로 지어, 작은 정방형 4각형 네 개를 큰 정방형 4각형이 되도록, 가운데 "法性圓融無二相(법성원융무이상)" 구에 시작하여, 다시 가운데 "舊來不動名爲佛(구래부동명위불)"구까지 연속으로 배열하여 마치 도장 모양이 되게 한 것이다. 화엄의 요지를 표명한 게이므로 「화엄인승법계도」, 또는 「인승법계도」라고도 한다. 상즉상입相卽 相入하는 화엄의 세계관을 "一微塵中含十方(일미진중함시방), 一切 塵中易如是(일체진중역여시)"라는 2구로 표현하는 것으로도 유명하다.

말하지 않던 사복

서울[1] 만선북리萬善北里에 한 과부가 남편도 없이 잉태를 했다. 아이를 낳으매 나이 열두 살이 되도록 말도 하지 않고, 자리에서 일어나지도 않았다. 그래서 사동蛇童[2]이라고 불렀다.

어느 날 그 어머니가 죽었다. 그때 원효 대사는 고선사高仙寺[3]에 머물러 있었는데 원효가 사동을 보고 맞아 배례했더니, 사복은 답례도 하지 않은 채, 원효에게 말하는 것이었다.

"그대와 내가 지난날에 경經을 싣고 다니던 암소[4]가 지금 죽었다. 같이 장사 지내는 것이 어떠한가?"

원효는 그러자고 허락하고 함께 사복의 집으로 왔다. 사복은 원효로 하여금 포살수계布薩授戒[5]를 하게 했다. 그리고 원효가 시신 앞에 나아와 빌었다.

나지 말지어다, 죽는 것이 고통이니라.

죽지 말지어다, 태어나는 것이 고통이니라.

----

1) 서울 : 지금의 경주
2) 사동 : (원주) 뒤에서는 '사복蛇卜', '사파蛇巴' 또는 '사복蛇伏' 등으로 되었으나, '卜'·'巴'·'伏'은 모두 '아이'라는 말이다.
3) 고선사 : 경주시 보덕동에 있었던 신라시대의 절.
4) 경을~암소 : 사복 자기의 어머니를 그렇게 지칭했다.
5) 포살수계 : 불교 의식의 하나 '포살'은 '공주共住'·'선숙善宿'·'장양長養'·'정주淨住'의 뜻. 출가한 이들의 법에는 보름마다. 즉 15일과 29일(또는 30일) 승려들이 모여 계경戒經을 설하여 들리며, 보름 동안에 지은 죄가 있으면 참회하여 선을 기르고 악을 없이하는 의식이 있다. 재가신자의 법에 육재일에 8계를 지니며, 선을 기르고 악을 없애는 의식이 있음.

5. 의해義解

원효의 계偈를 듣고 사복은 말했다.

"말이 번거롭다."

그래서 고쳐서 다시 빌었다.

죽는 것도 나는 것도 고통이니라.

둘이서 상여를 메고 활리산活里山6) 동쪽 기슭으로 갔다. 원효가 말했다.

"지혜 있는 호랑이[智惠虎]를 지혜숲 속에 장사 지냄이 마땅하지 않겠소!"

사복은 게송을 지었다.

옛날 석가모니 부처님,

사라수 사이에서 열반에 드셨네.

지금도 그와 같은 이 있어,

연화장세계蓮花藏世界7)에 들려고 하네.

게송을 마치고 띠풀을 뽑아내자 그 아래에 한 세계가 열려 있어 명랑明朗하고 청허淸虛하며, 칠보 난간에 누각이 장엄하여 자못 인간 세상이 아니었다. 사복은 시신을 지고 함께 그 세계 안으로 들어갔다. 그러자 그 땅은 이내 아물어졌다. 원효는 돌아왔다.

---

6) 활리산 : 위치 미상. 다만 경주시 동쪽 명활산과 관련이 있을 듯.
7) 연화장세계 : 비로자나불이 있는 공덕무량 · 광대장엄의 세계를 말함. 이 세계는 큰 연화로 되었고 그 가운데 일체국―切國 · 일체물―切物을 모두 간직했으므로 '연화장세계'라 한다.

뒷사람들이 사복과 그 어머니를 위해 금강산[8] 동남 기슭에 절을 세우고 이름을 도량사道場寺라 했다. 그리고 매년 3월 14일에 점찰회 占察會[9]를 행하여 그것을 향규로 삼았다.

사복이 세상을 지낸 시말이 오직 이것뿐인데 세간에선 흔히 황당한 설로써 덧붙이니 가소로운 일이다.

찬한다.

잠잠히 용이 잠자고 있은들 어찌 등한했으랴,

떠나면서 읊은 한 곡 간단도 하여라.

고통스럽다 생사는 본시 고통스러운 것이 아니니,

연화장에서 기품이 일었다 지듯 존재하니 세계가 너르구나.

---

8) 금강산 : 경주의 북산.
9) 점찰회 : 점찰경에 의한 법회.

5. 의해義解

사복은 『삼국유사』의 「동경흥륜사금당10성」 중의 한 인물이다. 설화상의 인물이 아니라, 분명 원효와 동시대의 실존 인물임에 틀림없다. 이규보의 「남행월일기南行月日記」에는, 부안 소래사蘇來寺의 원효방元曉房 곁에 한 암자가 있는데, 사포蛇包(사복)가 원효의 시자侍者로 있던 암자라는 것이다. 원효와 사복이 소래사에 가서 거주했다는 것은 믿을 수 없지만, 사복이 실존 인물임을 다시 확인한다. 이 편에서는 12세의 소년으로 원효를 오히려 하대하는 위치에 있고, 이규보의 기록에서는 원효의 시자로 되어 있으나, 두 기록 다 실제로 믿기는 어렵다. 그러나 사복의 도력은 상당한 경지에 이른 것 같다. 이규보의 기록에도 사복을 '사포성인蛇包聖人'(흥륜사 금당 10성이 존재했던 데서 받은 영향인지도 모른다) 이라 지칭했다.

나는 이렇게 생각한다. 사복은 발육 부전不全으로 승려가 될 수 없어 재가 신자로 수행에 정진하여 도력이 상당한 경지에 이르러, 신라 사회에서 성인으로 추앙받은 인물이라고 생각한다. '생사의 고苦'는 불교에서 항다반恒茶飯으로 쓰는 말이나, 원효가 수계할 때의 계偈, 사복이 고친 계에서는 생사의 고苦가 강조된 것이 우연이 아닌 것이다. 발육 부전으로 엄청난 고통을 겪었기 때문이다. 그리고, 사복이 어머니의 시신을 지고 함께 연화장세계로 들어갔다는 것은, 모자의 무덤이 한 곳에 있는 데서 생긴 설화로 생각된다.

사복 모자가 함께 들어간 연화장세계는 연꽃으로부터 생겨난 세계, 또는 연꽃 가운데 함장含藏되어 있는 공덕이 한량없고 광대

·장엄한 세계로, 『화엄경華嚴經』과 『범망경梵網經』에는, 이 편에서 "명랑하고 청허하며 운운"하는 묘사를 훨씬 능가하는 묘사가 나와 있다. 일명 '연화국蓮花國'이라고도 하는 연화장세계는 본래 수미산須彌山을 받치고 있는 금륜金輪·수륜水輪·풍륜風輪 중 최하층의 풍륜 중에 제일 높은 풍륜의 향수해香水海에 피어나 있는 크나큰 연화 중에 있는 세계다.

이런 세계가 띠풀 한 포기를 뽑아내자 지하에 열려 있다는 것은 무덤에 연계되어 나온 발상이겠거니와, 이 지하의 연화장세계로 하여 우리 민족의 세계관상世界觀想이 단일하다는 나의 견해(「단군신화」 해설 참조)가 부정될 수도 있을 것이다. 그러나 이 연화장세계가 우리 민족의 세계관상의 지하관이 될 수 없는 것은 그것이 불교에서 가져온 세계라서 그런 것이 아니라, 사복 개인에게 국한되어 단 1회로 끝났을 뿐, 연화장세계의 관상을 공유하는 민족 대중이 있어, 그 대중에게 일상적으로, 지속적으로 관상되어 온 것이 아니기 때문이다.

우리 민족의 지하관으로는 저승 관상이 있는데, 무가巫歌에 의하면 그 위치가 지하가 아닌 지상에 연속되어 있는, 육로로 가면 9만 4천 리고, 수로로 가면 8만 4천 리나 되는 머나먼 곳으로 되어 있다. 바로 지하地下로 되어 있는 지화관(지하관상)은 남섬부주南贍部洲[이 세상] 밑으로 2만 유순由旬 지점에 위치한다는 불교의 무간無間 지옥이 여기에 해당하고, 우리 민족도 이 무간지옥 관상에 다소 영향을 받기도 했으나, 불교의 지옥은 종류와 수도 워낙 많고, 위치도 심지어 지상의 강변이나 산변에도 소지옥이 있을 정도로 다양하여 종잡을 수가 없을 정도다.

6. 신주神呪

- 사태에 대한 주술로써의 대응

혜통, 마룡을 굴복시키다

　석혜통釋惠通, 그의 가계는 미상이다. 중이 되기 전 그의 집은 남산의 서편 은천銀川 골짜기 어귀1)에 있었다.

　어느 날 혜통은 그의 집 동쪽에 흐르고 있는 시내에서 놀다가, 물개 한 마리를 잡아 죽이고 그 뼈는 동산에다 내버렸다. 그런데 이튿날 아침 동산에 버린 그 물개의 뼈가 어디론지 사라지고 없었다. 혜통은 피가 흐른 자취를 따라 찾아가 보았다. 물개의 뼈는 물개가 살던 구멍으로 되돌아가 다섯 마리의 새끼를 안고 있었다. 혜통은 그 광경을 바라보고 한참 동안 경이에 사로잡혔다. 그리고 거듭 감탄하고 주저하다가, 깨달은 바 있어 문득 속세를 버리고 불도에의 길을 택했다. 이름을 혜통이라 고쳤다.

　혜통은 당나라로 갔다. 무외삼장無畏三藏2)을 찾아가 수업을 청했다. 무외삼장은 "동이의 족속이 어찌 불도를 닦을 만한 기량器量이 있을까 보냐"하고서, 혜통에게 끝내 수업해 주려 하지 않았다. 혜통은 그렇다고 해서 가벼이 무외의 곁을 떠나가지 않고 3년 동안을 부지런히 섬겼다. 그래도 무외는 혜통에게 수업을 허락하지 않았다.

　혜통은 마침내 발분發憤, 뜰에 나가 머리에 화로를 이고 섰었다. 잠시 뒤 정수리가 터지며 우뢰와도 같은 소리가 들렸다. 무외삼장은 소리를 듣고 와서 혜통의 그 모양을 보았다. 무외는 혜통의 머리 위에

---

1) 골짜기 어귀 : (원주) 지금의 남간사南澗寺 동쪽 마을이다.
2) 무외삼장 : 동인도 오다국 사람으로, 당나라 현종 때 장안에 와서 『대일경大日經』을 번역하였다. '삼장'은 경·율·논 삼장의 내용을 잘 아는 승려.

서 화로를 거두고, 터진 곳을 손가락으로 매만지며 주문을 외었다. 터진 정수리는 곧 종전대로 아물고, 그 자리엔 '王' 자 무늬의 상흔이 남았다. 그래서 혜통을 '왕 화상'이라 부르고, 무외는 그의 기량을 깊이 인정하여, 드디어 그에게 인결印訣³⁾을 전수했다.

그때 당나라 황실의 공주가 병이 들었다. 고종은 무외삼장에게 병을 낫게 해 줄 것을 청했다. 무외는 혜통을 천거하여 자신을 대신하게 했다. 혜통은 명을 받고서 다른 데서 거처하면서, 흰 콩 한 말을 은그릇에 담고 주술을 부렸다. 그 흰 콩들은 모두 흰 빛깔의 갑옷을 입은 신병神兵으로 변했다. 그리고 병마와 싸웠다. 그러나 흰 빛깔의 갑옷을 입은 신병들은 병마를 이겨 내지 못했다.

혜통은 다시 검은 콩 한 말을 금 그릇에 담고 주술을 부렸다. 그 검은 콩들은 모두 검은 빛깔의 갑옷을 입은 신병으로 변했다. 흑·백 두 빛깔의 신병으로 하여금 연합하여 병마를 공격케 했다. 그러자 홀연히 교룡으로 나타나 도망해 나가고, 공주의 병은 드디어 쾌유되었다.

혜통에게 쫓긴 교룡은 혜통이 자기를 쫓아낸 것에 원한을 품고서, 본국 신라의 문잉림文仍林⁴⁾으로 와서 인명을 해침이 더욱 독살스러웠다. 이때 정공鄭恭이 당나라로 사신 왔다가 혜통을 보고서 이를 알렸다.

"스님께서 쫓은 독룡이 본국으로 와서 작해가 막심합니다. 빨리 가서 제거하도록 하십시오."

혜통은 정공과 함께 본국으로 돌아왔다. 그것은 당 고종 16년,

---

3) 인결 : 법의 요결.
4) 문잉림 : 경주에 있었던 신라시대의 숲. 불교 전래 후 절터로 변한 천경림·신유림과 함께 신도의 성소로 보인다.

6. 신주神呪

즉 신라 문무왕 즉위 5년(665)이었다. 혜통은 돌아오자 곧 그 독룡을 축출했다.

그 독룡은 이번엔 정공에게 원한을 품고서, 버드나무로 변신하여 바로 정공의 집 대문 밖에 돋아났다. 정공은 그 버드나무가 자기에게 원한을 품은 독룡의 변신일 줄은 알 턱이 없고, 그저 그 버드나무의 짙푸른 모양이 좋아서 지독한 애착만 느낄 뿐이었다.

신문왕이 붕어하고 효소왕이 즉위하여 신문왕의 능 터를 닦고 장례 길을 내게 되자, 정공의 그 버드나무가 바로 그 길을 막아서게 되었다. 장례 길을 책임진 관원이 그 버드나무를 베어내려고 했다. 정공은 성이 나서 말했다.

"차라리 내 목을 벨지언정 이 나무는 못 벤다."

관원이 이 사실을 왕에게 아뢰었다. 효소왕은 크게 노해서 법관에게 명했다.

"정공이 왕 화상의 신술을 믿고서, 장차 불손한 일을 꾸미려 왕명을 무시, 거역하고 제 머리를 베라고 말했으니 마땅히 그가 좋아하는 대로 하라."

마침내 정공을 베고 그의 집을 묻어 버렸다. 그리고 조정의 의논이 왕 화상과 정공의 사이가 매우 절친했으므로, 정공을 죽인 일로 하여 왕 화상이 필경 조정에 대해 증오를 품겠으니, 이쪽에서 먼저 그를 처치해 버리는 것이 좋겠다는 것이다. 그래서 군졸을 풀어 왕 화상, 즉 혜통을 찾아 체포하게 했다. 혜통은 그때 왕망사王望寺[5]에 있다가 군졸들이 오는 것을 보고 지붕 위로 올라가, 사기로 된 병을 손에 들

---

5) 왕망사 : 소재지 미상.

고서 붉은 빛깔의 먹물에 붓을 적시며 군졸들을 보고 외쳤다.

"너희들은 내가 하는 것을 지켜보아라."

혜통은 그 사기병의 목에다 삥 돌려 금을 그어 놓고 다시 외쳤다.

"너희들은 각자 상대방의 목을 살펴보아라."

군졸들이 각자 상대의 목을 보았더니, 모두들 목에 붉은 금이 돌려져 있었다. 군졸들은 서로 보며 경악했다.

다시 혜통은 외쳤다.

"내가 만약 이 병목을 자르면, 너희들의 목도 잘라질 테니 어떻게 할 테냐?"

군졸들은 부리나케 내달아 모두 붉은 금이 돌려진 목을 하고 왕에게로 달려갔다. 왕은 말했다.

"왕 화상의 신통함을 어찌 인력으로 도모해 낼 수 있겠는가?"

그리고는 혜통을 그냥 내버려 두었다.

왕녀가 갑자기 병이 들자, 왕은 혜통에게 병을 치료하게 했다. 병은 곧 나았다. 왕은 크게 기뻐했다. 그러자 혜통은 정공이 독룡의 작해를 입어 애매하게 죽임을 당했음을 얘기했다. 왕은 그 사유를 듣고서 정공을 죽인 것을 후회하고는 정공의 처자들을 방면시켰다. 그리고 혜통을 국사로 받들었다.

교룡은 정공에게 앙갚음을 하고 나서, 기장산機張山[6]으로 가서 웅신熊神이 되어 그 악독함이 더욱 심했다. 많은 백성들이 횡액을 당했다. 혜통은 기장산으로 가서 독룡을 달래고는, 그에게 불살계不殺戒[7]

---

6) 기장산 : 부산광역시 기장군에 있는 산으로 추정됨.
7) 불살계 : 오계의 한 가지. 온갖 중생의 생명을 죽이는 것을 금지한 계율.

6. 신주神呪

를 주었다. 그러자 그 독룡의 작해는 그치게 되었다.

보다 앞서 신문왕이 등창이 나서, 혜통에게 병을 보아줄 것을 청했다. 혜통이 와서 주문을 외자, 신문왕의 등창은 곧 나았다. 그러자 혜통은 신문왕에게 말했다.

"폐하께선 전생에 관리의 몸이 되시어, 선량한 사람인 신충信忠에 대한 판결을 잘못하시어 그를 노예로 삼았습니다. 그래서 신충이 원한을 품고서 환생하실 때마다 보복합니다. 지금 이 등창도 역시 신충의 저주로 하여 난 것입니다. 신충을 위하여 절을 세워 그의 명복을 빌어 원한을 풀어 주는 것이 좋겠습니다."

왕은 혜통의 말을 깊이 수긍하고, 절을 세워 신충봉성사信忠奉聖寺[8]라 이름했다. 절이 낙성되자 공중에서 다음과 같이 외치는 소리가 들려왔다.

"왕이 절을 세워 주신 덕으로 고통을 벗어나 하늘에 태어났으니, 원한은 이미 풀리었다."[9]

이 외침이 들리는 곳에다 절원당折怨堂[10]을 세웠다. 그 절원당과 신충봉성사는 지금까지 남아 있다.

이보다 앞서 밀본密本 법사[11], 뒤에 고승 명랑明朗이란 이가 있어, 용궁에 들어가 신인信印[12]을 얻어 신유림神遊林[13]을 처음 세우고는, 여러 차례 이웃 나라의 내침을 부처의 힘을 빌어 물리쳤다.

---

8) 신충봉성사 : 경주에 있었던 절.
9) 왕이~풀리었다 : (원주) 어떤 책에는 이 사실이 진표전眞表傳에 실려 있으나 잘못이다.
10) 절원당 : '원한을 꺾은 당'이라는 뜻이다.
11) 밀본 : 선덕왕 때에 활약한 신라의 밀교 승려. 밀교를 최초로 신라에 전파한 승려로 보인다.
12) 신인 : (원주) 범어로는 '문두루'라 하고, 여기말로는 '신인'이라 한다.
13) 신유림 : (원주) 지금의 천왕사임.

이제 혜통, 즉 왕 화상은 무외심장의 진수眞髓를 전수받아 속세를 편력하면서 사람을 구제하고 만물을 감화시켰으며, 아울러 전생에서의 인연을 뚫어 보는 지혜로써 절을 세워 원한을 씻어 주게 하는 등, 밀교密敎14)의 교풍이 이에서 크게 떨쳐졌다. 저 천마산의 총지암摠持嵓이며 무악산의 주석원呪錫院들은 모두 그 유파이다.

혹은 말하기를 혜통의 속명이 존승尊勝 각간이라 하나, 각간이라면 신라의 재상급인데 혜통이 벼슬을 역임한 사적은 아직 듣지 못했다. 혹은 또 혜통이 당초 물개가 아니라 시랑豺狼을 쏘아 잡았다 하나 다 미상이다.

찬한다.
산이랑 냇가에 복사꽃 살구꽃 울타리에 어리 비쳐
봄이 깊자 양 언덕에 꽃이 흐드러졌었지.
도령이 아무렇지도 않게 수달을 잡은 인연에 힘입어,
마귀들 멀리 서울 밖 먼 곳으로 쫓게 되었지.

이 편의 해설은 「명랑의 신인종」과 아울러서 뒤에서 함.

---

14) 밀교 : 진언종眞言宗이라고도 함. 진언 다라니 법문에 의해 5상相3밀密 등 묘행妙行을 닦아서 즉신성불卽身成佛을 기약하는 대승종파.

명랑의 신인종

『금광사 본기金光寺本記』에 의하면, 명랑 법사明朗法師는 신라에 태어나서 당나라에 들어가 도를 배웠다. 당나라에서 본국으로 돌아올 때, 해룡의 청에 의하여 용궁에 들어가 비법을 전해 받고, 그리고 황금 천 냥1)을 시주받아, 지하로 숨어와서 본가의 우물 밑으로 솟아 나왔다. 이에 그 집을 회사하여 절을 삼고, 용왕이 시주한 황금으로 탑상을 장식하매 광채가 특이했다. 그래서 절 이름을 금광사金光寺2)라고 했다.

명랑은 법사의 이름이고 그의 자는 국육國育이다. 신라 사간沙干3) 재량才良의 아들로서 어머니는 남간부인南澗夫人, 혹은 법승랑法乘娘이라 했는데, 소판 무림의 딸 김씨이다. 바로 자장율사의 누이동생이었다. 재량에겐 세 아들이 있었으니 맏아들은 국교 대덕國敎大德, 다음은 의안 대덕義安大德이다. 명랑법사는 그 막내로서 어머니가 청색의 구슬을 삼킨 꿈을 꾸고서 잉태했던 것이다.

명랑법사는 선덕왕 원년(632)에 당나라로 건너갔다가, 당 태종 9년, 즉 선덕왕 4년 을미(635)에 본국으로 돌아왔다. 당 고종 19년, 즉 문무왕 즉위 8년 무진(668)에 당나라의 장수 이적이 대군을 거느리고 신라와 연합하여 고구려를 멸한 뒤, 나머지 군사들을 백제땅에 머물러두고 장차 신라를 쳐 없애려 하자, 신라인들이 그 기미를 알아채고 군

---

1) 천 냥 : (원주) 혹은 천 근이라 한다.
2) 금광사 : (원주)『승전』에는 '금우사金羽寺'라 했는데 잘못이다. -『승전』은 김대문의『고승전』인 듯.
3) 사간 : 신라 17관등의 제8위인 사찬.

사를 내어 당병唐兵에 항거했다. 당 고종이 듣고서 크게 노하여, 설방薛邦[4]을 시켜 군사를 일으켜 신라를 공벌하려 했다.

문무왕이 듣고서 두려워하여, 명랑법사를 초청해다 비법을 열어 당병을 물리치게 했다.[5] 이로 해서 명랑법사는 신인종神印宗의 시조가 되었다.

우리 태조[6]가 왕업을 시작할 때에 또한 해적[7]들이 내침하여 소란을 피우므로, 안혜安惠·낭융朗融의 후예들인 광학廣學·대연大緣 등 두 고승을 청해다 비법을 베풀어, 해적들을 물리쳐 진압한 적이 있는데, 이들은 모두 명랑법사의 계통이다. 때문에 법사를 합하여 위로 용수龍樹[8]에 이르기까지 9조祖가 된다.[9] 그리고 태조는 현성사現聖寺를 창건하여 한 종파[10]의 근저로 삼았다.

신라 서울의 동남쪽 20여 리 지점에 원원사遠源寺가 있는데, 세간에 전하기를 안혜 등 네 대덕이 김유신金庾臣·김의원金義元·김술종金述宗 등과 함께 발원하여 창건한 것이라 한다. 그리고 네 분의 대덕들의 유골이 모두 그 절의 동쪽 봉우리에 간수되어 있으므로 그곳을 '사령산 조사암四靈山祖師巖'이라고 부른다는 것이다. 그렇다면 네 대덕은 모두 신라 때의 고승들이었던 것이다.

---

4) 설방 : 당나라 장수 설인귀薛仁貴(614~683)를 가리킨다.
5) 문무왕이 듣고서~물리치게 했다 : (원주) 이 사실은 「문무왕전」 가운데 실려 있다. — 「문무왕전」은 이 책의 '기이紀異 Ⅱ'의 「문무왕 법민」을 말한다.
6) 태조 : 고려 태조 왕건을 지칭한다.
7) 해적 : 왜구를 지칭하는 듯하다.
8) 용수 : B.C. 2~3세기경의 인도 불교학자. 대승불교의 창시자인데, 신인종의 개창자인양 서술한 것은 잘 이해가 안 된다.
9) 법사를 합하여~9조가 된다 : (원주) 『본사기本寺記』에는 삼사三師가 율조律祖가 되었다고 했는데 확실치 않다. — 『본사기』는 『금광사본기』를 가리킨다.
10) 한 종파 : 신인종神印宗을 가리킨다.

6. 신주神呪

그런데 돌백사堗白寺의 주첩住沾[11] 주각注脚에 기재된 것을 보면, "경주 호장인 거천巨川의 어머니는 아지녀阿之女이고, 아지녀의 어머니는 명주녀明珠女, 명주녀의 어머니는 적리녀積利女, 이 적리녀의 아들 광학대덕廣學大德과 대연[12]삼중大緣三重 형제가 모두 신인종에 투신하여 후당의 명종 6년, 즉 태조[王建] 14년(931)에 태조를 따라 상경, 어가를 수행하며 분향 기도했고, 태조는 그 노고를 가상하여 두 형제의 부모의 기일보(忌日寶)[13]로서 전답 약간 결을 돌백사에 급여했다"고 했다. 이에 따르면 광학과 대연 두 사람은 성조聖祖[14]를 따라 입경한 분들이고, 안혜 등은 바로 김유신 등과 함께 원원사를 창건한 분들이고, 광학과 대연 두 사람의 유골은 원원사에 안치되었을 뿐이다. 네 분의 대덕이 모두 원원사를 창건했거나, 또 모두 성조를 따라 온 것은 아니었다. 상고할 일이다.[15]

---

11) 주첩 : 공문서의 일종.
12) 대연 : (원주) 옛 이름은 '선회善會'임.
13) 기일보 : '보'는 후세의 '계'와 같은 것으로 일종의 재단이다. '기일보'는 제사 비용의 충당을 위한 보다.
14) 성조 : 고려 태조.
15) 네 분의~상고할 일이다 : 이 부분은 불필요한 서술일 것 같다. 아니면 다른 내용의 서술이 빠진 것 같다.

『삼국유사』「신주神呪」에는 3편의 밀교密教 관련 설화가 나온
다. 「혜통, 마룡을 굴복시키다[惠通降龍]」와 「명랑의 신인종[明朗神
印]」 외에 번역에서 제외한 「밀본, 요사한 귀신을 꺾다[密本摧邪]」가
있다.

밀교는 고대인도 바라문교의 기본 문헌인 베다에서 기원하여
불교의 발전 과정에 불교에 침투해 들어온 주술 비밀의 법이다.
불교에서는 이 주술 비밀의 법을 불교도를 수호하고 재앙을 없애
는 데 사용하고, 베다의 제신들을 보살·제천諸天·진언眞言·다
라니로 불교화했다. 이런 것들을 '잡밀'雜密이라 한다. 7세기 후
반에 인도의 불교가 전성기를 맞이하면서 밀교에도 경전이 있고,
교법敎法이 있고, 궤범軌範이 있게 되어 진정한 밀교가 전개하기
시작하여, 진언·다라니를 중심으로 대승불교철학을 증보하면서
밀교의 기초를 이룩하였다. 이를 '순밀純密'이라 한다. 순밀은
『대일경大日經』·『금강정경金剛頂經』을 위주로 하는데, 『대일경』
은 잡밀 경전에서 말하는 여러 신앙대상을 대일여래를 중심으로
집대성하여 태장계만다라胎藏界曼茶羅(태장은 자비慈悲의 뜻, 만다라는
단장壇場·구족具足의 뜻)를 성립시켰으니, 그 이론은 『화엄경』의 설
법을 다른 방식으로 계승할 수 있을 정도로 되었다. 즉, 타수용
응화신他受用應化身이 중생의 근기를 따라 설한 교법인 현교顯敎에
따르며, 자수용법성신自受用法聖身이 자내증自內證의 경지를 그대
로 보여 주어 즉신성불即身成佛한다는 것이다. 즉신성불을 목적으
로 하는 만큼 시청각 등 인간의 감각기관을 다라니·만다라 등에

접함으로써, 제천 · 불 · 보살 등 우주적 존재를 감득하려고 최대한 집중한다. 그러므로 주체적 도상圖像, 다라니의 염송 등 의례와 단장壇場을 설치한다.

밀교는 금강지金剛智 · 선무외善無畏와 같은 인도 승려들이 당나라에 전파하였고, 이어 우리나라에도 전래되어 선덕여왕대 밀본이 그 최초의 승려였던 것 같다. '密本'이라는 법명이 '밀교의 기본'이라는 뜻을 가지고 있어, 융천融天 · 충담忠談과 같은 작명법을 따른 것으로 보기 때문이다. 그런데 우리나라에 전파된 밀교는 순밀보다는 다분히 잡밀적 경향이 있어, 우리나라의 재래 신앙에서 써온 주술 비의祕儀와 큰 차이가 없는 것도 있다. 단적으로「밀본, 요사스러운 귀신을 꺾다」편에서, 밀본이 당시 승상 김양도金良圖의 어릴 적에 말이 막히고 몸이 굳어지는 병의 치료를 두고 무격과 경쟁 관계에 있게 되는 데서 알 수 있다. 이런 정황은 우리나라뿐 아니라 밀교가 전파되는 다른 나라도 마찬가지일 것이다. 여기에서 의사적醫師的 승려에 대해 무격적巫覡的 승려도 있게 되는 것이다.

사실 무격적 승려 이전에 김유신에게도 밀교로 보이는 일련의 행위가 있었다. 한산성에서 백제 잔병을 소탕하는 신라군이 고구려 · 말갈의 군에게 포위되어 위급하게 되었을 때, 김유신이 경주의 성부산星浮山에다 단을 설치하고 신술을 닦자, 혼연히 단에서 불덩어리가 솟아나와 한산성으로 날아가 적군을 격파했다는 것이 대표적일 것이다. 김유신이 밀교를 공부했을지도 모른다. 또는 재래 신앙에서의 주술 · 비의와 밀교가 습합된 하나의 신술神術일지도 모른다. 잡밀과 재래 신앙에서의 주술 · 비의 사이에 간극이 없는 경우가 많았으리라 생각한다.

밀교는 신라에서 호국불교로 가능했으며 그 주술·비의의 감각적 권위로 인해 중대 왕들의 중앙 집권에도 일정하게 기여한 것 같다. 고려시대에 이르러 명랑의 신인종 계통이 태조 왕건의 해적 퇴치에 기여하는 등 호국적 기능을 수행하면서, 오히려 더욱 성해진 느낌을 「명랑의 신인종」편에 받는다.

6. 신주神呪

7. 감통感通

- 지극한 염원이 대상에 감통한 사례

선도성모, 불교 일을 기꺼이 하다

진평왕 연대에 지혜智惠란 법명을 가진 비구니가 있어 어진 행적이 많았다. 지혜는 안흥사安興寺[1]에 머물고 있었는데 불전을 수리하려는 생각을 했으나 재력이 미치지 못했다.

어느 날 밤의 꿈에서다. 맵시가 예쁜, 그리고 주옥으로 머리를 장식한 여신이 와서 위로하며 말했다.

"나는 선도산[2]의 신모神母다. 네가 불전을 수리하려는 것이 반가워 금열 근을 시주하여 돕고 싶다. 모름지기 내가 앉아 있는 자리 밑에서 금을 가져가 보존 3상에다 입히고, 벽에는 53불[3]과 6류성중六類聖衆과 모든 천신과 5악五岳[4]의 신군神君[5]들을 그려라. 그리고는 매년 3월과 9월의 10일에 선남선녀들을 모아, 널리 일체 중생들을 위해 점찰법회占察法會를 베풀어 그것을 항규로 삼도록 하라."[6]

지혜는 깜짝 놀라 꿈을 깨어, 무리들을 데리고 신사神祠에 가서 그 신모 자리 밑을 파 보았다. 과연 황금 160냥이 나왔다. 그것으로 불전 수리의 일을 성취시키었는데, 모두 신모가 지시한 대로 따랐다.

---

1) 안흥사 : 선도성모사仙桃聖母詞 인근에 있었던 절인 듯하다.
2) 선도산 : 경주의 서산.
3) 53불 : 그 이름을 부르면 가는 곳마다 시방十方 여러 부처를 만날 수 있고, 지극한 마음으로 예배를 하면 죄가 없어지고 깨끗하게 된다고 한다.
4) 오악 : (원주) 신라 때에 5악이 있어, 동은 토함산, 남은 지리산, 서는 계룡산, 북은 태백산, 중은 북악, 또는 공산이라고도 한다.
5) 신군 : 신도의 산신.
6) 어느 날~삼도록 하라 : (원주) 본조(고려) 굴불지掘佛池의 용이 황제에게 현몽하여 청하기를 "영취산(통도사 뒷산)에 약사도량藥師道場을 오래 열어 바닷길을 순조롭게 하십시오"라고 한 그 일이 또한 이와 같은 경우다.

그 사적만 남아있고 점찰법회는 폐지되었다.

선도산 신모는 본래 중국 제실帝室의 공주였다. 이름은 사소娑蘇, 일찍이 신선술을 체득하여 이 해동에 와서 머무르고 오랫동안 돌아가지 않았다. 그 아버지 황제는 솔개의 다리에다 '이 솔개가 머무르는 곳을 따라가 집을 삼으라'는 사연의 편지를 달아 보냈다. 사소 공주는 편지를 받아 보고 솔개를 놓았더니 솔개는 날아서 이 선도산에 와서 머물렀다. 사소 공주는 드디어 선도산으로 와서 살면서 지선地仙이 되었다. 그래서 산 이름을 서연산西鳶山7)이라 했다.

신모는 오랫동안 선도산에 웅거해 있으면서 나라를 안전하도록 도와서 신령한 일이 매우 많았다. 신라가 선 이래로 항상 3사三祀8)의 하나로 모셔졌고 그 제사질祭祀秩이 모든 망제望祭9)의 위에 있었다.

54대 경명왕은 매를 부리기를 즐겼다. 한번은 선도산에 올라 매를 놓았다가 잃어버리고 말았다. 왕은 신모에게 기원했다.

"만약 매를 찾게 되면 벼슬을 봉하리다."

조금 뒤 매가 날아와 궤안 위에 앉았다. 그래서 신모에게 '대왕大王'의 직위를 봉했다.

당초 사소 공주는 진한에 와서 성자를 낳아 동국의 시조 임금이 되었다. 대개 혁거세와 알영의 두 성인이 탄생되어 온 유래다. 그래서 '계룡'이니, '계림'이니, '백마'니 하는 말이 나오게 된 것이다.10) 닭

---

7) 서연산 : 경주 서쪽에 있는, 솔개가 날아와 머문 산이라는 뜻.
8) 3사 : 3사는 대사·중사·소사. 선도산은 소사에 편입되어 있었다.
9) 망제 : 명산대천들에 대해 멀리서 바라보고 지내는 제사.
10) 그래서 계룡이니~된 것이다 : 신라의 시조 부부가 서연산에 거주하는 신모[사소]로부터 탄생했다는 것에서, 서쪽 방향이 5행설에 의해 닭·흰색에 연계되어 있다는 뜻이다.

[鷄]은 서방11)에 속하기 때문이다.

일찍이 여러 천선天仙을 시켜 깁을 짜서 붉은색으로 물들여 조의朝依를 만들어선 그 남편에게 바쳤다. 나라 사람들은 이것으로 하여 비로소 사소 공주의 신이한 영험을 알게 되었다.

『국사』에는 사신使臣의 이런 말이 있다.

"부식富軾이 송나라 휘종의 정화政和 연간(1111~1117)에 사신으로 송나라에 들어가 우신관佑神館에 나아갔더니 한 당집에다 여선상女仙像을 모셔 놓았다. 접대관인 왕보王黼가 그 여선상을 가리키며 물었다.

'이것은 귀국의 신인데 공께선 알겠소?'

그리고 다음과 같이 설명했다.

'옛날 중국 황실의 공주가 바다를 건너 진한에 이르렀지요. 아들을 낳아 해동의 시조가 되었고, 공주는 지선地仙이 되어 선도산에 길이 남아 있게 되었지요. 이것은 바로 그 여선女仙의 상像이외다.'

다음 송나라 사신 왕양王襄이 우리나라에 와서 동신성모東神聖母12)에게 제사드릴 때의 그 제문에 '현인賢人을 낳아 나라를 열었다'는 구절이 있다.

이제 선도산 신모 사소는 능히 금을 시주하여 부처를 받들고, 중생을 위하여 법회를 열어 진량津梁13)을 마련해 주기도 했으니 어찌 한갓 오래 사는 술법만을 배워 아득한 선경에나 사로잡힌 것이겠는가."

---

11) 닭은 서방 : 5행설에서는 사물과 색채 등속을 5방에 배치했다.
12) 동신성모 : 고려시대 개경 동신사東神詞에 모셨던 여신상. 고구려 시조 동명의 어머니 상이다. 김부식은 동신성모를 선도산 성모로 혼동하고 있는 듯.
13) 진량 : 중생 제도의 길을 물을 건너는 설비인 나루와 다리에 비유해서 말했다.

선도성모, 불교 일을 기꺼이 하다

찬한다.

서연산에 깃들어 온 지 몇십 년이 지났던고,

천선들을 불러 선녀의 옷을 짜게 했구나.

장생술도 영이함이 없지 않은데,

짐짓 부처를 뵙고 옥황상제인양 하는구나.14)

---

14) 짐짓 부처를 뵙고 옥황상제인양 하는구나 : 선도산 신모는 도교의 여선인데, 불교의 승려 지혜
를 도왔다고 했기에 한 말이다.

　중국 제실帝室의 딸이 신선술을 얻어 우리나라에 와서 신라 혁거세 부부를 낳고, 경주의 선도산에 거주하며 지선地仙이 되어 불교 승려 지혜에게 금을 희사했다는 이 편의 내용은 신선사상과 모화주의로 점철되어 있다. 아마 신라 말기의 당 유학생이나 고려 전기의 모화주의자들의 부회한 기록을 가져다 혼잡하게 엮은 것으로 보인다.

　선도산 성모는 원래 서술산 신모나 성모로, 토착 신도의 여산신이었다. "나라를 안전하게 도와서 신령한 일이 많았다"고 한 것이라든지, 제사질이 3사의 하나였다는 점으로 미루어 보아 사로국斯盧國이 성립하기 전후부터 경주 주변의 주요 호국산신의 하나로 신앙되어 온 것이라고 보아야 한다. 이러한 서술성모는 도교의 신선사상이 전파되어, 모화주의자에 의해 곤륜산의 서왕모로 비의比擬되기에 이르러, 급기야 서왕모가 한 무제에게 주었다는 선도仙桃를 가져와 선도산으로 바뀌게 되었다. 그리고 한편으로 서술산('술'은 우리 말 '솔개'의 원형이거나 변형의 약칭)이 '西鳶山'('鳶'의 '술' 훈차)으로 되자, 중국 제실의 딸 사소의 이야기로, 다시 사소가 신라 시조 혁거세를 낳은 것으로 부회되었다. 본래 불교 수용 이후 신도가 불교를 포용하면서 생긴 설화의 전승이 후대에, 여기에 보는 바대로 왜곡된 것이다.

여종 욱면, 염불하여 서방에 오르다

경덕왕 시대 강주康州[1])에서의 일이다.

선사善士 수십 인이 모여 극락세계를 구하려는 뜻으로, 그 고을 경내에다 미타사彌陀寺를 세우고서 1만 날을 기약하고 도량을 열었다. 그때 아간阿干 귀진貴珍의 집에 한 여자 종이 있어 이름을 욱면郁面이라 했다. 그녀는 그 주인을 따라 절에 와서는 불당에는 들어가지 못하고 절 뜰에 서서 중이 하는 대로 염불을 따라 했다. 욱면의 주인은 그녀 여자 종으로서의 자기 직분에 충실치 않고 절에 와서 염불하는 것이 밉살스러워, 매양 곡식 두 섬씩을 하룻저녁에 다 찧게 했다. 그러노라면 욱면은 초저녁에 방아 찧는 일을 마치고는 절에 와서 염불하여[2]) 밤낮을 게으르지 않았다. 그녀는 절 뜰의 좌우에다 긴 말뚝을 세우고 자기의 두 손바닥을 뚫어 줄을 꿰어서는, 그 줄을 좌우의 말뚝에다 매어 놓고 합장을 한 채로 좌우로 오락가락하면서 스스로를 격려했다.

그때 하늘의 외침이 공중에서 들려왔다.

"욱면랑은 불당에 들어가 염불하라."

절의 대중들이 듣고서 욱면을 권하여 불당에 들어와 예규에 따라 정진하게 했다. 그러자 얼마 안 있어 하늘의 음악이 서쪽[3])으로부터

---

1) 강주 : (원주) 지금의 진주. 또 한 가지는 '강주剛州'라고도 한즉 지금의 순안이다. ─ 지금의 영주임.
2) 욱면의 주인은~염불을 하여 : (원주) '내 일이 바빠 주인댁 방아 서두른다.'는 속담은 아마 여기서 나온 것이겠다.

들려오더니 욱면이 허공으로 솟아올라 불당의 용마루를 뚫고 나갔다. 욱면은 서쪽으로 가서 교외에 이르러 육신을 버리고 부처님의 몸으로 변해 연꽃대좌에 앉아선 대광명을 내비치면서 천천히 서쪽 하늘로 사라져 가고, 음악 소리는 공중에서 그치지 않았다. 그 불당 지붕에는 지금도 그 뚫어진 구멍이 남아 있다고 전한다.[4]

『승전僧傳』[5]에 의하면 동량棟梁[6] 팔진八珍은 관음보살의 응현應現[7]이다. 그가 두레를 결성하매 1천 명이나 되었는데 두 패로 나누어 한 패는 노력을, 다른 한 편은 정수精修를 했다. 그 노력의 무리 가운데 일을 맡은 자가 계를 얻지 못하고 축생도畜生道에 떨어져서 부석사의 소가 되었다. 소는 일찍이 경전을 싣고 가다가 경전의 신령한 힘에 의해서 다시 아간 귀진의 집 여자 종으로 전생하여 이름을 욱면이라 했다. 욱면은 일이 있어 하가산下柯山[8]에 갔다가 꿈에 감응을 받아 드디어 신앙심을 발했다. 귀진의 집은 혜숙惠宿 법사가 세운 미타사에서 그다지 멀지 않은 곳에 있었다.

귀진은 매양 그 절에 가서 염불을 했다. 욱면은 주인을 따라가서 절 뜰에서 염불하곤 했다.

욱면은 이와 같이 하기를 9년, 을미년乙未年 정월 스무하룻날 예불하다가 불당의 용마루를 뚫고 나가 소백산에 이르러 한 짝의 신을 떨

---

3) 서쪽 : 서방정토는 사바세계에서 서쪽으로 십만억 국토를 지나서 있다고 한다.
4) 경덕왕~전한다 : (원주) 이상은 『향전』.
5) 『승전』 : 뒤에 나오는 「징본전徵本傳」과 같은 책일 듯.
6) 동량 : 절간의 소임의 하나. 화주승化主僧.
7) 응현 : 불·보살이 중생을 교화·구제하기 위하여 여러 가지 근성에 대하여 거기에 각각 상응하는 여러 가지 모양으로 이 세상에 나타남.
8) 하가산 : 경상북도 안동시와 예천군 사이에 있는 학가산.

어뜨렸다. 그곳에 보리사菩提寺를 지었다. 산 아래에 이르러선 그 육신을 버렸다. 그곳에는 제2 보리사를 짓고, 그 불전에다 '욱면등천지전郁面登天之殿'이란 이름의 현판을 달았다. 지붕에 구멍이 뚫려 10위十圍9)쯤이나 되었으나 폭우며 함박눈이 쏟아져도 그 구멍으론 새어들지 않았다. 나중에 어떤 호사자好事者가 금탑 1좌를 그 구멍에다 대고 만들어 반자 위에 모시고는 그 신이한 사적을 기록해 두었다. 지금도 그 현판과 탑이 남아 있다.

욱면이 간 뒤에 그 상전이었던 귀진 역시 그의 집이 이인異人이 몸을 붙여 태어난 곳이라 하여 사찰로 희사하여 법왕사法王寺라 이름하고 토지를 바쳤다. 오랜 뒤에 법왕사는 폐허가 되었고, 회경懷慶 대사大師10)가 승선承宣11) 유석劉碩·소경小卿12) 이원장李元長과 더불어 발원하여 절을 중건했다.

희경 대사는 몸소 토목 일을 했는데 처음 재목을 나를 때 꿈에 늙은이가 나타나서 삼으로 삼은 신과 칡으로 삼은 신을 각각 한 켤레씩을 주었다. 그리고 대사는 옛 신사神祠13)에 나아가 불교의 이치로 고유告諭하고, 그 신사 곁의 나무들을 벌채하여 대략 5년 만에 공사를 마쳤다. 다시 절에 노비를 더 보태어 주니 매우 번창하여 동남 지방의 이름 있는 절이 되었다. 사람들은 회경을 귀진의 후신이라고들 했다.

논의컨대 향중鄕中의 고전古傳에 의하면 욱면의 일은 경덕왕대의

---

9) 10위 : 1위는 5촌이나, 혹은 한 아름도 1위라고 하는 수가 있다.
10) 회경 대사 : 고려 때의 승려이나, 그 이상은 미상임.
11) 승선 : 고려시대 정3품 관직.
12) 소경 : 고려시대 종4품 관직.
13) 신사 : 신도의 사당.

7. 감통感通

사실이라 하고, 『징본전徵本傳』14)에 의하면 당 헌종 3년(808), 즉 애장왕 때의 일이라 했다. 경덕왕 이후 혜공·선덕·원성·소성·애장등 다섯 대왕의 역년은 도합 60여 년이다. 징은 먼저요 욱면은 나중이 되니, 그 선후가 향전과 다르다.15) 그래서 두 기록을 그대로 실어의문을 없앤다.

찬한다.
서쪽 이웃 옛절엔 불등佛燈이 밝은데,
방아 찧고 총총히 절에 오면 어느새 이경이네.
염불 소리마다 한 부처 이뤄지리라 스스로 믿음 가져,
손바닥을 줄로 꿰어 육신을 잊었었네.

---

14) 징본전 : (원주) '徵' 자는 귀진貴珍이란 '珍'의 오기일 것이다.
15) 징은 먼저요~향전과 다르다 : 원문의 이 구절 앞에 징徵(珍)이 서방으로 오른 이야기가 빠진 것 같다.

이 편과 다음의 「광덕과 엄장」, 「월명사의 도솔가」 일부분은
아미타불에 감통했다는 설화다. 아미타불은 서방정토, 곧 극락
세계의 주불이다. '무량수불無量壽佛'이라고도 한다. 오랜 옛적에
세자재왕불世自在王佛의 감화를 받은 법장法藏 비구가 2백 10억
의 많은 국토에서 훌륭한 국토를 택하여 이상세계를 건설하기로
기원하고, 또 48대원을 세워 자기와 남들이 함께 성불하기를 소
원하면서 장구한 세월의 수행을 닦아 성불하였으니, 이가 곧 아
미타불이다. 정토의 주인으로서 염불하는 사람들은 서방정토에
왕생하게 인도하는 일을 한다. 좌우 협시보살로脇侍菩薩는 관세
음보살과 대세지보살大勢至菩薩이 있다.

미타신앙은 귀천 가릴 것 없이 널리 믿는 신앙이다. 그러나
신앙의 동기는 귀천에 따라 다르다. 귀족의 경우 대체로 이승에
서의 복락이 죽은 후에도 연장되기를 비는 탐욕에서고, 천민의
경우 이승에서의 현실의 고통을 벗어나고 싶은 절박한 염원에서
다. 욱면이 미타불의 선택을 받은 설화에는 천민들의 절박한 염
원이 반영되어 있다.

광덕과 엄장

문무왕 때다.

광덕廣德과 엄장嚴莊이라는 두 사문沙門이 있었다. 둘은 우정이 매우 돈독한 사이였다. 그들은 먼저 극락으로 돌아가는 사람은 서로 꼭 알리기로 하자고 늘 다짐했다.

광덕은 분황사 서쪽 마을[1]에 은거하여 신 삼는 것을 생업으로 아내를 데리고 살았다. 그리고 엄장은 남악南岳[2]에 암자를 짓고 깃들여 화전을 힘써 경작하며 살았다.[3]

어느 날 해그림자가 붉은빛을 띠고 소나무 그늘이 고요히 저물어 갈 무렵 엄장은 창밖에서 들려오는 소리를 들었다. 소리는 이렇게 알렸다.

"나는 벌써 서방[4]으로 가네. 그대는 평안히 머물다 속히 나를 따라오도록 하게."

엄장은 문을 밀고 나가 살펴보았다. 멀리 구름 밖에서 하늘의 음악소리가 들려오고 광명이 땅에 뻗쳐 있었다.

이튿날 엄장은 광덕의 거처로 찾아가 보았다. 과연 광덕은 죽어 있었다. 이에 그의 아내와 함께 유해를 거두어 장사를 지냈다. 일을 마치고 엄장은 광덕의 아내에게 말했다.

---

1) 서쪽 마을 : (원주) 혹은 황룡사에 서거방西去房이 있었다고 하니, 어느 것이 옳은지 모르겠다.
2) 남악 : 경주에서 45리쯤에 있는 함월산.
3) 화전을 힘써 경작하며 살았다 : 원문 '大種刀耕'은 '火種力耕'의 착오다.
4) 서방 : 서방정토. 즉 극락세계.

"남편은 이미 갔으니 나와 같이 사는 것이 어떻소?"

광덕의 아내는 좋다고 대답했다.

드디어 엄장은 자기의 거소로 돌아가지 않고 광덕의 아내에게 머물렀다. 밤이 되어 잠자리에 들 즈음 엄장은 광덕의 아내에게 정교를 요구했다.

광덕의 아내는 부끄러움과 혐오가 섞인 웃음을 띠며 말했다.

"스님이 극락을 구하는 것은 물고기를 구하려고 나무에 올라가는 격이라 할 만하오."

엄장은 동거를 허락했던 광덕 아내의 이 뜻밖의 태도를 놀랍고 이상히 여기어 말했다.

"광덕이 이미 그렇게 하고도 극락에 갔거늘 난들 어찌 거리낄 것이 있겠소?"

광덕의 아내는 차근히 말해주었다.

"그분과 나는 10여 년을 동거했지만 일찍이 하룻밤도 잠자리를 같이 하여 잔 적이 없소. 하물며 더러운 짓을 범했을라고요? 그분은 매일 밤 몸을 단정히 하고 정좌해서는, 한결같이 아미타불의 명호名號를 염송하기도 하고, 또는 16관十六觀[5]을 짓기도 했으며 관상觀想이 이미 원숙해진 뒤 밝은 달이 창에 들어오면 그 달빛에 올라 때때로 그 위에서 가부좌하기도 했소. 정성을 다하기 이와 같았으니 비록 서방정토로 가지 않으려 한들 어디로 가겠소? 대개 천 리를 가려는 자는 그 첫걸음으로 재어 볼 수 있으니, 이제 스님의 관觀은 동방으로

---

5) 십육관 : 극락세계에 왕생하는 문호가 된다는, 아미타불의 불신佛身 · 국토를 관상觀想하는 16종의 방법.

7. 감통感通

가는 것이라고 말할 수 있을지언정 서방으로 간다고는 알 수 없는 일입니다.”

엄장은 부끄러워 물러 나왔다. 그리고 곧 원효 법사의 거처로 나아가 득도의 요체를 간절히 요구했다.

원효 법사는 정관법淨觀法[6]부터 지어 지도했다. 엄장은 이에 스스로를 깨끗이 하고, 뉘우쳐 자책하며 일념으로 관觀을 닦았다. 그리하여 서방으로 갔다. 정관법은 『원효법사 본전』과 『해동승전』 속에 있다.

광덕의 아내는 바로 분황사의 노비였다. 그는 19응신十九應身[7]의 하나였다.

광덕은 일찍이 이와 같은 시가를 읊었다.

달님이시여, 이제 西方(서방)까지 가셔서

無量壽佛(무량수불) 前(전)에 일러다가 사뢰소서.

다짐[誓] 깊으신 尊(존)을 우러러 두 손을 모아

願往生(원왕생)[8], 원왕생 그리워하는 사람 있다고 사뢰소서.

아으, 이 몸을 남겨 두고 四十八大願(48대원)[9] 모두 이루실까.

---

6) 정관법 : 원문 '錯觀法'은 '淨觀法'의 착오로 보아야 한다. 정관법은 보살 10지위 중 하나로 단순히 진리를 관상하는 지혜만 있는 정관지淨觀智를 얻는 법.

7) 19응신 : 관세음보살이 중생을 교화・제도하기 위하여 교화・제도받을 기류機類의 차이에 상응하여, 각기 다른 열아홉 가지 모양으로 나타내는 몸. 여기 '19'는 『법화경』「보문품」의 '19설법'에서 취한 것이고, 관세음보살의 변화신은 기실 33신이다. 그 역시 『법화경』「보문품」에 나와 있다.

8) 완왕생 : '원왕생극락'의 준말. 죽어서 극락에 태어나고 싶다는 뜻.

9) 48대원 : 아미타불 본원本願에 48원이 있다. 아미타불이 법장法藏 비구였을 때 중생의 성불을 위해 세운 서원이다. 정토사상의 핵심을 이루는 교설.

월명사의 도솔가

경덕왕 즉위 19년(760) 4월 초하룻날 두 개의 태양이 나란히 나타나 열흘 동안이나 없어지지 않았다. 일관이 진언하기를 인연 있는 승려가 산화공덕散花功德[1]을 하면 그 재앙이 물러나리라고 했다. 이에 왕은 조원전朝元殿에다 정결히 단을 설치하고 청양루靑陽樓에 행차하여 인연 있는 중을 기다렸다.

그때 월명사月明師란 이가 전간田間 재터의 남쪽 길을 가고 있었다.[2] 왕은 사람을 시켜 불러오게 했다. 그리고 단壇을 열고 품고稟告하는 다라니를 염송하도록 명했다. 월명사는 왕의 명을 사양하여 말했다.

"신臣 승僧은 단지 국선의 무리에 속해 있으므로 그저 향가鄕歌나 알 뿐 다라니에는 익숙하지 못하나이다."

"그대가 이미 인연 있는 승려로 지적되었으니 비록 향가를 쓰더라도 좋소."

월명사는 마침내 「도솔가兜率歌」를 지어 바쳤다.

오늘 이에 산화가를 불러 뿌린 꽃아, 너는
곧은 마음의 명命을 부리옵기에, 미륵좌주를 모셔라!

---

1) 산화공덕 : 꽃을 뿌려 부처님께 공양하여 공덕을 닦는 것.
2) 전간 재터의~가고 있었다 : 원문 '行于阡陌時之南路'에서 '시時'자 '치時'자의 오자일 듯. '전간 재터'는 토지신에 대한 재터가 아닐지.

이 「도솔가」를 풀이하면 이렇다.

용루에서 오늘 산화가를 불러,
청운에 한 송이 꽃을 날려 보내노니.
정중한 곧은 마음이 시키는 것이라,
멀리 兜率天도솔천3)의 부처님4)을 맞이하라.

지금 세속에 이것을 가리켜 「산화가」라고 하나 잘못이다. 의당히 「도솔가」라고 해야 할 것이다. 「산화가」는 따로 있으나 글이 길어 여기 싣지 않는다.

「도솔가」를 지어 부른 조금 뒤 태양의 변괴가 곧 사라졌다. 왕은 월명사를 가상히 여겨 좋은 차 한 봉지와 수정 염주 108개를 하사했다. 그런데 홀연히 외양이 깨끗한 한 동자가 차와 염주를 받들고 궁전의 서쪽 작은 문에서 나왔다. 그 동자를 두고 월명은 내궁內宮의 사환으로 알았고, 왕은 월명사의 종자로 알았다. 그러나 서로 알아보니, 그 동자는 내궁의 사환도 아니요 월명사의 종자도 아니었다. 왕은 매우 이상스럽게 여겨 사람을 시켜 그 동자를 추적하게 했더니 동자는 내원內院5)의 탑 속으로 사라지고 그 차와 염주는 내원 남쪽 벽에 그린 미륵불상 앞에 놓여 있었다.

---

3) 도솔천 : 도솔은 산스크리트어의 음차인데, 의역하면 '지족천知足天'·'희락천喜樂천'이 된다. 불교의 우주관에서 세계의 중심인 수미산 꼭대기에서 16만 유순(고대 인도의 거리 단위로 소달구지가 하루에 갈 수 있는 거리, 11∼15㎞라는 설이 있음) 위에 도솔천이 있다 함.
4) 부처님 : 미륵불彌勒佛. 미륵보살.
5) 내원 : 궁궐 안의 불당.

마침내 월명의 지극한 덕과 정성이 능히 지성至聖6)을 감동시켰음이 이와 같음을 조야에 두루 모르는 사람이 없게 되었다. 왕은 더욱 월명사를 존경하고 다시 비단 백 필을 선사하여 정성을 표했다.

월명은 또 일찍이 그의 죽은 누이를 위해, 재齋7)를 올릴 때 향가를 지어 제사 지낸 적이 있었다. 그때도 갑자기 광풍이 일어 지전紙錢8)을 날려 서쪽을 향해 사라져 갔다. 다음이 그 노래9)이다.

生死路생사로는 예 있으매 저이어서
"나는 간다"는 말도 못다 이르고 가야 하는가.
어느 가을 이른 바람에 이에 저에 떨어질 잎같이,
한 가지에 나고서도 가는 곳 모르는구나!
아으, 彌陀刹미타찰10)에서 만나 볼 나는 道도 닦아 기다리련다!

월명은 항상 사천왕사에 거주하고 있었다. 그는 피리를 잘 불었다. 한번은 달밤에 그 절 대문 앞의 한길을 거닐며 피리를 불었더니 달이 그 운행을 멈춘 적이 있었다. 그래서 그 길을 '월명리月明里'라 이름했다. 월명사 역시 이로써 저명해졌다. 월명사는 바로 능준대사能俊大師11)의 제자다.

---

6) 지성 : 미륵불을 지칭.
7) 재 : 죽은 이의 명복을 빌기 위하여 부처에게 드리는 공양.
8) 지전 : 종이를 돈 모양으로 오려 만든 것.
9) 그 노래 : 「제망매가祭亡妹歌」란 이름으로 불리고 있다.
10) 미타찰 : '아미타불의 국토'란 뜻이니, 곧 극락세계를 말한다.
11) 능준대사 : 월명사의 사승師僧 이나, 자세한 것은 알 수 없다.

7. 감통感通

신라 사람들 가운데 향가를 숭상하는 이가 많았다. 향가란 대개 「시경」의 송頌과 같은 종류의 것이다. 때문에 가끔 가다 능히 천지 귀신을 감동시킨 경우가 한둘이 아니었다.

찬한다.
바람은 지전을 날려 저세상 가는 누이의 노자 되게 했고,
피리 소린 밝은 달 움직여 항아姮娥12)를 머물게 했구나.
도솔천이 멀다고 그 누가 말하더냐,
만덕화萬德花13) 한 곡조로 기꺼이 맞았네.

---

12) 항아 : 월궁에 있다는 선녀.
13) 만덕화 : 산화가.

월명사는 화랑도 소속의 승려로서 향가의 작가로 유명했다. 그의 「제망매가」는 현대인의 안목으로도 뛰어난 서정시로 평가받는다. 그러나 서정시만이 그의 능사가 아니다. 향가로 미륵불에 감통하여 태양의 변괴變怪를 사라지게 했고, 미타불에 감통하여 재상齋床에 놓인 지전을 서방정토로 향해 날아가게 했다. 여기서 우리는 향가가 얼마나 널리 쓰였나를 알 수 있다. 태양의 변괴를 없애려는 밀교의식의 목적이 향가로 하여 도달되었고, 죽은 누이를 위한 재에 향가로 하여 지전을 서방으로 비행하게 했다는 것은, 곧 재래 신도의 여러 의식에 향가가 음영되어 온 관습이 있어 왔음을 암시한다. 의식이 불교 의식으로 바뀌었는데도 향가를 음영하던 관습은 여전히 통용되고 있었다는 말이다. 그렇게 통용되어 온 데에는 향가가 주력呪力을 가졌다는 것에 대해서도 일정한 믿음이 있었기 때문일 것이다.

월명은 또 피리를 잘 불었다. 그의 피리 소리에 하늘을 떠가던 밝은 달도 피리 소리에 심취하여 운행을 멈추었다고 했다. 월명의 피리 소리에 달도 감통되었기 때문이다. 어쨌든 사천왕사 앞길의 '월명'이라는 이름도, 월명 자신의 법호도 피리 소리도 운행하던 달을 멈추게 했다는데서 유래한다는 설화에서 우리는 신라인의 멋을 본다.

향가는 중국의 가악에 대한 우리나라의 가악이란 뜻이다. 그러므로 비단 신라의 가악만이 아니라, 고려시대의 고려 가요도, 조선시대의 시조도, 말의 뜻으로만 보면 향가인 것이다. 향가는 말의 뜻만으로는 우리나라의 모든 가악이 다 해당하는 것이다. 중국의 가악에 대해서 스스로 비하해서 향가라고 한 이 명칭은 김부식의 『삼국사기』 진성여왕 2년조에서 사용했고, 일연이 이 편과 「영재, 도적 떼를 만나다」 편에서 이 명칭을 사용해서, 신라 가악의 뜻으로 이미 역사적으로 시민권을 얻은 명칭이 되어 버렸다. 학계에서도 신라 가악의 명칭 문제로 한 때 논란이 있었으나 지금은 대체로 '향가'란 명칭을 인정한 듯하다.

사실은 신라 가악을 통칭하는 명칭으로는 향가가 아니라, '사뇌가詞腦歌/思腦歌'가 마땅하다고 나는 생각한다. 『삼국유사』 「제3 노례왕弩禮王」에서 "처음으로 도솔가兜率歌(불교의 '도솔'이 아님. '두솔(率)' 노래란 뜻인 듯)를 지으니, '차사사뇌격嗟辭詞腦格'이 있다"고 했고, 고려 문종 때의 혁련정赫連挺의 「균여전均如傳」에서 균여가 향찰로 지은 「보현10원가」를 가리켜 '사뇌詞腦'라 불렀다. 즉, 신라의 향찰로 표기된 가악의 시작에서 거의 종결에 이르기까지 '사뇌'로 불렀다. '차사嗟辭'는 가악의 후렴구에 붙이는 감탄어를 가리키고, '사뇌격思腦格'은 '시나위격', 다시 말하면 '시나위가락'의 소급어遡及語에 해당한다. 즉, 신라 최초로 조정에서 향찰로 지은 가악은 신도의 신가神歌(巫歌·呪歌)였다는 것이다. 이것은 조지훈의 견해로, 나는 전적으로 타당하다고 생각한다. 그러나 지금 학계의 대세가 '향가'를 인정하는 만큼 잠정적으로 이에 따르기로 한다.

향가는 4구체, 8구체, 10구체가 있다. 4구체는 주로 전래 민요의 기록으로 정착한 것과, 민요체를 따른 창작으로 나눌 수 있다. 전자의 대표적인 것으로는 「풍요」가 있고, 후자의 대표적인 것으로는 「헌화가」가 있다. 8구체는 창작가악으로, 대표적인 것으로는 「모죽지랑가」가 있고, 10구체도 창작가악으로 대표적인 것으로는 「제망매가」가 있다. 현존으로는 10구체가 가장 많다. 현존 향가의 각 체별 수는 4구체가 4수, 8구체가 2수, 10구체가 19수다. 19수 중 11수가 「보현10원가」다. 4구체가 8구체, 10구체로 장르가 발달하고, 향찰의 사용에 익숙해진 인구가 불어나면서 작가 층도 다양하게 불어났다. 『삼국유사』에 제목만 전하는 가악까지를 포함해서 작가로는 승려·국선·낭도·관료·일반인 순으로 나타나는데, 이에 따라 주제도 주술적인 것에서부터 치국, 추모, 원망, 애정 등에 이르기까지 다양하게 전개되어 나갔다.

김현, 호랑이와 감통하다

신라 풍속에 해마다 2월이 되면 초여드렛날부터 보름까지 장안의 남녀들이 흥륜사興輪寺[1]의 전탑을 도는 것으로 복회福會[2]를 삼는 일이 있었다.

원성왕 때의 일이다.

김현金現이란 한 총각은 밤이 깊도록 홀로 전탑돌이를 하고 있었다. 그런데 한 처녀 또한 염불을 하며 김현의 뒤를 따라 돌고 있었다. 둘은 마침내 교감되어 서로 추파를 주고받았다.

전탑돌이를 마치자 처녀를 아늑한 곳으로 이끌고 가정을 통했다. 처녀가 집으로 돌아가려 하자 김현이 따라나섰다. 처녀는 자기를 따라오지 말라고 거절했으나 김현은 굳이 그녀를 따라갔다. 서산 기슭에 이르러 한 초가집으로 들어갔다. 거기엔 한 노파가 있다가 처녀에게 물었다.

"널 뒤따라온 이가 누구냐?"

처녀는 밖에서 있었던 사정을 다 이야기했다. 처녀의 이야기를 듣고 그 노파는 말했다.

"비록 좋은 일이라 하나, 차라리 없었던 게 나았다. 그러나 이미 저질러진 일, 어쩔 수 없구나. 아무도 모를 곳에 잘 숨겨 주어라. 너의 형제들이 돌아오면 나쁜 짓을 할까 두렵다."

---

1) 흥륜사 : 경주의 사정리에 있었던 절.
2) 복회 : 복을 빌기 위한 모임.

처녀는 김현 총각을 끌고 구석진 곳에다 숨겼다.

조금 있노라니 세 마리의 호랑이가 포효해 대면서 초가집으로 들어왔다. 그들은 사람 말로 지껄였다.

"집안에 비린내가 나는데 마침 시장하던 참이라 요기하기 꼭 좋구나!"

노파와 처녀는 꾸짖으며 말했다.

"너희들 코는 어떻게 되었구나! 무슨 그런 미친 소리들을 해 대지?"

그때 하늘의 울림이 들려왔다.

"너희들이 즐겨 많은 생명을 해치고 있으니, 마땅히 너희 중의 한 놈을 베어 그 악을 징계하리라."

세 호랑이들은 이 하늘의 울림을 듣고는 모두 풀이 죽어 걱정스러운 표정들을 했다. 처녀가 그들에게 말했다.

"세 분 오빠가 만일 멀리 피해 가서 스스로를 징계하겠다면, 제가 그 벌을 대신 받겠습니다."

이 말을 듣고 세 호랑이들은 모두 기뻐하며 머리를 숙이고 느슨히 꼬리를 낮추고선 달아나 버렸다.

처녀는 김현 총각이 숨어 있는 데로 들어갔다. 그리고 이야기했다.

"당초 저는 도련님이 저희 집으로 오시는 것이 부끄러웠습니다. 그래서 오시지 말도록 말렸던 거예요. 그러나 이제는 모든 것이 이미 드러나 버렸으니, 감히 저의 내심을 말씀드리겠어요.

이 몸이 도련님과 비록 유類는 다르나 모셔 하룻저녁의 즐거움을 얻었던 것, 그 의리는 부부로서의 결합만큼이나 소중한 것입니다. 저의 세 오빠들의 죄악을 하느님이 미워하여 이미 벌하려 하시니 집안의 재앙을 저 한 몸으로 감당하려 합니다. 이왕 죽을 몸일 바엔 아무

7. 감통感通

상관도 없는 사람의 손에 죽기보다는 도련님의 칼 아래 죽어 소중한 그 은의恩義에 보답하는 것이 얼마나 좋은 일이겠습니까!

제가 내일 거리에 들어가 한바탕 극심하게 작해를 부리며 돌아다니겠습니다. 그러면 사람들은 저를 어떻게 할 수 없을 테고 임금님은 필경 많은 상금과 벼슬을 내걸고 저를 잡을 사람을 찾게 될 것입니다. 그럴 때 도련님은 조금도 겁내지 마시고 도성 북쪽의 숲속으로 저를 추격해 오십시오. 거기서 제가 기다리고 있겠습니다."

김현은 응대했다.

"사람이 사람과 교합하는 것은 인륜의 도리지만 사람이 아닌 다른 부류와 교합하게 되는 것은 보통 일이 아닙니다. 그러나 이미 조용히 잘 지냈으니, 이는 진실로 천행이라 하겠습니다. 어찌 차마 배필의 죽음을 팔아 요행으로 한 세상의 작록을 구할 수 있겠는가?"

처녀는 말했다.

"도련님께서 그런 말씀일랑 아예 마십시오. 지금 제가 젊은 나이에 일찍 죽는 것은 하늘의 명이요 또한 저의 소원입니다. 그리고 그것은 도련님의 경사요 저희 일족의 복이며 나라 사람들의 기쁨입니다. 한 번 죽으매 이렇게 다섯 가지 이로운 점이 갖추어지는 데서야 어찌 그것을 피하겠습니까? 다만 저를 위해 절을 세우고 불경을 강하여 좋은 업보를 빌어 주시면 도련님의 은혜는 그보다 더 클 수가 없습니다."

드디어 둘은 울며 헤어졌다.

다음날 과연 한 마리 맹호가 서울 성 안에 들어왔는데 그 사나움이 어찌나 심했던지 아무도 감당할 자가 없었다. 원성왕은 그 보고를 받고 교령을 발표했다.

"호랑이를 잡아 죽이는 자는 관작 2급을 주리라."

김현, 호랑이와 감통하다

이 교령을 듣고 김현은 대궐로 나아가 "소신이 잡아 오겠습니다"라고 아뢰었다. 그러자 왕은 먼저 관작을 주어 격려했다.

김현은 단도를 지니고 처녀가 알려 준 도성 북쪽의 그 숲으로 들어갔다. 호랑이는 처녀로 변해 있었다.

그녀는 반갑게 웃으면서 말했다.

"어젯밤 도련님께 함께 곡진한 정을 나누었던 일을 잊으시지 않으셨군요. 오늘 저의 발톱에 상처를 입은 사람들에게는 모두 흥륜사興輪寺의 간장을 찍어 바르게 하고 그 절의 나발소리를 들려주면 상처가 치료될 것이옵니다."

말을 마치고 처녀는 김현이 차고 있는 단도를 뽑아, 스스로 목을 찔러 넘어졌다. 넘어지니 바로 한 마리의 호랑이였다. 김현은 숲에서 나와 "지금 그 호랑이를 쉽게 잡았다"고 큰 소리로 외쳤다. 그리고 호랑이와의 사이에 있었던 내력은 숨기고 일체 발설하지 않았다. 다만 호랑이 처녀가 가르쳐 준 처방에 따라 그날 호랑이에게 다친 사람을 치료했다. 상처들은 모두 나았다. 오늘날도 역시 그 처방을 쓰고 있다.

김현은 등용된 뒤에 서천西川 가에다 절을 세우고 호원사虎願寺라 불렀다. 그리고 항상 『범망경梵網經』3)을 강하여 그 호랑이의 저승길을 인도하고, 동시에 호랑이가 제 몸을 죽여 김현 자기를 출세시킨 그 은혜에 보답했다.

김현은 죽음을 앞두고 자신이 겪은 그 과거사의 신이함에 깊이 감동하여 붓을 들어 기록을 남겼다. 세상에선 그제서야 비로소 알고,

---

3) 범망경: 대승계大乘戒의 제1경經. 상권에는 보살의 심지心地가 전개되는 모양을 썼고, 하권에는 대승계를 풀이했다.

7. 감통感通

호랑이가 들어가 죽었던 그 숲을 논호림論虎林이라 이름 지었다. 지금도 그렇게 부르고 있다.

당나라 덕종 14년(793) 신도징申屠澄이 야인으로 있다가 한주漢州 십방현什邡縣의 현위縣尉로 임명됐다. 임지로 가는 길에 진부현眞符縣 동쪽 10리쯤에 이르러 무섭게 휘몰아치는 눈보라를 만나 말이 앞으로 나아갈 수 없었다.

마침 길옆에 한 초가집이 있고 그 안에는 불이 피워져 있어 무척 따뜻해 보였다. 도징이 등불 밑으로 나아가 보니 늙은 부부와 한 처녀가 둘러앉아 불을 쬐고 있었다. 처녀의 나이는 이제 14, 5세쯤, 비록 머리는 헝클어져 있고 때 묻은 옷을 입고 있으나, 눈처럼 흰 살결이며 꽃처럼 발그레한 두 볼에 몸짓 하나하나가 예쁘장스러웠다.

늙은 부부는 도징이 들어서자 황급히 말했다.

"손님께서는 눈보라에 몹시 시달리셨군요. 이리 오셔서 불을 쬐십시오."

도징이 한참 동안 앉아 있는 사이 날은 아주 어두워졌다. 그런데 눈보라는 여전히 그치지 않았다. 도징은 그 늙은 부부에게 말했다.

"서쪽으로 현縣까지 가자면 아직도 멉니다. 여기서 절 좀 자고 가게 해 주십시오."

늙은 부부는 답했다.

"누추한 오두막이라 관계치 않으신다면, 그러도록 하십시오."

도징은 마침내 말 안장을 풀고 침구를 폈다. 처녀는 손님이 유숙하려는 것을 보고는 얼굴을 매만지고 단장을 하고는 장막 사이에서 나왔다. 아담한 맵시가 처음 볼 때보다 더욱 더했다. 도징은 처녀의 아버지를 보고 말했다.

"댁의 낭자는 총명함이 출중합니다. 아직 혼인하지 않았다면 감히 청혼을 드립니다. 어떠하십니까?"

노인은 답했다.

"뜻밖에도 귀하신 손님께서 거두어 주시겠다니 아마도 천정연분인가 생각됩니다."

도징은 드디어 사위의 예를 닦았다. 그리고 타고 왔던 말에 신부를 태워 갔다.

부임한 뒤 봉록이 매우 박했으나 아내가 힘써 집안 살림을 돌보았다. 하여 늘 기쁜 마음일 뿐이었다. 나중 임기가 만료되어 돌아갈 때쯤에는 이미 1남 1녀를 낳았다. 그들 또한 매우 총명스러워, 도징은 그의 아내를 더욱 공경하고 사랑했다.

그는 일찍이 아내에게 주는 시를 쓴 적이 있다.

한번 벼슬길에 나서매 매복梅福4)에게 부끄러웠고,

3년이 지나매 맹광孟光5)에게 부끄러웠나니.

이 애정 어디에 비기면 좋으랴,

시냇가에 한 쌍 원앙이 노는구나.

도징의 아내는 이 시를 받아 종일토록 읊조리며 속으로 화답시를 구상한 것 같았으나 그때는 입 밖에 내지 않았다. 그러다가 도징이 벼슬을 그만두고 가족을 데리고 본가로 돌아가려 하자 아내는 문득

---

4) 매복 : 한나라 사람. 벼슬을 사직하고 돌아와 독서와 인재 양성을 하며 지내다 나중에 신선이 되었다 함.

5) 맹광 : 동한東漢 시대의 현녀賢女로 양홍梁鴻의 아내. 얼굴은 못났으나 양처였다.

슬퍼하면서 "전날에 준 시에 곧 화답하리다"고 말하고,
다음과 같이 읊었다.

> 금슬의 정도 비록 소중하지만,
> 산림에로 향한 뜻 스스로 깊고 깊어,
> 항상 근심했어라, 언제고 시절이 달라지면
> 백년해로의 마음 저버리게 될 것을.

드디어 함께 아내의 집을 찾아갔다. 거기엔 이미 사람이라곤 없었
다. 도징의 아내는 몹시 그리워하여 종일토록 울었다. 그러다 문득
벽 한 귀퉁이에 호랑이 가죽 한 장이 있는 걸 발견하고는 소리 높여
웃으면서 말했다.

"이 물건이 아직 여기 있는 것을 몰랐었구나!"

그리고는 그것을 뒤집어쓰니 도징의 아내는 곧 한 마리 호랑이로
변하여, 포효하면서 땅을 할퀴어 차고 문을 뛰쳐나가 버렸다. 도징은
깜짝 놀라 물러섰다가, 두 아이를 데리고 호랑이가 가버린 길을 찾아
나섰다. 산림을 바라보며 며칠을 통곡하며 찾았으나 끝내 간 곳을 알
지 못했다.

아아, 도징과 김현, 두 사람의 동물과의 접촉이여! 그것들이 사람
의 처첩으로 변해 온 것은 같으나 도징이 만난 호랑이가 사람을 저버
리는 시를 주고 난 뒤에 포효하면서 땅을 할퀴어 차고 달아난 것은
김현의 호랑이와 달랐다. 김현의 호랑이는 마지못해 사람을 다치게
하긴 했으나 좋은 처방을 가르쳐 주어 다친 사람들을 구제하게 했다.

김현, 호랑이와 감통하다

짐승이면서 어질기가 그와 같은 자가 있었거늘 오늘날 사람으로서 짐승만도 못한 자가 있는 것은 어쩐 일인가.

김현 고사故事의 전말을 자세히 살펴보면 그 호랑이가 하필 절 가운데를 도는 중에 사람을 감응시킨 점, 그의 세 오빠들의 죄악을 징계하리라는 하늘의 울림에 스스로 대신한 점, 신효한 처방을 알려 주어 사람들을 구제한 점, 절을 지어 불계를 강하게 한 점으로 보아 그 호랑이는 한갓 짐승으로서 성품이 어진 자만 아니다. 대개 불·보살이 사물에 감응함이 다방면이었으므로, 김현의 그 정성을 다한 전탑 돌이에 감동되어 남모르는 이익으로 보답코자 했으니, 김현이 그때에 길복을 받았음은 당연도 하지!

찬한다.
산가山家가 오빠의 행악에 견디지 못할 때,
고운 입6)에 한마디 허락의 아름다움이여!
두어 가지 의로움을 중히 여겨 죽음은 만 번이라도 가벼이 했네.
수풀 아래서 몸을 맡겼어라, 떨어지는 꽃잎과 같이…….

6) 고운 입 : 호랑이에서 변신한 그 처녀의 입을 가리킴.

이 편은 호원사 입장에서는 창사創寺 연기설화가 되겠지만, 글이 설화로서는 일정하게 정제되어 있는 점이 나말여초에 집중적으로 나온 창작 전기傳奇의 한 편임이 틀림없다. 당나라 관리 신도징의 이야기는 일연이 끌어들여 대조 시켜놓은 것은, 이 편 말미의 논평에 있듯이 두 호랑이를 대조시켜, 불교와 관련됨으로써 갖게 되는 김현의 호랑이의 어진 성품을 부각시키기 위한 것이다.

한편 탑돌이에서 만난 처녀 총각이 쉽게 사랑에 빠지는 사건에서, 젊은 남녀의 교제가 비교적 자유분방했던 신라 사회의 분위기를 느낀다.

융천사의 혜성가, 진평왕대

✱제5 거열랑居烈郎, 제6 실처랑實處郎1), 제7 보동랑寶同郎, 이 세 화랑이 거느린 낭도들이 풍악楓嶽2)으로 가 노닐려고 했다. 그즈음 혜성이 나타나 심대성心大星3)을 범했다. 세 화랑과 그 낭도들은 의혹스러워 풍악에 순유를 중지하려고 했다. 그때 c융천사融天師가 노래를 지어 불렀다.

예전 동해 물가 乾達婆건달바의 논[游] 성城4)을 바라보며,
"왜군이 왔다~!"고 봉화를 든 변방이 있어라!
三花삼화의 산 구경 오심을 보고 달도 부지런히 등불을 켜는데,
길 쓸 별을 바라보고 "혜성이여!" 사뢴 사람이 있어라!
아으, 달은 저 아래로 떠갔더라, 이 보아, 무슨 혜성이 있을꼬.5)

그러자 혜성의 변괴는 즉시 사라지고, 침범해 오던 왜구들도 제 나라로 되돌아가 버려 도리어 경사를 이루었다. 진평대왕은 기뻐하며 화랑과 그 낭도들을 풍악으로 보내어 놀게 했다.

---

1) 실처랑 : (원주) 혹은 '돌처랑突處郎'이라고도 썼다.
2) 풍악 : 금강산.
3) 심대성 : 28수 가운데 심수心宿의 대성. 혜성이 심대성을 범한 것은 점성학적으로 국가에 좋지 않은 일이 일어날 조짐으로 알았음.
4) 건달바의 논[游] 성 : 서역에서 악사를 건달바라 불렀다. 그 악사는 환술幻術로써 성을 만들었는데 이 성을 "건달바의 성"이라 했음. 아침에 바닷가에 나타나 가까이 가면 사라지는 물상이나 신기루 같은 것을 이름.
5) 예전~있을꼬 : 향가가 이 편의 맨 뒤에 기록되어 있는 것을 상황에 맞게 이 자리로 옮겼다.

7. 감통感通

다 아는 바이지만, 화랑도의 세 가지 수행修行에 '유오산수遊娛山水'라는 것이 있다. 즉 산수 간에 노닐어 즐긴다는 말이다. 산수간에 노닐어 먼 곳에 있는 산수라고 이르지 않는 곳이 없었다고 한다. 그런데 이 유오산수는 그냥 산수를 즐기라는 것이 아니다. 많은 수행이 이 유오산수를 통해 이루어진다.

첫째, '서로 도의를 연마한다'는, 세 가지 수행의 다른 한 가지도 결국 유오산수를 통해 더욱 연마된다. 화랑도의 한 집단이 통상 수백 명의 낭도로 이루어지는데, 이들이 집단이 산수간을 순유하면서 공동체의 윤리·규범을 따르는 훈련을 하게 된다.

둘째, '서로 가악을 즐긴다'는, 세 가지 수행의 다른 또 한 가지도 주로 유오산수 중에 이루어진다. 유오산수 중에 산수에 대한 신도의 제의를 행하고, 그때 신가神歌를 음영하는 것을 위시하여, 여타 향가[사뇌가]를 즐기고, 한편으로 창작도 한다.

이기백도 화랑들이 유오한 명산대천은 신라의 국가적 제사의 대상이었으니, 산山·천川·진鎭·해海 등지에서 화랑의 주술적·종교적 의식이 행해졌다는 견해를 피력한 바 있다.

셋째, 화랑도는 무엇보다 예비 전사단이었던 만큼, 유오산수 중에 심신 단련 등 군사 훈련적 수행은 필수적이었다.

이상 세 가지 수행이 모두 유오산수 중에 이루어졌던 것이다.

이 편의 세 화랑도의 풍악 유오도 당연히 위 세 가지 수행의 목적을 가진 유오였다. 당시만 해도 고구려와의 접경지역인 풍악에 단순히 산수풍경이나 즐기러 가지는 않았을 것은 말할 필요도 없다. 다만 삼국통일 뒤 전직 화랑들은 둘째 목적으로, 강릉·풍악 등 동해안 일대를 위시하여 백령도 등지까지 유오했다. 이런 가운데 풍류도가 성립되고, 4선四仙도 있게 된 것이다.

✻ 제5거열랑, 제6실처랑, 제7보동랑'은 동시대에 여러 단위의 화랑도가 존재했음을 알려준다. 이때 제5, 제6, 제7 등의 서수는 무엇을 기준으로 한 서차인지 확실하지 않으나, 아마 화랑도 단위의 성립 선후의 순서가 아닐까 한다. 화랑의 재임 나이가 대체로 15-18세의 3년간인지라, 화랑도의 성립 순서는 곧 화랑들의 연치 서열이 되는 셈이다.

✻융천사는 화랑도의 상수上首로. 천문에 달통했다 해서 '融天(융천)'이란 별호를 얻은 승려다. 점성술의 대가로 성수星宿에 대한 재초齋醮를 접전하던 제사장이었을 것이다. 향가 「혜성가」를 지어 음영吟詠함으로서 혜성의 변괴가 사라지고, 왜구가 물러갔다는데서 본래 신도의 신가에서 발원한 향가의 주술적 기능을 본다. 어쩌면 융천은 밀교를 겸섭兼攝한 승려인지 모른다.

7. 감통感通

8. 피은避隱

- 속세를 피해 숨다

신충, 벼슬을 사퇴하다

효성왕이 아직 등극하기 전, 현량한 선비 신충信忠과 함께 대궐 뜰에 있는 잣나무 아래에서 곧잘 바둑을 두곤 했다. 어느 날 신충에게 말했다.

"후일 내가 만일 그대를 잊는다면, 이 잣나무와 같으리라."[1]

신충은 일어나 절을 했다.

두어 달 뒤에 효성왕은 즉위했다. 그리고 공신들에게 상금과 벼슬을 내렸다.

그런데 왕은 신충을 잊어버리고, 상작賞爵의 대상에서 빠뜨렸다. 신충은 원망하면서 시가[2]를 지었다.

"뜰의 잣이 가을에 안 이울어지매,

너를 어찌 잊어?"하신, 우럴던 낯이 계시온데.

달 그림자가 옛 못[淵]의 가는 물결 원망하듯이,

얼굴이사 바라보나, 누리도 싫은지고![3]

(뒤 구절은 없어졌다)

---

1) 이 잣나무와 같으리라 : 절대로 잊지 않겠음을 말한 것이다. 주변의 사물을 가리켜 '~하면 ~와 같다'라고 하는 말투는 고대인의 서약의 한 양식이다.
2) 시가 : 신충이 지은 이 시가는 「원가怨歌」라는 이름으로 불리고 있다.
3) 이 시가는 원문에서는 '그 잣나무는 되살아났다' 구의 뒤에 있으나, 상황에 맞게 이 자리에 배치했다.

이 시가를 잣나무에 붙이자, 싱싱하던 그 잣나무는 갑자기 누렇게 말라 버렸다. 왕은 이상스러워 사람을 시켜 알아보게 했더니, 신충이 써 붙인 시가를 발견하여 바쳤다. 왕은 크게 놀랐다.

"온갖 정사에 분망하노라, 하마터면 절친을 잊을 뻔했군!"

이에 신충을 불러 작록을 주었다. 그러자 그 잣나무는 되살아났다. 이로 말미암아 신충은 양조兩朝에 걸쳐 대단한 총애를 받았다.

경덕왕4) 즉위 22년 계묘(763), 신충은 그의 두 벗과 약속하고서 벼슬을 사퇴하고 남악5)으로 들어갔다. 왕이 거듭 불렀으나 다시는 나오지 않고, 머리를 깎고 승려가 되었다. 그리고 왕을 위해 단속사斷俗寺를 세우고 거기에 거주했다. 그리하여 그는 산곡간에서 몸을 마치도록 대왕의 복을 빌겠다고 하니, 왕은 허락해 주었다. 단속사의 금당 뒷벽에 왕의 진영을 모셔 두었으니, 이것은 경덕왕의 복을 빌기 위한 것이었다.

절 남쪽에 한 마을이 있어 이름을 '속휴俗休6)'라 했는데, 지금은 와전되어 소화리小花里라고 부르고 있다.7)

---

4) 경덕왕 : (원주) 경덕왕은 바로 효성왕의 아우다.

5) 남악 : 지리산.

6) 속휴 : 찬자는 '속휴俗休(세속일을 쉬다)'라는 마을 이름이 세속과 인연을 끊은 신충의 일에서 유래해 온 것이란 생각에서 언급했다.

7) 경덕왕~있다 : (원주)「삼화상전三和尙傳(미상)」을 보면, 신문왕대에 창건한 신충 봉성사가 있어 여기 이것과 혼동하고 있는데, 따져 보면 신문왕대는 경덕왕대에서 백여 년이나 앞섰고, 더구나 신문왕과 신충과의 사이는 전생의 인연이 있고 보면 여기 이 신충이 아님이 명백하다. 잘 살필 일이다. — 신문왕과 전생의 인연이 있었다는 신충은 이 책의 '혜통, 마룡을 굴복시티다.'편에 나오는, 전생에서 신문왕의 오판으로 노예가 되었다는 그 신충을 가리킨다.

별기別記에 의하면 경덕왕대에 직장直長[8] 이준李俊[9]이란 이가 일찍이 나이 쉰이 되면 꼭 출가하여 절을 세우겠다고 발원하더니, 당 현종 36년, 즉 경덕왕 즉위 7년 무자(748)에 나이 쉰이 되자, 조연槽淵[10]가에 있는 작은 절을 개창하여 대찰로 만들어 단속사라 이름하고, 그리고 자신 역시 삭발했다. 법명을 공굉장로孔宏長老라 하고, 20년을 그 절에 머물다 죽었다고 한다.

단속사의 창사연기創寺緣起에 대해 앞의 『삼국사』에 실린 것[11]과 같지 않으므로, 두 가지 기록을 그대로 기록하되 의심스러운 점은 제외한다.

찬한다.
공명을 마저 누리기 전에 귀밑털이 먼저 희어지네
군왕의 총애야 많지만 죽음에의 길이 바쁘구나.
바라다뵈는 저 산이 줄곧 꿈속에 어리어 왔나니
가서 향불 올리며 우리 임금 복 비오리.

---

8) 직장 : 관직 이름. 관등 미상.
9) 이준 : (원주)『고승전』에는 '이순李純'이라 했다.
10) 조연 : 단속사 근처의 시내.
11) 『삼국사』에 실린 것 : 『삼국사기』 경덕왕 22년도에 단속사의 창사연기가 기록되어 있다.

향가의 주력을 믿는 전형적인 설화다. 효성왕이 잠저潛邸 때 바둑을 둔 신충에게 왕이 되면 상작을 주리라는 서약을 잣나무를 두고 했으나, 정작 왕이 되고 나서는 그 서약을 잊어버렸다. 신충이 효성왕에 대한 원망의 마음을 담은 향가를 지어 잣나무에 써 붙였더니, 잣나무가 시들어 말라버렸다. 효성왕이 신충에게 잣나무를 두고 한 서약을 깨닫고, 신충에게 상작을 주었더니 잣나무가 다시 소생했다는 것이다. 향가의 이 주력은 신도적이 주력에만 머물지 않고, 불교적으로 전이된 예를 우리는 월명사의 「제망매가」, 희명의 아이의 「도천수관음가」 등에서 보았다. 『삼대목三代目』이 남아 있었다면 주력에의 믿음에 대한 향가는 꽤나 비중이 높을 것이다.

포산의 두 성사

신라 시대에 ＊관기觀機와 도성道盛, 두 성사聖師가 있었다. 그들이 어떤 분들이었는지 자세히 알 수는 없으나, 속세를 떠나 함께 포산包山1)에 살고 있었던 것 같다. 관기는 남쪽 마루에 암자를 짓고, 도성은 북쪽 굴에 거처하였다. 서로 10리가량 떨어진 곳이었다. 구름길을 헤치고 달을 노래하면서 왕래하곤 했다.

도성이 관기를 부르고 싶으면 산속의 나무들이 일제히 남쪽으로 숙이며 맞아들이는 시늉을 지었고, 관기는 그것을 보고 도성에게로 갔으며, 관기가 도성을 부르고 싶으면 역시 나무들이 그와 같이 북쪽으로 숙이고, 그리하여 도성이 또 관기에게로 가는 것이었다. 이와 같은 세월을 몇 해, 도성은 그가 거주하고 있던 뒷산의 높은 바위 위에 언제나 연좌宴坐하고 있었다.

어느 날은 바위 사이로 몸을 빼쳐 온몸으로 하늘에 올라가 간 곳을 알 수 없었다. 어떤 이는 수창군壽昌郡2)에 이르러 육신을 버렸다고 한다. 그 뒤를 따라 관기도 또한 본래 진眞으로 돌아갔다.3)

지금 두 성사의 이름으로 그 터를 이름 지어, 그 터가 그대로 오늘날까지 남아 있다. 도성이 좌선하던 바위는 높이가 두어 길이나 되는데, 굴 아래에 뒷사람들은 절을 세웠다.

---

1) 포산 : (원주) 우리말로 '바(비)슬산'이라 하나, 실은 범음梵音이다. 한자로는 '포(감싸다)'의 뜻이다. — 대구광역시 달성군에 있는 비슬산이다.
2) 수창군 : 지금의 대구광역시 수성구.
3) 진으로 돌아갔다 : 죽음을 그렇게 표현했다.

송宋 태종 7년, 즉 고려 성종 원년 임오(982), 승 성범成梵이 처음으로 이 절에 와서 만일미타도량萬日彌陀道場4)을 열어 50여 년을 힘써 수도했다. 특이한 상서로움이 여러 번 있었다.

그리고 그 무렵 현풍玄風5)의 남자 신도 2십여 명이 해마다 향나무를 채취하여 시주하였다. 매양 산에 들어가 향나무를 채취해서 쪼개어 씻어 가지고 발 위에 널어 말리는데, 밤이 되면 향나무 조각에서 촛불처럼 빛을 발하였다.

이로해서 고을 사람들은 그 향도香徒6)들에게 '(향나무로) 크게 보시하여 빛을 얻은 해'라고 하여 하례했다. 이것은 두 성사의 신령이 감응한 것이거나, 산신의 도움이다. 산신의 이름은 정성천왕靜聖天王, 일찍이 가섭불迦葉佛7)때에 부처님의 부탁을 받고, 다짐하기를 "산중에서 1천 명의 출세出世8)를 기다려 그 과보를 받겠나이다" 하였다.

지금 산중9)에서 일찍이 아홉 성사의 행적을 기록했는데, 지금 그 내용은 자세하지 않다. 아홉 성사는, 관기, 도성, 반사橄師, 첩사褋師, 도의道義10), 자양子陽, 성범成梵, 금물녀今勿女, 백우사白牛師다.

---

4) 만일미타도장 : 극락왕생을 위해 만일萬日을 기약하고 아미타불을 염송하는 도량.
5) 현풍 : 비슬산 아래의 고을.
6) 향도 : 불사佛事를 돕기 위해 모인 무리.
7) 가섭불 : 과거 7불의 하나.
8) 출세 : ① 출세간의 약칭. 속세를 벗어나 불도 수행에 들어감. ② 불보살이 속세에 나가서 세상 사람들을 교화하는 것. 두 가지 뜻 가운데 여기서는 ①의 뜻으로 썼음.
9) 산중 : 절간. 포산에 있는 승려 사회를 가리키는 것.
10) 도의 : (원주) 그가 있었던 백암사栢岩寺 터가 있다.

찬한다.

달빛을 밟으며 서로 찾아 구름이며 시냇물을 희롱하던,

두 성사의 그 풍류 몇백 년이 흘렀는고.

이내 가득한 골짜기엔 고목만 남았는데,

노닐던 그분들의 환영幻影이 맞아주는 듯하구나.

'橉'은 음이 '반般'인데, 우리말로는 '비나무'고, '檆'은 음이 '牒첩'
인데, 우리말로는 '갈나무'다. 반사와 첩사 두 성사는 오랫동안 인세
와 사귀지 않고 산골에 숨어 살며, 나뭇잎으로 옷을 엮어 추위와 더
위를 피하고 습기를 막으며, 부끄러운 데를 가렸으므로, 橉반·檆첩
으로 그 이름으로 삼았던 것이다. 일찍이 들으매 풍악楓岳에도 또한
이러한 이름이 있었다고 하니, 이로 미루어 대개 옛날 은사隱士들의
세속을 떠난 운치가 이와 같았음을 알겠다. 다만 그대로 따라 하기는
어려울 뿐이다.11)

11) 이 이하는 단순히 일연의 감상을 읊은 시이기에 번역에서 제외했다.

 이 편에서 우리가 특히 유의할 바는, 비슬산 산신 정성천왕이 과거 가섭불의 부탁을 받고, 1천 명의 관기와 도성 같은 성사의 출현을 돕고 난 뒤에 그 과보를 받겠다고 약속했다는 것이다. 여기서 우리는 신도가 불교에 대해 협조적인 자세, 다시 말하면 불교의 한 조력자로 만족하는 모양을 본다. 이러한 사례는 이 책의 「선도산 성모, 불사를 기꺼이 하다」 편에서 진평왕대의 선도산 성모가 비구니 지혜에게 금을 희사한 일, 번역에서 제외된 「심지心地, 진표조사眞表祖師를 잇다(心地繼祖)」에서 팔공산 산신이, 헌덕왕대의 심지가 진표로부터 전해진 불골간자佛骨簡子 2매를 가지고 팔공산으로 돌아오자, 두 선자仙子를 거느리고 심지를 맞아 바위 위에 앉히고, 그 아래에 엎드려 심지로부터 계를 받고, 간자를 봉안할 터를 잡아 준 일 등이었다. 이것은 불교 수용 초기 충돌을 조제調劑하여, 신·불이 화합하도록 한 진흥왕의 사상정책의 결과이거니와, 신도가 불교에 눌려 사라지지 않고 이렇게 조력자로나마 남게 된 것은 진흥왕 이후 신라 조정의 신도 온존溫存 정책의 결과인 것이다.

 ＊여기서 관기와 도성의 사상적 귀속성을 다시 생각해볼 필요가 있다. 일연은 애초에 불교 수도자로 보는 듯, 불교의 시각에 주안主眼하여 그 인물을 내세웠지만, 도성이 육신등공肉身騰空을 한 데에서 신선의 백일비승白日飛昇을 볼 수 있고, 수창군에 이르러 육신을 버렸다는 데서 시해선적尸解仙的 모습을 볼 수 있다.

그러고 보면 불교에서 좌선을 뜻하는 '연좌'라는 말도 시해선의 내관수련內觀修練으로 보아도 무리가 없어 보인다. 실은 불교에도 수련을 거쳐 위덕威德이 충족되면 대광명을 나누며 허공을 유행遊行한다는 '리사'라는 신선적 존재가 없는 것은 아니나 여기 백일등공이나 시해선적 면모와는 거리가 멀다.

그런데 신선사상은 도·불에만 있는 것이 아니다. 신도 교의의 최상층에도 신선관념이 있었다고 본다. 그 세련된 형태를 신라의 4선에서 보거니와, 아홉 성사의 이름을 보면 그 가운데는 도교나 불교 계통의 이름과는 거리가 먼, 반사橃師·첩사牒師가 있다. 이런 이름을 가진 성사들이 비슬산에만 한하지 않고 금강산에도 있었다고 한다. 4선과 같은 율로, 신도적 선도 수련인이 아닐까. 여기서 우리는 신선사상을 매개로 한 불·선·신도의 융합을 보겠거니와, 일연도 '옛날 은사隱士'라고 하여 딱히 불교에만 국한하지 않는 태도다.

영재, 도적 떼를 만나다

석영재釋永才는 성품이 익살스럽고 활달하여 사물에 구애되지 않았고, 향가에도 능했다. 만년에 남악으로 은둔해 가는 길, 대현령大峴嶺[1])에 이르러 60여 명의 도적 떼와 마주쳤다. 도적들은 영재를 해치려고 했다. 그러나 영재는 도적들의 칼날 앞에서도 조금도 두려워하는 기색이 없이, 화평한 얼굴로 태연히 대했으므로 도적들은 하도 이상스러워 그 이름을 물었다. 영재라고 답했다. 도적들은 평소에 그의 이름을 들어온 터라, 그에게 명하여 노래를 짓게 했다. 영재는 다음과 같은 시가를 지어 불렀다.

제 마음에 形相형상을 모르려던 날,
멀리 □□ 지나치고 이제란 숨어서 가고 있네.
오직 그릇된 破戒主파계주를 두려워할 짓에 다시 또 돌아가리?
이 쟁기를 사 지내곤 좋은 날이 새리러니,
아으, 오직 요만한 善선은 아니 새 집이 되니이다.

도적들은 그의 뜻에 감동되어 비단 두 필을 주자, 영재는 웃으면서 먼저 사례하고, 그리고 말했다.

"재물이 지옥으로 떨어지는 근본임을 느껴, 장차 심산궁곡으로 숨

---

1) 대현령 : 경상남도 의령군에 있음.

어 일생을 보내려고 하는 사람인데, 어찌 감히 이것을 받겠는가!"

그리고는 비단을 땅에 던져버렸다. 도적들은 또 영재의 그 말에 감동되어 모두 지녔던 칼이며 창들을 내던졌다. 그리고 삭발하여 영재의 무리가 되어 함께 지리산에 숨어 다시는 세상에 나오지 않았다. 영재의 나이 거의 90세였으니 원성왕 연대의 일이다.

찬한다.
지팡이 짚고 산으로 돌아가매 그 뜻 더욱 깊구나,
능라며 주옥으로 어찌 마음 다스릴 수 있으랴.
녹림綠林의 군자[2]들아, 서로 주고받기를 금하라.
한 치의 금도 지옥으로 떨어질 근본이노니.

---

2) 군자 : 산적.

　원성왕대의 승려 영재가 지어 음영吟詠한 향가를 듣고 흉포한 도적떼가 감화되어, 영재와 함께 지리산에 은거하게 되었다는 이 설화는, 전문적인 향가 작가 겸 음영가로서의 영재를 드러내기 위해 지어진 것으로 보인다. '永才'라는 이름이 『서경』「순전」에 "詩言志, 歌永言(시는 뜻을 말한 것이고, 노래는 음영하는 것이다)"에서 '永言'을 가져와 '永言之才', 즉 '음영을 잘하는 사람'의 뜻을 가진 것이라 보는 견해가 있다. 맞다고 생각한다. '충담'·'월명'과 같은 작명법이다. 어쨌든 신라인은 가악의 감화력을 크게 믿었고, 해학을 즐겼다는 것이다. 이러한 문화풍토는 유교, 특히 성리학의 세례를 받으면서 엄숙주의嚴肅主義로 변질되어진 것이다. 신라인뿐 아니라 우리 민족이 가악을 특히 좋아했다는 것은 『위지』의 외이열전外夷列傳에서 중국 주변의 다른 민족과 비교에서 알 수 있다.

9. 효선孝善

- 효와 선의 결실

진정사의 효와 선의 성취[1]

법사 진정眞定은 신라 사람이다. ✲출가하기 전 그는 군졸에 적을 두고 있었으며, 집이 가난하여 장가도 들지 못하고 지냈다. 공역公役의 여가에 그는 품팔이로 곡식을 얻어 그의 홀어머니를 봉양해 왔다. 집안의 재산이라곤 오직 다리 부러진 솥이 하나가 있을 뿐이었다.

하루는 문전에 중이 와서 절을 지을 철물을 시주하라고 했다. 진정의 어머니는 유일한 재산인 그 다리 부러진 솥을 시주했다. 조금 뒤 진정이 밖에서 돌아오자 어머니는 그 사실을 얘기했다. 그리고 아들의 뜻이 어떤가를 궁금히 살펴보았다. 진정은 기쁜 표정으로 말했다.

"불사에 시주한다는 건 얼마나 좋은 일인가요? 비록 솥이 없은들 그까짓 것 뭐 걱정이겠습니까."

그러고는 질항아리로 솥을 삼아 음식을 익혀 봉양했다.

진정은 그가 군졸로 종사하고 있을 때에 의상법사가 태백산에 있으면서 설법을 하여 사람들을 이롭게 한다는 남들의 하는 얘기를 듣고서 그 즉시로 향모向慕하는 마음이 생겨났다. 진정은 그의 어머니에게 고했다.

"어머님 모시기를 끝마친 뒤에는 의상법사에게 투신하여 머리를 깎고 불도를 공부해야겠습니다."

----

1) 선 : 소승에서는 결과로서 즐거운 응보를 받을 만한 것, 대승에서는 현재·미래에 걸쳐 자기와 남을 순조롭게 이익되게 하는 것을 말함.

그의 어머니는 말했다.

"불법은 만나기 어렵고 인생은 매우 빠르니, 나에게 봉양을 끝마친 뒤라면 늦지 않겠는가? 내가 죽기 전에 네가 가서 도를 깨쳤닫는 소식을 듣는 것만 같지 못할 것이니, 이모저모 생각하지 말고 빨리 가는 것이 좋겠구나."

"어머님의 만년에 오직 제가 곁에 있을 뿐인데, 어찌 차마 어머님을 버리고 출가할 수 있겠습니까?"

"나를 위해서 출가를 못 하겠다면 그것은 나로 하여금 곧 지옥에 떨어지게 하는 것이다. 그런대서야 비록 생전에 진수성찬으로 봉양한데도 그것이 어찌 효도가 될 수 있겠는가! 나야 의식을 남의 문전에서 얻어서라도 타고난 수명은 누릴 것이니, 나에게 효도를 행하려거든 그런 말 아예 말아라."

진정은 오랫동안 깊은 생각에 잠겨 있었다. 그의 어머니는 곧장 일어나서 쌀자루를 깡그리 털어냈다. 일곱 됫박의 쌀, 그것이 전부였다. 그것으로 밥을 지어 놓고 진정에게 말했다.

"너가 밥을 지어먹으면서 가자면 더딜까 해서 다 지었다. 내 보는 앞에서 그 한 됫박은 먹고 나머지 여섯 됫박은 싸라. 그리고 빨리, 부디 빨리 떠나도록 해라."

진정은 울음을 삼키며 굳이 사양했다.

"어머니를 버리고 출가하는 그것만도 인자人子의 차마 하지 못할 짓인데, 더구나 많잖은 간장, 수일간의 식량 남은 것마저 남김없이 싸가지고 간다면 하늘과 땅은 나를 무엇이라고 하겠습니까!"

세 번을 거듭 사양하매 거듭 권려해 왔다. 진정은 어머니의 뜻을 어기기 어려워 그 밤으로 태백산을 향해 발정發程했다. 사흘 만에 태백산에 당도하여 의상사에게 투신, 머리를 깎고 마침내 그의 제자가 되었다. 법명을 '진정眞定'이라고 했다.

입산한 지 3년, 어머니의 부음이 이르렀다. 진정은 가부좌跏趺坐를 하고 선정禪定에 들어가 7일 만에야 일어섰다. 이 진정의 선정을 두고 설자說者는 말하기를 선정으로 진정이 그의 어머니에 대한 추모와 애통의 정이 너무나 벅차서 거의 감당할 수 없기에 그것을 선정으로 씻어낸 것이라고 했다. 어떤 이는 말하기를 그의 어머니의 환생한 곳을 관찰한 것이라고 했다. 또 어떤 이는 그렇게 하는 것이야말로 틀림없이 불교의 가르침대로 명복을 비는 일이라고 말했다.

진정은 7일간의 선정에서 나와 그 어머니의 천도薦度[2]에 관한 일을 의상사에게 여쭈었다. 의상사는 문도門徒들을 데리고 소백산의 추동錐洞으로 가서 초목을 얽어 집을 삼고 도중徒衆 3천을 모아 90일간을 『화엄경』을 강했다. 제자 지통智通이 그 강석講席에 수행하여 강설의 요지를 뽑아 모아 두 권을 만들어 『추동기錐洞記』라 이름하여 세상에 유통하게 했다. 90일간의 그 법회가 끝나자 진정의 어머니는 꿈에 나타나 말했다.

"나는 이미 하늘에 태어났다."

---

2) 천도 : 망인亡人의 혼령을 부처님에게 인연을 맺게 하여 좋은 곳으로 인도하는 일.

이 편에서 우리는 신라인의 도저한 정신주의를 본다.

불교의 근본적인 교의에서 보면 부모와 자식 사이의 관계도 끊어져야 하는 것이다. 불교가 중국으로 전해질 때 이 근본 교의를 불교의 홍포에 장애가 될 수밖에 없었다. 중국의 효孝 숭상과의 충돌이 불가피하기 때문이다. 그래서 중국에서 『부모은중경父母恩重經』 같은 위경僞經을 만들어 불경의 하나로 편입시키기도 했다. 우리나라 불교에서도 효의 문제는 중국과 마찬가지였다. 결과적으로 불교에서도 효를 중시하게 되었고, 그래서 『삼국유사』에 '효선孝善'의 장章이 설정된 것이다. 그리고 '선善'은 물론 불교적인 선이다. 즉 현재 미래에 걸쳐 자기와 남을 순조롭게 이익되게 하는 즐거운 응보를 받을 만한 것을 가리킨다. 효의 실현보다 고차원적으로 어려운 종교적인 과제다. 진정사眞定師는 이 효와 선을 아름답게 실현, 성취했다는 것이다.

군졸신분에 품팔이로 편모를 봉양하는 하천下賤 계층으로 진정이 의상 법사를 향모해. 편모가 돌아가시고 난 뒤에야 출가하여 의상 법사 문하에 투신하기로 마음먹고 있는데, 진정의 어머니는 즉일로 아들을 떠나도 혹 독려하여 의상 법사 문하로 보낸 데에서 우리는 신라인들의 불교 신앙의 한 극치, 즉 도저한 정신주의를 보게 된다. 더구나 출가한 지 3년만에 어머니의 부음을 듣고 7일 동안 선정에 몰입하여 마침내 천안天眼에 도달해 그 어머니의 환생한 곳을 관상觀想하기까지 했다고 한다. 말하자면 선정에 몰입하여 존재의 뿌리까지 닿았다는 것이다. 진정이 이러한 도력으로 하여 표훈表訓 등과 함께 의상법사에게 4영英(네 사람의 빼어난 제자)의 한 사람으로 인정받기로 했다.

그리고 의상의 화엄종이 다분히 귀족적인 듯 인식되기도 하지만 졸오卒伍신분의 진정과, 귀족 가노家奴 출신의 지통智通 등을 4영으로 키운 점에서 공자의 '有教無類(제자를 가르침에 신분차별을 두지 않는다)를 연상시킨다.

대성이 두 세상 부모께 효도하다, 신문왕대

모량리[1]에 사는 가난한 여인 경조慶祖에게 한 아이가 있었다. 그 아이는 머리통이 크고 정수리가 평평하면서 마치 성처럼 생겨 있었다. 해서 아이의 이름을 대성大城[2]이라고 했다. 집이 가난하여 대성을 길러 내기 어려워, 그 어머니는 부자 복안福安의 집에 고용살이를 했다. 복안의 집에선 대성의 어머니 경조에게 전토 두어 묘畝를 떼어 의식의 밑거리를 마련해 주었다.

그때 점개漸開란 개사開士[3]가 흥륜사興輪寺[4]에서 6륜회六輪會[5]를 차리기 위해 시주를 얻으러 복안의 집에 왔다. 복안의 집에선 베 50필을 시주했다. 그러자 점개는 축원했다.

"단월檀越[6]은 보시하기를 좋아하시니, 천신이 항상 보살펴 주시어 하나를 보시하면 그 만 배를 얻게 하고, 안락하고 장수하게 되리이다."

대성이 이 축원하는 말을 듣고는 뛰어 들어가 그 어머니에게 말했다.

---

1) 모량리 : (원주) 혹은 '부운촌浮雲村'이라고도 씀.
2) 대성 : 경덕왕 때 재상을 지낸 인물로, 『삼국사기』에 '大正'으로 나옴.
3) 개사 : 부처가 될 수 있는 정도를 열어 중생을 인도하는 사부士夫란 뜻으로, 사실은 보살[Bodhisattua]의 역어다. 고승의 칭호로 쓰임.
4) 흥륜사 : 지금의 경상북도 경주시 사정동에 있었던 절.
5) 6륜회 : '6륜六輪'은 철륜鐵輪 · 동륜銅輪 · 은륜銀輪 · 금륜金輪 · 유리륜琉璃輪 · 마니륜 摩尼輪. '윤輪'은 바퀴를 굴려 깨뜨린다는 뜻. 즉 여러 지위에서 번뇌를 깨뜨림.
6) 단월 : 시주를 행하는 사람.

"내가 문간에서 스님이 외우는 말을 들었는데, 하나를 보시하면 그 만萬 배를 얻는대요. 생각해 보니까 우리에게는 전생에 지어 둔 아무 좋은 일이 없기 때문에 지금 이렇게 가난하게 되었나 봐요. 지금 또 보시해 두지 않으면 다음 세상에서는 더욱 가난하게 될 테지요. 우리의 그 고용살이로 얻은 밭을 법회에 시주하여, 후생에서 받을 과보를 꾀해 두는 것이 어떨까요?"

대성의 어머니는 좋은 생각이라면서, 마침내 그 밭을 점개에게 시주했다.

그런지 얼마 안 되어 대성은 죽었다. 대성이 죽은 날 밤에 신라의 재상 김문량金文亮[7]의 집에는 하늘의 울림이 들려왔다.

"모량리의 대성 아이가 지금 그대의 집에 환생하리라."

문량의 집 사람들은 매우 놀라, 사람을 시켜 모량리에 가서 찾아보게 했다.

대성은 과연 죽었다. 그날 하늘의 울림과 동시에 문량의 아내는 임신, 아기를 낳았다. 아기는 나면서부터 왼손을 꼭 쥔 채 펴지 않다가 7일만에야 손을 폈다. '大城'이란 두 글자가 새겨진 금간자金簡子가 쥐어져 있었다. 이 금간자의 두 자로 이름을 짓고, 전세의 어머니 경조를 재상의 집으로 맞아들여 함께 부양했다.

대성은 장성하자 무척 사냥을 즐겨 했다. 하루는 토함산에 올라가 곰 한 마리를 잡았다. 그 산 아래에 있는 마을에 들어 자고 있노라니, 꿈에 곰이 귀신으로 변해 와서 대성에게 위협했다.

---

7) 김문량 : 신라 성덕왕 때에 중시中侍를 지낸 인물로, 『삼국사기』에는 '文良'으로 나옴.

대성이 두 세상 부모께 효도하다, 신문왕대

"너는 어째서 나를 죽였느냐? 나도 너를 잡아먹을까 보다!"

대성은 공포에 떨며 용서를 빌었다. 그러자 귀신은 물었다.

"나를 위해 절을 지어 줄 수 있겠는가?"

대성은 세워 주겠노라고 맹서했다. 꿈을 깨자 요와 이불엔 땀이 흥건했다. 그 뒤로는 일체 사냥질을 금하고, 그 곰을 위해 곰을 잡았던 곳에다 장수사長壽寺8)를 세웠다.

이것이 계기가 되어 대성은 마음에 느낀 바 있어, 자비심에서의 서원誓願을 더욱 돈독히 했다. 그리하여 그는 현세의 양친을 위해 불국사佛國寺를 창건하고, 전세의 부모를 위해 석불사石佛寺9)를 세워, 신림神琳10)과 표훈表訓11) 두 대사를 청해다 각각 주지케 했다. 그리고 부모들의 상像을 벌려 놓아, 자기를 양육해 준 그 수고로움에 보답했던 것이다.

한 몸으로서 현세와 과거세 두 세상의 부모에게 효성을 바친 일은 옛날에도 또한 드물었다. 보시를 잘한 징험을 어찌 믿지 않을까 보냐.

석불을 조각할 때의 일이다. 한 개의 커다란 돌을 다듬어 감실龕室12) 덮개를 만들다 돌이 갑자기 세 조각으로 쪼개져 버렸다. 대성은 분통해 하다가 어렴풋이 잠이 들었다. 밤중에 천신이 강림해 와서 그 감실 덮개를 완성해 놓고 돌아가는 것이었다. 대성은 곧장 일어나 남쪽 고개로 달려 올라가 향나무를 불살라 천신에게 공양했다. 그래서

---

8) 장수사 : 경주시 토함산에 있었던 신라시대의 절. 곰을 위해 세운 절이라, 불교의 외피 속에 곰을 숭배하는 신도의 제의가 이루어졌다는 견해도 있다.

9) 석불사 : '석굴암'의 본래 이름이다.

10) 신림 : 신라 화엄종의 고승. 의상의 10대 제자중의 한 사람. 이상의 화엄종 정통이 계승자다.

11) 표훈 : 이 책의 「경덕왕과 충담사와 표훈대덕」편 참조.

12) 감실 : 불상을 안치하는 장.

그곳을 이름하여 향령香嶺이라고 하게 된 것이다.

불국사의 운제雲梯[13]와 석탑 및 돌이며 나무를 다듬고 새긴 그 솜씨는, 동부 지방[14]의 여러 사찰 가운데서 이보다 더 훌륭한 것은 없다.

옛 『향전』에 실린 기록은 이상과 같으나, 불국사 자체 내의 기록에 의하면 다음과 같다.

즉 "경덕왕대의 대상大相인 김대성金大城이 당 현종 39년, 즉 경덕왕 즉위 10년 신묘(751)에 비로소 불국사를 세우기 시작했다. 혜공왕 때에 들어 당 대종 12년, 즉 혜공왕 10년 갑인(774) 12월 2일에 대성이 죽자, 국가에서 이것을 완성했다. 그리고 최초로 유가종瑜伽宗[15]의 고승 항마降魔를 청해다 이 절을 주지케 했다. 하여 면면히 오늘에 이른 것이다."

이렇게 사내寺內의 기록이 고전古傳의 기록이 같지 않은데, 어느 것이 옳은지 모르겠다.

찬한다.
모량의 봄철 지나 세 묘의 밭을 보시하더니,
향령香嶺 가을에 만금을 수확했구나.
그 어머니 한평생엔 빈부와 귀천을 겪었고,
재상 가정의 하룻밤 꿈엔 3생의 인연이 얽혔구나.

---

13) 운제 : 높직이 오르는 사다리.
14) 동부 지방 : 경주 지방을 말한다.
15) 유가종 : 인도에서의 법상종을 가리킴. 또는 밀교의 총칭.

대성이 두 세상 부모께 효도하다, 신문왕대

불국사와 석굴암의 창사연기 설화다. 경덕왕 때 재상을 지낸 실존인물 김대성이 전생의 극빈층의 아들로, 그 어머니의 고용살이의 대가로 받은 약간의 전토를 보시普施하게 한 과보로 현생에는 재상가에 태어나, 현세의 양친을 위해서는 불국사를, 전생의 부모를 위해서는 석굴암을 세웠다는 것이다. 불교의 인과응보의 세계관과 윤회전생의 인생관이 동시에 적용된 대표적인 설화다.

이 설화에는 두 군데 천신이 등장한다. 개사 점개의 축원에 "천신이 항상 보살펴 주신다"는 것과, 석불사의 감실 덮개를 만들 때 갑자기 조각나버린 돌을 대성의 꿈에 천신이 강림해 와서 덮개를 완성해 놓았다는 그것이다. 여기서 전자는 불교의 호불護佛 제천중의 하나임에 틀림없을 것이나, 후자는 불교적인 천신인지, 신도적 천신인지 얼른 판단이 안 선다. 왜냐하면 석불사는 그 위치를 보아 산신(천신)의 관여가 없을 수 없을 터인데, 처음에는 무시하고 공사를 진행하다 조각난 돌을 복원하여 덮개를 완성하고 가는 천신을 꿈꾸고는 천신(산신)에게 향나무를 불살라 공양하는 감사의 제의를 늦게나마 시행한 정황을 반영한 것이 아닐까 한다. 더구나 토함산 산신은 탈해왕이다. 신도적 천신은 이렇게 불교적 천신은 때로 이렇게 습합되었던 것이다.

손순이 아이를 묻다, 흥덕왕대

  손순孫順[1]이란 이는 모량리 사람으로, 그의 아버지는 학산鶴山이라고 했다. 아버지가 돌아가자, 손순은 아내와 함께 남의 집 품팔이로 쌀을 얻어 늙은 어머니를 봉양했다. 그의 어머니의 이름은 운오運烏라고 했다.

  손순에게 한 어린아이가 있었다. 그 아이가 매양 노모의 밥을 빼앗아 먹어 손순은 난처했다. 그는 아내에게 말했다.

  "자식은 또 얻을 수 있다. 그러나 어머니는 다시 얻지 못한다. 저 애가 어머님의 밥을 늘 빼앗아 먹으니 어머님이 오죽 시장하실까? 차라리 저 애를 묻어 버리고, 어머님을 배부르게 해 드리자."

  마침내 아이를 업고 취산醉山[2] 북쪽 들로 갔다. 땅을 파려는데 뜻밖에도 훌륭한 돌 종이 하나가 나왔다. 그들 부부는 놀랍고 이상스러워, 얼른 나무에 걸어 놓고 쳐 보았다. 은은한 소리가 들을 만했다.

  손순의 아내는 말했다.

  "이렇게 신기한 물건을 얻은 것은 아마 이 아이의 복인 듯하니, 묻지 말도록 합시다."

  손순 역시 그렇게 생각되어, 아이와 그리고 종을 지고 집으로 돌아왔다. 돌아와 그들은 그 돌 종을 들보에 매달아 두고 쳤다. 그 돌종의 소리가 대궐까지 들렸다. 당시 임금 흥덕왕이 듣고서 신하들에게 말했다.

---

1) 손순 : (원주)고본古本에는 '孫舜'으로 되어 있음.
2) 취산 : (원주)모량 서북에 있다.

"서쪽 교외에서 이상한 종소리가 들려오는데, 소리가 맑고도 아득하여 비길 데 없다. 속히 가서 조사해 보도록 하라."

왕의 사자가 순손의 집으로 찾아와, 사실을 조사해가서 자세하게 왕에게 아뢰었다. 왕은 말했다.

"옛적에 곽거郭巨[3]가 자식을 묻으려 하자, 하늘이 금솥을 내리더니, 오늘날 순손이 아이를 묻으려 하매, 땅이 돌종을 솟구쳐 냈구나. 전대의 효자가 후대의 효자는 하늘과 땅 사이의 다 좋은 귀감이다."

그리고는 집 한 채를 하사하고, 해마다 벼 50석을 주어 그 순수한 효도를 표창했다. 손순은 그의 옛집을 희사하여 절을 삼아선 홍효사弘孝寺라 부르고, 그 돌종을 안치했다.

진성여왕 때에 후백제의 적도들이 그 마을을 침입하는 판에, 종은 없어지고 절만 남았다. 손순이 돌종을 얻은 그곳 지명은 완호평完乎坪인데, 지금은 와전되어 지량평枝良坪이라고들 부르고 있다.

---

3) 곽거 : 중국 후한 때 사람.

　중국 동진시대 간보干寶의 『수신기搜神記』에 나오는 곽거의 고
사를 가져다 흥효사興孝寺란 절 이름에 결부시킨 창사연기 설화
다. 곽거는 일찍 아버지를 여의고, 2천만 금의 돈이 있었던 것을
그의 두 아우가 각각 천만 금씩 가져가 버리고, 곽거 혼자서 어
머니를 모시고 부부가 품팔이로 봉양하였다. 그러나 아이 때문
에 노모의 끼니가 줄어듦을 걱정하여, 아이를 땅에 묻으려다 돌
로 덮인 황금 솥 하나를 얻었다는 줄거리다. 마치 선덕여왕을 사
모한 지귀志鬼의 이야기가 인도 승려 용수龍樹의 『대지도론大智度
論』에 나오는 술파가설화術波伽說話를 토착화한 사례와 같이 손순
의 이야기도 『수신기』의 곽거의 이야기의 모티프를 가져와 토착
화한 것이다.

후기

『삼국유사』는 나의 학문 생애 동안 늘 마음 한구석을 지켜 왔다. 내가 『삼국유사』를 처음 역주한 것은 석사학위 2년 차 학문 초년병 시절이었다. 그때 이어령 교수의 청탁을 받고 전문을 역주한 적이 있다. 참고할 만한 역주본이라고는 이병도 선생의 책 한 가지만 있던 시절이었다.

학문 초년병으로 『삼국유사』를 역주하겠다고 나선 것은 내가 『삼국유사』 주무대인 경주에서 생장하면서 의식하지 않은 사이에 그곳의 산하와 신라시대의 유적·유물에 하나의 생활처럼 익숙해져 있었고, 어릴 적 나의 조부님으로부터 한문 능력을 교육받기 때문이다.

역주하면서 『삼국유사』는 하룻강아지 범 무서운 줄 모르듯 달려든 나를 점차 두렵게 만들어 갔다. 역주는 그럭저럭 되어갔지만 각 편 내용의 깊은 이해에 도달해 보겠다는 나의 욕심은 참으로 터무니없다는 것이었기 때문이다. 국어학·국사학·설화학·불교학·민속학 등등을 어느 세월에 공부를 마치고 『삼국유사』 각 편 내용 이해를 위한 작업에 들어간단 말이냐. 결국 무모한 꿈을 접고, 『삼국유사』를 마음 한편으로 밀쳐 두고 연구에 필요할 때마다 꺼내어 내용을 음미·사색하곤 하는 것으로 만족할 수밖에 없었다.

그러나 『삼국유사』가 주는 다양한 지적知的 상상력의 자극은 나를 간헐적인 내용 음미·사색만으로 만족하게 놔두지 않았다. 어떤 형태로든 처음 먹었던 그 무모한 꿈에 조금이라도 보상이 되는 작업을 해야만 할 것 같았다. 게다가 그동안 두어 출판사에서 출간되어 유통되던 첫 역주에 오류가 발견되어서 더욱 그러하였다. 이 부채 의식이 학문 생애의 마지막에 이 책을 내놓게 되었다.

정선된 각 편의 역주는 교양 수준으로 쉽게 읽힐 수 있도록 하되, 내용 이해를 담은 해설은 설령 교양을 염두에 두었다 하더라도 가급적 학문적 바탕에서 떠나지 않으려 했다. 『삼국유사』에 접근하는 많은 시각의 하나로 성립된다면 그것으로 만족할 따름이다.

이 기회에 『삼국유사』와 재래 신앙 신도神道와의 관계에 대해 언급할 필요를 느낀다. 신도란 요컨대 고대 동아시아의 보편적인 샤머니즘이 우리 민족의 형세에 맞게 토착화된 신앙이다. 일연이 가급적 배제하려 하였지만 『삼국유사』의 곳곳에 흔적이 남아있다. 왜냐하면 신라는 불교를 홍통하고도 왕실과 국가의 운運을 기구祈求하기 위해 신도를 온존溫存시켜 왔기 때문이다.

그런데 그동안 학계는 이 문제에 대해 매우 소극적이었다. 우리나라 근대적 학문의 초두를 연 일인日人 학자들이, 일부 민속학적 시각을 제외하고는, 이 문제에 대해 무관심하거나 배제하려는 학풍이 광복 후로도 그대로 이어져 온 데다, 일본 고유 종교 '신도'와 용어가 같기 때문에 광복 후 반일反日의 풍조 속에 매몰되어 버린 것이 아닌가 생각된다. 최남선이 아마 우리나라 신도에 대해 언급한 유일한 사람이 아닐까 한다. 신도란 한·중·일이 공통되게 사용한 용어로, 각기 자기 나라의 신도를 천명해 나가면 자연히 구분되어 인식될 일이다. 실은 나도 신도에 대한 자각이 늦어 이 책에서 그렇게 자세히는 논의하지 못했다. 앞으로 이 문제에 대한 본격적인 논의가 있기를 바란다. 민족의 원초 종교·신앙을 버리고는 민족의 주체성을 운위할 수 없다.

2023년 4월 5일
이동환